図1　コルネリス・ピーテルスゾーン・ホーフト（1547-1627年）
コルネリス・ファン・デル・フォールトの手による1622年の作品。（アムステルダム歴史博物館）

図2　アンナ・ヤコブスドフテル・ブロー（1547-1627年）コルネリス・ホーフトの妻。コルネリス・ファン・デル・フォールトの手による1622年の作品。（アムステルダム歴史博物館）

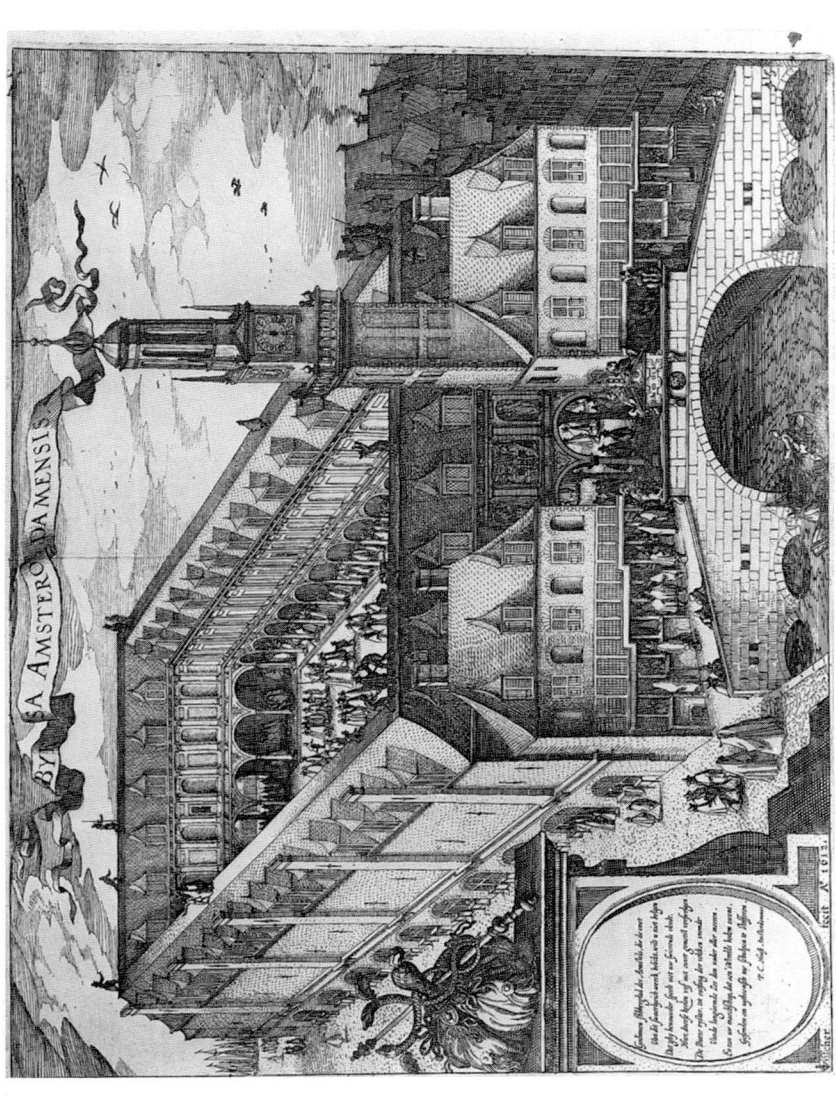

図3 アムステルダム取引所とピーテル・コルネリスゾーン・ホーフトの詩。1612年にC・J・フィッシャーが彫る。(ストルク協会地図、ロッテルダム)

図4 フライト船。1647年にW・ホラーがエッチングした。ストルク地図協会。(ロッテルダム)

図5 アムステルダムの新しい穀物取引所の前面と後部。1770年にW・ウリツがエッチングし,『商業都市アムステルダムの商品地図』(J・B・エルヴェ,アムステルダム,1804年)に印刷された。(ストルク地図協会。ロッテルダム)

図6　穀物計量人のギルドホール
P・ファン・リーンダー（1731-97年）の作品。（アムステルダム公文書館）

図7　ウィレム・ド・クレルク（1795-1844年）
P・フェレインによる肖像画（アムステルダム大学図書館）

近世のオランダ共和国

＊) 北ブラバントとリンブルフは共和国の一部ではあるが，1800年以前には主権は有さない。

近世貿易の誕生　オランダの「母なる貿易」

近世貿易の誕生
――オランダの「母なる貿易」――

M. v. ティールホフ著
玉木俊明・山本大丙訳

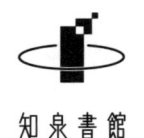

知泉書館

The 'Mother of all Trades'
The Baltic Grain Trade in Amsterdam from the Late 16th to the Early 19th Century
by
Milja van Tielhof

Copyright © 2002 by Brill Publisher
Japanese translation rights arranged with Brill Publisher
through Japan UNI Agency, Inc.

日本語版への序文

バルト海貿易は，オランダの歴史研究では絶えず関心の的であった。19世紀以来，どの世代の人々も，バルト海貿易に関して疑問を投げ掛け，新しい研究を発表してきた。これは，オランダ史にとってバルト海貿易が極めて重要であったということを考えるなら，驚くにあたらない。驚愕するのは，日本においてもバルト海貿易に興味がある人々の研究集団があり，専門的研究に従事しているということである。数年前，私がまだ本書の作成途上だった時，そのような人々のうち数名に出会えたことは貴重な想い出である。私の友人である玉木俊明と山本大丙が本書の邦訳を準備し，日本の読者に提供してくれたことを大変光栄に思うし，その労苦に心から感謝せずにはいられない。最後になるが，邦訳の出版に同意して下さった知泉書館にも深謝したい。

ミルヤ・ファン・ティールホフ

はじめに

　オランダとバルト海地方との穀物貿易は，常に歴史家を魅惑してきた。というのは，この貿易は数世紀にわたって，北ネーデルラントの経済発展に多大な影響を及ぼしてきたからである。さまざまな側面から，この主題を論じた文献が数多く出版されてきたが，全体像を描いたものは現れなかった。アムステルダムとバルト海地方の穀物貿易全般を扱った歴史書を世に問い，これまでのバルト海貿易に関する研究が入手できない，あるいは簡単には手に入らない世界の読者に，この貿易の全体像を提示したいという願望こそ，本書執筆のきっかけとなった。近年の歴史研究では，近世の貿易輸送の効率性と費用に関心が集まっている。そうした傾向に応えて，本書は，とりわけ取引費用（transaction costs）の展開を主要な研究対象とする。

　1996年，A・クノッター教授とJ・L・ファン・ザンデン教授が先頭にたち，この研究計画が組織化された。研究は，ユトレヒト大学で行われることになった。これ以外の財政援助については，東ヨーロッパ貿易用船業委員会（Directie van Oostersche Handel en Reederijen），有限会社カルヒル，穀物貿易業者委員会連合（Koninklijke Vereninging Het Comité van Graanhandelaren）からいただいた。私は，寛大にも援助して下さったことと，当初からこの計画に関心を示してくれたことに対して，感謝の意を表したい。

　さまざまな段階で研究を発表した際，委員会の会員であり，有益な助言を下さったW・A・ド・クレルク氏，法学修士F・C・バロン・ファン・デル・フェルツ氏，J・T・リンドブラッド博士，L・ノールデフラーフ教授，そして理学修士K・K・フェルフェルデ氏にも謝意を表する。

　さらに，本書の一部分を読み，いくつかの重要な批評と助言を賜った方

はじめに

の御芳名を記し，感謝の意を述べたい。P・J・E・M・ファン・ダム博士，H・デケウラール博士，O・ヘルデルブロム博士，J・ヨンカー博士，C・レスハー博士，P・C・ファン・ロイェン博士，L・H・J・シッキング博士，J・W・フェルーウェンカンプ博士である。草稿をすべて読んでいただいたR・W・ウンガー教授には特に感謝したい。彼らの注意深い批判のおかげて，本書は大幅に改善された。

ここ数年間，私は他の人々の研究成果から何度か恩恵を受けた。W・A・ド・クレルク氏と文学修士D・ド・クレルク氏は何の躊躇もなく，祖先について収集した膨大な情報を利用する機会を与えて下さった。また，D・J・オームロッド博士からは，イングランドの穀物輸出に関して集めたデータを送っていただいたし，P・ジャナン教授，M・エイマール教授，そしてP・C・ファン・ロイェン博士からは，オランダ海運業に関して収集したデータの利用を許していただいた。彼らが寛大だったおかげで，私は多くの時間が節約できた。

さらに，私のおぼつかない英文をはるかに読みやすくして下さったR・L・ロブソン氏（FRASの名誉文学士），そしてそのための助成金を出していただいたNWO（オランダ学術研究機関，Nederlandse Organisatie voor Wetenschappelijk Onderzoek）に感謝したい。

最後になったが，本書をイェルーン・ヤウストラ氏に捧げるのは欣喜の至りである。本書執筆のあらゆる段階で，氏は実にこまめに支援し励まして下さった。それは，どのように感謝しても，しつくせないほどありがたいことであった。

目　次

日本語版への序文 　v
はじめに 　vi

序　文　3
1　「母なる貿易」　3
2　バルト海地方の穀物貿易全体の時代区分　7
3　本書の研究方法——取引費用の役割　10
4　本書の構成　14

第1章　コルネリス・ピーテルスゾーン・ホーフト（1547-1626年）
　　　　——「拡張の時代」における商業の担い手　17
1　コルネリス・ピーテルスゾーン・ホーフトの生涯の記録　18
2　コルネリス・ピーテルスゾーン・ホーフトの事業　23
3　経済政策に対するホーフトの考え　33
　結　論　37

第2章　バルト海地方からの穀物輸出における大波動　39
1　『エーアソン海峡通行税台帳』——バルト海貿易研究のバイブル　39
2　拡張の時代（1540-1650年）　42
3　収縮の時代（1650-1760年）　48
4　成長の再開（1760-1800年）　55
5　周辺化（1800-60年）　58
　結　論　61

目　次　　　ix

第3章　商品集散地アムステルダム　63
1　バルト海地方の穀物集散地としてのアムステルダム　64
2　オランダ共和国のパン消費　76
3　オランダの食糧供給に対するバルト海地方の穀物の重要性　84
4　商品集散地形成を助けた政治　88
　結　　論　103

第4章　市場組織と企業　107
1　自由な市場　108
2　バルト海貿易に従事した企業数と規模　111
3　企業の性格づけ　117
4　外国企業の役割　124
　結　　論　128

第5章　情報と代理人　131
1　情報と意志決定の拠点アムステルダム　132
2　オランダ―バルト海地方の郵便制度　142
3　外国のオランダ商人コミュニティ　152
　結　　論　163

第6章　オランダ商船隊と輸送費　167
1　オランダ商船隊の規模と構成　168
2　オランダ海運業の競争力と利益　175
3　長期的な輸送費の決定
　　――「オランダ内部の貿易」としてのバルト海貿易の性質　179
4　短期的輸送費の決定要因　189
5　輸送料の決定要因としての戦争と平和　194
6　利益率に対する輸送費の重要性　196
　結　　論　199

第7章　海上のリスクとバルト海貿易・海運業委員会　201
1　海上保険と海上のリスクに対処する方法　202
2　バルト海貿易と海運業を支える恒久的組織　211
3　委員会の活動　220
4　理事たち　225
　結　論　228

第8章　アムステルダムのサーヴィス部門　231
1　穀物用小型船船員　232
2　穀物運搬人　240
3　穀物計量人と配置人　249
4　穀物の保管・維持　254
　結　論　257

第9章　ウィレム・ド・クレルク──混乱期の委託事業　261
1　ド・クレルクの人生の記録　262
2　S&P・ド・クレルク商会の分析　271
3　貿易に関するウィレム・ド・クレルクの思想　280
　結　論　289

結　論　291

付録A　穀物の種類別のバルト海地方からみた輸出総量 1562-1795年　303
付録B　バルト海地方のライ麦と小麦の輸出（港別） 1562-1795年　304
付録C　輸送費　306

訳者後書き　313
注　317
略語表　371
文献一覧　372
索　引　396

図表目次

表 1	エーアソン海峡を通過する貿易の年最大変動（1562-1650 年）	42
2	エーアソン海峡を通過する穀物貿易（1562-1650 年）	47
3	エーアソン海峡を通過する貿易の年最大変動（1650-1760 年）	49
4	イングランドとバルト海地方の穀物輸出比較（1700-60 年）	50
5	エーアソン海峡を通過する穀物貿易（1650-1760 年）	52
6	エーアソン海峡を通過する貿易の年最大変動（1760-95 年）	56
7	エーアソン海峡を通過する穀物貿易（1760-95 年）	58
8	ダンツィヒからの穀物輸出（1751-1850 年）	59
9	ダンツィヒから輸出される穀物の種類（1816-50 年）	60
10	バルト海地方から直接西欧と南欧に穀物を輸出する航海を定めた契約数（1593-1622 年）	67
11	バルト海地方の国々の輸出目的地としてのオランダ（1671-1783 年）	69
12	バルト海地方からアムステルダムに輸入されるライ麦／小麦への 1 ラストあたりの税（1581-1810 年）	93
13	16-18 世紀の小麦／ライ麦の 1 ラストあたりの仲介手数料	141
14	1580 年代のデルフトとダンツィヒの書簡。クラース・アドリアンスゾーンと代理商との通信	144
15	ダンツィヒで市民権を購入した人々の数（1558-1793 年）	157
16	オランダ商船隊の概数（船舶数とトン数）	169
17	エーアソン海峡を通過した小麦とライ麦の量（船籍ごとに集計）	178
18	レーヴァル／ダンツィヒからアムステルダムへの輸送料（ユトレヒトのライ麦価格と比較）。	180
19	ファン・アドリヘム文書にみられるダンツィヒからホラント（デルフト，ロッテルダム，アムステルダム）までの輸送料（1578-95 年）	185
20	ダンツィヒからアムステルダムまでの航海の輸送料（1583-85 年間の変動）（単位 オランダ・ギルダー）	191
21	アムステルダム－プロイセン－アムステルダム間の航行時の輸送料の展開	192
22	17-18 世紀の貿易による利益額と平均的輸送料	198
23	バルト海貿易・海運業委員会の生活水準（1742 年）	227
24	活動中の穀物用小型船船員ギルド会員数の推移	234
25	16-18 世紀の穀物計量の料金	252
26	アムステルダム－プロイセン－アムステルダム往復のオランダ船の輸送料	307

図表目次

図1　「拡張の時代」のバルト海地方からの穀物輸出（1562-1650年）　42
　2　「収縮の時代」のバルト海地方からの穀物輸出（1650-1760年）　49
　3　「成長の再開」の時代のバルト海地方からの穀物輸出（1760-95年）　56
　4　アムステルダムの穀物輸入量とバルト海地方の穀物輸出量　66
　5　16-19世紀のアムステルダムの穀物輸入量　74
　6　17-19世紀のアムステルダム全体の穀物輸入　75
　7　アムステルダムとロッテルダムの穀物輸入額（1659-1805年）　85
　8　アムステルダムとダンツィヒのライ麦価格の比較（1580-1808年）　87
　9　ダンツィヒからホラントへの手紙の到達時間を比較：16世紀と18世紀　149
　10　バルト海地方の穀物総輸出に占めるオランダの比率（1562-1783年）　176
　11　アムステルダム－プロイセン－アムステルダム間の1ラストあたりの
　　　平均輸送料　184
　12　プロイセン－アムステルダム間の保険料率（1688-1746年）　210
　13　航行可能な季節における保険料率の上昇　210
　14　穀物用小型船船員ギルド会員と貿易の発展（1685-1851年）　237

家系図　コルネリス・ピーテルスゾーン・ホーフトの家族関係（主要人物）　25
地図1　バルト海地方　26
地図2　ホーフト家の貿易網　43

近世貿易の誕生
―― オランダの「母なる貿易」――

序　文

1　「母なる貿易」

　近世の北ネーデルラントの人々にとって，バルト海地方との貿易は，文字どおり「生命線」であった。そこから通常大量のパン用穀物が輸入されたが，これは50万人分のパンを焼き，供給するのに十分な量であった。この量については，オランダ共和国の人口が比較的少なかった点を考慮しなければならない。1600年頃に約150万人だったのが，1650年頃には200万人に達した。1800年まではおおむねこの水準が続いた。そこから明らかなように，バルト海地方からのライ麦と小麦の輸入は，オランダのパン供給に絶対欠かすことができなかった。パン用穀物以外にも，基本的食材であるビール醸造のための大麦が，この時代にバルト海地方から輸入された。バルト海地方の穀物が毎年国内に「侵入」したことが，オランダの穀物価格が比較的安価で安定する主な要因となった。穀物は，飢饉の恐れがどの地域でもみられる時代には戦略的商品となった。オランダは，バルト海地方の国々と緊密な商業関係を結び，絶えずヨーロッパの穀物集散地としての役割を果たした。だから，オランダ共和国の7州では，生きていけないような飢饉に陥ることは滅多になかったのである。
　バルト海地方との穀物貿易は，いたるところで行なわれるようになった。それゆえこの貿易は，オランダ人の主要な雇用先にもなった。穀物のように重量があり，かさ張る商品を取り扱うには，輸送と保管のどの場面でも，多くの労働者を必要とした。ヨーロッパ内部でオランダ船で働く船長と乗

組員のほとんどは，ホラント州とフリースラント州の生まれであった。これらの地域にある数多くの村と都市は，バルト海地方での海運業で稼いだ賃金で利益を得ていた。バルト海航路で働く乗組員は，東インド会社の艦隊で働く船乗りとはまったく異なり，地位がある程度高く，それなりの生活水準が獲得できた。陸上では，穀物貿易のおかげで新しい仕事が創出された。例えば，穀物の荷降ろし，運搬，計量に従事する労働者や，他の都市に再輸出するために，穀物の一部を荷詰めする労働者が現れた。また，穀物を倉庫に貯蔵し，定期的に過熱を防ぐことに従事する人たちもいた。穀物の売り手と買い手の斡旋を専門にする仲介人や用船契約などを作成する公証人の雇用もあった。

　穀物貿易は，オランダの食糧供給と労働市場に対して直接重要であったばかりか，オランダ以外の地域にまで影響を及ぼし，オランダ商人が巨額の資金を投資するための利益を獲得することを可能にした。R・W・ウンガーの推計では，17世紀の間に，毎年およそ600万ギルダーに近い額が穀物貿易に投資された。これは，泥炭の貿易，土地の開墾，風車，船舶への投資よりも，さらには17世紀の大半の期間を通じて，東インド貿易への投資よりも多額だったのである。バルト海地方の穀物への投資は，17世紀ほど重要ではなかったが，16世紀においてもすでに巨額であり，18世紀においてもなお重要であり続けた[1]。通常，この部門の利益は，奢侈品取引きへの投資による目もくらむほどの収益とは比べ物にならないほど少なかった。それでも重要だったのは，その取引が比較的安定していたからである。毎年毎年，さらには商人の世代交替があっても，穀物貿易による利益は流入した。この貿易は，多くの投資家に富を獲得する機会を提供した。しかも，数百年という長期間にわたって，それは変わることなく続いた。穀物貿易の影響は，ありとあらゆる部門に及んだ。だからこそ，たとえこの一事をもってしても，近世オランダ経済の根幹をなしたとみなされるのは当然のことなのである。

　バルト海貿易と，その中核をなした穀物貿易は，東インド会社（Verenigde Oostindische Compagnie = VOC）が組織した，より異国情緒豊かな貿易と比べても，文化面ではともかく，少なくとも経済面からは，オランダの「黄金時代」にとって同じくらい不可欠のものであった。近年，いわゆる「かさ張る商品の貿易」（bulk　trades）は，「高価な商品の貿易」

(rich trades) ほどには重要ではなかったという議論がなされている。香辛料，砂糖，繊維製品，奢侈品などの量や重さのわりには比較的高価な商品の貿易が，かさ張る商品の貿易よりも利益率が高かったというのだ。「高価な商品の貿易」は，主としてバルト海地方の以外の地域で見出された。例えば，東西インドとの貿易を支配していた。この議論のもつ意味は次の点にある。「高価な商品の貿易」は確かに経済的に重要であった。にもかかわらず，オランダ人が17世紀の世界貿易でヘゲモニーを握ることができた事実を説明する主な要因として，穀物が圧倒的に優勢であり，かさ張る商品を扱うバルト海貿易が少なくとも不可欠の条件であったと，ほとんどの歴史家は今でも考えているのである[2]。

　最後になるが重要なこととして，バルト海貿易は，他の経済活動への大きな刺激剤となった。穀物をもたらしたオランダの外国貿易船を使って，バルト海地方は重要な商品を輸入したので，オランダ船は理想的な運搬者であった。輸入品の中で最も多かったのは，フランスとポルトガル産の塩とワインであった。塩とワインの輸入から示されるように，バルト海地方との通商関係がオランダと西欧との商品の交換を促進した。しかし，それに加えて，塩の貿易から得られた副産物として，オランダ国内で塩の精製が勃興した。バルト海地方の市場は，オランダ以外の西欧諸国の商品だけではなく，オランダでのニシン産業を刺激する需要をもたらした北海産のニシンや，オランダとイングランドの毛織物産業が供給する繊維製品にも関心を抱いた。バルト海貿易は，非常に重要な副次的経済効果をもたらした。船舶への需要が大きくなり，造船業の繁栄を促した。そのため，帆，ロープ，釘が必要になった。これらはすべてオランダ国内で製造された。しかも，造船業には大量の木材が必要であった。そこでノルウェー，さらにはバルト海地方との木材貿易が増大した。つまり，バルト海地方との穀物貿易は，それが直接影響を与える範囲をはるかに越え，経済的に大きな意味をもつようになったのである。他の航路の貿易を促進し，そしてまた，他部門の経済活動を刺激した。それは，漁業から塩の精製，造船業から繊維産業，縫帆業からロープ製造にまで及んだ。このオランダ経済の礎石を動かそうとすれば，多大な影響は避けられなかっただろう。

　このような事実を踏まえるなら，当時の政治家がバルト海貿易が最も重要であり，オランダ経済の根幹をなすと考えていたことは驚くにあたらな

い。バルト海地方での商業は他のすべての貿易の基盤ないし源泉であるとか，生命線であるとか，あらゆる貿易の魂であるとさえいわれた。最も一般に流布した俗称は，「母なる貿易」(moedernegotie) であった。もし説明するとすれば，これには数多くの意味があり，まず間違いなく次に列挙するすべての意味を同時に含んでいた。（1）「母なる貿易」は，オランダで最古で最初の貿易であった。（2）関係する船舶，船員，商品にとって，最も重要なものであった。（3）この貿易の本質的で最も重要な側面は，他航路の船舶と貿易，漁業と製造業を興隆させた点にある。さらにわれわれはここで，第四の点を加えられるかもしれない。「母なる貿易」とは，母親が乳飲み子に母乳を与えるように，アムステルダムをはじめとするオランダの都市に，パンとなる穀物を供給したことを象徴する。バルト海貿易と，その基盤をなした穀物貿易の重要性に，疑いの余地はない[3]。

　「母なる貿易」という俗称が初めて現れたのは，17世紀のことである。しかしバルト海貿易自体は，中世に起源がある。この呼び名が貿易の開始よりも遅れて使われるようになったのは，たいていの場合，いやいつでも，〔この貿易の重要性について〕「弁解する必要があるような状況でいわれてきた」からだと説明される。人々は，「母なる貿易」という語を，他の経済活動と比べてバルト海貿易の重要性を強調したい時に使う傾向があった。17世紀以前には，このような弁解をする必要性はほとんどなかったように思われる。バルト海貿易がホラント州にとって圧倒的に重要な経済基盤であり，ほぼ確実に低地地方全般にわたってそれがあてはまるという考え方が，一般に受け入れられていたからである。この時代のオランダでは，この貿易以外の対外的活動もまた，ほとんどはバルト海貿易と関係していた。だが16世紀後半から17世紀第3四半期に至る「黄金時代」の間に，新たな商業的試みが発展した。アルハンゲリスクとの貿易，捕鯨業，東西インドとの貿易のような新分野が登場した。これらは，バルト海貿易にはあまり依存していなかったし，まったく関係ないことさえあった。これら新分野のすべてで経済が拡張したが，同時に政府から政治的・財政的支援を得るために，バルト海貿易と競争しなければならなかった。

　バルト海貿易が「母なる貿易」であると提示した文書として最も有名なのは，ホラント州年金顧問であったヨハン・ド・ウィットの『反対声明』として知られる。彼は政治的な目的で，この文書を1671年に書いた。穀

物税を上げようという提案に対して，それを阻止しようとしたのである。ド・ウィットは，増税すれば，バルト海地方との穀物貿易はこの国から消滅してしまうだろうし，この「母なる貿易」はオランダの貿易と海運業の源泉と基盤の大半を形成しているので，損失は単に穀物貿易にとどまらないだろう，と予想した。さらに，相互に関連する複雑な経済活動全体を簡潔に描写した。穀物貿易は，直接的には，商人には利益を，船主には輸送料を，政府には税金を，港湾労働者には賃金を，倉庫の所有者には賃貸料をもたらした。間接的には，西欧との貿易，都市の産業，ニシン漁業を促進したという意味で，同様に重要であった。バルト海地方との穀物貿易の重要性を認識していたヨハン・ド・ウィットは，この貿易が，ここで述べたすべての部門にとって大切な原動力だと提起した[4]。

2　バルト海地方の穀物貿易全体の時代区分

　本書では，16世紀後半から19世紀初頭に焦点があてられる。この時代に力点をおく現実的理由として，史料状況が関係する[5]。しかしまた，この時代に，「母なる貿易」が扱う穀物量と，ヨーロッパにおける穀物の貯蔵庫としてのアムステルダムの役割が最大になったのも事実であろう。しかしバルト海地方とオランダの穀物貿易の歴史は，決してこの時代にかぎられていたわけではない。

　事態を理解しやすくするために，全体の特徴を述べ，次のように時代区分することが有効だろう。まず，中世（14世紀から16世紀第2四半期にかけて）。次いで，拡張が特徴となる約百年間（16世紀の第2四半期から1650年頃まで）。また，約百年間の収縮期（1650年頃－1760年頃）。短期間だがバルト海地方の穀物貿易全体が再び成長し，その中でオランダの比率が相対的に低下した時代（1760年頃－1800年頃）。最後に，バルト海地方の周辺化の時代（1800年頃－1860年頃）である。

　中世には，ホラントの経済構造に広範な変化がおこった。それまではほぼ自給自足できていたのが，穀物輸入に大きく頼るようになった。14世紀に農地が劣化したことが，穀物輸入を増大させる要因となった。ほとんどの土地が，ライ麦と小麦の生産のためには湿気を帯び過ぎるようになっ

たからである。穀物生産が低下する一方で，拡大した部門もあった。ある程度湿気のある土地でもまだ可能な家畜の飼育，ニシン漁，貿易，海運業，造船業，ビール醸造や繊維製品の生産などの数多くの輸出向け産業がそれにあたる。このような経済構造の変化は，だいたい1350-1450年に生じ，自然環境の変化が原因であった。それに加えて，重要な要因として，この地方特有の社会経済的・人口上の構造により目覚しい人口増加が可能になり，都市化の傾向が顕著になった。外生的な要因も重要であった。ホラントの賃金は，当時，周辺地域と比べると比較的低かった。さらに工業，貿易，海運業などが発達し，労働者を大量に雇用しており，有利な条件下で製品を輸出することができた。しかし，これとは対照的な事実がある。それは，この頃，オランダの穀物は比較的高価だったけれども，近隣地域のドイツ，南ネーデルラント，フランス北部では比較的豊富だったことだ[6]。その結果，オランダにおける基本的食糧の自給度は著しく低かった。この時に，貿易が大きな役割を果たしたのである。したがって「黄金時代」におけるネーデルラント連邦共和国の経済構造の基礎は，すでに15世紀に形成されていたといえるのかもしれない。

　このような歴史的転換期において，バルト海地方の穀物の役割はおそらく小さかった。14-15世紀には，バルト海地方は，オランダに穀物を輸出する数多くの地域の一つに過ぎなかったからだ。後の時代とは違い，圧倒的な重要性を獲得するにはいたらなかった。バルト海地方からオランダの港に大量の食糧がもたらされるのは例外であり，たいてい，その量もあまり多くはなかった。1470年頃になって，ようやく，バルト海地方における穀物の役割の重要性が著しく高まったに過ぎない[7]。

　16世紀の第2四半期から17世紀中頃にかけ，ホラントやオランダ全体に対するバルト海地方の穀物の重要性が顕著に増大した。それは伝統的に穀物を供給していた地域が，輸出のための余剰穀物を生産することが困難になっていったためである。オランダ諸州に隣接する南ネーデルラント，フランス，イングランド，ドイツ地域の人口が増大し，食糧をどんどん吸い上げていったのである。人口が増大し，その影響で穀物価格が上昇した。それゆえ，比較的遠くの地域からの輸入費用を負担するようになった。16世紀に生じた「価格革命」により，バルト海地方と西欧との価格差が顕著になった。そのため，商人が，かさ張る商品の長距離貿易に関与するため

の出費を負担するようになったのである。バルト海地方から西欧への穀物輸出は急速に増大し，1550年代には年平均およそ3万－4万ラストであったのが，1590年代には5万8,000ラストになり，ピークとなった1640年代には，9万5,000ラストに達した（1ラスト＝30.1ヘクトリットル）。

　1540年頃に収縮過程が終了した後，バルト海地方の穀物は，大半がアムステルダムに輸入されるようになった。収縮期間のうちに，ブラバントのアントウェルペンや，ゼーラントのフェーレのようなアムステルダム以外のネーデルラントの港は，バルト海地方との穀物貿易をほとんどしなくなっていった[8]。1540年頃から，アムステルダムは国際的商品集散地(アンントレルポ)として機能し始め，地中海地方が飢饉の救済をオランダに頼るようになった1590年代からは，極めて重要になった[9]。かなりの量を，他の西欧諸国に再輸出することさえあった。

　17世紀中頃からの百年間で，穀物価格の傾向は逆転した。地域によって時期の差異はあったものの，人口増大は停止した。オランダでは，1660年代初頭に穀物価格が頂点に達し，その後低下しだした。一時的に回復することはあったが，17世紀中頃から18世紀中頃までは，全体として，穀物価格の低下とバルト海地方との穀物貿易の縮小が特徴となった。エーアソン海峡のヘルシンボーに位置するデンマークの通行税徴収役人が記録した穀物量は，おおむねそれ以前の百年間よりもはるかに少ない。また変動幅は，非常に大きい。1670年代に記録されたのは，年間4万6,000ラストに過ぎない。その後回復し，1680年代にはほぼ2倍になった（8万4,000ラスト）。その後低下して，1710年代には最低になった（2万6,000ラスト）。そしてまた上昇したが，あまり大したものではなかった（1730年代－40年代には3万1,000ラスト）。

　18世紀中頃から貿易が回復したのは，人口が再び増加し，穀物価格がまた上昇し始めたからである。バルト海地方からの穀物輸出量は，1750年代に年平均3万7,000ラストに，1770年代に7万1,000ラストに，1790年代初頭には，9万1,000ラストにまで達した。アムステルダムは，18世紀後半におけるバルト海貿易の繁栄から利益を得たが，その額はかぎられていた。18世紀の第2四半期頃から，穀物を積んだ船舶は，ますますフランス，イタリア，ポルトガルのような国々に直接向かうようにな

った。それは，アムステルダムに打撃を与えた。しかも，19世紀には，イングランドが最大の穀物輸出先となった。そしてまた，商品集散地アムステルダムの重要性を弱めたのは，バルト海地方以外の穀物輸出地域が増えていったことである。とりわけ，ウクライナからの穀物が，19世紀前半から目立ち始めた。19世紀には，アムステルダムは小規模な商品集散地に格下げされ，豊作になると，余剰穀物が貯えられた。1817年と1840年代に発生したような大きな食糧危機によってはじめて，西欧への食糧供給という点で，バルト海地方が再び決定的な役割を果たし，アムステルダム市場もまた極めて重要になったのである。

3　本書の研究方法
―――取引費用の役割―――

本書の目的は，アムステルダム市場と関係をもつバルト海地方の穀物貿易についての全般的な歴史を書くことにあるが，取引費用（transaction costs）に焦点があてられる。近年の経済史では，取引費用の役割がますます注目されるようになってきた。近世史研究も，それにあてはまる。ダグラス・ノースこそ，この重要性に大いに注目してきた研究者である。数多い研究の中で，彼が論じてきたことは，低い取引費用が広まることが，近世のヨーロッパが長距離貿易の発展に成功した最重要条件の一つであったということだ[10]。ノースは経済史家に対し，取引費用に関する実証的なデータを系統だって明らかにし，そうしたうえで，近世の経済発展における取引費用の役割を研究するよう説得した[11]。取引費用が商業の発展にとって基本的に重要だという彼の理論を検証するためには，バルト海地方とアムステルダムの穀物貿易が，最も適切な事例となる。「母なる貿易」は，その持続性と規模のために極立っていた。それは，関係する船舶，人々，商品，資本の観点からみて大規模な貿易であった。しかも，近世の間，それは変わらなかった。

　本書では，取引費用を以下のように定義する。1人の商人が，世界のある地域（この場合，バルト海地方の穀物）で商品を購入し，それを別の地域で販売（この場合，アムステルダムの穀物）するために負担しなければならないすべての費用である，と。これらの支出の中には，現実に計量で

きるものもある。船舶をチャーターし、海上の商品に保険をかけ、アムステルダム港で労働者を雇用し、関税を支払うことがそれにあたる。これらは完全に計測可能であるし、その変化は、毎年毎年調査できる。この変化は確かに、輸送費の場合に最も計測しやすい。なぜなら、輸送費は、他の費用や商人による投資と比較してもかなり高いからである。これらの支出のすべては、結局、ある特定の取引が最終的に利益を出したかどうかということに関係があった。さまざまな支出の役割は、支出と貿易による利益を比較することで計測できる。バルト海地方の穀物貿易の場合には、利益は普通、バルト海地方で低価格であり、西欧で高価格であるということから生じる価格差に大きく左右された。市場がかなり統合されていったにもかかわらず、何百年にもわたり、この差は続いた。取引費用をとおして、どうすれば、ここに述べた価格差を比較できるのか。商業上の成功は、単に「安く買って高く売る」だけではなく、確実に、保護、保険、輸送、税金、地域的サーヴィスに「あまり金を使わない」ことから生じる。

このようなことが考えられるが、現実にはほとんど計測不可能な数多くの取引費用がある[12]。しかも、それが最も重要なこともある。計測が困難な取引費用の範疇に入る例としては、情報獲得のための費用がある。信頼がおけ、最新の情報を獲得することは、対外貿易を行なう場合、現在でもなお本質的に欠かせない。近世において、そのような情報を入手することは決して容易ではなかった。市場に関する情報の伝達速度が馬や航海する船舶ほど速くはなくはなかった時代に、商人は、売買するために最良の場所と時間や、自分たちが購入する商品の正確な量と質を知る必要があった。これが特有の問題となったのは、リットルやキログラムという単位の基準がいまだ定まっておらず、都市ごとに重量や容積の尺度が違い、穀物のように、何十もの異なった品質をもつ商品が輸送され得る時代だったためである。さらに商人が必要としたのは、外国にいる派遣代理人が、仕事を適切に行なっているかどうかを知る方法であった。これは、情報獲得につきまとう問題が別の姿をとって生じたので、代理人問題（agency problem）と呼ばれる。つまり、バルト海に面する港で活動する現地代理人のような代理人の能力を測定することが困難だということである。そのため、商人は、調査員を派遣し、出資した資本から代理商が最大限の利益を産み出すためにどのような行動をとっているのかを知る必要があった[13]。依頼

人である商人のために商品を売買し，船舶をチャーターし，負債を返済し，決められた期間簿記をつけるというように，出資金に対し，どれくらいの仕事をしたのか，さらにこれらの仕事をする際，最善を尽くしたのかどうか，ということを知らなければならなかった。

　商人がある商品を売買する最良の場所と時間に関する情報を調査するために必要な時間は，理論的には計測することが可能である。しかし歴史研究では，現実には不可能なことである。それでもなお，明らかに，取引所の設置といった制度上の改善から，商人は大きな利益を得ることができた。取引所では，買い手と売り手が特定の時間に会い，専門化した多くの仲介人がいたからである。取引所以外で，商人が効率的に働くためにかなり重要な制度は，バルト海地方のさまざまな都市とアムステルダムを結ぶ郵便制度であった。精巧に組織化された取引所と適切に機能する郵便制度の設立は，情報調査の費用を下げる効果があったことは間違いない。しかしながら，これほどの遠距離では，この種の改善の効果を計量することは不可能である。取引費用を下げることが，単により効率的な市場の形成を意味するだけのことがよくあった[14]。

　それ以外に，取引費用の範疇に入るものとして，不確実性の削減がある。これは多面的であり，計量できるものも，できないものもある。海上で商品を失うリスクは，常に考慮に入れなければならなかった。当然，海上で商品が失われる可能性が恐ろしいまでに高ければ，海上貿易に投資しようという誘因はなくなってしまう。つまり，危険な時代には，重い荷を積んだ船舶が，海上で海賊に捕まえられたり，敵から拿捕されたりすることがないようにするための費用がかかる。例えば，とらなければならない予防措置の中に，商船隊を保護するために，船上に銃器を配置したり，護衛船団を編成することがある。公海上で船舶が損害を被ることが原因で財政的損失を招くリスクは，海上保険をかけると，完全になくすことができた。これにはもちろん，保険料という形でさらに出費を増やす必要があったが，それよりはるかに大きな危険は避けられた。それ以外にも，商業上の不確実性を少なくする方法があった。それは，確実に，商業上のパートナーに契約を守らせることであった。第三者（国家）が，真に有効な手段をとって契約の遵守を強制することができなかったので，人々に信頼感を与え，商人や商会の評判を調べることは，商業上の不確実性を少なくするかなり

3 本書の研究方法

効果的な手段であった[15]。では，バルト海地方との穀物貿易に従事する商人は，事業上のパートナー，外国にいる代理商，顧客の詐欺行為や彼らに能力がないことから生じるリスクをどうやって減少させたのか。

取引費用を計量しようとしても，その内容を見ると，計測できない性質のものが多い。港の穀物運搬人に賃金を支払うよりも，雇用する時点で計ることができない多くの要因がある。彼は責任をもって仕事をやり通さなければならず，また，信頼がおける人といったことである。注目すべきことは，労働力が不足しておらず，労働者は，むしろこれと決めた仕事を港で簡単にみつけられたことである。穀物運搬人や船頭のように，貿易に関係するサーヴィスに従事する人々のほとんどはギルドに組織化された。近世世界の貿易の中枢として組織化するには，この組織は時代遅れで硬直的な方法だと思われよう。したがって，現実に費用が低く抑えられたかどうか，組織が効率的であったかどうかを明らかにすることは興味深いことである。

それゆえ本書の中心的な課題は，アムステルダムにおけるバルト海地方との穀物貿易の効率と費用である。より正確にいえば，二つの問題が定式化される。第一の関心は，取引費用の展開の様相である。換言すれば，取引費用を低下させたのは，あるいはそれを失敗に終わらせたのは何か，ということだ。現在では徐々に認められつつあるが，たとえ非効率的な制度であっても，歴史からすぐに姿を消すことを運命づけられてはいない。ダーフィツが指摘したように，ノースでさえ，近年の文献では，この事実を認めている。これは，最近までの彼の研究にはみられなかったことである。ダーフィツは，取引費用を減らすからといって，唯一最良の制度だけが永続するとはかぎらない，という[16]。では，アムステルダムの穀物貿易で重要であった各種の取引費用が低下し，停滞し，上昇する過程を，いったいどのようにして説明すべきなのか。

第二の問題は，本書で提供された研究の指針である。つまり，取引費用はどの程度，さらに取引費用のどの部分が，オランダがバルト海地方の穀物集散地として成功するために寄与したのか，ということである。取引費用は経済活動全般で重要な役割を果たしたというノースの主張に似ているけれども，われわれが知りたいのは，バルト海地方の穀物集散地としてのアムステルダムの活動において，取引費用が果たした役割である。アムス

テルダムが16世紀にバルト海地方との穀物貿易の集散地として中心的な役割を果たし，その後17世紀にはこの機能を強化した決定的要因が，取引費用の低さにあったのか。そしてもしそうなら，取引費用が上昇したために，18世紀には穀物貿易の中心ではなくなったのだろうか。

　本書で取り扱われるさまざまなテーマは，市場組織，企業の性格，「代理人問題」の解決法，輸送費，関税，海上で船舶を保護するために護衛船団を組織化することなど，取引費用と関連している。にもかかわらず，効率性と費用に関連するすべての要素を調べることができないのは，史料や，これまでの研究が欠落しているためである。具体例を述べよう。長距離貿易に適したオランダの法制度の機能に関する系統的で判例に基づいた研究は，あまりなされていない。また本書の射程を考慮に入れれば，商業司法権に関する詳細を明らかにすることは不可能である。簿記の方法について書けなかったのは，会計簿は，個人の文書館に収められている以外の史料と同様，アムステルダムの穀物商人に関する史料は，ほとんど存在しないからである。

4　本書の構成

　本書の初めと終りでは，商人の事例研究をする。最初の事例はこの時代の始まりを，次の研究では，終りを対象にする。第1章では，コルネリウス・ピーテルスゾーン・ホーフト（1547-1626年）を扱う。彼の商人としての経歴をみれば，バルト海地方の穀物貿易が急速に拡大していた16世紀後半から17世紀第1四半期にかけて，オランダ商人が利用できた好機がどのようなものであったのかがよく理解できる。この章では，彼が商業活動を組織化した方法が分析され，この時代のオランダ商業の特徴のいくつかが示される。ホーフトが，本書の最後の章で主題となるウィレム・ド・クレルクと共に選ばれたのは，商業活動を明らかにする比較的良質な史料が存在していたためだけでなく，多くの点で，アムステルダムの商人社会全体を代表する事例となるからである。

　第2章では，バルト海地方からの穀物輸出の大波動がもつ全般的特徴が分析され，このような変動の理由を，需要側と供給側の状況変化という観

4　本書の構成

点から説明する。ここでの主題は，オランダの船舶・資本やアムステルダム市場の役割ではなく，バルト海地方から西欧への輸出全般である。

　第3章では，バルト海地方の穀物のヨーロッパにおける集散地として，アムステルダムが果たした役割に焦点があてられる。主要な問題は，この時代以降，バルト海地方の穀物が，実際にアムステルダムにどのくらい送られたのかということ，再輸出の重要性，オランダの食糧供給におけるバルト海地方の穀物の役割である。オランダの貿易政策もまたここで取り扱われる。それには，関税額と貿易の全般的条件などがある。

　第4章は，市場の組織化に捧げられ，バルト海地方との商品の交換に従事していたアムステルダムの企業が描かれる。本章では，商会の数，規模，性質に関するイメージを提供し，商人が信頼がおけず無能なパートナーを選ぶリスクを減少させる方法が示される。

　第5章では，情報と代理人について言及される。主題は，商業情報の拠点としてのアムステルダム独自の役割，バルト海地方の市場との郵便による情報伝達，オランダ商人が，代理人問題を解決しようとした方法である。本章では，近世貿易の現実の問題点が鮮明に描かれる。

　第6章の主題は，オランダ商船隊と輸送費の展開である。商船隊の規模と構成が提示され，輸送費を決定した要因が評価の対象になる。その中には，造船における技術的変化の役割，航海の季節，海の安全がある。

　第7章では，保護費用の問題が扱われる。船主と商人が，海上保険と，さらにそれと類似の技術を使って，リスクを減らそうとした方法が描かれる。また，17世紀の大半を通じて，オランダ船にとってバルト海は現実に十分安全だったが，後の時代には変化する様子が示される。バルト海地方に向かって航海するオランダ船を軍艦が保護することを保証するため，商人と船主が組織化された。

　第8章は，アムステルダムにおける貿易戦略に関するものである。小型船で穀物を港から都市に輸送し，波止場から倉庫まで運び，その量を計測し，最後には，倉庫の穀物を売りさばいた。この章の中心的問題は，商人が負担した費用と，時代が下るにつれ行なわれた組織改革である。

　最後の第9章では，19世紀の商人ウィレム・ド・クレルク（1795-1844年）の事例が扱われる。彼の委託販売の記述が示すのは，第1章でコルネリス・ピーテルスゾーン・ホーフトの事例が明らかにした「黄金時代」に

広まっていた組織とは，大きな相違点が多数あったことである。ウィレム・ド・クレルクが穀物貿易で生きていこうとした時に遭遇した苦境が明示するように，19世紀前半には，オランダのバルト海貿易は，悲しいほど重要性が低下していたのである。

第 1 章

コルネリス・ピーテルスゾーン・ホーフト (1547-1626 年)
―― 「拡張の時代」における商業の担い手 ――

オランダ史では，コルネリス・ピーテルスゾーン・ホーフト（1547-1626年）は，アムステルダムで最も有名な市長として，広く知られる人物の1人である。影響力がとりわけ強かったのは，1580年代と90年代であった。その影響力の多くはそれから徐々に弱まっていったが，政治にたずさわることは決してやめなかった。彼が最後に市長〔訳注：アムステルダムの市長は4人いた〕に選出されたのは1610年のことであったけれども，1626年に死ぬまで，市参事会にはとどまった。コルネリウス・ホーフトが尊敬されたのは，清廉潔白だという評判があり，現実に，市の政治的争いで，個人的利益のために地位を利用した同僚と何度も敵対関係に陥ったからである。彼の息子の1人は，少なくとも父親と同じくらい優れた人物で，たぶんオランダ史でははるかに知られているだろう。その名をピーテル・コルネリースゾーン・ホーフト（1581-1647年）という。彼は多くの詩・劇・歴史書を書いた。それらは，オランダ文学に多大な影響を与えたため，歴史に名を残した。そのため，オランダで最も権威のある文学賞は，彼にちなんで，P・C・ホーフト賞と呼ばれる。本章は，彼らの偉大な政治的業績や，この2人の人物の芸術について論ずるものではない。それほど面白みはないだろうが，商人としてのホーフト家の人々に関心がある。コルネリス・ホーフトの先祖は，船長として生計を立てていた。コルネリス・ホーフト自身は，重要な商人であった。この章の中心テーマは，コルネリス・ホーフトによる貿易の組織化の方法である。そのためにまず，コルネリスの生涯を描写する。次いで彼の事業を分析し，経済政策をめぐる彼の考え方の特徴を書いて終わる。ある意味で，コルネリス・ホーフトは，こ

の時代の穀物貿易に浸透していた企業家精神を具現していた。商人としての彼の人生を詳細に描写することは，政治における彼の役割を述べるのと同じくらい，魅惑的である。16世紀末から17世紀初頭にかけての商人を理解するうえで，格好の事例を提供してくれるからである。

1　コルネリス・ピーテルスゾーン・ホーフトの生涯の記録

コルネリス・ピーテルスゾーン・ホーフトは，1547年にアムステルダムで生まれた。彼は，バルト海地方やフランスにまで積極的に航海した船長の息子であった。父親はピーテル・ウィレムスゾーン・ホーフトといい，航海による利益で豊かな生活をした。16世紀の間に，オランダのバルト海貿易は活発になり，1540年代には実際に，急激に発展した。その結果，船舶と有能な船長に対する需要は，それに呼応して大きくなった。ピーテル・ウィレムスゾーンは，給与の他に，自己勘定による貿易で金を稼いだことは間違いない。それは，小規模な貿易商人として活動し所得を増やすことが，この時代には普通だったからである[1]。彼は息子のコルネリスを商人にした。そのため，困難で危険な船長の仕事から，ステップアップした[2]。海での危険性は誇張されがちであるし，17-18世紀のヨーロッパ海域でのオランダ漁業と商船隊に関する研究は，海で死亡するリスクは，一航海あたり1％をはるかに下回っていたことを示唆しているが[3]，ほとんどの船員は海で仲間や親族を亡くしており，海の上であまり長く活動することは危険だと気づいていた。ホーフト家にも，海で亡くなった人がいた。1562年8月，コルネリスの祖父が指揮した船舶が難破し，彼は死亡した。息子の1人であり，コルネリスの叔父にあたるブロールも運命を共にした。1560年代の後半，さらに叔父であり船長でもあったヤンとクイレインも海で死んだ。このうちの1人は，悲しげに，息子を航海の道連れにする悲劇を繰り返し語った[4]。

　商人になれば，より安全な職業につくだけではない。地位が高くなるうえ，財産を獲得する機会が増えることになった。船長は，海運業から足を洗い，貿易に専念したり，息子を貿易に従事させるのに必要な富を稼ぐこともあった。どうも，父のピーテル・ウィレムスゾーン・ホーフトは幸運

にも，コルネリスに16歳頃まで教育を施し，その後商人のもとで働かせることができたようだ[5]。われわれは，実際には彼の徒弟時代について何も知らない。例えば，この計画が，父親が金を支払わなければならない正規の徒弟修行のようなものだったのかどうか，あるいは，コルネリスが，自分で金を稼ぐ使用人であったかどうか，はっきりとはしていない。コルネリスは，その地位のいかんにかかわらず，3-4年間，定期的にバルト海地方に航海していた。そのため，航路，港，税関，外国人に関する法律，それぞれの都市で使用される通貨の種類などに精通するようになった。たぶん，彼の最大の偉業は，地方の商人との関係を築き上げたことだろう。

　これらの関係は，オランダの反乱の直前と直後の数年間にわたって，非常に重要になった。軽蔑をこめて「乞食」(Gueux)と呼ばれた人々が，1566年にブリュッセル政府に対して異端審問をやめるよう要求してから，コルネリスはこの反体制派に共感を寄せていた。彼が所属していたのは，1566年にプロテスタント礼拝を確立する際に先頭に立った反体制派（ほとんどが商人）であった[6]。オランダ諸州でプロテスタントの思想が成功を収め，さらに反抗的なスペイン領北部の政治的抵抗が強まったことを警戒して，スペイン王フェリペ2世は，アルバ公の指揮のもとで大軍を派遣し，法と秩序を，さらには，ローマ・カトリックの信仰を回復しようとした。アルバ公は政治的・宗教的な反体制派に，一連のかなり過酷な弾圧を遂行した[7]。この頃の他の多くの人々と同様，身を守るために，コルネリスはオランダを離れる決心をした。彼がアムステルダムから亡命した期間は，約9年に及んだ。それは22歳であった1569年に始まり，30歳過ぎに終わった。最初の5年間は，ダンツィヒとケーニヒスベルクで過ごした。このようにバルト海地方で過ごした長期間の滞在生活に言及して，彼は後にこう書いた。「特にルター派の人々によって，好待遇を受けた。彼らは，宗教的に迫害されている者であれば，どんな差別もしなかった」と[8]。明らかに，亡命時代に，彼の宗教的寛容の傾向は強化された。

　1573年に，ホラント州の数多くの地域が反乱に加わった。そのために，ほとんどの亡命者がこの州に帰ることができた。しかしアムステルダムには帰れなかったのは，この都市がまだフェリペ2世に忠誠を誓っていたからである。1574年，コルネリスがホラントに戻る絶好の時期が来た。この時彼が間違いなく望んでいたのは，アムステルダムの保守的な政府が，

ゴイセンに対するかなり孤立した立場を放棄するだろうということであった。しかしそうなるまで4年が経過し、コルネリスはこの間、ほとんどホールンに滞在していた。しかしとうとうアムステルダムは1578年に反乱軍に占拠され、反乱側に加わった。ローマ・カトリックのレヘントはこの都市から逃げ出し、「改宗」として知られる政変で、プロテスタントが権力を握った[9]。コルネリス・ピーテルスゾーン・ホーフトは、やっと生まれ故郷に帰ることができた。単に自分の思想に忠実であったために、アムステルダムからこれほど長く閉め出されていた経験は、彼の人格形成に大きな影響を与えた。思想の自由が重要だと確信したのである。これは確かに、経験から彼自身感じていたことであった。カルヴァン派が二派に分裂し、白熱した宗教的闘争の真っただ中で、1618年に老人となった彼は捕らえられ、以前の亡命生活の経験を振り返った。彼と同世代のゴイセンも、思想の自由を否定されるのがどういうことなのかわかっていた。それとは対照的に、1618年当時の若い世代の人々は、安楽な環境で育てられ、寛容がいかに大切であるか理解していなかったのである[10]。

　1578年11月、アムステルダムに戻ってからほどなく、コルネリスは結婚した。妻はアンナ・ヤゴブスドフテル・ブローで、メノー派であった。コルネリス自身は自由派であり、特定の宗派に属すことはなかった。彼は挙式を市庁舎でしようと思っており、（カルヴァン派の）教会ですることは好まなかったのだろう。それは、彼の信条による。この感情は、妻もメノー派の人たちも一般に共有していた。このような行為は危険だと思ったので、友人たちは、コルネリスに教会で式をあげることを勧めた。そのことが彼の政治的未来を望むなら、これによって開けると説得した。彼はこの助言に従ったが、自由派の見解は少しも譲らなかった。アンナ・ブローはメノー派のままで、息子たちがメノー派の伝統のもとで育てられたのはほぼ確かなことである[11]。新婚の2人は、港にほど近いニューウェンデイクの家に住んだ。メノー派も含めて、プロテスタントを表明する比較的多くの人々が、この近辺に住むことになった。反乱のはるか以前から、反乱者たちがこのあたりに集まって住んでいたことが知られていた。1578年に亡命から帰ってここに住んだのは、コルネリスただ1人ではなかった。アンナとコルネリウスには、近隣に多数の親族がいた[12]。

　コルネリウスは、主に北欧と西欧においてかさ張る商品を扱う貿易に従

事して，生計を立てた。彼の事業の中核に位置したのは，バルト海地方の穀物であった。そして，バルト海地方の諸都市で穀物と交換される塩などの商品が，フランスとポルトガルで購入された。もっと故郷に近いホラントからは，ニシンと油がバルト海地方に輸出された。イタリア市場が必死にバルト海地方の穀物を求めていた1590年代に，コルネリスは素早く事態に対応し，貿易網を地中海にまで拡大した。だが，彼の行動は，商業的営みよりもさらに広域に及んだ。他のほとんどの商人と同様に，コルネリスは貿易だけに従事することはなく，海運業[13]，信用貸し[14]や，貿易と密接に関連する産業活動にまで関与した。例えば，ニシンを箱詰めする工場を所有したり，東インド会社にも投資した。この会社が1602年に設立された時，9,600ギルダーの株を申し込んだ[15]。にもかかわらず，彼の最も確実な投資は，間違いなく不動産であった。地方の地所，アムステルダムの住宅，倉庫，ニシン包装用建物などがそれにあたる。

　コルネリスは実業家であったばかりか，アムステルダム市政府の役職を駆け上がっていった。1582年には参審人（schepen）に任命され，2回（1583年と1586年）再選された。1584年には市参事会（Vroedschap）の一員になった。この職は原則として終身であり，実際に1626年に死ぬまでこの職にあった。彼が就いたあまり重要ではない役職には，都市財務官（treasurier 1589年と1606年），連邦議会への代表議員（gecommitteerde raad 1599-1601年）と，アムステルダム銀行の理事（commissaris van de Wisselbank 1614年）があった。だが，これがすべてではない。1580年代に，彼はあっという間に有名になったので，早くも1588年には，最年少の40歳で最高の職である市長に選ばれた。1591年に再選され，1610年に最後に選ばれるまで10選した[16]。だから，ほぼ四半世紀の間，アムステルダムで最有力の人々の1人であった。

　彼は，朝のほとんどの時間を政治的職務に，そして1日の残りの時間は，商業活動に費やしていたようである。商業活動は，11時から正午まで取引所を訪れることで始まった。午後は事務所で簿記と通信事務に専念し，必要であれば，公証人を訪問した。これら二つの仕事をうまく結びつけることは困難であったし，政治職に多くの時間を注いだ結果，はるかに多額の利益を産み出す機会を犠牲にしなければならなかった。しかしこのような事を，彼は気にしてはいなかった[17]。17世紀には貴族化の過程が生じ，

結果としてそれぞれの階級に属する支配層が産み出されたが，それ以前には，アムステルダムの貿易に従事する，市長をはじめとする役人がいた。このことは，1636年にオランダを訪れたフランス外交官にとって最大の衝撃を与えた事柄の一つであった。(ありとあらゆる言語をあやつるスペイン系とポルトガル系のユダヤ人などの多数の外国人以外に) アムステルダムの取引所では，さまざまな人々が商業活動をしていた。商業に関与していた人々に，商人，船長，宿屋の経営者ばかりではなく，「市長」さえ含まれていたことが，彼を仰天させたのである[18]。

1578年にアムステルダムが反乱に加わってから17世紀初頭までの20年以上にわたって，自由派が都市政府を支配した。ホーフトなど，この派に属する人々は，メノー派にもローマ・カトリックにも寛容であったが，17世紀初めの数十年間で，このような寛容な状態に，大きな圧力が加わった。正統カルヴァン派が自由派の基盤を掘り崩して着実に立場を強めていったために，結局，ホーフトは勢力を弱めた。彼が最後に市長に選出されたのは，1610年のことであった。1614年に評議員になったこと以外に，彼は政治的野心をもたなくなった。正統カルヴァン派と，より自由を求める反対派との間の抗争は1618年にはあまりに激しくなった。総督マウリッツが，市政府の構成員を正統カルヴァン派に替えた。マウリッツはコルネリウスが市参事会の一員であることを許したが，それは単に，彼が老齢であり，人々から尊敬されていたからに過ぎない[19]。

コルネリスは，1626年に亡くなり，30万ギルダー以上の遺産を残した。そのため当時としては，アムステルダム最大の富裕者の1人になった[20]。彼が遺した財産の中に，アムステルダム最大の家屋の一つがあった。そこには大きな庭，倉庫，油を入れるコンテナがあった。コルネリスが住んだ住所は，1592年か93年にニューウェンデイクを引っ越してからは，シンゲル132であった。アムステルダム北部の郊外に，いくらかの土地をもつ別荘を遺した[21]。晩年の1622年に，コルネリスと妻のアンナは，自画像を描かせた（口絵1と2をみよ）。当時，彼は76歳の老齢で，妻は66歳であった。この絵が，メノー派の考え方に影響された2人の質素な生活の証拠となる。ひだえりは非常に狭く，簡素であった。これは当時流行していた華美な装飾をほどこしたひだえりとはまったく異なっている。だが，人間らしい弱点を示すいくつかの徴候がある。毛皮をふんだんに使ってい

ることが，市長コルネリス・ピーテルスゾーン・ホーフトとアンナ・ヤコブスドフテル・ブローが手中に収めた莫大な富を暗示する[22]。

2 コルネリス・ピーテルスゾーン・ホーフトの事業

すでに述べたように，10代の間に，コルネリスは商人に仕えて，バルト海地方にまで移動した。こういう環境にいたのだから，彼がやがて自己勘定で商売を開始し，ダンツィヒとケーニヒスベルクで，さらに1574年以降はホールンでの亡命生活の間にも商業に従事したのは，当然といえよう。1578年にアムステルダムに帰ってから死ぬまで，彼はこの都市で貿易を指揮した。完全な自己勘定での仕事が多かったが，第三者と共同事業を営むこともあった。だが，会社の史料の大部分は失われている。1584年に弟のウィレムとパートナーシップを結んで，ニシン，油，穀物を扱う貿易会社を始めた。しかし，この協力関係がどれくらい続いたのかはっきりしていない[23]。貿易会社は特定の商品のロットを扱うために，1年間，ないしそれ以上の期間存続させるために設立できた。そして一度設立されれば，期間を延長することも可能であった。ホーフト兄弟の場合には，会社の解散が何度も延期され，ウィレムが1605年に死ぬまで，計20年以上にわたって存続することが，実際にあり得た。どのような状況においても，2人の兄弟は，1595年夏の協力関係をなおも（いや，再び？）続けていた[24]。その下の弟のヘリトはダンツィヒに住んでいたが，1595年末にアムステルダムに帰ってから，この貿易会社に加わったようである[25]。ヘリトとウィレムが死んでから（それぞれ1600年と1605年），コルネリスは，未亡人たちと1607年に会社を始めた。この会社は，1611年まで，4年ほどしか続かなかった[26]。コルネリスは，すぐ下の弟と，次いでたぶん2人の兄弟と貿易会社で働き，さらにその後，未亡人となった義理の妹たちと協力した。だからといって，同時に別の人たちと，あるいは別の場所で共同した可能性を排除することはできない。実際，1590年代末に，彼はコルネリス・ヤンスゾーン・ヘールフィンクと共同で船舶を所有した。彼らは，1隻の船舶の共同所有者となった[27]。しかし，彼が決して単独では事業に乗り出さなかったわけではない。例えば1586年に，彼は為替状で当事者

としてただ1人名前が載っている[28]。1591年には，彼は誰とも協力せず，単独でイタリアにライ麦を輸送した[29]。1607-11年に義理の妹たちとパートナーシップを結んでいた間には，この3人はアムステルダム銀行で共同の口座を開いておらず，コルネリス・ピーテルスゾーン・ホーフトとウィレム・ピーテルスゾーン・ホーフトの未亡人には，それぞれ別々の口座があった[30]。これらの会社が明らかにしているのは，コルネリスがパートナー（たち）と一緒に金の一部を投資し，利益を出せるか損失を被るかというリスクを分けあった，ということに過ぎない。

　商人としてコルネリスが成功を収めた要因の一つに，家族の絆がある。これまでみてきたように，彼は船長の家に生まれた。祖父，父，7人の叔父が，北欧と西欧に航海する船長であった[31]。技術が，世代ごとに受け継がれた。例えば家族間で，1隻の船舶を指揮する権利を共有することは当たり前であった。数世代後になっても，アムステルダムでは，次のような話が伝えられていた。16世紀中頃のこと，コルネリスの祖父のウィレム・ヤンスゾーン・ホーフトは，エーアソン海峡に5人の息子とともに到着した。しかも息子たちは全員，それぞれ大きな船舶を指揮していた。この時たまたまデンマーク王クリスチャン3世が〔エーアソン海峡に面する〕ヘルシンボーにいて，この信じられない出来事について耳にした。国王は彼ら6人が一緒にバルト海地方に航海することを考えるだけで胸が高鳴り，客人として，彼らを招待した。さらに，エーアソン海峡通行税を免除した[32]。このような興味深い話は，1780年に出版された小冊子で目にすることができる。しかし，この逸話はその頃になると不正確になり，長年の間に，詳細な部分はぼやけていったらしい。小冊子には，こう書かれていた。アムステルダム市長となった一家の逸話では，父親と7人の息子がエーアソン海峡でオランダ商船隊に属していた。彼ら全員が，航海していた船の所有者であった，と。この小冊子を書いた人は，息子の数について間違えていた。本当は5人であり，7人ではない。さらに別の間違いは，父親と息子がエーアソン海峡を一緒に航行したのは17世紀だと主張している点だ。むろん，正しくは16世紀である。しかも，全員が船舶を所有していたなどということは，まずあり得ない。なぜなら，船長は，通常，一隻の船舶全部ではなく，せいぜいその一部を所有しているに過ぎなかったからである[33]。正確さを欠いていったにもかかわらず，この話から，父

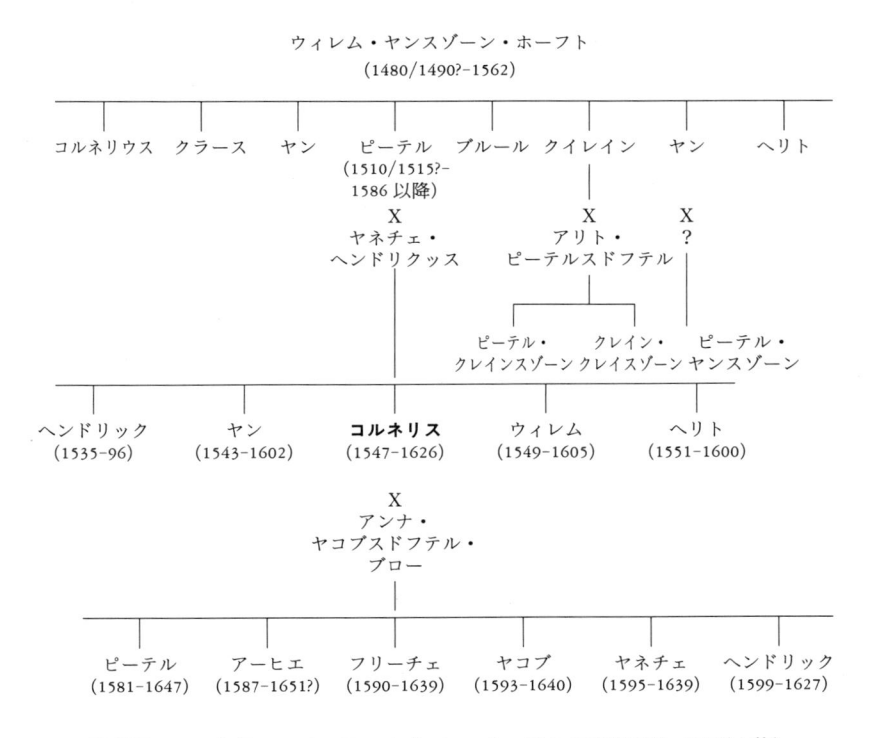

2 コルネリス・ピーテルスゾーン・ホーフトの事業

```
                    ウィレム・ヤンスゾーン・ホーフト
                        (1480/1490?-1562)
  ┌──────┬──────┬──────┬──────┬──────┬──────┬──────┐
コルネリウス クラース ヤン ピーテル ブルール クイレイン ヤン ヘリト
                        (1510/1515?-
                         1586以降)
                           X              X         X
                         ヤネチェ・        アリト・       ?
                         ヘンドリクッス    ピーテルスドフテル
                                      ┌──────┬──────┐
                                   ピーテル・  クレイン・ ピーテル・
                                   クレインスゾーン クレイスゾーン ヤンスゾーン
  ┌──────┬──────┬──────┬──────┬──────┐
ヘンドリック  ヤン    コルネリス  ウィレム   ヘリト
(1535-96) (1543-1602) (1547-1626) (1549-1605) (1551-1600)
                        X
                      アンナ・
                      ヤコブスドフテル・
                      ブロー
        ┌──────┬──────┬──────┬──────┬──────┐
     ピーテル  アーヒエ  フリーチェ  ヤコブ   ヤネチェ   ヘンドリック
    (1581-1647) (1587-1651?) (1590-1639) (1593-1640) (1595-1639) (1599-1627)
```

家系図　コルネリス・ピーテルスゾーン・ホーフトの家族関係（主要人物）

親と息子たちが，船長として密接な協力関係にあったことがよくわかる。
　コルネリスと彼の兄弟と従兄弟たちは，船長ではなく，商人として共同することが，家族の伝統となった。この点では，1578年にいくつかの重要な決定がなされたようである。すでに述べたように，この年の終りに，政治情勢が変化し，亡命商人がアムステルダムに帰ることができ，コルネリスはこの好機を捉えた。ウィレムもそうであり，コルネリスと同様，1578年11月にアムステルダムで結婚した[34]。これは彼らが2人とも，この都市に定住する気持ちであっただろうということを示す。彼ら以外の兄弟のうち2人は，それまで通りダンツィヒに住んでいた。これは，1578-79年の冬に彼ら全員が計画した戦略であったように思われる。コルネリスとウィレムだけではなく，最年長のヤンもまた，この年の冬はアムステルダムで過ごした[35]。アムステルダムの「改宗」で，一家の通商政策を再

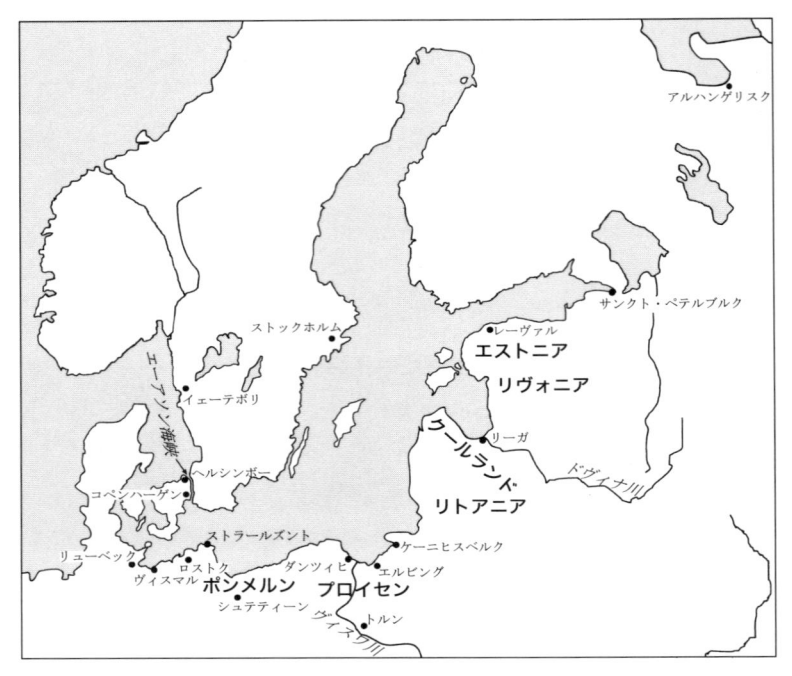

地図1　バルト海地方

考する必要に迫られた。どうも，この3人は，ヤンと最年少のヘリトがダンツィヒに残り，そこで一家の名声を上げ，コルネリスとウィレムは，アムステルダムで一家の利益を追求すると決心したようだ。父親のピーテル・ウィレムスゾーン・ホーフトには，息子が5人いた（非常に不思議なことだが，父親と同様ウィレム・ヤンスゾーン・ホーフトには娘がいなかった）。このうち4人が，今や事業で密接に協力していた。2人がアムステルダムに，2人はダンツィヒに住んだ。長男のヘンドリックだけが，4人の弟の貿易活動に関与しなかった。少なくとも，協力関係を示す史料はない。彼は1580年代初頭にアムステルダムに住んでいたが，1585年にアルクマールの市民権を購入した[36]。

　この当時の状況に関する史料は，ほとんど残っていない。けれども，5-6年後には，4人のホーフト兄弟の野心はさらに大きくなったらしい。1584年に，アムステルダムでコルネリスと弟のウィレムによって創設された貿

易会社は，まだダンツィヒに住んでいた最年長のヤンと最年少のヘリトのみならず，ノルウェー，フランス，ポルトガルで定住していた3人の従兄弟にも，支援を期待した。現在では，これらの推測を確かな証拠をもとに証明することは不可能である。しかしこれは，いくぶん意識的で集団的に決定された結果でもあるという印象が強い。これらの従兄弟の中で年長のピーテル・クレインスゾーン・ホーフトは，1584年にノルウェーのベルゲンで市民権を獲得した。それが，単なる偶然とは考え難い。彼は，新しい貿易会社の代表者となるために，ベルゲンに行ったに違いない。また別の従兄弟のピーテル・ヤンスゾーン・ホーフトは，おそらく同じ年にラ・ロシェルに行った（いずれにせよ，アムステルダムで彼をたどることができるのは，1584年までに過ぎない。彼は遅くとも1589年初頭から，ラ・ロシェルに住んでおり，そこに，1598年に死ぬまで居住していた）。3番目の従兄弟であるクレイン・クレインスゾーン・ホーフトは，1599年，ポルトガルのアベイロに住んでいたことがわかる[37]。彼もまた，1580年代から，たぶんそこの住人であった。

　3人の従兄弟が，家族が深謀遠慮を重ねた戦略によって現実に1584年に移住したなら，そこから派生する最も当然だと思われる疑問は，この戦略が計画されたのが，なぜほかならぬこの時だったのか，ということである。1578年にそうであったように，重要な政治的進展があった。1584年に，アントウェルペン包囲が始まった。貿易によっては，そのために被害を受けたが，ホーフト兄弟の事業にどれだけの影響があったのかを判断することは困難である。彼らの活動は，かさ張る商品の貿易に集中，いやむしろ限定していた。さらに，アントウェルペンはこの種の貿易には重要ではなかった。したがって，1584年に新規の，より野心的な貿易会社を創設した理由は，単に事業展開が顕著に進展していたからに違いない。兄弟の事業は，1578年以降，成功に次ぐ成功を収めたようだ。この見解の根拠となる1585年の徴税記録によれば，コルネリスもウィレムも，アムステルダムの富裕者最上位200名に入っていた[38]。たぶん，この時には，ノルウェー，フランス，ポルトガルでの事業規模は，家族の誰かを派遣するのに十分なほどに拡大した。3人の従兄弟にとって，それが生計を立てていく上での最良の方法だと思われたに違いないだろう。

　個人的事情も，3人の従兄弟が移住を決定したことに関係していたはず

である。またこれ以前にも同様の事情で，2人の兄弟ヤンとヘリトが，たとえアムステルダムに戻れる可能性があっても，1578年以降もダンツィヒにとどまり続けるようになったに違いない。本当の理由は，依然として闇の中である。だが，宗教的理由が，ホーフト家の誰がどこに住むのかをある程度決定したようである。コルネリスの兄弟と従兄弟が，自由派の見解を共有していたわけではない。しかしながら，寛容はこの一家の特徴であった[39]。かなり少なかったとはいえ，カルヴァン派になった者もいた。メノー派を選ぶ者もいれば，ローマ・カトリックにとどまる者もいた。カルヴァン派の従兄弟であるピーテル・ヤンスゾーンはユグノの拠点であるラ・ロシェルに行った。クレイン・クレインスゾーンは，ローマ・カトリックであり，ポルトガルに住む選択をした。ダンツィヒに住むコルネリスの2人の兄弟はメノー派であった。アムステルダムに住んだ弟のウィレムはカルヴァン派教会に属していた。ベルゲンに移住した従兄弟のピーテル・クレインスゾーンは，ローマ・カトリックであった。だが，そのためにルター派のノルウェーで問題が生じたようには思われない[40]。

コルネリスの外国在住の兄弟と従兄弟が，ウィレムとコルネリスの会社の利益のために，常に時間と精力を割いてくれるわけではなかった。彼らも，自己勘定で貿易活動を行なった。確実に，ウィレムとコルネリスは，オランダで彼らの代理として働いた。しかも，ホーフト家は，外国では，一族が外国にいないオランダ商人の現地代理人として活動した。例えばダンツィヒでは，ヤンとヘリト・ホーフトは，アントウェルペン出身のハンブルク商人であるヒリス・ド・フレーフェの代理商であった[41]。ラ・ロシェルのピーテル・ヤンスゾーン・ホーフトは，アムステルダムとホールンの商人の代理商として活動した[42]。彼はまた，商人と現地代理人の移動のために，宿屋を経営した。ステフェン・ファン・デル・ハーヘンは，オランダの歴史研究でよく知られた人物の1人である。それは大西洋岸，地中海地方，さらには何度も東インドに航海したことに加えて，バルト海と北海での航海で目覚しい成果をあげたばかりでなく，自分自身の経験を書いているからでもある。そのため，彼の長く興味深い経験——ラ・ロシェルのピーテル・ヤンスゾーン・ホーフトの宿屋に宿泊したことも——を知ることができる。彼はこの宿屋で，数多くの若い商人に出会った[43]。

国外在住者とオランダ在住者の間の絆は，何十年にもわたって強かった。

さらにもっと若い世代の家族になると，外国で生まれて育てられることが多かったが，たいていの場合，自分たちはオランダ人だと思っていた。しかし，もし経済的観点から望ましいとわかれば，ヨーロッパの他地域に移動する準備があった。このことは，クレイン・クレインスゾーンの息子（事態は複雑になるが，彼の名もまたクレイン・クレインスゾーンであった）がポルトガルで生まれ，1609年にノルウェーのベルゲンに行った理由を説明するに違いない[44]。彼は，叔父のピーテルス・クレインスゾーンの後継者となった。それは，この直前にこの叔父が跡取り息子を遺さずに死んだからである。息子のクレイン・クレインスゾーンは，1611年にベルゲン市民権を獲得した[45]。ダンツィヒのヤンとヘリト兄弟は，1595年にアムステルダムに戻り，死ぬまでホラントで暮した[46]。ヤンの息子ピーテルは，この時に現地代理人として働いたが，商人のホーフト家では目立った動きはしていなかった。ピーテルは1575年にダンツィヒに生まれ，この地で死ぬまで過ごしたことはほぼ確実だが，ホラントに住む方を好み，1602年頃に再移住した。いや，単に「移住した」というべきかもしれない[47]。

コルネリスは，古くから確立されていた，かさ張る商品の貿易にいくぶん特化していた。穀物貿易ついては，かなり詳細にわかっている[48]。弟のウィレムと共同の貿易会社が，1584年に油，ニシン，穀物の取引きのために設立された。とはいえ，もっぱらこれらの物産にかかわっていたわけではない。灰の貿易についても触れられている[49]。コルネリス・ホーフトは，生涯を通じて，穀物貿易が事業の中核であった。バルト海地方からの穀物輸出を補完したのは，西欧商品の輸入であった。その中で，ニシンと塩の需要が最も多かった。バルト海地方の産物と交換される商品のニーズから，商人ホーフト家の代理商たちが，ラ・ロシェル，アベイロ，ベルゲンに戦略的に配置され，その他の都市ではなかった理由がわかる。ラ・ロシェルはフランスの塩の輸出の中心であり，アベイロは，ポルトガルに対して同じ機能をもっていた。ベルゲンは，ニシンなどの魚の輸出港であった[50]。

商人ホーフト家が結んだ結婚は，ニシン漁を営む商人との結びつきを強めようという戦略を示している。コルネリスの母親が死去した後，父は未亡人のマリア・エフベルツ・フルデンクネヒトと再婚した。彼女には以前の結婚で育てた10人もの子供がいた。そのためコルネリスは，継母の兄

弟姉妹たちと協力関係が築けるようになった。その中に，多くの商人とその妻たちがいた。ニシン貿易には，マリア・フルデンクネヒトの息子たちがとくに関わっていた。それは，彼女の以前の夫の1人が，ニシン商人だったからである[51]。コルネリス自身と兄弟たちもまた，ほとんどが商人の家族と結婚した。例えば妻のアンナ・ブローは，ニシン商人の娘であった。ニシン商人と緊密な関係があったので，輸出用商品にかかわることは容易であった。コルネリスの義理の父が，バルト海地方に送られるニシンを彼のために調達したのは，当然だと考えられよう。義理の父が死ぬと，コルネリスは義父の土地つきの家を購入した。そこには工場があり，ニシンを入れる桶がたくさんあった。アンナの従兄弟の1人であるウィレム・ヤンスゾーン・ブローは，1594年頃のしばらくの間，コルネリスの事務所で徒弟として働き，ニシン貿易に専念した。彼がやがて事務所を去ったのは，数学や天文学の方が面白くなり，結局，本の印刷と地図作成をするようになったからである[52]。彼が出版した書物と地図は，すでに彼の存命中から有名であった。さらに彼と子孫たちは，17世紀を通じて，オランダの地図作成で支配的な地位を占めた。

　オランダ商人の中には，16世紀末に，イタリアで生じた穀物への多大な需要に応じて，貿易網を地中海にまで拡大した者もいた。コルネリスは時間を無駄にすることなく，この新たな事業機会を捉えた。非常に困ったことに，1591年10月に彼がイタリアにライ麦を満載した船舶を送った詳細な記録が残されているのは，輸出税が支払われなかったという理由で，訴訟があったためである。この船舶は輸出税を払わずにテクセルを出港した。逆風を逃れるため，ゼーラントのどこかの港に停泊し，海軍局の役人に調査された。そこで，詐欺行為が発覚したのである。船長に責任があり，延々と長期間にわたった訴訟の後，海軍局法廷は，船長に5ギルダーの罰金と訴訟費用を支払うよう判決を下した[53]。史料を詳しく読むと，船長ではなく，コルネリス自身に脱税の責任があるような印象を強く受ける。だが，彼はアムステルダム市長であり，強力な影響力をもつ人物でもあった。彼はどうやら，有罪を逃れるために，権力者たちとの関係を利用したようだ[54]。一見すると，これと，高潔で知られる人物像を一致させることは困難だろう[55]。これは，息子のピーテルを1609年に高給が支払われる地位の高い行政職に任命したこと――ピーテルの任命には，父親の影響が大き

かった可能性が非常に高い——を除けば，コルネリス・ホーフトが個人的利害のために影響力を行使した事例として，唯一記録に残っているものである[56]。脱税の問題に対する利己的態度は，彼にとって問題ではなかったようだ。たぶん，それは彼のこの税に対する態度からも説明できよう。輸出税が高すぎると感じていることを，彼は隠そうとはしなかった[57]。さらに銘記しなければならないが，脱税は頻繁におこり，有力者の脱税を隠蔽することも，極めて当たり前のことであった[58]。

1591年にイタリアに輸送された穀物はここで問題となった輸出ライ麦だけではない。コルネリウスと弟でパートナーであるウィレムも，同年に小麦をイタリアに輸出しているからである。小麦は袋詰めで輸送されるために，2人の穀物運搬人が雇われた。通常はこのような輸送方法がとられなかったのは，穀物はたいてい，船舶の倉内に放置されたまま輸送されていたからである。ところが，イタリアへの最初の貿易の間に，この袋詰め法を採用した商人が数名いた[59]。その理由はおそらく，このような長距離輸送では，穀物の扱いに不安があったからだろう。袋の品質は悪く，修繕する必要があった。コルネリスとウィレムは，2人の縫帆手に命じて，袋を修繕させた。次いで彼らは，1591年のクリスマス直前にこの仕事をしたことを，後になって思い出した[60]。1592年，いやもっと以前から，コルネリスはまたアムステルダムで穀物を購入し，イタリアにそれを輸出していたイタリア人の代理人として活動していた。彼は，イタリア商人の船舶が損害を被った時，彼らの名前でアムステルダムの保険業者から損害賠償金を請求し[61]，さらに，彼らのために船舶をチャーターした[62]。

地中海への貿易は，1590年頃にはまだよちよち歩きの段階であった。とはいえ，2-3年以内に，オランダの貿易商人と船長にとって生活の一部となった。最初の数年間は，オランダ—イタリア間を往復することが普通だったが，その後，オランダ船はより複雑な航路をとるようになり，さらにまた，地中海内部でも商品輸送を行なうようになった。例えば，1598年2月，コルネリスとホーフトとコルネリス・ヤンスゾーン・ヘールフィンクが所有する船舶の天使ガブリエル号が，ピサからリヴォルノとシチリアへの航海のためにチャーターされた。所有者は，その年の4月にアムステルダムで輸送料を支払った[63]。このことは，コルネリスが，地中海が貿易活動にとって興味深い地域であるばかりか，海運業を拡張するのに適し

ていると考えた〔理由を探る〕手がかりとなる。

　コルネリスはイタリアへの貿易が非常に重要だと考えたので，1598年に，17歳の息子を派遣した。バルト海地方ではなく，フランスとイタリアで商人としての経験を積ませたかったからだ。一家の新しい関心がフランスとイタリアに寄せられたので，若きピーテル・コルネリスゾーンが両言語を修得しなければならなかったことは明らかである[64]。ピーテルは，ラ・ロシェルで商会の使用人や徒弟として半年以上働いた。その後フランスとイタリアを2年以上かけて旅行した。これは，真の意味でのグランド・ツアーであった[65]。ラ・ロシェルで過ごした日々が，重要でなかったわけではない。コルネリスの従兄弟であるピーテル・ヤンスゾーン・ホーフトは，1580年代以来この地で宿屋を経営し，ホーフト家の商人として働いていたが，その彼がちょうど亡くなったところであった。コルネリスは，息子が叔父の後継者としてもっと長くフランスで腰を据えるよう望んでいたに違いない。この考えもイタリアへの計画も，どちらもうまく行かなかった。ピーテルは何年もかけてイタリアを旅行した。重要な貿易都市を訪れ，父の事業関係者に出会った。ヴェネツィアには，比較的長く滞在した。オランダ出身の富裕な商人で，おそらく父と事業上の交友関係があったフランチェスコ・フリンツの家で過ごした。1599年には，フランチェスコ・フリンツの事務所で数ヵ月働いた。それからまた1600年10月からほぼ半年間，イタリア中を旅した[66]。父親にとって不幸だったのは，ピーテルが旅行中に事業を嫌い，ますます文化面，特に文学に熱中するようになったので，商業で身を立てていく可能性が弱まり，商人としては成功せず，著名な作家・詩人になったことである。

　父の世代とは異なりコルネリス・ホーフトの6人の子供全員が事業に打ち込んだわけではなかった。コルネリスの3人の娘のうち，2人は商人と，1人は法律家と結婚した。3人の息子のうち，真ん中のヤコブだけが商人になった[67]。長男と末息子はまったく別の道を歩んだ。ちょうど今述べたように，長男のピーテルは文筆業に変わった。本章の冒頭でみた通り，彼は，歴史書，詩，劇でオランダ文学史上著名である。彼の傑作『オランダ史』は，重要な時代である1555-84年のオランダ史について記述したものであり，事実上，フェリペ2世に対するオランダの反乱史である[68]。さらに詩をつくり，1611年にできた最初のアムステルダム取引所（口絵3を

みよ）の開設のような記念すべき出来事を祝った。この建物は，国際貿易で当時のアムステルダムが獲得した重要な役割の象徴であった。1607年に建設が決定された時には，確かに，市長を勤めていた父親のコルネリスの支援があった[69]。文学の道を選択したからといって，この息子に貿易への関心がまったくなかっとはいえない。彼は末弟のヘンドリックに，その後にはヘンドリックとヤコブ両兄弟との貿易上のパートナーシップのためにいくらかの金を投資したからである[70]。ピーテルの気質を考えると，貿易活動に割く時間と精力はほとんどなく，会社の事実上の経営は，弟たちに任せただろう。

末息子のヘンドリックは，どうやら問題児だったようだ。9歳だった1608年に，市長の一番下の息子だったので，新しい取引所の最初の煉瓦を積むという栄誉を担った[71]。このように幼い頃から注目を浴びるようになったとはいえ，商人として成功を収めるのに十分な刺激剤にはならなかった。すでに言及したように，彼は実際に，しばらくは，長兄のピーテルと，その後は2人の兄ピーテル，ヤコブと貿易上のパートナーシップ関係を形成した。しかし今日では，この会社を経営していたのは誰か，どれくらい儲かったのかということをあとづけるのは不可能だ。彼は10代に，まずライデン大学で，その後フランスのオルレアンで学んだ。オルレアンで，彼は分不相応なほどの金を使い，そのため1624年に書かれた父親の最後の遺言では，ヘンドリックはごくつぶしだと書かれていた。成功し，富裕になって帰ることを希望して，彼は東インドに送られた。しかし，二度と帰国することはなかった。バタヴィアに到着してから，数年後の1627年に亡くなった[72]。

3　経済政策に対するホーフトの考え

30代であった1582年から，コルネリス・ホーフトの商業活動と政治的経歴の間には関連性があった。経済活動と公共奉仕の活動が結合していたので，経済政策の観点から彼を研究するのは，興味深いことだ。入手可能な像は，不完全であり，ぼやけている。彼が書いた数多くの論考は今もなお残っており，宗教的・政治的問題を扱っている。経済面については，つい

での折に言及されるに過ぎない[73]。たとえそうだとしても，断片から彼の考え方や，1600年頃に彼が委任された連邦議会のいくつかの決定が判明する。

　コルネリス・ホーフトが確信していたのは，オランダの権力と繁栄は「海洋の主権」，すなわち海の支配と外国貿易次第だということであった。それ以外のすべての要素は大して重要ではなく，海外貿易の利益に従属しなければならなかった。つまり，オランダ人が外国で指揮する事業活動を促進するには，外国との良好な関係の維持が欠かせなかったのである。オランダでは，礼儀正しさからではなく，外国の政府をいらだたせないために，異国人は丁寧な扱いを受けるべきであった。一見すると，これは南ネーデルラントからの移民を激しく批判して，ホーフトが注目されたことと矛盾しているようにみえる[74]。彼の敵意の主要な対象は，宗教的争乱の結果，アントウェルペンをはじめとする南ネーデルラントを去り，アムステルダムに定住した商人に向けられていた。このような人々は政治的・宗教的役割を担う権利を拒絶されるべきだと確信していた。彼は，地元の商人と不公平な競争をしているという理由で，彼らを非難した。もといた土地にいる家族，友人，同僚とのコネがあるので，南ネーデルラントで事業上のパートナーをみつけることが，彼らの方が容易であるという信念からこういったのだ[75]。彼には，このような偏見があった。だから，外国人の扱いが丁寧であったと宣伝しているが，現実の態度は，状況次第で変わった可能性が極めて高い。ホーフトの兄弟や従兄弟のような人々が住んでいたドイツ，イタリアなど，オランダの貿易にとって重要な国々の人々を引き寄せる手段だったと解釈すべきだろう。アムステルダムで外国人が手ひどい扱いを受けたとすれば，外国在住のオランダ人は報復的政策の餌食になりやすかった。現実主義者ホーフトの見解は，政治と宗教を寛容にして，オランダの党派・都市・州の間の意見の相違をなくすことはまた，外国貿易と他の部門の利益につながるというものであった。自分自身は地方政府に関与していたけれども，コネリス・ホーフトは，政府が経済に少しでも介入することに原則として反対した。それでもなお，経済面での浪費を抑制することは，政府の任務だとみなした。この点について彼が行なった非常に具体的な主張は，外国貿易における税に関係していた。この税は，輸出入関税 convooien en licenten（彼が1591年に，この税を支払わなか

ったという詐欺的行為についてはすでにみた）である。これは全国税であり，連邦議会がつくり，オランダのすべての州で徴収され，海軍局の収入を増やすことを目的としていた。海軍局は，軍艦がオランダとオランダの艦隊を保護するために使った。ホーフトは，諸州が主権をもつべきであり，他の諸州は，ホラントで徴収される税金とは無関係であるべきだと考えた。彼は，税金が高すぎると主張した。1609年に十二年休戦が始まると税率が下げられたのは，戦争があった時と比べると，海軍局の経費が少なくて済んだからである。またホーフトは，関税がこのように調整されることを，心底願っていたからである[76]。

　ホーフトは，1596年，1597年，1599-1601年に連邦議会に派遣された[77]。1596年の決議には，外国商人の利害に合致するようなオランダの貿易政策を形成しようとする彼の努力が記録されている[78]。オランダ国内の意見の主要な相違点は，スペイン，ポルトガル，イタリアへの輸送と貿易が禁止されるべきかどうか，穀物輸出が全面的に禁止されるかどうかということであった。この禁止事項に関しては，アムステルダムは真っ向から反対した。その理由はまったく明らかである。多くのアムステルダム商人が南欧との貿易に関与しており，ほぼ確実に，倉庫には船舶で搬出されるのを待っている穀物などの商品や，中には荷物を積んだ船舶さえあったからだ。禁止されれば，彼らが大きな損失を被ることは間違いなかった。イタリア商人の代理商として活動する商人の場合，イタリア商人の利益にとっては，禁止事項がないのが最良であることも，議論の余地がないほど明白である。ところが事態は，逆方向に動いた。1595-96年の冬に穀物価格が上昇したことを想起して，連邦議会の大半の議員は，穀物輸出の禁止を支持した。これを促進したのが，飢饉の恐れであった。意見の相違は，当時の全般的な社会経済的情勢に照らして理解されるべきである。情勢を少しでもみれば，1594-99年が北ネーデルラントの危機の時代だと呼ぶことに正当性があることがわかる。食糧は欠乏，不足し，飢餓の脅威が迫り，生活水準は下がり，冬は極度に寒く，水路は破損した。これらすべてが，この危機的状態の原因となった[79]。

　スペインとポルトガルへの貿易と輸送の問題については，アムステルダムを除くホラント州の多くの都市が強固に禁止を支持した。最も可能性のある説明としては，これらの都市では，商人がアムステルダムほど優勢で

はなかったことがある。商人以外の、船主と船員の二つの集団の利益の方が重要であった。オランダ船が南に航海すれば、スペイン人によって捕獲され、乗組員がガレー船に送られる大きなリスクがあった。26隻のオランダ船がイタリアからの帰途スペイン人に拿捕され、乗組員全員がガレー船の奴隷にさせられた事件が、1591年におこった。その時の記憶が、まだ脳裏にありありと焼き付いていた[80]。同じような運命が船乗りを再び襲うリスクははるかに高かった。したがって諸都市は、スペインとの関係が改善されるまで、危険地域に船舶を入れない方が良いと考えた。アムステルダムは、自分たちの見解が少数派だとわかったので、スペイン・ポルトガルとの貿易と輸送を禁止することに同意した。だが、禁止国の中にイタリアを入れることには同意せず、穀物輸出に税金はかけるべきではないと利己的な主張をした。アムステルダムは、失望させられることになった。1596年10月、連邦議会は、代議員の多数の意見を反映して、スペイン、ポルトガル、イタリアへのすべての輸送と貿易を禁止した。

　この通告は、南欧とのありとあらゆる貿易を麻痺させることをねらっており、これをきっかけとしてコルネリス・ホーフトは目立つ存在となった。連邦議会の代議員として、彼はアムステルダム市政府に禁止措置について知らせた。アムステルダム市参事会は、イタリアとの貿易禁止をすべて取り消すために、彼に連邦議会の会議でアムステルダムの見解をすみやかに説明するよう要請した。ホーフトが明確にしなければならなかったことは、もし連邦議会が全面的禁止に固執すれば、アムステルダムはそれを無視するであろうということであった[81]。コルネリス自身、穀物を積んだ船舶をイタリアに送っていたことは間違いないので、彼がこの任務を何としてでもやり遂げようとしていると想像するのは無理のないことである。彼の努力はすぐには役に立たなかったが、アムステルダムは抵抗を続けた。またトスカナ大公国とヴェネツィア共和国は、イタリアが非常に不作だったので、オランダに穀物輸出を許可してもらうよう強く要請した。その結果2－3ヵ月の間に、イタリアとの貿易は禁止から除外された[82]。1595-96年の冬に強行された貿易制限は、オランダ共和国の貿易政策史において、例外であった。広く定着していた慣行は、たとえ穀物不足で人々が危機に陥ったとしても、貿易の自由を優先することであった[83]。

　1596年のアムステルダムと連邦議会の権力争いは、アムステルダム穀

物商人の利害が，他の人々の利害と完全に対立することがあり得たことを示している。対立する人々とは，飢饉と無秩序を防ぎ，あまり商業活動を重視していない他の都市の政府や敵の餌食にならないよう，航海する人々を保護しようと必死になっている港湾都市の政府のことであった。アムステルダムでは，利益獲得の可能性とリスクを天秤にかける自由を求めるとともに，政治的制限によって何事につけ邪魔されたくないコルネリス・ホーフトのような商人の手に，権力が付与された。

結　論

他の商人と比べると，コルネリスの人生は数多くの点で人並みはずれていた。彼はアムステルダム市の政治的騒乱の中で急速に台頭した。一方，他のほとんどの商人は，政治的権力に直接近づくことはなかった。どの教会にも属さないことを意味する，彼の自由派の見解は，一般的ではなかった。それどころか現実には，極めて例外的であった。外国で組織をうまく機能させるために，彼は家族の人々にすっかり頼っていた。ダンツィヒにいる信頼できる代理商は，彼の兄弟のうちの2人であった。ノルウェー，フランス，ポルトガルの信頼できる代理商は，彼の従兄弟のうちの3人であった。家族の絆は非常に強かったに違いない。たぶん，ほとんどの家族よりも強かっただろう。別の点からは，家族のこのような特別の共同形態は，かなり稀であったに違いない。他の商人を詳細に研究しなければ，アムステルダム在住の2人の兄弟，ダンツィヒにいる2人の兄弟，ヨーロッパの別の港湾都市を基盤とする従兄弟たちの貿易ネットワークが，例外的なものだと自信をもっていい切ることはできない。近世の人口学の本を読んだことのあるものなら誰でも，成人になった息子が2-3人以上いることは例外的だと知っている。ホーフト家の兄弟たち（ヘンドリック，ヤン，コルネリス，ウィレム，ヘリト）は，全員，少なくとも49歳まで生きた。ホーフト家の体力は，彼らの一世代前の船長の時代と同様，特筆すべきものがある。8人の兄弟（また実に奇妙なことに，娘はいなかった）は，全員が成人に達し，そのうち7人が船長になった。まったく信じられないほどに健康に恵まれた家族であったに違いない！

ほとんどの商人は，コルネリスとは違い，参審人，市参事会員，市長になることはなかったが，彼らの利益はかなり考慮された。それはアムステルダム市の市政官は，すべて商人であるか貿易に従事する家族の出身であり，そのため貿易の利益を優先したからである。外国貿易は，オランダの政治で常に重要課題であった。しかも，コルネリスの自由派の見解は稀であったが，彼の宗教的寛容は多くの商人が共有し，しかもたぶん，プロテスタントとローマ・カトリック地域を結びつける貿易ネットワークが成功する条件となった。オランダの反乱の初期にバルト海地方にコルネリスが亡命したことは，アムステルダム商人の多くに共通してみられた経験だが，そのほとんどは，プロイセンではなくドイツの都市に逃亡したように思われる。最後に，コルネリスの親族は，たぶん特有な形態をとっており，それが彼の貿易のためには他と比べようもないほど重要であった。だが，オランダの代理商が，必ずというわけではないがたいていの場合，企業のトップと関係しており，貿易システム内部にあるダンツィヒや他の中心都市に永住することは，かなり一般的な現象であった。この主張は，当時のヨーロッパでオランダ人コミュニティが成長したことで，間違いなく証明される。経済的利益が誘因となり，政略結婚が行なわれたことも，商人の間では例外ではなく，むしろ当然のことであった。コルネリスは，現実に「ニシン一家」と結婚した。この絆は，当時優勢であった婚姻による同盟関係のパターンと見事に一致している。

　これらの説得的な事例を除いて考えても，16世紀後半のオランダ貿易の一事例としてコルネリス・ホーフトを提示する最大の理由は，彼の貿易の性質にある。バルト海地方との穀物貿易は，彼の活動の根幹をなしており，オランダから輸出されるニシンや油，フランスやポルトガルから持ち込まれる塩と同様，バルト海地方に輸出される商品貿易を刺激したことは，それほど不自然ではない。1590年代に貿易ネットワークは地中海にまで拡大し，イタリアの食糧需要の増大に応じるまでになった。長期的にみて，そして全体として，コルネリスの事業は非常に儲かった。そのため，船長の息子として生まれた彼が，死ぬ時には大金持ちになることができた。これらすべての側面——中核商品としての穀物，バルト海から地中海にまで及ぶ貿易ネットワークの拡大，貿易による利益率——は，他の多くのアムステルダム商人の間でも，稀ではなかったのである。

第 2 章

バルト海地方からの穀物輸出における大波動

───────

　バルト海の穀物貿易の歴史を見ると数少ない「大波動」が存在する。歴史家は，その中のどれかを選び出すのが習慣となっている。本書では，それを四つの局面に分ける。（1）16世紀第2四半期に始まり，17世紀中頃に終わる「拡張の時代」（1540-1650年）。（2）18世紀中頃まで続く「収縮の時代」（1650-1760年）。（3）「成長の再開」（1760-1800年）。それに続く「周辺化の時代」（1800-60年）である。穀物貿易がどのように発達したか，供給や需要から生じるどのような要因が，それぞれの時代特有の展開の主要因であったかということが，本章の主題となる（第2-5節）。ここでは，全般的にバルト海貿易自体に関心を絞り，これ以降の諸章の主題となるオランダ人独自の役割には触れないでおく。このようなより広い枠組みのもとで，第1節では，『エーアソン海峡通行税台帳』を紹介する。これは，大波動に関するわれわれの知識にとって最も重要な史料である。

1　『エーアソン海峡通行税台帳』
──バルト海貿易研究のバイブル──

　百年近くにわたって，バルト海貿易に関する研究は，著名な出版物である『エーアソン海峡通行税台帳』を基軸としてきた[1]。この台帳には，デンマークのエーアソン海峡で支払った通行税に基づく貿易のデータが要約されており，近世貿易史の史料として，他に匹敵するものがないほど重要である。エーアソン税の重要性は，バルト海と西欧の間を航行するすべてではなくとも，ほとんどの船舶がこの航路を通り，この海峡は，バルト海地

方の出入り口であったことから明らかである。海峡は非常に狭く，多くの船舶が到着した時には，混み合って遅れを出すこともあった。しかし海峡があまり混んでいなくても，現実には，船舶は通行税を免れることはできなかった。エーアソン海峡の両岸を支配していたデンマーク王室は，15世紀初頭に通行税をとるようになった。それ以降，この海峡を航行する船長は，海峡が一番狭くなるヘルシンボーを根拠地とする税関の役人に船舶に対する税を支払わなければならなかった。船舶に積載された商品は，当初は免税であった。それゆえ，初期の記録からは，船舶の数についての情報は得られるが，積み荷についてはわからない。この状況は，16世紀の間に変化した。結局，たいていの商品に通行税がかけられるようになった。1561年から，ほとんどの商品に通行税を支払わなければならなくなった[2]。かなりの長期間にわたり，エーアソン税は，デンマーク王室にとって重要な歳入源となった。

　税を徴収する過程で，役人たちは細心の注意を払い，エーアソン海峡通行税簿に船舶と商品とを記載した。この記録の完全生や信頼性について，そして中身の解釈について，いくつかの重大な問題が潜んでいる。にもかかわらず，彼らの記録のおかげで，西欧とバルト海地方の間の輸送と貿易に関する素晴らしい史料が産み出されたのである。さらに良いことに，ほとんどの記載が残されている。しかし残念ながら，15世紀から16世紀初頭の初期の記録は，大半が失われている。記録は，16世紀中頃に破棄されたが，それには通行税徴収人の1人が，前任者である父親が犯した不正行為を隠そうとしていたことと関係があるようだ[3]。16世紀中頃からの大半の記録が現存している。バルト海貿易に深くかかわるようになったアメリカ人の圧力のもと，1857年に通行税は廃止された。それゆえ，エーアソン海峡通行税簿は，16世紀中頃から19世紀中頃までのほぼ300年に及ぶ，バルト海地方の海運業と貿易に関する史料なのである[4]。

　『エーアソン海峡通行税台帳』の出版は，19世紀に始まった大規模なプロジェクトの成果であった。このプロジェクトでは，エーアソン海峡通行税簿のデータを表にしてまとめた。1906年から1953年に，デンマークの歴史家であるニーナ・エリンガー・バングとクヌト・コーストが，初期の記録から1783年までの時代を扱い，感動的でさえある全7巻の書物を出版した。もっと最近のプロジェクトはそれに続く時代を扱っており，1784-95

年の 12 年間の要約を出版した[5]。それ以外の記録に関しては，1845 年に関する詳細な研究があり，西航貿易を分析している[6]。不幸なことに，それ以外の 1796-1856 年という時代は，まだ手がつけられていない。ほとんどの歴史家にとって，原史料を研究する際に乗り越えなければならないハードルは極めて高く，その数も多すぎる。デンマーク語の判読困難な手書きの文書であり，度量衡は異なり，商品の品質も違う。しかも，大変なことに，ページ数が多すぎる。この原史料は，棚のスペースを 60 メートルもとっている[7]。原簿はコペンハーゲンに保管され，アムステルダムにはマイクロフィルムで保存されている。したがって，書物である『エーアソン海峡通行税台帳』ほどには使用されていない。原簿とは対照的に，この台帳は，バルト海貿易の研究で無視されることは滅多になかった。台帳からのデータは，しばしば，研究の根幹そのものとして利用されることさえある。結局，バルト海貿易を研究する歴史家にとってのバイブルは，原簿ではなく，『エーアソン海峡通行税台帳』である。

　このような史料を扱う際に，常に銘記しなければならないことは，税関での記載にはいつもごまかしがつきものであったが，穀物のようなかさ張る商品の場合，例えば香辛料などのかさ張らない高価な商品と比較すると，不正は大した問題ではなかったということである。穀物に関して憂慮すべき不正がなされたのは，1580-1617 年だけであったに違いない。そして一番悪かったのは，オランダ人船長であった。例えば，彼らは通行税徴収人に，穀物ではなく，羽目板を積み込んでいると信じさせた。それは，羽目板の方が，穀物よりも通行税が安かったからだ。あるいは単に，実際よりも少ない量の穀物しか積んでいないふりをした。ジャナンによれば，数年間，特に 1581 年，82 年，83 年に，船長が申告した穀物は，実際のたった半分の量しかなかった。彼らは，詐欺と密輸をしようと熱心であった。とうとう，1618 年に徹底的な改革が始まり，通行税の申告を厳しく管理した。この政策がとられてから，申告はかなり信頼できるようになった。だから銘記しなければならないことは，1580-1617 年に，貿易は，エーアソン税の記録から判断されるよりも，現実には拡大していただろうということである。それ以降 17 世紀の間と，18 世紀においても，少なくとも穀物の積み荷に関しては，申告の信頼性は高かった[8]。

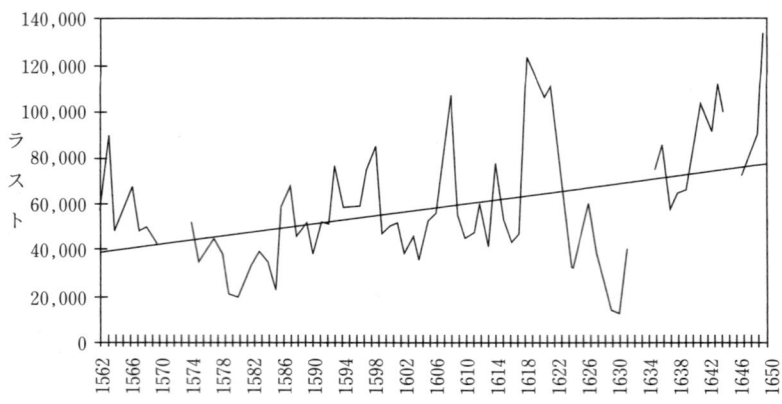

図1 「拡張の時代」のバルト海地方からの穀物輸出（1562-1650年）
出典）Bang and Korst, *Tabeller*.

2　拡張の時代（1540-1650年）

　1562年（穀物の量が判明する最初の年）から1650年まで，エーアソン海峡を経由した穀物貿易に関する全般的な特徴は，図1から読み取れる。輸送規模は巨大で，上昇傾向は明らかである[9]。少なくとも1590-1650年には，船長は，年平均5万ラスト以上をヘルシンボーの税関で申告した。このような高い水準が非常に長期間続く状況は，近世全般を見渡しても滅多になかった。
　穀物貿易は大規模であるばかりか，常に拡大していた。さらにジャナンが随分以前に強調したように[10]，この時代には比較的安定していた。むろん，年によって量は変動したが，これ以降と比べると大したことはなかった[11]。1562-1650年に，大きな変動があった。2年で2倍になることすら

表1　エーアソン海峡を通過する貿易の年最大変動（1562-1650年）

100%以上の上昇	50%以上の低下
1585-86	1608-09
1617-18	
1630-31	

地図2　ホーフト家の貿易網

あった（100％以上の上昇）し，半分以下になる（50％以上の低下）ことちあったが，それらは計4回に過ぎない。このような変動は，表1に見出される。

　たぶん，現実には，2年間で大きく変動したのは，3回に過ぎない。1617年から18年にかけて，4万4,812ラストから12万1,311ラストに

増加した。これは，1618年の通行税の改革も一因となっている。通行税徴収人は，いい加減な態度を改め，厳格になり，それまで以上に現実の貿易量をきちんと記録するようになった。2年間で大きく穀物輸送量が伸びたのは，1630-31年のことであった。1630年には，『エーアソン海峡通行税台帳』には，たった1万1,131ラストの穀物しか記録されていない。ところが翌年には，3倍以上の3万8,728ラストに上昇する。このように急上昇したことは，次の二つの原因に帰すことができよう。戦争の影響で記入にいくつかの誤りが生じていたが，それをなくしたこと。そして，不作のため，1620年代の終り頃から，バルト海の南岸からの穀物供給にかなりの悪影響が生じたことである。これらの問題については，後ほど論じたい。

　研究地域を限定したとすれば，次に答えなければならない問題は，バルト海地方の国々や港の中で，穀物輸送に最も大きくかかわったのはどこか，ということである。これは，バルト海地方の中で，ごく僅かの地域しか多くの余剰穀物を輸出できなかった事実と関係する。ほとんどの穀物は，バルト海南岸のあらゆる港で積まれた。ヴィスマル，ロストク，ストラールズント，シュテティーン，ダンツィヒ，エルビング，ケーニヒスベルクの穀物が，定期的に輸送された。しかしながら，圧倒的な量が，プロイセンの都市ダンツィヒから輸送された。その次には，ケーニヒスベルクが位置した。1570-1649年には，エーアソン海峡で申告されるライ麦の71％，小麦の63％がダンツィヒで，そしてライ麦の12％と小麦の9％が，ケーニヒスベルクで船積みされた。穀物貿易によって繁栄したので，この二都市には多くの外国人が引き付けられた。彼らは，この二都市に定住し，商人や現地代理人として暮らし，外国商会の代表となり，さまざまな農作物の輸出に関与した。その中でも穀物が最も重要であった。ダンツィヒのオランダ人コミュニティは，16世紀末から17世紀初頭にかけ急速に成長し，当時で少なくとも数百名に達した。

　16世紀から17世紀前半にかけ，ポーランドの穀物輸出が増大した。その主な理由は，供給側ではなく需要側に求めなければならない。西欧での需要が高まったので価格が高騰した。そこでポーランドの地主ができるだけ多くの土地を穀物の栽培のために使おうとした。土地はふんだんにあったが，労働力は不足していた。最終的に輸出された穀物のほとんどは，農

奴を労働力として使って生産されたものであった。荘園で利益をあげるためには、この種の労働はおおむね不可欠であった[12]。生産性は低く、ライ麦、小麦、大麦の収穫高をみると、1粒播いても4粒実ることさえなかった[13]。

1466年から1793年にかけて、ダンツィヒはポーランド－リトアニアに属しており、その主要な港であった。この都市が重要だったのは、主としてヴィスワ川の河口に位置するという地理的要因にあった。ヴィスワ川は、ブーク川、ナフレ川、サン川のような航行可能な支流と共に、ダンツィヒと広大な後背地を結ぶ貿易ルートとして重要な役割を果たしていた。ヴィスワ川流域自体、ライン川より長い。しかも支流があったので、ヴィスワ川貿易と結合した穀物供給地域は、ライン川よりはるかに広かった[14]。数百隻の、場合によっては数千隻の小舟が、毎年ヴィスワ川を下りダンツィヒに到着した。ポーランド－リトアニアとダンツィヒ、またはケーニヒスベルクやリーガのようなバルト海地方の他の港との関係は、輸出穀物の生産を発展させるうえでかなり決定的な要因であった。土地の肥沃度と気候条件は、輸送ルートほどには重要ではなかった。だから、例えば非常に肥沃なウクライナのほとんどの地域が、本書でとり扱っている時代には西欧にほとんど穀物を輸出していないのである。それは、必要とされる水路の設備が欠けていたからであった[15]。

ここで10年ごとの変化をみれば（表2をみよ）、貿易は、西欧の数カ国で穀物価格が高騰していた1560年代に、かなり活発だったように思われる。ポルトガル、スペイン、フランス、アイルランド、イングランド、スコットランドがオランダから穀物を輸入しなければならなかった。その穀物の一部は間違いなく、もともとバルト海地方から輸出されたものであった[16]。貿易が1570年代に衰退するのは、この時に問題が生じていたからだ。1580年代の状況は、エーアソン海峡で公式に申告された穀物量から示唆されるよりは、はるかに良かったことは確実である。なぜなら、この10年間には、密貿易が広範に行なわれ、ここでの数値は、現実の貿易量の信頼すべき指標というより、最低限の貿易量しか示さなくなったからである。1584年に商会を設立した（第1章をみよ）ホーフト家の兄弟が、急速な商業機会の拡大に反応したことは確かだ。貿易は、1590年代に急激に拡張した。この10年間は、南欧、特にイタリアの需要が大きかった。

エーアソン海峡での貿易は，イタリアをはじめとする南欧の穀物価格が低下し始めた1620年頃まで，活発であった。1620年代はまた，供給側に問題が生じた時代でもある。こういう観点からみると，この10年間は悲劇的であった。1618-22年には，バルト海地方は豊作だったので，穀物貿易が繁栄したが，それに続いて不作となった。需要と供給の差は，すぐに拡大した。アムステルダムの小麦価格が上昇し，エーアソン海峡を経由する輸送量は，1618-21年の10万ラスト以上から，1622年には約8万ラスト，1623年には約6万ラスト，そしてとうとう，1624-25年には3万ラスト強に低下した[17]。このように商業活動が縮小することから生じる影響は，甚大であった。例えば，アムステルダムの穀物運搬人は港から倉庫まで穀物を移動させることで生計をたてていたが，彼らが仕事にあぶれたのである。1624年には，アムステルダムの市政官は，穀物運搬人を保護し，小型船の数を減らすべきだと決定した[18]。

次の衝撃が訪れた時，貿易はほとんど回復していなかった。1620年代末に，不作とポーランド－スウェーデン間の戦争が重なった。1626-29年には，スウェーデン海軍はダンツィヒ港を封鎖し，すべての貿易を支配した。スウェーデン人は，バルト海沿岸とその後背地の大部分を封鎖した。ヴィスワ川に沿った貿易は致命的な打撃を受け，その結果，穀物貿易はかなり被害を受けた。1626年7月から1629年終り頃まで，ダンツィヒの穀物貿易はほとんどなくなってしまった。1629年には，六年間休戦が取り決められたが，いくつかの理由で，急速な回復には結びつかなかった。第一に，六年間休戦で，スウェーデンはダンツィヒで重い関税を徴収し続けた。貿易は，関税が撤廃されてようやく回復できた。それは，ポーランド－スウェーデン間で二一年休戦が調印された1635年のことであった[19]。第二に，戦争の間に経済力が混乱をきたし，その影響は，休戦期間中もなお強く感じられた。休戦条約が夏の終り（9月29日）に締結された時，失われた季節を埋め合わせるための時間は十分にはなかった。ダンツィヒの穀物庫のほとんどは空であり，1629-30年の冬を通じて，それは変わらなかった。通常，冬には穀物庫は満杯になった。そして，春になってオランダなどの船舶が来港し，膨大な量の穀物を積み込むのを待った。このように滅多にないような状況は，1630年の不作によってさらに悪化し，ダンツィヒは穀物輸出を制限し，穀物不足と価格上昇を止めようとした。こ

れが、エーアソン海峡を通る輸送量が1630年にはなお異常なまでに少なく、1631年に少しだけ回復した主な理由である。スウェーデン—ポーランド戦争が最終的に与えた有害な影響の一つは、ポーランド北部の多くの穀倉地帯、特にダンツィヒとマリーエンブルクの干拓地が破壊されたことであった。これらの地域は通常、輸出用に大量の穀物を生産していた。農業が回復し、農業の余剰が以前の水準に回復するには、何年もかかった[20]。この状況は——バルト海地方からの穀物供給が完全に失敗したので悪化したが——まったく珍しく、その結果、西欧で穀物価格が高騰した。それが、オランダ商人がロシアのアルハンゲリスク港に穀物を求めた理由となった。白海からの穀物輸出は例外的であったが、1620年代末と1630年代初頭の緊急事態のために、アルハンゲリスクの穀物貿易によって利益が産み出された[21]。それ以降の1630年代には、〔バルト海地方からの穀物輸出は〕いくぶん回復した。

表2　エーアソン海峡を通過する穀物貿易（1562-1650年）[22]

(10年平均　単位：ラスト)

年　度	穀　物
1562-69	54,230
1570-79	36,197
1580-89	37,613
1590-99	57,761
1600-09	55,782
1610-19	63,582
1620-29	54,879
1630-39*	57,272
1640-49	94,804

＊）　1632, 34年のデータが欠如

1640年代には、それまでにない大規模の拡張があり、バルト海地方からの穀物輸出量は最大になった。その影響の一つとして、アムステルダムの運河で小型船が不足するという事態が生じた。この都市で最も重要な商人の中には、市政官に都市の小型船舶数を増やしてもらうよう懇願した者もいた。港と倉庫の間で穀物を輸送するのに、現在のフロティラ船ではまった力不足というのがその理由であった。1649年には、アムステルダムで徴収される地方税と全国税がかつてないほどの利益を産んだ。情勢はか

なり良かったように思われるが，この年は，転換点にもなった。エーアソン海峡を通る穀物輸送がこの時から低下し，これ以降の17世紀と18世紀の数十年間においては，1640年とは違い，穀物輸送量が年平均9万4,000ラストに達することはなかった。

この時代にバルト海地方から輸出される穀物の中で，最も重要だったのはライ麦であり，バルト海地方の穀物輸出全体の約80％を占めた[23]。主として，近世全体のヨーロッパを通じて人間が摂取する基本的栄養源であったパンを焼くために使われた。それよりも高価な小麦は，同じ用途に用いられたが，バルト海地方からの穀物輸出量の10％しか占めなかった。通行税額が違う（ライ麦の方が低い）ので，エーアソン海峡通行税簿とそれを編纂した『エーアソン海峡通行税台帳』では，小麦を少なくライ麦を多く表記した可能性は除去できないが，ライ麦が圧倒的に多かったことは，他の多くの史料からも確認される。16-17世紀を通じて，ライ麦の比率は圧倒的に高かったに違いない[24]。

穀物貿易は拡大傾向にあったし，輸送量は比較的安定し，かつ多かった。だから16世紀後半から17世紀前半が，一般にバルト海地方の穀物貿易の全盛期だとみなされているのである。

3 収縮の時代（1650-1760年）

1650-1760年に，バルト海地方の穀物貿易量は大きく低下した[25]。1650-1760年の時代は，四つの短い期間に区切ることができ，しかもそれぞれに個性がある。1650年代から1670年代にかけては，不況が長引いた。1680年代から1690年代初頭にかけては，貿易が拡大した。1690年代終り頃から1720年頃までは，新たな不況期となった。最後に，1720年からは，大きな不安定性をともなった不況期であった。1680年代から1690年代初頭にかけてある程度は発展したが，その期間は比較的短かった。したがって，それは16世紀－17世紀初頭の拡張が17世紀末まで続いた証拠ではなく，むしろ1650年から支配的傾向であった収縮期の中の例外的時期とみなされる[26]。1720年頃は，衰退が始まったのではなく，停滞の時代であり，さらに極めて激しい変動が特徴であった[27]。1760年頃になっては

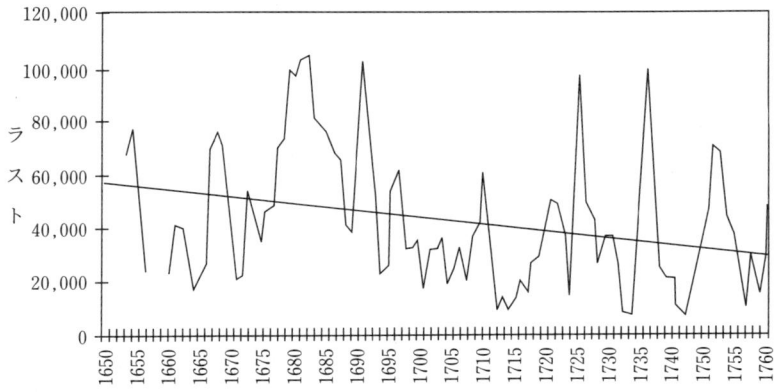

図2 「収縮の時代」のバルト海地方からの穀物輸出（1650-1760年）
出典　Bang and Korst, *Tabeller*.

じめて，新たに，安定した拡張が開始された。1700年以降の多くの年度で，エーアソン海峡通行税が，4万ラスト未満しかない穀物にかけられた。

貿易は，あまり安定していない[28]。変動が，極めて大きく，ある年から翌年にかけての輸送量が少なくとも2倍以上になったり，半分になることがあった。1650年代と1680年代を除いて，そういうことが10年ごとに生じた（表3をみよ）。110年間で，これほどの変動が，少なくとも20回おこった。それとは対照的に，1562-1650年には，たった4回しかない。

不安定性は，1720年代，1730年代，1740年代，1750年代にとりわけ顕

表3　エーアソン海峡を通過する貿易の年最大変動（1650-1760年）

100%以上上昇した年	50%以上低下した年
1667-68	1671-72
1673-74	1695-96
1697-98	1702-03
1727-28	1714-15
1728-29	1726-27
1737-38	1735-36
1738-39	1741-42
1746-47	1744-45
1756-57	1755-56
1759-60	1757-58

著であった。この40年間に，商人が進んで穀物に投資する額は，年によって大きく違うことが多かった。

17世紀中頃のある時点で，穀物価格の上昇傾向が終わり，長期にわたる農業不況が始まった。この衝撃は，どの地域でも同じ時点で生じたわけではない。例えばイタリアにおいては，穀物価格は1620年まで上昇し続けたが，その後傾向は逆になった。他方，アムステルダム穀物取引所では，ライ麦の最高価格は，ようやく1662年に記録された。その後，低下が始まった[29]。人口増大はヨーロッパの多くの地域で止まり始めた。また場合によっては，低下した。その一方で，穀物の耕作地は拡大した。例えば地中海地方では，トウモロコシの生産が広がり，食糧供給が増大した[30]。ドイツでは，農業は三十年戦争の悲劇的な影響から回復しつつあった。ブラバントとオランダの東部諸州では，そばの栽培が広まった[31]。オランダの食糧供給にとって，国内産の穀物が重要になっていった。それを示すのが，ブラバントのライ麦とそばがアムステルダム取引所で日常的に取引きされるようになり始めたことである[32]。イングランドでは，穀物の生産が増大し，そのため17世紀後半には，輸入する必要がなくなっていった。結局，17世紀末には，イングランドは穀物輸出国になった。1700年頃から1760年頃まで，イングランドは西欧への穀物供給地帯の一つになり，イングランド産の穀物は，バルト海地方産の穀物を市場から追い出した。1710年代から，エーアソン海峡を通ってバルト海地方から輸出されるよりも，イングランドから輸出される穀物の方が多くなった。

表4 イングランドとバルト海地方の穀物輸出比較（1700-60年）[33]

（年平均　単位：ラスト）

年　度	イングランドの輸出	バルト海地方の輸出
1700-09	28,242	29,409
1710-19	36,874	26,394
1720-29	41,573	40,179
1730-39	53,435	31,295
1740-49	66,576	31,369
1750-59	65,740	35,548

17世紀中頃以降のバルト海地方の穀物貿易衰退をめぐる議論に関しては，需要側の要因にほとんどもっぱら注意が注がれてきた。ファーバーの

著名な論文「17世紀後半バルト海地方の穀物貿易の衰退」は，このようないくぶん一方的な見方の代表的な例である。西欧の需要を減少させる大きな影響は確かにあった。けれども，それ以外の基調となる要因も注目に値する。貿易変動の説明には，むろん，需要と供給の両方を考慮に入れる方が説得力がある[34]。17世紀中頃から，バルト海諸国は政治的のみならず，経済的にも重大な問題に苦しめられてきた。穀物貿易に関して最も重要な国であったポーランドが，最大の被害を受けた。1655-1660年のスウェーデン−ポーランド戦争（第一次北方戦争とも呼ばれる）と大北方戦争（1700-21年）は，穀物貿易に壊滅的な影響を与えた。講和が締結されてからも，その影響が続いた。どちらの戦争も，恐ろしいほどの人口損失を引きおこした。スウェーデン−ポーランド戦争で，ポーランドは人口の少なくとも25％を失った。地域によっては，60％を越えることさえあったろう[35]。穀倉地帯の多くが，労働力不足のために，今や放棄された。ヴィスワ川流域の数々の穀倉地帯は，スウェーデン軍とポーランド軍により荒廃させられた。惨劇は，1655-60年に，都市にも農村にも同様にふりかかった。それは，三十年戦争で痛手を被ったドイツの諸地域に似ていた[36]。復興は，なかなか進まなかった。1650-1750年と1500-1650年のポーランドにおける平均的収穫率を比較すると，生産性は低下したことが示される。それは主として戦争のせいだということを，疑うことはできない[37]。大北方戦争は，バルト海東部のスウェーデン領――エストニア，リヴォニア，クールランド――の農業に，特に災厄をもたらした。これらの諸州は，ロシア軍によって略奪され，穀物輸出量は十分の一になった。ポーランドの様相は違っていた。なぜなら，ポーランドでは，農業は，戦争だけではなく，土壌の疲弊と小作農の保有地が分割されたために被害を受けたからである[38]。

　1660年から，そしてまた1721年以降，穀物輸出量が戦争前の水準に回復するためには，ポーランドの大部分で膨大な投資が必要だったろう。そうしてはじめて，荒廃した土地が再度耕作され，村落と穀倉地帯が再建されたであろう。当時の不利な状況（西欧の需要が低下していた）を考えれば，このような投資はなかなか行なわれなかった。ダンツィヒ出身の商人は，1660年に出版された小冊子でこう書いた。「オランダ人は，すでに5年間も，ポーランドからの穀物なしで暮らしてきた」[39]。オランダ人は，

ポーランドの穀物がなくても生きていけた。だから,穀物生産がなかなか回復しなかったのだ。

　1650-1760年のバルト海地方の穀物貿易不振は,何よりもダンツィヒからのライ麦の輸出が低下することによって引きおこされたようである。しばらくの間,ダンツィヒはバルト海地方の貿易港で第一位の座を保っていたが,この都市は明らかに,かつて優位であったもののいくつかを他の港に譲っていった。他地域からの輸出の方が長続きした。全体としては,貿易拠点は,少し東方に,すなわち,ダンツィヒからケーニヒスベルク,リーガへと移動した[40]。リーガはドヴィナ川の河口に位置し,後背地は広大であった。後背地はドヴィナ川と接続する河川網を含んでおり,リヴォニア,リトアニア,白ロシアにまで及んだ[41]。状況は,ロシアにおいても変化した。サンクト・ペテルブルクが建設され,ロシアの穀物はわざわざアルハンゲリスクと白海を経由する長いルートをたどる必要がなくなり,バルト海に出口ができた。西欧への窓であるサンクト・ペテルブルク経由の穀物輸出が増加した。

　10年平均でみると,穀物輸送量はかなり変化している。表5は,10年ごとの輸送量を示す。

　1640年代に増大していたのが,1650年代には激しく変化する。10年間のうち,『エーアソン海峡通行税台帳』で使用可能な4年分のデータ(1654-57年)から,これ以前の10年間より,穀物貿易の重要性ははるか

表5　エーアソン海峡を通過する穀物貿易 (1650-1760年)[42]
(年平均　単位:ラスト)

年　度	穀物量
1650-57	53,347
1661-69	38,524
1670-79	46,106
1680-89	84,460
1690-99	54,554
1700-09	29,409
1710-19	26,394
1720-29	40,179
1730-39	31,295
1740-49	31,369
1750-59	36,548

に低かったことが示される。稀なことだが，この台帳を使っても，データが提示できないことがある。それは，政治的なことが理由となっている。デンマーク王のフレゼリックは，1648年に新王に選出された。彼はオランダ諸州とデンマーク間の緊張関係の悪化を防ごうとした。そのためこの二国間の防衛同盟が1649年に締結された。これにともなっていわゆる回収条約も1649年に締結された。しかし36年間続くはずだったこの条約は，1653年に破棄された。そのため，デンマークはすべてのオランダ船から通行税を徴収する代わりに，毎年14万リースダラーだけを支払うことを受け入れた。だから1650-53年には，オランダ人船長は，妨害されることなくエーアソン海峡を航行できたのである。その結果，穀物の輸送量を測量するには，『エーアソン海峡通行税台帳』は役に立たなくなった[43]。1658年から1660年まで通行税記録がまったくないのは，デンマークがエーアソン海峡を支配できなくなっていたからである。スウェーデン人は，自分たちのバルト海地方における影響力をできるだけ拡大しようとしていた。そのため，デンマークを攻撃し，それにはいくらか成功した。そして数年間にわたり，エーアソン海峡の両岸の支配に成功した。

1660年代は，困難な時代であった。穀物供給は，1655-60年のスウェーデン－ポーランド戦争の間にかなり危険をともなうものになった。首都ワルシャワなどの重要な都市をはじめとして，ポーランドの大部分がスウェーデンの支配下におかれた。スウェーデン人は，ダンツィヒ港を封鎖し，ヴィスワ川の航行は実質的に不可能になった。ダンツィヒの輸出は，現実的に断たれた。1656-60年の年平均穀物輸出量はたった4,000ラストになった（1651-55年には，4万4,500ラストであった）[44]。他の穀物生産地域も，この戦争で被害を受けた。ロシア軍は1655年にリトアニアの大半を占領した。ポーランドと講和条約を結び，1656年にスウェーデンとの戦争を布告してから進軍し，リヴォニアの一部を占拠した。リーガの輸出穀物は1656年には事実上なくなった。それが回復したのは，スウェーデン－ロシア間の講和条約が結ばれた翌年の1662年のことに過ぎない[45]。戦争と終戦直後で，バルト海地方からの穀物供給がまだ少なく，アムステルダムでの価格が高かった時，穀物はアルハンゲリスクから西欧諸国に輸出された[46]。

17世紀最後の数十年間，穀物貿易は価格の低下と，戦争によっても被

害を受けた。戦争により，しばしば，オランダ船の航路が危険にさらされた。例えば第二次英蘭戦争（1665-67年）と九年戦争（1688-97年）のため，北海の航行は危険になった。バルト海地方も，危険な地域になり得た。バルト海地方でリスクを犯す場合に大きな困難が待ち受けていることもあった[47]。そのような時は，商人は北海の穀物を頼りにした。オランダで穀物不足の恐れがあった1698年と1699年には，穀物貿易が著しく増大した。

18世紀第1四半期は，厳しい不況が長く続き，そのため，全盛期であった1640年代と比べると，バルト海地方との穀物貿易はどん底に落ちたと考えられた。大北方戦争（1700-21年）の間に，ロシア軍がバルト海東部の穀倉地帯を略奪し，大きな損害を与えた。エストニア，リヴォニア，クールランドからの穀物輸出量は，十分の一に減った。大北方戦争の間に，アルハンゲリスク経由の白海からの輸出が，バルト海地方からの輸出量不足をある程度補ったこともある（1703，1709年）。しかしながら，年間数千ラストを越えていなかったように思われる[48]。

1720年代から1750年代にかけ，バルト海地方からの輸出は，少なくとも10年平均で考えると，18世紀初頭と比較して重要であった。だが，年による違いは大きかった。バルト海地方の穀物に対する需要は決して安定していなかった。西欧で不作の時に，バルト海地方の穀物への需要が大幅に急上昇した。例えば，1729年と1740年がそういう年であり，10万ラスト近い穀物が，ヘルシンボーの税関で申告されている。アムステルダムでは，1729年夏の商業は例外的に活気があった。アムステルダム港の労働者は，この状況を利用して利益を得た。彼らは，船舶から倉庫まで穀物袋を運ぶことに，法外な賃金を要求したのである[49]。

バルト海地方からの輸出品の中で，穀物が圧倒的に重要だったが，その重要性は17世紀中頃から低下し始めた。それ以降，小麦が少し重要になってきたばかりか，大麦とモルトが現実に市場を捉え始めた。大麦は，家畜用飼料として広範に用いられたり，（生のままで，あるいは発酵させてモルトとなった）ビールや醸造酒の原料として使われた。白ワインは，南欧と西欧において生産される酒では最もありふれたものであったが，北欧と北西ヨーロッパでは，酒の基本的成分は穀物であった。だから，大麦がイングランドのジンとオランダのジェネヴァ・ジンの主要な原料であった。これらのアルコール分の多い酒は，17世紀後半にますます人気が出てき

た。ブローデルによれば，18世紀初頭のロンドンでは，ジンを飲むことは，社会のすべての階層で受け入れられるようになった[50]。オランダでは，ジェネヴァ・ジンを飲むことは，18世紀初頭に普通になってきた[51]。これを示すのが，18世紀初頭にオランダで醸造業が急速に拡大したことである。なかでも，スヒーダム，ロッテルダム，デルフスハーフェンが目立った[52]。この新産業は，文字どおり，穀物をむさぼるように消費した。1691年に，オランダの醸造業者は，毎年ほぼ1万4,000ラストの穀物を使ったと推計される[53]。コーヒーと茶の人気が上がった時に，17世紀末に始まったビール醸造のための大麦とモルトの需要低下を補う以上の利益を彼らが獲得したことはまず確実であった[54]。バルト海地方から到着するオランダ船の船荷の中身をみると，伝統的にはライ麦が圧倒的に多かったが，多様になっていった。これは，総輸出量が17世紀中頃から収縮しても，バルト海地方からの穀物輸出でオランダ商船隊が比較的大きな比率を占めていた理由をある程度説明する[55]。イングランドからオランダへの穀物輸出のかなりの部分も，大麦とモルトであった[56]。

つまり，17世紀中頃から18世紀中頃にかけては，困難な時代と特徴づけられよう。経済的困難の中で最も重大だったのは，物価の低下傾向であった。政治的な困難は，しばしば重要な航路にある種の脅威を与え，穀倉地帯を荒廃させた。

4 成長の再開（1760-1800年）

1760年代に，貿易はかなり急速に拡大過程に入った。それは，図3で，長期的傾向として，急速な上昇がみられる[57]ことからも明らかである。

全体としては，貿易量は比較的安定している[58]。1780年代になって，はじめて変動が激しくなる。このように不安定であった理由の一つは，第四次英蘭戦争（1780-84年）で，激しく混乱したためである[59]。不安定性をもたらした別の要因は，1788年フランスが不作になり，それに続いてこの国でバルト海地方の穀物に大きな需要が発生したことである。したがって，エーアソン海峡経由で輸送される穀物量が，少なくとも2年間で2倍になったり，半分になる場合を短期変動だと定義すると，最大の短期変

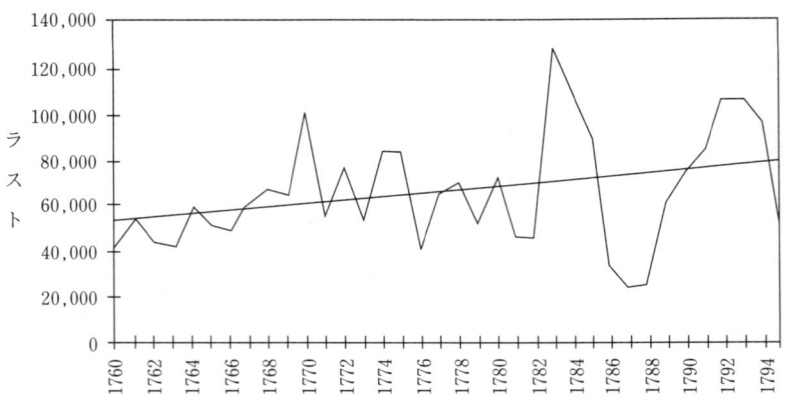

図3 「成長の再開」の時代のバルト海地方からの穀物輸出（1760-95年）
出典) Bang and Korst, *Tabeller*, Johansen, *Shipping*.

動は，主として1780年代だと正確に指摘できる（3例ある）。

さてここで，18世紀後半と16-17世紀のバルト海地方の穀物貿易を比較することが可能になる。1760年頃に始まった成長の再開のため，少なくとも量に関しては，最盛期の水準を取り戻した。1760-90年にエーアソン海峡を通って輸送される穀物の総量は，16世紀後半と17世紀初頭と同じくらいであった。つまり，年平均5万ラスト以上である。それゆえ絶対量では，18世紀後半のバルト海地方の穀物貿易は，150-200年前と同じくらい重要であった。9万4,000ラスト以上あった1640-49年の10年間だけが，量的には比べるものがないほどの穀物が積まれていた。非常に興味深いことに，17世紀のピークとなった1649年を上回ったのは，1783年である。1649年には13万2,990ラスト，1783年には13万5,434ラストという，極めて大量の輸送であった。

18世紀に拡大した主要な理由は，この世紀の中頃に人口が再び増加したため，西欧の穀物価格が上昇し始めたからである。そのため何世紀間も

表6　エーアソン海峡を通過する貿易の年最大変動（1760-95年）

100%以上の上昇	50%以上の低下
1782-83	1775-76
1788-89	1785-86

4 成長の再開（1760-1800年）

西欧の穀倉地帯であったバルト海地方に，新たな好機が生まれたのである。

供給側からみれば，穀物貿易が，バルト海の南岸から東岸に明確に移行したことに注目すべきである。この変化は，ダンツィヒなどのプロイセン都市からの移行でもあり，ヴィスワ川流域とその支流の農業が大きな損害を被ったスウェーデン―ポーランド戦争（1655-60年）の間にすでに始まっていた。穀物生産はなかなか回復せず，生産性は，依然として低かった。大北方戦争（1700-21年）の間に後背地が破壊されたけれども，長期的にみて，リーガ，ペルナウ，レーヴァルのような，リヴォニアとエストニアの港湾都市の状況はましであった。18世紀において，これらの都市は，モスクワ・ロシアが，定期的に穀物の余剰を生産し始めたことから利益を得た。ロシア農業が急速に発展した理由の一つは，新たに入植したかなり肥沃な土地を利用した点にある（最初は北方のステップ地帯とヴォルガ川東部の諸州，次に南方のステップ地帯）。ロシアの西欧への穀物輸出は，18世紀後半にかなり重要になり始めた[60]。モスクワ・ロシアからの穀物は，ほとんどリーガから輸出された。しかし，サンクト・ペテルブルクも利益を得た[61]。アルハンゲリスクもまた，利益のかなりの分け前にあずかることもあった[62]。

18世紀最後の四半期に，ダンツィヒの貿易は一時的に急降下した。1772年の第一次ポーランド分割から，1793年の第二次分割まで，プロイセンがダンツィヒを抑圧する政策は，経済的に成功した。関税が非常に高く，後背地から隔離されていたので，ダンツィヒには，多くの外国商人が停泊するための広大なスペースがあった。そしてヴィスワ川を使った貿易のかなりの部分がエルビングに移った[63]。1770年代から80年代にかけて，バルト海地方から輸出されるライ麦の15％，小麦の37％しか，ダンツィヒから輸出されなかった。ダンツィヒの役割がこれほどささいなものでしかないことは，これ以前にはなかったことだ。

供給側に目を向けると，新しい状況に言及しなければならない。それまでなら，バルト海地方の余剰の圧倒的部分は，エーアソン海峡を通り西欧に向かっていたが，18世紀の間に，このパターンが変化し始めたのである。スウェーデンは，穀物輸入国として登場した。この頃には，西欧の穀物価格は再び上昇し，スウェーデンの輸入量は極めて多かった。1738-1800年に，平均で44万バレルであった。これは，年平均で2万4,000ラ

表7 エーアソン海峡を通過する穀物貿易（1760-95年）
(年平均　単位：ラスト)

年　度	穀物量
1760-69	54,659
1770-79	71,244
1780-89	66,471
1790-95	91,477

ストである[64]。スウェーデンは，穀物のほとんどをスウェーデン領ポンメルンとロシア領バルト地方から獲得していた。ロシア産の穀物輸入は，1721年のニスタット和約以来スウェーデンが享受していた特権によって助長された。大北方戦争の末期に，スウェーデンはバルト諸州のエストニアとリヴォニアを割譲することを余儀なくされた。しかし，ロシアの港，特にリーガから免税で穀物を輸入する権利を獲得していた。それは，最高で5万ルーブルであったが，1745年には，10万ルーブルに上がった[65]。スウェーデンにとって，穀物輸入は，1830年代まで本質的に欠かせなかった[66]。明らかに，スウェーデンの輸入は，バルト海地方からの輸出によって利用できる余剰を減らした。

　平均値（表7）は，実質的に中断することなく増加し，1780年代に一時的に止まったに過ぎない。1790年代前半には，商業は例外的ともいえる活気を呈した。バルト海地方からかなりの量の穀物がオランダに輸出されたり，直接ないしオランダの港を経由して，フランス，イングランド，ポルトガルに輸出された[67]。

　他の穀物と比較すると，小麦は18世紀に急速に重要になった。パン用穀物の中で，比較的高価である小麦は，1600年頃には，エーアソン海峡を通る全輸送量のたった10％程度しか占めていなかった。1700年頃には，通常は20％程度になり，18世紀のうちに，その比率は30％にまで上昇し，時には40％にさえ達した[68]。

5　周辺化（1800-60年）

19世紀においては，バルト海地方全体が，西欧への食糧供給地としての

重要性を失っていった。ウクライナ，アメリカというそれ以外の供給地域が現れた。19世紀前半には，ウクライナが世界市場での主要な小麦供給地域になった。この地方の小麦は，オデッサ経由で輸出され，イタリアや南フランスなどの地中海諸国に輸出された。ごく一部は，イングランドとオランダに輸出された[69]。ウクライナの小麦が市場に登場したことは，バルト海地方の穀物の西欧における需要に悪影響を及ぼした。ヨーロッパに向けてのアメリカからの穀物輸出も19世紀前半に上昇したが，圧倒的に重要というわけではなかった。1850年に，アメリカ小麦の主要輸出地域であるイングランドでは，全穀物輸入量のうち，アメリカからの輸入量は五分の一に満たなかった[70]。ヨーロッパ穀物貿易の真の転換点は，南北戦争の終結後に訪れた（1865年）。数多くの移民が，アメリカ西部に定住し，小麦生産がすぐに拡大した。同じ頃，アメリカの鉄道網が広がり，ヨーロッパへの蒸気船での旅行の価格は劇的に低下した。その結果，1870年代にはアメリカの輸出は大きく増加し，ヨーロッパでの価格は急落した[71]。

19世紀の調査が，それ以前ほどには簡単ではないのは，『エーアソン海峡通行税台帳』を利用できないからである。通行税は1856年まで徴収されたけれども，1795年までの要約しか出版されていない。バルト海地方からの輸出は相対的には価値を失っていったが，ダンツィヒのデータから判断するかぎり，絶対量では，依然として大きかったはずである。この都市は，1772-93年の悲劇的な時代を乗り越えることができたので，穀物輸

表8　ダンツィヒからの穀物輸出（1751-1850年）[72]
（年平均　単位：ラスト）

年　度	穀物量
1751-60	30,350
1761-70	40,600
1771-80	17,150
1781-90	18,600
1791-80	29,340
1801-05	59,130
1816-20	33,300
1821-30	27,400
1831-40	26,080
1841-50	46,980

＊）　1806-15年のデータなし

出量は復活した[73]。それは,表8に示されている。

この数値は,明らかに,19世紀初頭において,ダンツィヒからの輸出量は18世紀全般よりもはるかに多かったことを提示している。19世紀第2四半期における数値は,約百年前のかなり不安定だった時代の数値と比較できる。「飢餓の40年代」においては,じゃがいも葉枯れ病とライ麦の不作のため,ヨーロッパの大部分で飢饉が生じた。この時,ダンツィヒからの輸出は,この都市の黄金時代である17世紀初頭と比較できるほど多かった。1845-47年の危機が,伝統的な食糧危機の最後であった[74]。1845年には,ヘルシンボーで,エーアソン海峡通行税が,西航する10万ラスト近い穀物にかけられた[75]。

表9 ダンツィヒから輸出される穀物の種類 (1816-50年)[76]

年度	小麦	%	ライ麦	%	大麦	%	その他の穀物 %
1816-20	21,372	64	7,267	22	2,816	8	6
1821-30	18,129	66	6,007	22	974	4	8
1831-40	19,418	74	1,697	7	1,293	5	14
1841-50	37,315	79	6,141	13	1,378	3	5

19世紀においては,最終的に小麦がバルト海地方からの輸出穀物の中で首位になった。ダンツィヒからの穀物輸出の構造が,この展開を明確に示している。

ヨーロッパの消費者たちは,小麦粉からつくられるパンをますます好むようになった。長期的には,小麦が他の穀物に取って代わり,ほとんどのヨーロッパ諸国で最もよく食べられる穀物となった[77]。このように徐々に小麦パンが広まっていったが,北方ヨーロッパにおいては,それはイングランドで最初に発生したようである。18世紀中頃,イングランドのパンの半分以上が,小麦粉からつくられたと想定される。それから百年後には,ほとんどのパンが小麦粉製になり,ライ麦パンは実質的に過去のものとなった[78]。小麦はイングランドだけではなく,フランスや多くの地中海諸国(スペイン,イタリア,ギリシア,トルコ)[79]で主な食用穀物となった。オランダの状況は,この時代においてもかなり違っていた。だが,この国はもはやバルト海地方からの穀物の主要な目的地ではなかったのである。

結　論

　300年以上にわたって，バルト海地方は西欧に膨大な量の穀物を輸出した。エーアソン海峡通行税簿という形態の素晴らしい史料のため，バルト海貿易の変動が記録されており，数多くの興味深い点が詳細にわかる。エーアソン海峡を通る貿易の史料化に匹敵するものは，近世の貿易記録には存在しない。それは，通行税簿のデータを要約した『エーアソン海峡通行税台帳』が出版されたためだということに，疑いの余地はない。だから，バルト海貿易が，経済史家から非常に注目されるようになったのである。本章では，穀物輸出の主な展開がたどれる根拠として，表を使用した。

　ここでは，約百年間続く三つの時代に分類してきた。第一期は，貿易が拡大し，輸出が非常に多く，また比較的安定している時代である。この時代は，「長期の16世紀」であり，物価は上昇し，西欧と南欧の国々は，基本的食糧の供給がますます難しくなっていた。商人が，ヨーロッパのある地域から別の地域への貿易と輸送を組織化するために高額の出費をすることは，それに値する価値がある事業であった。この時代の終りは，バルト海地方の穀物貿易の最盛期でもある。1640年代に全盛期を迎えたが，その後傾向は逆転し始めた。この次の時代は，西欧で需要が低下しバルト海地方自体でも重大な供給問題が発生したので，バルト海地方からの輸出は低下した。全体的にみて，輸出は第一期よりも少なく，年ごとの変動もはるかに大きかった。18世紀最初の20年間に，最低になった。戦争は，なかなか終わりそうもなく，バルト海地方の穀倉地帯が荒廃した。航海の障害が生じた。また，政治的陰謀の影響があった。現実に，西欧諸国で食糧生産が増大し，西欧内部で食糧を調達することが容易になった。これらすべてが，バルト海地方の穀物貿易が周辺的な地位に低下する可能性を拡大した。穀物輸出が全般的に少なかった不況の数十年間の後で——とはいえ，例えば1740年の危機の時代のように，輸出量が異常に多いこともあったが——，成長の時代が再開し，1760年頃にそれが明らかになった。人口増大とそれにともなう物価上昇が，それ以前の百年間の農業不況に終止符を打った。そして西欧は，再びバルト海地方の穀物への依存度を高めた。

結局，18世紀後半には，バルト海地方からの輸出は拡大し，比較的安定し，17世紀前半と同様に広範囲に輸出され続けた。上昇傾向はおそらく，17世紀から18世紀への転換期頃に，いくぶん停滞傾向に変わった。それから，少し回復した。19世紀前半に，バルト海地方から輸出される穀物は，絶対量では少なくはなかったが，ヨーロッパの食糧供給に対する重要性は，かつてほどではなかった。バルト海地方は，膨大な量の食糧供給地域として，15世紀から重要な役割を果たしていた。しかしこの役割を，18世紀前半にはイングランドと分けあわなければならなくなったので，バルト海地方の役割の重要性は低下し，ささやかなものに過ぎなくなった。バルト海地方の周辺化は，他の地域が大量の食糧を輸出し始めたためにおこったのである。

　16-17世紀に輸出された主要農産物は，パン用穀物の中で最も安価なライ麦であった。17世紀の間に，明らかに小麦の方が好まれるようになった。小麦を選好する過程はかなり長期間を要したが，逆行することはなかった。そして，ヨーロッパの人々の生活水準の向上を反映していた。とうとう，19世紀には，小麦がバルト海地方の穀物の中で，最も重要になった。

　バルト海地方の穀物貿易の歴史は，オランダの歴史と大きく関係している。穀物をしばしば購入・販売したのは，オランダ商人であった。オランダ船で輸送され，オランダの倉庫に保管され，アムステルダム取引所で販売され，オランダ人消費者によって食された。むろん，そうではない場合もあった。より詳細にみれば，これ以降の時代との大きな相違が明らかになる。この点から考えれば，商品集散地アムステルダムの役割を研究することが不可欠である。

第3章

商品集散地アムステルダム

───────

　近年，世界のステープルとして近世アムステルダムが機能した——世界中の商品が持ち込まれ，貯蔵され，最終的にはあらゆる領域に再分配された貯蔵庫——という伝統的な見方は，レスハーによって疑問視されている。彼は，旧来のモデルに三つの観点から攻撃を加えた[1]。第一に，彼は長距離貿易でさえ，必ずしも生産地と消費地の間のどこかに明確に位置する商業拠点を利用できるとはかぎらないと強調した。販売は，その場に現実に商品がなくても可能だったし，実際そうされることもしばしばあった。貿易は，オランダの沿岸に沿って行なわれることが多かった。商人は，オランダの事務所にいた。そして商品がオランダをまったく経由しなくとも，ヨーロッパのあらゆる地域に対してかなりの規模の貿易を指揮した。第二に，伝統的モデルでは，市場階層的な制度に結びつけられており，その中で，アムステルダムが頂点に位置し，より小規模な市場を支配したという暗黙の前提があった。このような高度な理論的モデルに以前から反対していた人々と共に，レスハーは，現実には，近世のほとんどの生産物（さらに，彼は穀物もその一つだという）にとって，重要な市場は複数存在したようだと仮定した。最後に，レスハーは，17世紀から18世紀にかけて商品がオランダ，特にアムステルダムに集中したことを強く印象づけるような伝統的解釈は，変えられるべきだと提起した。再輸出のために貯蔵するのではなく，ドイツの一部と南ネーデルラントを含む広大な後背地への「出入り口（ゲートウェイ）」が，オランダ貿易港の主要な役割だと主張した。国際的流通は，穀物や東インドからの産品の場合には特に重要であるが，海外との貿易が大きく発展するための主要因ではなかった。オランダの商品集散地は，

世界中の余剰の分配拠点ではなかった。その独自の役割は，世界中の代理商との接触を維持していた巨大な商人のコミュニティが存在し，それが高度に発達した金融サーヴィスによって支援・賛助され，情報の拠点としての強力な立場を十分に利用していた点にあった。

　本章においては，商品集散地ないしステープル（オランダ語ではスターペル市場 stapelmarkt）全体をめぐるこのような見方が，バルト海貿易に関するアムステルダムの機能分析の出発点になる。われわれが焦点をあてるのは，商品集散地に関する伝統的見方において重要な要素である貿易の流れである。後の諸章では，商人の組織を扱う。はたしてアムステルダムは，バルト海地方から輸出される穀物が当然向かうべき目的地であり，バルト海地方の穀物が，普通はここから他のヨーロッパに分配されるのだろうか。東欧と西欧の間に中心となる商品集散地が存在する必要があるのだろうか。あるいは，アムステルダム（のような市場）がなくても，近世の穀物貿易は効率的に機能したのだろうか。アムステルダムは，どの程度オランダ諸州のまさに出入り口（ゲートウェイ）であり，どの程度オランダ以外の国々の中心的商品集散地として機能したのか。つまり，ヨーロッパの貿易において，バルト海地方の穀物貿易発展のさまざまな局面で，アムステルダムはどのような機能を果たしたのか，ということである（第1節）。この問題を鋭く浮き彫りにするための最良の方法は，オランダ人消費者にとってバルト海地方の穀物がもった重要性に焦点をあてることである。オランダ共和国のパン消費量，オランダへの食糧供給に対するバルト海地方からの穀物の重要性の変化（第2・3節）に焦点をあて，最後の第4節では，論争の多い政治的問題が取り扱われる。政治的決定がどのように下され，またそれが，穀物商人が貿易を遂行するうえでアムステルダムを魅力ある場所にするために，どのように寄与したのか。さらには，どのような政治的選択が，取引費用に影響を及ぼしたのか。

1　バルト海地方の穀物集散地としてのアムステルダム

　アムステルダム以外にも市場があったたことは否定できない。しかし，16世紀後半と17世紀前半のアムステルダムが，バルト海地方の穀物市場と

1 バルト海地方の穀物集散地としてのアムステルダム

して突出していたことは認めざるを得ない。残されている証拠はどれも，エーアソン海峡を西航する穀物の少なくとも四分の三が，アムステルダムに向かっていたことを示す。1770年代以前には，アムステルダムの貿易統計は実質的に存在しない。けれども別の史料から，バルト海地方から大量の穀物がアムステルダムに流入したことがわかる。例えば1560年代には，オランダを旅行していたイタリアの外交官ルドヴィーコ・グィッチャルディーニの試算では，バルト海地方とドイツ北部の都市からオランダへの穀物輸入量は，毎年6万ラストに達した。これは，バルト海地方の穀物の全輸出量にほぼ匹敵する[2]。1630年に出版された小冊子によれば，バルト海地方からアムステルダムが輸入する穀物は，1560-1630年で年平均4万ラストであり，この量は，食糧不足の年には7万ラストまで引き上げることができた[3]。同時代（1560-1630年）に，エーアソン海峡では，年平均5万1,000ラストの申告があり[4]，仮に商品の申告でかなりの年に多くの不正があったとしても[5]，バルト海地方からの輸出品の多くが，アムステルダムに輸送されていたことは間違いない。それ以外に，バルト海沿岸都市レーヴァルの1620-48年の港湾記録によれば，この都市から西欧へのライ麦輸出総計の少なくとも81％が，オランダに向かった[6]。1645年6月から11月にかけて，穀物を積載した369隻の船舶がエーアソン海峡を航行し，そのうち73％（271隻）がアムステルダムに向かったこともわかっている。さらに10％（37隻）がホラントの他の都市に向かった[7]。これらの数値に基づくなら，ホラント以外の地域への輸送は重要ではなかったといっても，差し支えないだろう。

　バルト海地方からの輸出とアムステルダムの輸入の間の緊密な相互関係は，1636-62年にはかなり鮮明に示すことができる。この時代には穀物への地方消費税による収入があったことが知られる。これは短期とはいえ，一連の重要なデータである。というのは，近世アムステルダム貿易の数少ない数量的史料だからである。図4は，消費税がかけられる穀物量と，エーアソン海峡で申告された穀物量とを示している。

　この図が提示するように，アムステルダムの輸入とバルト海地方の輸出は，ほぼ同じ路線で発展してきた。2つのデータ間の相関係数（r）は0.8と高い[8]。それゆえ，この時代には，バルト海地方の穀物が，かなりの程度アムステルダム市場を支配していたということがわかる。この図は

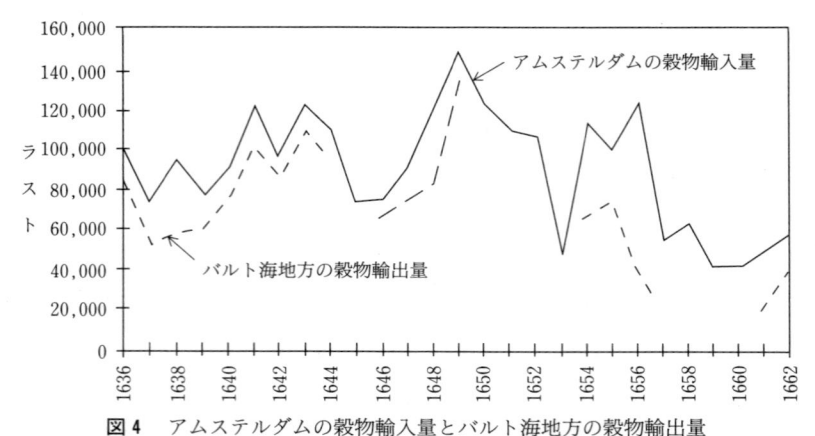

図4 アムステルダムの穀物輸入量とバルト海地方の穀物輸出量

出典) 穀物への消費税による収入に関しては，Bontemantel, *De regeerige van Amsterdam*, 434-437 に拠る。関税リスト (Noordkerk, *Handvesten*, 204) を用いると，穀物への消費税が支払われた総額は，関税収入から導き出すことができた。バルト海地方からの輸出に関しては，Bang and Korst, *Tabeller* によった。

　また，この関係が，必ずしも一様に強かったとはかぎらないことを表す。スウェーデン−ポーランド戦争の間 (1655-60年)，バルト海地方の国々の穀物輸出は大きく混乱し，エーアソン海峡を航行する船舶数は減少し，アムステルダムは従属的市場になったようである。その中で，ブレーメン，ハンブルク，エムデンのようなラインラントとドイツの都市がすぐに浮上してきた。バルト海地方からの穀物供給量が落ち込んだ時，ここにあげた他の市場がそれまでよりも活発に開発されるようになったことが知られる。

　アムステルダムは，オランダの単なる出入り口(ゲートウェイ)だったのか。それとも，ヨーロッパ全体の中心的な倉庫として機能したのだろうか。アムステルダムからの輸出に関する統計的証拠は，輸入のデータよりもはるかに少ない。しかし，再輸出がかなり多かったことに，疑いの余地はない。1590年代には，地中海での食糧問題のために，アムステルダムからの穀物輸出が促進された[9]。例えば1593年12月には，およそ100-150隻の大型船が，たいていは穀物を満載して，ホラントから出港するために天候の回復を待った。そして，西欧・南欧諸国の目的地まで航海した。その多くは，100ラスト以上の穀物を積載していた。そのうち，少なくとも1隻は，300ラストよりはるかに多く積載していた。だから，総輸出量は簡単に数万ラスト

に達したかもしれない。1649年（バルト海地方からの輸出のピーク年）には，アムステルダムから外国に輸送される4万6,049ラストに対して輸出入関税がかけられた[10]。この税金は決して全額は徴収されなかったので，現実の輸出量は，はるかに多かったかもしれない。広く知られているように，税関の役人は，少なくとも10-15％の商品に税金をかけずに通過させることを認めていたのである[11]。

表10　バルト海地方から直接西欧と南欧に穀物を輸出する航海を定めた契約数（1593-1622年）[12]

年	契約数	年	契約数	年	契約数
1593:	4	1603:	15	1613:	13
1594:	6	1604:	17	1614:	33
1595:	18	1605:	13	1615:	8
1596:	18	1606:	29	1616:	1
1597:	33	1607:	74	1617:	7
1598:	50	1608:	17	1618:	37
1599:	5	1609:	5	1619:	64
1600:	0	1610:	0	1620:	81
1601:	0	1611:	1	1621:	11
1602:	1	1612:	10	1622:	3

アムステルダムから大量の再輸出がなされたことは，ステープルの機能が働いていたことを具体的に示す。しかし，それは不完全な姿でしかない。バルト海地方から，西欧や南欧の目的地に直接輸送されることもあった。オランダ人商人は，船長に命じて，エーアソン海峡からフランスやポルトガル，時にはイタリアにまで直接輸送させた。バルト海地方からの輸送と，その過程でオランダ諸州を素通りすることは，よくある現象だった。オランダ人はこれを，「通過貿易」（voorbijlandvaart）と呼んだ。アムステルダムの文書館で公証人文書の中に保存されている用船契約書を調査すれば，多くの契約が，船長はバルト海地方の港に航行し，穀物を積載し，西欧の港まで直接航海を続けなければならない，と規定していることが明らかになる。

いわゆる通過貿易は，たぶんオランダの穀物貿易と同じくらいの歴史がある。オランダ人の勘定でオランダ船で穀物を南欧まで輸送することが15世紀に重要な現象だったことには，否定できない証拠がある。その15

世紀には，ほとんどの船舶がフランスに向かうよう要求された。16世紀の間に，目的地としてポルトガルとスペインも重要になった。とうとう，1590年頃には，地中海もオランダの穀物輸送船の勢力圏に入った。イタリアでは，1590年から1620年にかけて，穀物を大量に輸入する必要性が広く生じた。それゆえアムステルダムの穀物市場は，全ヨーロッパ的な性質を帯びるようになった。通商関係は，バルト海東部と白海から，ジェノヴァ，ヴェネツィアにまで広がった。長年にわたり，数十隻の船舶が，バルト海地方から直接最終目的地に向かった。通過貿易の場合には，穀物はアムステルダムの倉庫に貯蔵されず，厳密にいえば，この商品集散地がそれによる利益を得ることもなかったが，現実にオランダ船で輸送がなされ，貿易を組織し資金を提供したのはアムステルダムの商人であった，クモの巣を這うクモのように，貿易ネットワークの末端にまで手紙を書いて，彼らは売買に関する指令を出した。アムステルダムのステープルを迂回する船荷を配置することは，実際に，商品を貯蔵する際に生じる取引費用を減少させる一つの方法であった。

ようするに，「拡張の時代」において，バルト海地方から輸出される穀物の目的地としては，アムステルダムは，平原の中でそびえ立つ山のように目立った。それ以上に，他の港への輸送貨物の中には，アムステルダムで通過貿易の形態をとるように調整されるものさえあった。アムステルダムから，かなりの量の再輸出も時には実現された。これは，アムステルダムがヨーロッパ全体に及ぶステープルであったことを示す。

「収縮の時代」には，それまで以上に正確に，オランダの商品集散地の役割を決定することが可能であった。1669年から，『エーアソン海峡通行税台帳』から，船舶の目的地がわかるようになる（表11）。

1740年代まで，バルト海地方の穀物の目的地として，オランダの相対的地位はかなり安定しており，しかも非常に重要であった。オランダの比率は，ライ麦に関しては79-93％，小麦に関しては85-95％である[13]。すなわち，通過貿易は，僅かな範囲でしかなかったに違いなく，ヨーロッパの大半の地域が穀物価格が低下傾向にあったことを考慮すると，これは驚くべきことではない。

たいてい，再輸出はささやかなものに過ぎなかったが，環境が整えば，その比率は大幅に増えただろう。1692年には，外国に輸送される5万7,000

表11 バルト海地方の国々の輸出目的地としてのオランダ (1671-1783年)[14]

(年平均 単位:ラスト)

年度	合計		オランダへ			
	ライ麦	小麦	ライ麦	%	小麦	%
1671-80	28,021	10,060	22,188	79	8,962	89
1681-90	44,583	17,477	38,903	87	16,123	92
1691-1700	33,235	11,073	27,990	84	9,701	88
1701-10	17,463	6,456	16,230	93	6,161	95
1711-20	17,783	5,155	15,352	86	4,543	88
1721-30	28,342	10,288	22,618	80	9,064	87
1731-40	20,982	10,471	17,411	83	9,064	87
1741-50	14,976	7,007	9,854	65	5,162	74
1751-60	20,137	12,583	13,004	66	8,845	61
1761-70	37,607	16,136	19,235	51	10,159	63
1771-80	33,793	22,820	22,160	65	11,929	52
1771-83	34,982	27,990	16,420	46	4,357	16

ラストの穀物に関税がかけられた[15]。この年のアムステルダムは，外国に大量の輸出をする立場にあったばかりか，オランダ共和国の他地域と大量の交易ができ，それはおよそ3万7,000ラストに達した[16]。そのために，アムステルダムはそれ以前に貯蔵していたものから輸送しなければならなかった。それは，総輸出量（9万4,000ラスト以上）が，外国からの輸入量（7万6,000ラスト）よりも多かったからである。その次の冬もまた，なお大量の貯蔵があった。ある財産目録によれば，1693年2月，倉庫には2万5,000ラストの穀物が貯蔵されていた[17]。18世紀前半において，不作のために北欧からの穀物輸入が必要となった場合，フランスは通常アムステルダムを頼みの綱とするという記録が，数多く残されている。1724年の不作の後で，あるフランス商人がバルト海地方からの穀物輸入を考えたが，結局アムステルダムの方が安く，そのため彼はアムステルダムから小麦を輸入した。この当時，北欧との貿易は，彼が述べたように，完全にオランダ人の手中にあった[18]。1740年代には，穀物は再びホラントからフランスに再輸出された[19]。

すなわち，バルト海地方からの輸出が収縮した時代に，この地域からの穀物の最重要の目的地として，アムステルダムの地位が確保されたのだ。それは，しばしばバルト海地方からの輸出量の80％以上を引き付けたか

らである。通過貿易と再輸出の重要性は，一般に，これ以前の時代と比較するとはるかに落ちた。それは，ヨーロッパのほとんどの地域が，食糧の需要に適切に対処できるようになったからだ。だが，不作の危機が訪れると，アムステルダムはなお商人が頼るべき場所であった。

バルト海地方からの穀物輸出が再び増加した18世紀中頃から，商品集散地アムステルダムの役割は，いくらか変化した。西欧の国々は，バルト海地方との貿易関係を発達させ始め，バルト海地方から最終目的地まで直接輸送されることが一般的になった[20]。このような展開の端緒は，1740年代から1750年代にかけて現れた。この時には，バルト海地方からのライ麦輸出量の70％未満，小麦は80％未満しか，オランダに輸出されなかった（表11）。これは，前代未聞のことであった。この傾向は，1760年以降強化された。『エーアソン海峡通行税台帳』によれば，1768年に，約1万2,000ラストの穀物がエーアソン海峡からイングランドに輸送された。1769年と1770年には，それぞれ1万5,000ラスト以上と2万3,000ラストがフランスに送られた。1774年，1775年，1777年には，それぞれ約1万6,000ラスト，1万7,000ラスト，1万ラストがイングランドに輸送された。1779年と1780年には，それぞれ1万2,000ラスト以上，1万4,000ラストが，南欧諸国に向かった。1783年には，3万2,000ラスト以上がイングランドに向かった。平均して，ハンブルクのようなドイツの北西都市が，1760-80年には，毎年8,000ラスト近くの穀物を引き付けた[21]。ヨーロッパは，明らかに，仲介者としてのアムステルダム・ステープルへの依存を弱めていったのである。

オランダを迂回する新しい貿易関係が発達した。しかし，この事実は，アムステルダムが重要な穀物市場ではなくなったということを意味しない。絶対量では，輸入は増え続けた。エーアソン海峡からオランダに輸送される小麦とライ麦は着実に増加し，1740年代には1年あたり1万5,000ラストであったが，1770年代には，3万4,000ラストになった。アムステルダムで利用可能な最も初期の貿易統計を研究すると，1770年代には，バルト海地方の穀物輸入量が毎年1万9,000ラストであったことがわかる。このような輸入は，第四次英蘭戦争（1780-84年）で消滅したが[22]，バルト海貿易は徐々に回復した。穀物貿易は，18世紀にさらされたあらゆる危機から回復できた明らかな証拠が数値により得られる。バルト海地方と

1　バルト海地方の穀物集散地としてのアムステルダム　　　　　71

アムステルダム間の海上輸送は，なおアムステルダムの礎石の一つであった。18世紀後半の全体を通して，800-1,000隻の船舶が，毎年バルト海地方からアムステルダムまで航海した。これは，アムステルダム港に入港した総船舶数の約三分の一にあたる[23]。興味深いことに，アムステルダムの輸入の分析が明らかにしたのは，およそ三分の二の船舶が，いまだに伝統的供給地域であったバルト海南岸から来ていたことである[24]。新たに登場した，ロシア産の穀物を輸出するバルト海東岸の地域は，たぶん他の西欧諸国向けの方が重要であった。この点で，18世紀オランダのバルト海貿易の成長過程の経験は，旧来の路線に沿っていたのである[25]。

　バルト海地方と西欧の直接的関係が強化されたからといって，アムステルダムがヨーロッパの穀物庫でなくなったわけではない。概して，オランダの後背地を通した穀物流通ははるかに重要になり，再輸出はほとんどなかった[26]。けれども，大きな食糧危機が生じると，アムステルダムはまだ膨大な量の穀物を外国に再輸出することができた。例えば1778年には，フランスはバルト海地方よりもオランダから，より多くの穀物を輸入した[27]。フランスの飢饉は，1787年の不作に始まり，最終的にフランス革命のきっかけとなった。この飢饉が，アムステルダム穀物市場が急浮上する原因の一つとなった。エーアソン海峡通行税が，1789-92年に，毎年8万6,000ラストの穀物に対してかけられた。これは，ヨーロッパの食糧供給において，バルト海地方が依然として決定的な役割を果たし得たことを示す。この4年間に，アムステルダムの国外からの穀物輸入は毎年3万5,000ラストに増加し，そのうち約2万6,000ラストが再輸出された。1789年だけで，外国輸出のために3万9,000ラストが課税された[28]。これらの数値は，すべて税関運営〔の記録〕から得られたもので，現実の貿易量を著しく低く見積もっている。それは，これまでみてきたように，オランダの税関は，かなりの量の商品が税金をかけられずに通り過ぎるのを見て見ぬふりをする傾向があったし，実際そうすることができたからである。それゆえ，アムステルダム市場の重要性は，このデータが示唆するよりもはるかに大きかったに違いない。

　結論を述べよう。アムステルダムは，18世紀全般にわたって，依然としてバルト海地方との穀物貿易の重要な市場であり，危機の時代に，ヨーロッパの穀物庫として機能した。しかし，アムステルダムは，バルト海地

方と西欧との直接の取引関係が重要になるにつれて、圧倒的な商品集散地ではなくなっていった。絶対量でも、輸入は、16-17 世紀を明らかに下回った。1560-1630 年に、アムステルダムの輸入は平均で 4 万ラストに、ピーク時には 7 万ラストに達したことを、思いおこすだけで良い。18 世紀後半には、平均的輸入量ははるかに低かった。1789-92 年に急激に上昇しはじめて、アムステルダムへの輸入量はおそらく 4 万ラストに達した。これは、税関の公的申告による 3 万 5,000 ラストという数値が、現実の貿易を低く見積もっていることを表す。再輸出量もまた、17 世紀とは比較できないほど低かった。

　バルト海地方の穀物貿易は、19 世紀転換期以降に、現実には復活しなかった。1802 年と 1803 年に、オランダに大量に穀物が輸入され、それぞれ 4 万ラストと 3 万 8,000 ラストに達した。ほぼ確実に、大半がアムステルダムに送られた。しかし、これらは例外であった。平均的には、穀物輸入は、1802-09 年で、年平均 1 万 3,000 ラストに過ぎなかった。再輸出も、僅かであった[29]。戦争と、ナポレオンが導入した 1806 年のイギリスへの大陸の経済封鎖が、バルト海貿易には大きな打撃となり、外国との貿易は長期間ほとんど不可能になった。例えば 1807 年には、エーアソン海峡を通ってオランダに入港した船舶は、1 隻もなかったようである[30]。

　1813 年に自由化されてはじめて、貿易の可能性が復活し、1814-17 年に、現実に穀物貿易が回復した[31]。後から考えると、これらの年とその後に貿易量が多い年は、散発的に貿易量が上昇したのだと考えることができる。だが当時は、アムステルダムが国際的な穀物貿易で以前の役割を回復しているようにみえたのである。数多くのアムステルダムの企業が、バルト海地方との通商関係を再開するために、時間と金を費やした。若きウィレム・ド・クレルクは、1814 年と 1817 年にアムステルダムを去り、さらに 1817 年に東方に旅し、サンクト・ペテルブルクまで向かった。その目的は、彼が家族と経営する企業のために商業関係を確立するか、改善する点にあった。彼は、この時にはイングランド人がバルト海地方での地位を強化したことに気づいていた（第 9 章をみよ）。バルト海地方の穀物集散地としてのアムステルダムの地位は、19 世紀には完全に消え失せはしなかった。しかし散発的に穀物量が上昇するのは、不作の亡霊が現れた時であった。1816 年と 1817 年に海運業と貿易が復活した。それは、1816 年の恐

るべき不作と大きな関係があった。この年は「夏不在の年」と呼ばれ,西欧,南西ヨーロッパ,北米の多くの地域に飢饉が訪れた。そのためバルト海地方から穀物輸出が促進され,不作の影響は軽減された[32]。1845-47年もまた,飢饉の年であった[33]。1845年と1846年にじゃがいもが不作となり,1846年にはライ麦が胴枯れ病のため不作となったので,基本的食糧の価格が急激に上昇した。そのため再び,バルト海地方からアムステルダムへの輸出が促進された。「餓えた40年代」のため,オランダ人の間に貧困が広がった[34]。だが,アムステルダムの穀物商人にとっては小春日和であった。

　オランダの後背地に対するアムステルダムの機能についての検証に戻ろう。19世紀になると,オランダは食糧の自給率がはるかに高まったようにみえる。その必然的な結果として,アムステルダムのステープルは,国内の食糧供給にとっての重要性を低下させた。アムステルダムにおけるライ麦・小麦・大麦の総貯蔵量は,1836-46年の年末の時点で計算すると,年平均2万ラスト未満であった[35]。これだけあれば,十二分に,この都市と近郊地域の人々のニーズに応じられた。とはいえ,オランダの他の都市に大量に流通したかどうかはわからない。緊急事態が生じていなかっただけである。アムステルダムを除くオランダの都市は,大量の穀物を輸入することもしなかった。1830年のアムステルダム,ロッテルダム,アントウェルペンの穀物輸入量を比較すれば,なおもアムステルダムが圧倒的であることが示される[36]。

　19世紀においては,バルト海地方から大量の穀物が,イングランドに輸出された。例えば,1801-05年には,年平均4万9,000ラストの穀物が,プロイセンからイングランドに輸出された[37]。一方,バルト海地方からオランダへの総輸出量は,ほぼ同時期(1802-05年)には,年平均約2万5,000ラストであった。1816-50年に,ダンツィヒでは,イングランドへの輸出が半分から3分の2を占め,オランダに向かったのは,たった10-20％に過ぎなかった[38]。1845年のエーアソン海峡の貿易記録を詳細に分析すれば,バルト海地方からの小麦輸出総計(6万5,200ラスト)のうち,74％(4万8,000ラスト)がイングランドに向かい,オランダに輸送されたのは,たった13％(8,300ラスト)に過ぎなかったことが明らかになる。この年,アムステルダムは,バルト海地方から僅か1万2,500ラス

第3章 商品集散地アムステルダム

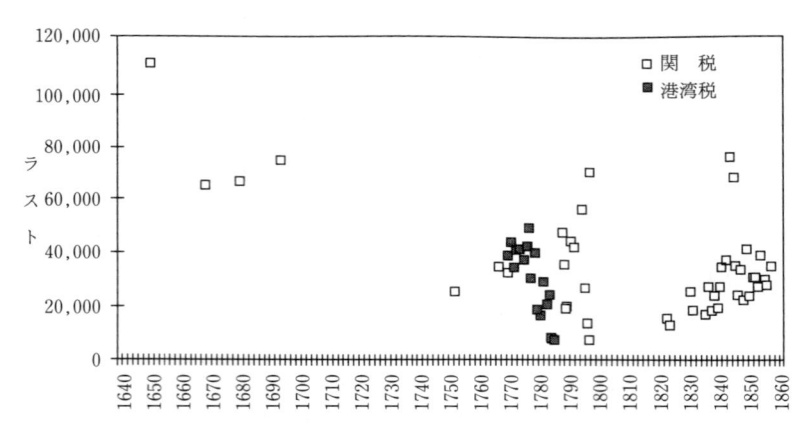

図5 16-19世紀のアムステルダムの穀物輸入量

出典) 17-18世紀のデータは、関税（*convooien en licenten*）業務からとられた。Van Dillen, 'Stukken betreffende den Amsterdamschen graanhandel'; 80; Dobbelaar, 'Statistische opgaven', 151; 19世紀のデータは、Westermann, *Kametvan Koophandel* I, 20*からとられた。港湾税（*paalgeld*）のデータは、インターネットのデータベースからとられた。http://www.let.rug.nl/~welling.paalgeld.

トの穀物しか輸入しなかった[39]。

　本節を締めくくるにあたり最も適切な方法は、2つの図を提示することである。それぞれが、この数世紀間のアムステルダム・ステープルの展開の一面を示している。図5は、外国からの穀物輸入を表す。残念なことに、ここでのデータは、不均等に分散しており、「拡張の時代」については、1649年以外にはまったくデータがない。しかし、18世紀に収縮が始まったのとは反対に、17世紀には高い水準で輸入が続いていたことは明らかである

　18世紀に大きく低下したのは、最終目的地と直接取引きすることが増えたため、この世紀の間に再び拡大したバルト海地方からの輸出から、アムステルダムが十分な利益を得ることができなかったからである。1760年頃から、アムステルダムの外国からの輸入はおおむね不安定であり、しばしば非常に少なく、比較的良い年であっても、ほとんどいつも17世紀のデータの数値には及ばなかった。19世紀中頃になってはじめて、予想もしなかった非常に例外的な輸入量の上昇が生じた。これは、1840年代の食糧危機が原因であった。

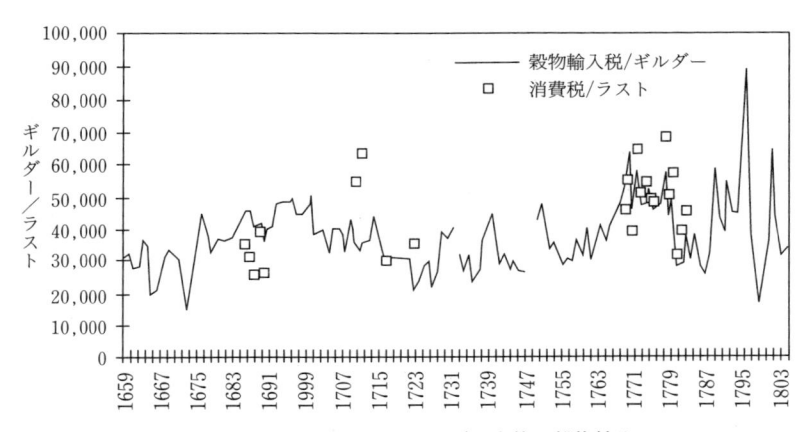

図6 17-19世紀のアムステルダム全体の穀物輸入

州税 (Impost) に関しては、Oldewelt, 'De Hollandse imposten', 74. 1686-90年の地方税については、Gast, 'Accijnsen'. 18世紀のデータ（ライ麦、小麦、大麦だけ）は、Van Dillen, 'Stukken betreffende den Amsterdamschen graanhandel', 83.

アムステルダムが、バルト海地方ではなく、オランダ諸州からの穀物を引き付けるにつれ、図5が示す以上に、穀物貿易全体は増加した。図6には、穀物輸入量に対して州がかけた税金による収入と、輸入税と地方消費税による収入が示されている。したがって、18世紀の商品集散地の発展について、はるかに楽観的な見解が提示される。バルト海貿易の「拡張の時代」に関する史料が残っていない理由をまた述べれば、州税 (impost op de inkomende granen＝穀物輸入税) は、ようやく1659年に導入されたに過ぎず、消費税のデータはほとんどないからだ。それ以外にも、問題があった。18世紀のステープルの展開を強調することは、われわれの目的により適合的である。税収は最初は請負制であり、1749年にはじめて直接徴収されるようになったに過ぎなかったからである。だから、18世紀中頃以前には、収入は少し——たぶん10-20％程度——過小評価されていた。それを考慮に入れれば、18世紀中にアムステルダム商品集散地が明確に収縮したとはいえない。地方消費税のデータは、17世紀の前半と後半の間に穀物市場は収縮したが、18世紀には目立った収縮がないことを示唆する。その理由は、バルト海地方の穀物が、ゼーラントの小麦のように、オランダの後背地からの穀物供給によってある程度取って代わられたからである。

2　オランダ共和国のパン消費

　かなりの量の穀物が遠い地域からはるばる輸入された国のパン消費量については，いくぶん奇妙な点がある。北ネーデルラント，特に西部諸州の人々のパン製造用の穀物消費量は，著しく低かった。近世ヨーロッパの大半の国々よりも，事実上少ないことが普通であった。少なくとも，17世紀中頃から18世紀末にかけて，食事は多様で健康的であった。牛乳，バター，チーズ，エンドウ豆，インゲン豆，野菜が，重要な役割を果たした[40]。17世紀中頃，社会の中産階級の子供たちのためにアムステルダムで設立，運営された孤児院である市民救済院の子供たちは，オランダ全体の中産階級と同じような栄養状態で生活していたが，穀物によるカロリー摂取量は全体の45％に満たなかった。酪農製品が，およそ25％を占めていた。これは，近世の基準では多様な食事内容であった。この状態は18世紀にもほとんど改善されず，酪農製品の割合が30％になり，パン用穀物の比率が40％未満に落ちた[41]。

　16-18世紀の西欧では，毎年1人あたり3ヘクトリットル以上のパン用穀物の消費があったとしばしば推計される。例えば，16世紀の南ネーデルラントでは，パン用穀物の消費量は，3.1ヘクトリットルから，場合によっては3.5ヘクトリットルとまで推計されている[42]。18世紀初頭まで，この高い水準が維持されたが，その後，じゃがいもが広く食されるようになり，パン用穀物消費量は1710年頃の3.7ヘクトリットルから，18世紀末には2.2ヘクトリットルにまで低下した[43]。フランスでは，じゃがいもが本当に広まり始めたのは19世紀のことに過ぎなかった。小麦とライ麦の消費量は，18世紀全体と19世紀の初頭に，まだ1人あたり3ヘクトリットルから3.5ヘクトリットルにまで達していたに違いない[44]。東欧の推計も，これとあまり変わらない。17世紀前半ダンツィヒの穀物消費量は，毎年1人あたり約3.4ヘクトリットルと推計された[45]。

　ホラントとその隣接諸州の1人あたりのパン用穀物の消費量は，16世紀においてさえそれよりずっと低かった。穀物価格が上昇し，その結果1565年にはユトレヒトで飢饉の恐怖が生じる状況になったので，ライ麦

2 オランダ共和国のパン消費

と小麦の消費量は，一般に毎年およそ1.8ヘクトリットルになったと信じられた[46]。たぶん，これが最低限の量で，エンドウ豆とインゲン豆や他の穀物（大麦・オート麦・そば）は，より高価な穀物の代わりにある程度なら食される飢饉の時にしか受け入れられなかった。困難な状況下で，人々は時々，大麦でパンをつくったり，大麦・オート麦・そばでかゆをつくった[47]。しかしながら，このユトレヒトの史料によれば，北ネーデルラントのパン用穀物の消費量は（少なくとも都市においては），16世紀にすでに相対的に低かった。たぶん，このようになったのは，酪農製品と野菜が簡単に入手でき，比較的安価だったからだろう。ホラントと近隣諸州の経済は，このような農作物の生産に特化していた。

オランダ共和国の人々の食事に占めるパンの役割は，より高価な食品を好むようになったので，はるかに低下した。17世紀に，現実にどれだけの量のパン用穀物が消費されたかという情報は利用できない。しかし，17世紀末の数年間（1698-1700年）に飢饉の恐れが生じ，アムステルダムの食糧供給を確保する最善の方法をめぐって，いくつかの史料が作成された。人々の必要量が推計され，議論の的になった。アムステルダム市長には，今日と同様，この都市のパン用穀物の消費量に関する情報がなかったので，これらの推計が正しいかどうかは，自問自答するしかないだろう。推計について真剣に考慮しなければならない理由の一つは，都市行政に，輸出入税額と穀物とパンにかかる消費税額による毎年の収入が含まれていたからである。市長たちは，真剣に飢饉を防ごうとしていたので，信頼のおける人口の推計を作成する必要があったとも考えられよう。この数値は大まかな指標と考えるのが最善であるかもしれないが，大きくそれていると想定すべき理由はない。

市庁舎では，穀物消費総量は1年間で1万9,000ラストと計算された。そのうち，ビールや蒸留酒の原料として，7,500ラストが使用された。それ以外の1万1,500ラストは，主にパンの製造（8,000ラスト）のためのライ麦と小麦であった。それよりはるかに量は少ないが，脱穀した穀粒を生産するためのそばのような，重要性の低い穀物が1,500ラスト，家庭で消費するためのそばが2,000ラストであり，おそらくかゆの形態で使われた[48]。また別の推計は少し低いが，最初の数値にかなり近く，1万750ラストである[49]。穀物の種類と使用法については明確ではないが，醸造や蒸

留酒の原料に使われる穀物を含んでいなかったに違いない。困るのは，1698年にホラントで開催された州議会の会議の間に，アムステルダムが示した数値である。それは，予想に反し，国内向けの穀物の計算と比較すると，かなり低いからである。飢饉の恐怖がつのるにつれ，ホラントの他の都市は，質の悪い穀物を貯蔵している都市には輸出が許されるべきであり，すべてを倉庫に入れておくべきではない，と考えた。現実的に，当然必要だと思われるよりもいくぶん多くの穀物を要求することが，個々の都市の利益となった。それは，もしそうしなければ，輸出許可を出すことを迫られたからである。アムステルダムの代議員たちは，この都市が毎年必要とする穀物量は，1万ラストに達すると宣言した。アムステルダム市長は，必要とされる穀物量がおおむね計量されると考えたので，この宣言に満足した。市長は代議員を信じていたが，現実にはこの都市は，住民のためにパンを焼き，ビールを醸造するために，毎年9,000ラスト以上は必要としなかった[50]。とりわけ，同時代になされた，醸造と蒸留以外に必要な国内用穀物の計算が1万750－1万1,500ラストとさまざまであるのに対し，アムステルダム市の必要量の数値が低い（9,000－1万ラスト）ことについては，どのような説明がなされるべきなのか。ホラント州議会の申告が，ライ麦と小麦だけを含み，他のこまごまとした穀物は含んでいなかったということはあり得る。その場合には，ホラント州議会のデータは，市庁舎で国内の使用のために作成された二つの推計と一致していた可能性がある。この当時，実際に必要だったのはパンを焼くための約8,000ラストのライ麦と，アルコール飲料の原料として使用されるライ麦と小麦が1,000－2,000ラストであった。さらに，脱穀した穀粒製造のために，1,500ラストのそば，原料と消費のための7,500－8,500ラストの大麦とオート麦があった。

　全体としては，17世紀末アムステルダム市のパン用のライ麦と小麦の消費を9,000－1万ラストと見積るのが最も妥当だろう。この時には，アムステルダムの人口は約23万人と推計されているので[51]，1人あたりの消費量は1.3ヘクトリットルになる。これは，1.8ヘクトリットルといわれる1565年ユトレヒトのパン消費量よりも少ない。したがって，1580年頃から，生活水準が向上し，オランダ人が長期的に世界一の生活水準に上昇し，そのため食糧の中でパンの占める役割が低下したと想定することは

妥当であるように思われる[52]。ヨーロッパの状況から考えると，17世紀末アムステルダムのパン消費量は著しく低かった。当時のフランスと南ネーデルラントの消費量の半分に満たなかったのだ！

オランダ人の食事は，すでに多様であった。だから当然次に出される疑問は，18世紀にヨーロッパ全体でみられた食品革命は，オランダ共和国の穀物消費にどのような影響を及ぼしたのか，ということになる。ここで論ずべき食品革命の二つの特徴は，コーヒーと茶が一般に飲まれるようになり，じゃがいもの消費量が増えたことだ。（部分的ではあるが）ビールの代わりにコーヒーと茶を飲むことは，17世紀に始まったばかりであり，18世紀中頃以降はるかに顕著になった過程である[53]。オランダの穀物消費への影響は，ほとんどなかった。というのは，ビール生産量の低下を補ったのは，おそらくもっぱらビールと同じ原料——あまり重要ではない穀物である大麦とモルト——から製造されるジェネヴァ・ジンのような酒類の生産が増大したことによるからだ[54]。

食品革命の第二の重要な特徴であるじゃがいも消費量の増加の方が，おそらく影響は大きかった。じゃがいもはずっと前から知られていたが，ヨーロッパで生産量が爆発的に増えたのは，18世紀末から19世紀初頭にかけてであった[55]。1エーカーあたりのカロリー量でみると，じゃがいもの生産は少なくともパン用穀物の3倍あった[56]。これは，食糧供給への潜在的な貢献度の高さを示す。炭水化物を含む食品として，じゃがいもはパンの代用品となり，バルト海地方から穀物を輸入する必要性はますます低下したと想定することは妥当であるが，少なくとも他の地域ほどには，原因と結果の関係は単純ではない。オランダの場合，状況は他地域より複雑であり，さまざまな地域間の区別をしなければならない。

18世紀後半のホラント州では，明らかにじゃがいもの消費量は増大し[57]，それと同時に，パン用穀物の消費は安定していた。この二つの現象が同時に発生した理由の説明として最も適切なものは，ファン・デル・ワウデが提示した。彼の提起によれば，じゃがいもはパンの代用品として摂取されたのではなく，エンドウ豆とインゲン豆，カブラに取って代わり，これはホラント州でたぶん特徴的な現象であった[58]。ホラントには，1800年頃の小麦とライ麦の消費量の記録があり，それによれば，1年あたり1.3ヘクトリットルであった[59]。少なくとも1750年頃からは，この水準

であったことはほぼ確実である。パン用穀物の消費量は，19世紀前半のアムステルダム市でも一定していたことが読み取れる。構造的に，じゃがいもがパンに取って代わった徴候はない。穀物価格が高い時代には，安価な食品としてじゃがいもが重要な役割を果たしたが，1人あたりのパン用穀物消費量は，驚くほどに一定であった。18世紀終りの数年間から19世紀中頃まで，およそ1.3ヘクトリットルである[60]。だから，18世紀から19世紀前半までのホラント州では，オランダのじゃがいもでバルト海地方の穀物の輸入代替をすることはなかったようだ。

アムステルダム以外のネーデルラントでは，情勢は違っていた。北部諸州（フローニンゲン，フリースラント，ドレンテ）と東部（オーフェルエイセル，ヘルデルラント）と南部（北ブラバント）の消費データから明らかなように，パン用穀物の消費量は，1808年にはたった1.0ヘクトリットルでしかなかった[61]。これらの地域の発展は，ヨーロッパの食品革命全般と比較可能であり，1808年にパンの消費量が僅かだったのは，18世紀の間にじゃがいもがパンに取って代わった過程から生じた可能性がかなり高い。オランダ共和国の周辺諸州で，じゃがいもの消費量が増大した。そのため，以前ならアムステルダムから周辺諸州に流通していたバルト海地方の穀物に対するニーズが低下したに違いない。

これらすべてのことから，コーヒーと茶，じゃがいもの普及に代表される食品革命は，最大の住民を誇るホラント州の穀物消費に影響を与えることはあまりなかったという結論が導き出せる。オランダの総人口に占めるホラントの比率は，17世紀末から低下し続けた。ところが，1800年頃でさえ，オランダ人の40％近くがホラントに住んでいた[62]。ホラントと近隣諸州の1人あたりの穀物消費量は，16世紀には比較的低かった（おそらく2ヘクトリットル未満）であり，17世紀にはさらに減り（およそ1.3ヘクトリットル），その後，19世紀中頃まで一定であった。摂取する食品の形態が変化したので，バルト海地方からの輸入は重要性を失った。その程度については，ホラント「以外」の諸州のじゃがいも消費量の増加と，バルト海地方からの輸入へのニーズが減少したことを考慮しなければならない。

ホラントと近隣諸州ではパンの消費量は比較的少なかったことは興味深いが，同様のことは，地域によって小麦かライ麦のどちらかを好んだとい

う点での差異についてもあてはまる。この点で，オランダは二つに別れる。一つは，すべての階層ではなくても，ほとんどの階層で，たとえ貧民層においても，小麦の消費量はライ麦よりも少ないけれどもありふれていた地域である。もう一つは，小麦パンの使用がかなり例外的で，富裕者と特別の場合にかぎられていた地域である。第一の地域は，ホラント，ユトレヒト，ゼーラントの諸州であり，第二の地域は，他の諸州すべてであった。すなわち，オランダの南部と東部の諸州である。この「小麦地帯」と「ライ麦地帯」が1800年頃に併存していたことが示されてきた。だが，このような食品消費の形態が現実にはもっと古い時点に起源があると信ずべき十分な理由がある。17-18世紀ホラントの慈善団体の記録は，貧民でさえ，毎日小麦を摂取していたことを示唆する。貧しくなればなるほどパン用穀物の総消費量に占めるライ麦の割合は，おおむね増大していたが，小麦とライ麦を混ぜることは，17世紀においてもすでに広くみられたように思われる。換言すれば，ホラント，ゼーラント，ユトレヒトにおいては，小麦は現実には奢侈品ではなく，小麦への需要は大きかった[63]。イギリスからの旅行者は，驚愕してこう書いた。「ほどこしのために与えられるパンは，われわれが考えているような安価なライ麦ではなく，小麦からつくられている」[64]。1730年代に，ハールレム出身でホラントの都市在住のパン屋は，ライ麦でつくった一塊のパンよりも，小麦のパンを3倍も売った。1798年には，ホラント州全体で，ライ麦の2倍の小麦が消費された。しかし，これらの州の多くの地域では，現実には小麦は栽培されていなかった。したがって，小麦は他地域から輸入しなければならなかった[65]。

　オランダの中で，「ライ麦地帯」と「小麦地帯」が併存していたことはおそらく，16世紀末には既成の事実であった。それを端的に表しているのが，リーンク・ヘンメマがフリースラント州の農場を開拓した方法である。ヘンメマは，幾多の試練を経て生き残った会計の本があるので，オランダ史で著名な人物である。この史料は，1569-73年のものであり，穀物が大量に市場で取引きされたことを示す。農民は，小麦を栽培し，そのすべてを販売した。ライ麦はまったく栽培しておらず，市場で購入し，4－5人の使用人に食べさせた。小麦パンが滅多にみられない「ライ麦地帯」に居住していた。このような習慣ないし選好が強かったので，小麦が農場で栽培されていても，ヘンメマは，農場で働く人々にライ麦パンを食べさ

せていたのである[66]。

　ホラント，ゼーラント，ユトレヒトの3州では，例外的に小麦消費量が多かったが，それはいくつかの要因が組み合わさった結果に違いない。価格研究から示されるのは，小麦とライ麦は，互換性がかなり高かったことだ。小麦が低価格の時には，消費者は小麦を選んだので，小麦はライ麦よりも高かった。飢饉の時には，どんな穀物でも構わなくなり，ライ麦と小麦の価格差は縮まった[67]。小麦の方がライ麦よりも高く，税金が加わったため，小麦パンはライ麦パンよりもはるかに高くなったので，小麦パンを日常的に消費するには，ある程度の資産が不可欠であった。この点から，すでに1500年までに，ホラントと，それほどではないがユトレヒトとゼーラントが，東部と南部の諸州と比較すると相対的に豊かであったと結論づけるのは妥当である。

　これは，かなり白黒はっきりとした像を描いている。小麦とライ麦の選択は，実質所得と相対価格によって，もっぱら経済的基準で決められたとはかぎらず，伝統や趣向のような文化的要素にも依存していたであろう。例えば，17世紀フランスの都市住民は明らかにライ麦よりも小麦を好み，普通は，ライ麦パンを食べるのを嫌がった。1643年に，バルト海地方のライ麦がボルドー市にしか輸入されなかったのは，それが，住民を飢饉から救う唯一の方法だったからだ。飢饉でもなければ，ライ麦は，農村だけで食べられるものと考えられていた[68]。ヴェネツィア人も，パンに関しては稀にみるほど贅沢であった。黒パンを食べるのは嫌悪感をもよおしたし，雑穀を使えば暴動がおこった[69]。このように，穀物が違うことでかなり気分まで違ったが，それはオランダでは，17世紀にも18世紀にもみられなかった[70]。しかし，19世紀には知られるようになった。とはいえ現実には，もっと早くに発生していただろう。例えばゼーラントでは，1870年代には，ライ麦パンは馬や犬の食べ物だとみなされた[71]。たぶん，小麦の方を好むのは，14-15世紀に始まったことだろう。この頃，かつて自給自足できていたホラントとユトレヒトの一部が穀物輸入に頼るようになり，南ネーデルラントとフランス北部から小麦を輸入して輸入ニーズに応じるようになった[72]。主に小麦パンを食べる伝統は，16世紀の商業変化を生き延び，パンの新供給先として南ネーデルラントとフランス北部に取って代わり，バルト海地方が登場した。いずれにせよ，貿易航路自体は，消費

形態の変化とはほとんど関係がなかった。それは，インフラが十分に発達したので，フランス小麦とバルト海地方のライ麦が，オランダのすべての州で簡単に流通できたためにおこった。

　小麦とライ麦の選択に影響を与えた最後の要因は，都市化であった。小麦パンが，ヨーロッパの農村にゆっくりとしか広まらなかったのは，パン屋を経営していくには，住民がまばらにしか住んでいなかったからである。小麦パンはすぐに新鮮でなくなるので，パンは1日に1回，場合によっては2回焼かなければならなかった。対照的に，他の穀物からつくられたパンは，1週間に1-2回，大きな釜で焼けばよかった。家族が家でパンを焼いていた農村地域でライ麦が主要な食品になったのは，このような現実的理由があった。したがって小麦パンは，農村よりも都市で，いつもはるかに多くの人々に摂取された[73]。1808-09年全体で，都市部と北ネーデルラント諸州全体の小麦/ライ麦消費比率の間に，この意味での構造的差異が見出される。都市住民の食事には，農村の住民よりも小麦が多く，それはオランダ西部だけではなく，東部と南部にもあてはまる[74]。例外的に高い都市化が，中世後期からのホラントの特徴であり，小麦パンの消費を促進したのである。

　ある程度ヨーロッパの他地域の発展に沿っていたのは，17-18世紀の間に，小麦の比率が増えライ麦の比率が減ったことであった[75]。長期的には，アムステルダムの市民救済院の孤児たちの食事は，すでに述べたように，徐々に改善された。どの時点でも，ライ麦は小麦よりも孤児たちに多くのカロリーを提供したが，ライ麦の比率が低下し，小麦の比率が徐々に上がっていった。この傾向は，18世紀最後の10年間でようやく逆転した。それは，小麦価格が急速に上昇し，市民救済院は高価な小麦ではなく，より安価なライ麦を選択したからである[76]。このような代替化は，一般に価格上昇と同時におこった。1770年代に，オランダで生活水準が低下した。さらに1800年以降にはそれははるかにひどくなり，ライ麦と小麦間の比率が変わる別の要因となった。18世紀末から19世紀中頃のアムステルダムにおけるライ麦と小麦の消費量に関する推計から，毎年1人あたり100キログラム程度で安定していたが，ライ麦の比率がかなり上昇したことが示される。1790年代には，ライ麦消費量は約24キログラム，1820年頃には30キログラム以上，1850年頃には，約37キログラムと推計され，そ

れと反比例して小麦の比率が低下した[77]。19世紀前半には，小麦消費量が低下し，ライ麦消費量が上昇した。それは，アムステルダムの住民にだけあてはまるのではない。すべてのオランダ人に穀物を輸送することができたからである。購買力が上昇し始めた1850年以降，ようやくこの状況は変化した[78]。

3　オランダの食糧供給に対するバルト海地方の穀物の重要性

北ネーデルラントに持ち込まれるライ麦や小麦1ラスト（30.1ヘクトリットル）あたりのパン消費量は2ヘクトリットル以下と，非常に少なく，少なくとも15人，たぶん20人の人々のニーズにさえ応じられるものであった。これは，1人あたりの消費量が2ヘクトリットルないし1.5ヘクトリットルという推計に基づく。1671-1700年にバルト海地方からオランダに輸出されるライ麦と小麦の量を例にとれば，『エーアソン海峡通行税台帳』によれば年平均4万1,289ラストであり，60万−80万人の人々の需要には十分な量であった。当然ながら，再輸出は重要であり得たが，概して，ほとんどの穀物はオランダ国内にとどまったはずである。もっと広い全ヨーロッパ的見地からは，バルト海地方の穀物は，確かに西欧全体の人口の数％の需要しか満たせなかった。ブローデルは，外国貿易で扱われる穀物量は，ヨーロッパ全体の消費量と比較すると滑稽なほどに少ないと論じた[79]。たぶん，貿易量と穀物が輸入される国や地域，この場合は全オランダの需要とを比較した方が意味がある。このような観点からみれば，バルト海地方からの輸入は，明らかにネーデルラント連邦共和国の人々には重要であった。この国の人口は，17世紀中頃から18世紀末にかけて，約200万人であった[80]。

　完全な像をつくりあげるためには，オランダに食糧を供給していた別の地域を無視してはならないだろう。イングランド，ドイツのラインラント，オランダのゼーラント州からの穀物が，ホラント南部に位置する地域，主としてロッテルダムに輸入された。にもかかわらず，ロッテルダムの穀物貿易の規模は，アムステルダムとは比較にならなかった。図7が示すのは，この二都市の州穀物税の収入である[81]。この時代の大半を通じて，アムス

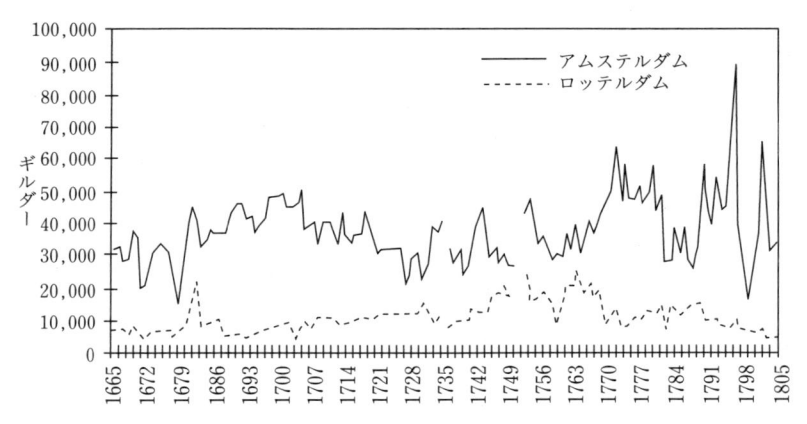

図7 アムステルダムとロッテルダムの穀物輸入額（1659-1805年）
出典）Oldewelt, 'De Hollandse imposten', 74-75.

テルダムの収入は，オランダ共和国第二の市場であるロッテルダムの4倍から5倍あった。

18世紀の第1四半期にバルト海貿易が停滞したのは，アムステルダムとロッテルダム市場の相対的地位が変化した結果であった。1700年以降，この二都市の差異はゆっくりと縮まった。1740年代には，ロッテルダムとアムステルダムの収入の差は，2対3にまで縮小した。ロッテルダムは，イングランドとドイツの穀物が，オランダ市場である程度バルト海地方の穀物に取って代わったために利益を得た。しかしどんな変化があっても，穀物市場でアムステルダムが第一位であったことにはほとんど変わりがなかった。しかも18世紀中頃から，アムステルダムとロッテルダムの輸入量の差は再び拡大した。

アムステルダムの外国からの輸入は，普通はバルト海地方からの穀物がほとんどであり，たいていは（たぶん，18世紀イングランドを例外として）北ドイツ諸都市と白海のアルハンゲリスクのような他地域を大きく引き離していたが[82]，アムステルダムは常に国内の穀物も引き付けた。ゼーラントの小麦，ホラント北部のオート麦，そして，ほとんどが東部諸州から来たライ麦とそばがそれにあたる。バルト海地方以外の穀物の役割は，もちろん，18世紀第1四半期には非常に目立っていた。この時代はバルト海地方に被害を及ぼした政治的不安定性〔大北方戦争〕の後で，バルト

海地方の穀物貿易量は最低になった。1701年，11年，17年，23年における地方穀物消費税記録の数値をみれば，この4年間のアムステルダムの総輸入量は25万1,563ラストであり[83]，その一方で，エーアソン海峡で「オランダ行き」と申告された穀物は，8万4,154ラストに過ぎなかったことがわかる[84]。バルト海地方の穀物がとるに足らないものになる危険性があった！「収縮の時代」全体では，バルト海地方からの輸出は主としてオランダに向けられていたが，アムステルダムの穀物市場は，それにはあまり依存してはいなかった。1659-1747年に，エーアソン海峡経由の穀物輸送とアムステルダムの州穀物税の収入間の相関係数（r）は，0.44に過ぎない[85]。だから，17世紀中頃以降のバルト海地方の輸出低下は，必ずしもアムステルダム市場の収縮を引きおこしはしなかった[86]。このような状況で，アムステルダムの穀物輸入とエーアソン海峡の輸送の相関係数が0.8であった1632-62年とは状況が完全に異なっていることを想起することが大切である！

　18世紀中頃からの成長が再開した時代において，バルト海地方の穀物はアムステルダムの周辺的地位から中心に戻った。アムステルダムの穀物輸入にかかる州税の収入は，エーアソン海峡の貿易と同じように発展した (1750-80年全体でrは-0.86)[87]。1771-87年には，バルト海地方の穀物は，アムステルダムが外国から輸入した穀物の40-60％を占めていた[88]。1789-99年の輸出入関税の記録が示すように，ライ麦，小麦，大麦の輸入の67％が，バルト海地方とスカンディナヴィア諸国から来ていた。ノルウェー，デンマーク，スウェーデンからの輸出がさほど多くはなかったので，この67％のほとんどは，実際にはエーアソン海峡経由で来たものであった[89]。それゆえ，バルト海地方の穀物が再びアムステルダム市場で支配的になっていった。

　少なくとも，16世紀後半からは，ホラントにバルト海地方の穀物が絶えず「侵入」したので，オランダとプロイセンの市場が統合する徴候を示した。ダンツィヒでのライ麦価格の変動は，おおまかには，アムステルダムの価格変動と一致していた。穀物価格が時系列で利用可能な全時代 (1597-1808年) を計測すると[90]，二つの時系列の相関係数（r）は，0.92である。図8は，二つの価格時系列を示す。

　価格の相関係数は，すでに17世紀初頭（1597-1650年）に高く，0.89

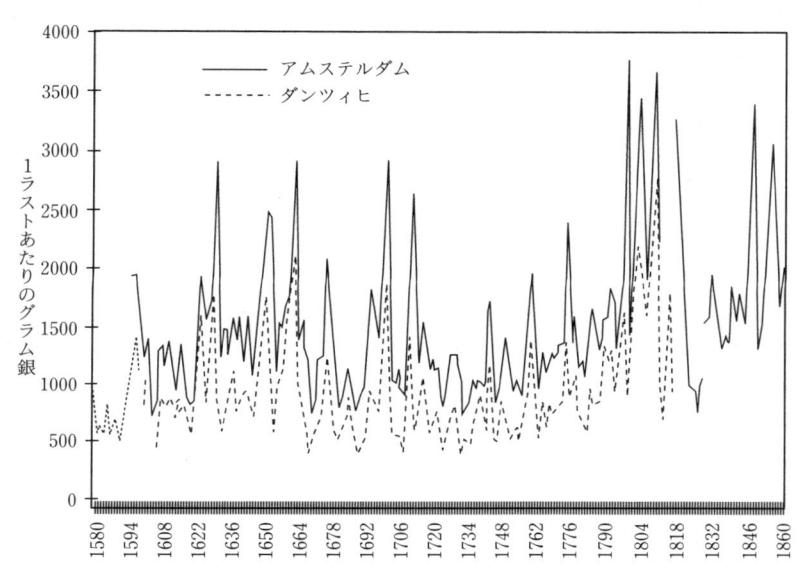

図 8 アムステルダムとダンツィヒのライ麦価格の比較（1580-1808年）

出典）ダンツィヒの価格に関しては，Pelc, *Ceny* と Furtak, *Ceny*。アムステルダムの価格については，二つの史料を利用した。1597-1783年については，毎週仲介人が穀物取引所（*Korenbeurs*）に支払い登録するライ麦価格である。1784-1850年については，価格表に記載された価格で，取引所（*Beurs*）でのプロイセン産ライ麦の取引きを反映する（価格表については，第5章の第1節を参照）。どちらの時系列も Posthumus, *Nederlandsche prijsgeshiedenis* で出版された[91]。

であった。収縮の時代（1650-1760年）と，そしてまた18世紀中頃から（1760-1808年）には，0.92である。この図は，価格変動が非常に似ているだけでなく，ダンツィヒの価格が，通常は，アムステルダムの価格より20-40％低かったことを提示する。この価格差は，ある程度一定であり，かなりの長期間続いた。真の市場統合とは，変動が減少し，価格が同じようになっていくことだが，それは明らかに発生しなかった。にもかかわらず，ダンツィヒとアムステルダムでライ麦市場の価格が非常に強く統合していった。それは，近世のヨーロッパでは稀なことであった[92]。

バルト海地方の穀物貿易の絶頂期，とりわけ17世紀第2四半期には，輸入品は，アムステルダム取引所の穀物価格にしばしば決定的な影響を及ぼし得た。バルト海地方から豊富に供給されたので，ライ麦価格を低下さ

せることが多かった。その一方で，逆に，ライ麦の輸送量が少なかったことが，価格上昇の原因になることも多かった。それを示す，明らかな事実がある。アムステルダムとエーアソン海峡を通るライ麦には負の相関があり，これは，フロップとクレインの研究以来知られている[93]。1601-50年には，相関係数は-0.42である。ここで，通行税改革に始まる，エーアソン海峡で申告される量が現実の数値に近かった30年間（1618-48年）に限定すると，-0.76にまでなる[94]。1618-22年にアムステルダム市場にバルト海地方から大量の穀物が洪水のように押し寄せてきたため，穀物価格が下落した[95]。不作と，スウェーデン－ポーランド間の戦争により生じたその後の供給問題は，アムステルダムの情勢に悲劇的な影響を及ぼした。バルト海地方は，オランダ人が困窮から逃れるのに役立ったが，供給に失敗した場合には，穀物が極度に不足する原因にもなった。

　この影響は，後の時代には少なくなった。いや，より正確にいうと，たぶん統計的には測定できなくなった。二つの時系列（アムステルダムのライ麦価格とエーアソン海峡で記録されたライ麦量）は，徐々に関係が薄れた[96]。それが示唆するのは，この頃には，ホラントの価格の展開は，一般にバルト海地方からの輸入と関係がなくなったことである。興味深いことに，18世紀において，17世紀とは対照的に，正の相関があった。つまり，アムステルダムの価格上昇は，今や，バルト海地方からの輸入増と一致するようになったのである。西欧の需要の方が，バルト海地方からの穀物輸入量を決定する際に，おおむね重要になった。しかし，17世紀においては，それを決定したのは供給側の要因であった。だから，18世紀においては，一般に，多くの輸送があっても価格を下げるのに有効ではなく，それと同時に，バルト海地方の供給低下も，アムステルダム穀物市場にあまり大きな影響を与えなくなった。これは，「収縮の時代」のみならず，アムステルダムの穀物輸入が再び膨大になり，アムステルダムの輸入全体を支配するようになった18世紀後半にもあてはまる。

4　商品集散地形成を助けた政治

　オランダの経済政策は，まさに圧倒的なまでに，非常に強力な商業エリー

4 商品集散地形成を助けた政治

ト層によって形成された。経済エリートは，あまりに強力であり，オランダ国家を支配したといっても過言ではない[97]。17世紀にいたるまで，商人が地方，州，国家のそれぞれの規模で，最も重要な政治団体の役職につくことで，政治を支配した。それとは対照的に，国内市場への供給を目的とした部門で働く労働者の声は，ほとんど反映されなかった。17世紀のうちに，貴族化の過程が始まった。そのため貿易と造船にかかわらない（あるいはかかわらなくなった）政治家が産み出されたが，実業界との関係は依然として強く，外国との貿易はなお経済の他部門よりも常に優先された。

これらの緊密な関係から生じた典型的な結果は，オランダ共和国には商務省が存在しないということであった。1811年になってはじめて，新しくフランスの法規が導入されたために，商務省が設立されたに過ぎない[98]。それに先立つ1663年に，アムステルダムでこのような制度を産み出そうという試みがなされたが，失敗していた[99]。この商務委員会創設の直後，この機関は，それを創設した市政府の期待に添わないことがわかり，2年を経ずに消滅し，忘却された。その理由として，さまざまなことが言わされている。その中には，1655年の第二次英蘭戦争の勃発がある。それが説得力をもたないのは，もしそうなら，委員会は戦後に再建されたはずだからである[100]。また，委員会は貿易全般の強力な改善策を提案しなければならなかったが，それに敵対的な商人集団があり，異なる部門に特化することにより，全体の利益ではなく，個別の利益を追求しがちであったという事実が提起される[101]。実際に，失敗した主な理由は，この商務委員会に与えられた役割が，単に諮問的なものに過ぎなかった点にあったようである。実業界とアムステルダム市政府の絆は，17世紀の間に少し緩み始めたが，それでもまだ十分に強かったのは，当局が貿易の問題とその解決を可能にする方法について，極めて的確な考えをもっていたからである[102]。そのため，商務委員会は邪魔な存在になった。

オランダ人は，「母なる貿易」の重要性に固執した。それは，バルト海に隣接する国々と都市との関係から明らかである。中世においては，バルト海貿易の支配権をめぐる主要な敵は，ドイツのハンザ都市であった。しかし15世紀のうちに，ホラントとハンザ同盟との競合関係は低下した。オランダ人の侵入に対する闘いは，徐々に，オランダの海運業をエーアソ

ン海峡から締め出そうと尽力していたリューベック市だけに限定されるようになった。しかしながら，1530年以降，リューベックは，バルト海地方における野望を失っていき，オランダ人に対する軍事的対立に完全に終止符が打たれた。それ以外に，バルト海貿易でオランダの勢力が拡大した重要な条件として，デンマークとの関係がある。この点では，デンマーク国王クリスチャン3世とハプスブルク家の皇帝カール5世の間で結ばれたシュパイエル条約（1544年）が，大きな一歩となった。この条約で，ハプスブルク領ネーデルラントのすべての臣民が，エーアソン海峡を航行する際に税を免れることが決められたからである[103]。

　17世紀の間に，バルト海地方の支配権をめぐる闘争に巻き込まれるのは，主としてスウェーデンとデンマークになった。オランダ人は，政治的介入をすることで，この二国間との勢力均衡を維持しようとした。そして，もし必要なら，軍事的に介入すると脅したり，あるいはそうせざるを得ない場合には，実際に軍事介入をした。そうなったのは，三十年戦争の間に，山のようになりつつあった戦費を調達しようとして，デンマークがエーアソン税の額を上昇させようとした時のことである。エーアソン海峡を航行する船舶にかかる通行税の改革で，国王クリスチャン4世は，エーアソン税からの収入を，1637年の22万9,000リースダラーから，1639年には61万6,000リースダラーに増大させることに成功した[104]。これは，エーアソン税の代表的な支払い手であるオランダ人を激怒させ，彼らは，1640年にスウェーデンと防衛同盟を締結した。数年後，スウェーデン－デンマーク間に戦争が勃発し（1643-45年），積年の対立が，とうとう軍事的行動になった。オランダに好機があったにもかかわらず，連邦議会が具体的な行動を決定するにはしばらくの時間が必要であった。それは，ホラント南部とゼーラントにあるロッテルダムなどの都市が，自分たちの貿易を守ることを優先しようとし，ダンケルクの海賊とスペインの軍艦に対抗するために，主に西欧と南欧に向かったからである。とうとう，連邦議会は，2－3ダースの重装備の軍艦をデンマークに派遣する決定を下した。これには，オランダ商船が通行税を支払わなくて済むようにとの意図があった。もしエーアソン海峡通行税が下げられないなら，オランダは戦争でスウェーデンに加担すると脅した。提督のウィッテ・ド・ウイットがエーアソン海峡の支配権を握り，1645年の航海可能な時期のほとんどをそこで過ご

4 商品集散地形成を助けた政治　　　　　　　　　　　　　　91

し、デンマークを圧倒した。デンマーク人は、オランダ軍艦によって威嚇され、約千隻のオランダ商人が、通行税を支払わずにエーアソン海峡を航行することを許可せざるを得なかった。最終的には、屈服し、税率を下げねばならなかった。通行税による収入は、1646年には14万リースダラーに低下した[105]。

　スウェーデン－ポーランド戦争の間（1655-60年）、オランダ艦隊が現実にバルト海に現れ、商人の利益を守った。1656年の春、スウェーデン軍が海からも陸からもダンツィヒを包囲し、ヴィスワ川全体のいかだ航行の支配権を握った。穀物を直接輸出するには、危険がともなったので、オランダに助けを求めた結果、艦隊は、ダンツィヒに1656年6月以前に到着していたファン・ワセナール・ファン・オゴダム提督の支配下に入ったのである。彼はデンマーク艦隊に加わり、スウェーデン船が、ダンツィヒ港の包囲を断念せざるを得なくした。オランダも、1,300名の軍人を上陸させた。彼らは、14ヵ月間、ダンツィヒ市の支配下に入った。最終的に、ダンツィヒは、オランダから、50万ギルダーを借り、さらに毎月の補助金を受けることが認められた。このような介入は当然であり、オランダの穀物庫への道を確保することが必要だと考えられたのである[106]。

　2年たっても、スウェーデンとデンマークはまだ戦争を続けていた。エーアソン海峡を航行する船舶は、デンマークがスウェーデンに戦争を宣言すると、再び危険にさらされた。スウェーデン軍は、ヘルシンボーを陥落させ、コペンハーゲンを包囲した。そして、すべての商船に対しエーアソン海峡を封鎖した。それが、オランダの軍事的介入を誘発したのである。戦争で血が流れた。何千人ものオランダとスウェーデンの船員が、1658年11月8日、エーアソン海峡での戦いで命を落とした。スウェーデンのエーアソン海峡封鎖は解除され、スウェーデン人はデンマークから放逐された。ようやく1660年に、講和条約が結ばれた。この条約は、オランダの勝利を反映していた。さらにデンマーク－スウェーデン間の勢力均衡が回復された[107]。

　オランダの政治を商人が支配したことは、対外政策にゆゆしき影響を与えただけではなく（オランダの対外政策は、「公然と貿易を助けた」）[108]、オランダの商品集散地を保護・促進する経済政策を産み出した。その一つが、外国貿易を慎重に扱う税制であった。ホラントの商業エリートが税に

反対したことは，オランダ共和国が誕生する以前に，重い影を投げ掛けた。16世紀後半は，アムステルダム穀物市場の発展にとって重要な時期であった。この時代にホラント州は，穀物への輸出税をめぐるハプスブルク政府との交渉に成功した。1506年から1548年にかけて，ハプスブルク政府は，再三再四，同州の都市に再輸出税をかけて徴収しようとした。まったく同じことが，他のオランダ諸州でもおこった。ホラントは屈服せず，長期間に及ぶ戦闘に資金を提供し，最終的には勝利を得た。ホラント州は穀物の再輸出に負担をかけるのではなく，中央政府に巨額の資金を提供する方を好んだ。再輸出にかかるこのような高税を免れていたのはホラントだけであった。この事実が，ある程度，アムステルダムが市壁内部にバルト海地方との穀物貿易の多くを集中できた理由を説明する。バルト海地方からの輸出が急速に上昇したのは，この時代にほかならないからである[109]。

オランダ共和国では，連邦議会が関税を課していたが，外国からの穀物への関税は，おおむね低かった。それは，他のすべての商品もまったく同じであった。関税率を上げることには，有力な商人団体からの反対があったので，オランダ共和国の平均的関税が，5％を越えることはまったくなかった。この関税率は，ヨーロッパ諸国の中で最低であった[110]。賦課される関税は，もともとconvooien en licentenと呼ばれ，後に短縮されlicentenとなった。それ以外に，1651-81年と1685-1721年に関税がかけられた。前者は輸出入関税の3分の1に達し，「3分の1税」（3e verhooging）と呼ばれた。後者は，もっぱらバルト海地方からの商品にかけられ，エーアソン関税Orizontse tolと呼ばれた。表12が示すのは，16世紀末から19世紀初頭までにバルト海地方から輸入されたライ麦にかけられた税負担である。

プロイセンのライ麦価格——ほとんど1ラストあたり100-200ギルダーである——と比較すると，関税は僅か数％に過ぎない。現実には，貿易にかかる税負担ははるかに低かった。五つの海軍局のそれぞれが輸出入関税を徴収し，虚偽の申告を大目にみることで，他の港湾都市を犠牲にしてでも，できるだけ多くの船舶を引き付けようとしたからである[111]。

ゼーラント州は，穀物を栽培する数多くの農民の故郷であるが，1669年から輸入税を増大し，外国の安価な輸入穀物から，ゼーラントの農作物の販路を保護しようとした。ホラントは，1671年に反応した。有名な文

4 商品集散地形成を助けた政治　　93

表12　バルト海地方からアムステルダムに輸入されるライ麦/小麦への1ラストあたりの税（1581-1810年）[112]

年	輸出入関税		3分の1税		エーアソン関税	
	ライ麦	小麦	ライ麦	小麦	ライ麦	小麦
1581	1:0	1:10	–	–	–	–
1603	1:5 [113]	2:0	–	–	–	–
1651	1:5	2:0	0:5	0:13:5	1:5	2:10
1653	1:5	2:0	0:5	0:13:5	0:8:8	0:17
1681	4:0	6:0	–	–	–	–
1685	4:0	6:0	1:6:11	2:0	0:8:8	0:17
1726-1810	4:0	6:0	–	–	–	–

＊左からギルダー，スタイフェル，ペニングで表記

言である『反対声明』が，ホラント州年金顧問ヨハン・ド・ウィットによって準備された。彼はこの中で，輸入税の強化が，共和国全体を経済的破壊に導く最短の道だと書いた。ド・ウィットが論じたのは，高い関税は，オランダから穀物貿易を追い出し，全体に望ましくない結果をもたらすということであった。食糧供給とパンの価格は，マイナスの影響をもたらすだろう。アムステルダムは，ヨーロッパの穀物庫ではなくなり，その結果生じる所得の損失は大きく，しかもそれは商人にとどまらないだろう。ドミノ効果は避け難く，その結果，港湾と倉庫の労働者と船舶で働く水先案内人と船員は職を失うだろう。仲介人と倉庫の所有者もまた，重大な影響を被るだろう。最も重要なことは，「母なる貿易」の俗称の正しさの根拠となる，穀物貿易が他の重要な経済分野に及ぼす有益な影響がなくなってしまうことだろう。膨大な量の穀物輸入は，ニシンとオランダの工業製品輸出，さらには西欧と東インド商品の再輸出と強く結び付いていた。経済活動は，さまざまな点で穀物貿易のために刺激を受けた。それが，政府が関税や税金のほとんどを徴収した理由を説明する。ド・ウィットは，要点を簡潔にまとめた。バルト海地方の穀物貿易による相乗効果を維持するためには，貿易の変化を妨がなければならない[114]。

これらの論争の背景にあったのは，関税をめぐる議論であった。穀物価格が低下する傾向にあり，そのため穀物1ラストあたりの税金が相対的に高くなり，オランダ国内の穀物の役割が変化した。北ネーデルラントはバルト海地方の穀物に依存していたが，「拡張の時代」に圧倒的であったこ

の地の穀物も，この時代には重要性を失い，国内の穀物が大きな役割を担うようになり始めた。ホラントとゼーラントの対立の結果，1681年に関税率が変化した。輸入品にかかる関税はこの時に，ライ麦1ラストあたり1.25ギルダーから4ギルダーになり，小麦については，2ギルダーから6ギルダーになった[115]。関税の採用はゼーラント農民への譲歩であったが，関税障壁にはほど遠かった。商業利害が，農業部門の利害をも支配し続けた。

長距離貿易にかかるこれ以外の税や賦課も低かった。例えば州税は，1659-1805年には，ホラント州に入るすべての穀物にかけられ（impost op de inkomende granen＝穀物輸入税と呼ばれる），ライ麦1ラストあたり10スタイフェル，小麦1ラストあたり15スタイフェルにしかならなかった[116]。1709-1825年には，ハルヨート代galjoostgeldと呼ばれる非常に軽い懲罰が，バルト海貿易・海運業委員会によってかけられた。このハルヨート代は，バルト海地方からアムステルダムに輸入される商品1ラストあたり1スタイフェル（1763年には0.5スタイフェル），バルト海地方から来る船舶1隻につき1ラストあたり0.5スタイフェルにしかならなかった[117]。商人の資産と収入には，たまにしか税がかからなかった。例えば，1742年に，ホラント州に住む，年収600ギルダー以上の家長が，数％の所得税を支払わなければならなかった[118]。

オランダ国家は，歳入のほとんどを不動産と消費税の形態をとった税から得ていた。このような消費者にかかる税は，とりわけ穀物，ビール，肉，バター，塩，石鹸のような基礎的な生活必需品の大半から徴収された。国家の支出のほとんどが，通常は，オランダの商業の利益を守る戦争の資金調達に使用された[119]。だから，下層・中産階級の人々に税が課されることになった。負担のほとんどは，直接，商業エリートに利益を与えた。ごく簡潔にいうと，オランダの貿易には，ほとんど税負担がかからなかったのである[120]。オランダの税制の原理は，時には，外国で手本として示された。ダンツィヒ港での貿易を促進する方法に関する報告書が，プロイセンにとって非常に破壊的であったスウェーデン―ポーランド戦争の末期に書かれた。この報告書には，ダンツィヒはオランダ人と同様のことをすべきであり，政府は関税を削減し，消費税による歳入をもとに支出をすべきであると書かれていた[121]。

4 商品集散地形成を助けた政治

通貨の状況も，他の経済分野以上に，外国貿易に利益をもたらした。1606年から，オランダ共和国においては，特に輸出に適した高額の銀の貨幣が鋳造された。レイクスダールダー rijksdaalder とレーウェンダールダー leeuwendaalder がそれにあたる。これらの貨幣に特徴的なのは，常に過小評価されており，そのため本質的価値，すなわち銀の含有量によって評価される外国よりも，名目価値通りのオランダ共和国内部で購買力が低くなったことだ[122]。このような操作の全体の目的は，これらの貨幣が，外国で商品を購入する際に用いられることにあった。これらの貨幣の鋳造過程は厳格な管理に置かれ，本質的価値は一定していたので，第一級の貨幣であり，オランダ人だけではなく，外国の商人にも人気があった。実際，これらの貨幣は，オランダの貿易収支が赤字であったバルト海地方，それに地中海や他の地域に大量に輸出された。バルト海地方との貿易のために特別に鋳造され，大量に輸出された貨幣はレイクスダールダーと呼ばれた。

オランダ共和国の貨幣鋳造業は，ある程度まで輸出産業であった。鋳造された銀を供給し，外国貿易を活発にした。しかしオランダ国内ではこれらの貨幣が使われないようになる困った影響があった。したがって国内でもっぱら流通していたのは，通常はさまざまな小額貨幣であり，しばしば古い外国の貨幣が混ざっていた。このような状況は，普通なら「まったく渾沌とした」と描写されるだろうが，それはオランダの高額貨幣が過小評価された結果である。確かな証拠はないが，ほぼ間違いないことは，高額貨幣がいつも過小評価されることは，意図的な通貨政策であり，外国との貿易を促進するために，オランダ国内の混乱した通貨の流通に耐えなければならなかったことである。このような政策が意図的に行なわれたことを証明する，確実な証拠は存在しない。けれども，M・S・ポラクが論じたように，連邦議会が，共和国内の渾沌とした通貨状況を立て直すために介入する力がまったくなかったとは思われないのである。それよりはるかにありそうなことは，連邦議会は，状況の改善を本当はしたくはなかったということである（常に為替相場に適合しさえすれば，比較的簡単だったろうに）。なぜなら，そうすれば，輸出に適した貨幣を簡単に使用することができなくなったからである[123]。このような過小評価については，いくらでも説明が可能である。意図的な経済政策だったかもしれないし，そう

ではなかったかもしれない。ともあれその結果，商人が自由に使える良質の貨幣がもたらされた。彼らは大きな成功を収める輸出商品として，この貨幣を使うことができたし，事実使ったのである。

　外国貿易での決済はまた，ヴェネツィア銀行を模範として 1609 年に設立されたアムステルダム振替銀行 Wisselbank によって大きく促進された。この銀行は，アムステルダム市の監督下で運営され，北ヨーロッパで最初の政府銀行であった[124]。預金者は自分の預金（の一部）を他の人の口座に譲渡できた。これは，この銀行が無料で行なったサーヴィスである。政府銀行は，民間の銀行家のサーヴィスよりも安全であった。それは，アムステルダム（振替）銀行に預けられた金を没収されることはなかったし，アムステルダム市は，盗難などの予期せぬ状況から発生した損失について責任をとったからである。18 世紀末にいたるまで，この銀行の支払い能力が危険な状態になることは一度もなかった。オランダ共和国がイングランド，フランス，ミュンスター司教によって同時に攻撃をうけ，銀行がパニックに陥った 1672 年の「危機の年」でさえ，アムステルダム銀行は安全であった。非常に多くの貨幣と地金を保有していたので，支払いが延期されるリスクはまったくなかった[125]。だから，この銀行は低利で，安全で，その結果預金者は多かった。その数は，1611 年の 708 から，1701 年には 2,698 に増えた。さらに，18 世紀を通じて増え続けた。アムステルダム銀行が出納係として提供した便益性と安全性は，17 世紀の銀行業では稀であった[126]。ある口座から別の口座に振替える数は，この銀行の創設時でさえ，急速に増えた。商人だけではなく，船長も口座をもち，稼いだ輸送料の支払いを受け取ったようである。例えば，1618 年の用船契約では，アムステルダム在住のポルトガル人商人のベント・オソリオが，商品が無事到着したという知らせを聞くとすぐに，アムステルダムの銀行に輸送料を支払うと記載されている[127]。

　アムステルダム銀行が外国との商業取引で中心的役割を果たしたのは，主導的な商人のすべてがこの銀行に口座をもっていただけではなく，たぶんまず何よりも重要なことは，取引きのために，重要な為替手形のすべてをこの銀行に提供することを余儀なくされたからである。アムステルダム振替銀行の名は，この機能，すなわち為替に由来する。これは，オランダ語では wissels ないし wisselbrieven と呼ばれる。このような信用制度の

活用は，すでに16世紀後半に北西ヨーロッパに広がっていた。バルト海地方との穀物貿易に専念する商人は，遅くとも1580年代-90年代から，為替手形を使用するようになった[128]。ダンツィヒでは，すでに16世紀最後の10年間に商業信用にとっての重要な媒介として，為替手形が広く知られていた[129]。為替手形は，短期の信用を提供した。普通は，せいぜい数ヵ月であった。為替手形は，長距離貿易だけに適していた。それは，異なった場所と通貨で，総額が払い戻されなければならなかったからだ。この点で，通常の借用証書とは違っていた。為替手形の使用で，手元にある現金への依存度が低下していった。バルト海地方の都市に商品を輸出する商人は，還り荷を購入しなければ，商品の販売ができない，ということはなかった。商人は，最良の時に還り荷を購入し，アムステルダム引受けの為替手形を振り出し，その後アムステルダムに金を払い戻した[130]。信用制度としての為替手形の重要性は16世紀の間にはゆっくりと，17世紀前半には急速に高まった。それは，裏書き，割引の技術が広まったからである。この技術によって，為替手形がかなり自由に使われ，誰か別の人に振替えることができるようになった[131]。為替手形は，アムステルダムでは，早くも1580年代に取引きの対象となっていた[132]。

　アムステルダム振替銀行は，600ギルダー以上のすべての為替手形が，この銀行との取引きのために提供されなければならないと指令を出すことで，為替手形を使う商業を独占しようとした。このようにして，為替手形は，一連の所有者ではなく，ただ一度だけ，すなわちこの銀行に譲渡された。この銀行以外に為替手形の譲渡をさせまいとして，アムステルダムの市長たちが禁止したにもかかわらず，為替手形の割引と販売は，アムステルダム市で盛んな事業となり，私的銀行家たちのけっこうな収入源となった[133]。このような副作用があったにもかわらず，アムステルダム振替銀行は，外国との為替事業のほとんどを支配し，結局，世界貿易の手形取引所として機能したのである[134]。商人によっては，アムステルダム引き受けの為替手形で，ジェノヴァやリヴォルノへの穀物輸送の料金を支払った[135]。

　ここでアムステルダム振替銀行の機能について考えてみよう。国際的取引きを大きく促進したが，共和国内部で悪貨や外国の貨幣が流通していたのを回収して，それとの関係を絶とうとした。しかしアムステルダム市は

このような貨幣を流通させ，結局はそれを支持した。それはおそらく，外国貿易を促進しようという特定の目的をもって，この都市が計画した金融政策の一部だと解釈できよう[136]。

オランダ共和国の商人であることの経済的利点は，それにとどまらなかった。オランダ共和国の経済政策の一つの特徴は，外国貿易を遂行する際に，規制と介入が比較的少なかった点にある。貿易は，できるだけ自由に委ねられた[137]。商人が穀物輸出を禁止されることや，株を売るように強制されることもほとんどなかった[138]。最高価格が決定されることは稀であった。もっと後の時代になると，固定価格に反対し，穀物輸送を規定する契約——それは価格を上昇させる傾向がある慣行であった——ができたが，ほとんど禁止されることはなかった[139]。アムステルダムからの輸出が避けられないと考えられたならば，「アムステルダム市の支柱であり繁栄のもとである」穀物貿易を行なううえでのあらゆる障害をできるだけ早く除去するために，このような規制は取り除かれた[140]。18世紀初頭にバルト海地方が疫病に見舞われた時でさえ，穀物貿易は禁止されなかった。しかし当局が理解していたのは，疫病には伝染性があり，人々と商品が長距離を移動すると伝染することがあるということであった。それに対して連邦議会とオランダの実業界の間では，外国で疫病が発生した際に，汚染に対してどのような対策をとるべきかということについて，見解の相違が繰り返された[141]。実業界は，感染地域からの船舶が来港できないような広範な対策を拒否した。1709-15年にバルト海地方を疫病が襲った時には，オランダへの感染を防ぐために，さまざまな対策がとられた。それには羊毛・繊維製品・獣皮・毛皮の輸入禁止が含まれていたが，穀物輸入は禁止されなかった。困難な決定であったに違いないが，ダンツィヒで疫病が頂点に達した時ですら，連邦議会は穀物貿易を妨害しないことを優先事項にすると決めた[142]。

連邦議会，ホラント州議会，アムステルダム市は，このように規制をするような行政命令を発するのをためらった。なぜなら，そうすれば商人が喜ばないだろうし，しかも彼らが，アムステルダムに背を向けようとすることも十分にあり得たからである。もしそうなれば，バルト海地方のライ麦・小麦の船荷には，オランダ以外の市場に向けられただろう。それは，関税が上昇しそうになった時に予想された貿易の変化と同じことである。

4　商品集散地形成を助けた政治

このような意向が反映したために，穀物輸出の禁止は滅多におこらず，さらに全面的な禁止や厳格に禁止を強制することはそれよりも少なくなった[143]。オランダ人が穀物価格の高騰に直面している時でさえ，商人は通常は規制も受けず自由であり，もし望むならもっと高価に売れるオランダ以外の地域に商品を送った。これこそ，アムステルダムを最も魅力的な市場とし，絶えず穀物輸入を確保する唯一の方法だと考えられた。制限政策は，従来の貿易を変化させる原因になるという議論が，この種の政策が発せられたり論じられるたびに提起された。例をあげよう。まず1545年に，次いで1556-57年に中央政府が穀物輸出を禁じた時に[144]，ホラント州議会がそう主張したのである。それが，アムステルダム市が——少なくとも他のオランダ都市に——輸出を許可した理由であった。1669年にも同様のことが起こったが，この時にはまだ食糧情勢は不安定であった[145]。さらにこれは，1757年にアムステルダム商人の一団が輸出制限撤廃を懇願した際，中核となる議論であった。当然ながら，これと同様の最悪の結果は予測された。もし穀物貿易が他の地域に移れば，海運業，関税，税金，消費税による収入が低下し，失業者が増え，以前の状態に回復することは不可能であった[146]。1821年に，ウィレム・ド・クレルクが穀物貿易に関する「覚書き」を書いた。その中で，彼は断固として自由貿易を擁護し，16-18世紀によく耳にした議論を使った。しかしこの時には，議論を洗練し，19世紀の思想に特徴的である理論的な広がりが付け加えられていた[147]。

オランダ共和国の経済政策は独特であり，商人（オランダ人と外国人）に最大限の自由を与えた。そのためオランダの貿易と海運業は，他国の重商主義的政策の犠牲になりやすかった。だいたい1700年頃から，バルト海地方の穀物の共和国への輸入は衰退し，イングランドからの輸入が増加した。この変化は，単に地理的な再編にはとどまらない意味がある。バルト海地方の穀物は，オランダ船で，かなりの量が輸出された。しかしイングランドの輸出奨励金の効果により，イングランドの穀物はイングランド船で運搬されることが定着していった。1710年以降，イングランドの穀物貿易で使用される外国船の比率は無視できるほどに下がった。それゆえ，オランダでバルト海地方からではなくイングランドからの穀物を輸入することは，オランダの海上輸送業に大きな痛手となった。また，イングラ

ド商人が直接穀物を南欧の最終市場に輸出し，アムステルダム経由の輸入の必要性を減少させたことは，オランダの商品集散地にとってダメージとなった[148]。

　直接商人を妨害するのではなく，飢饉や問題を生じさせる価格上昇を妨げる政策をとることも可能であった。飢饉になると，醸造業者，澱粉製造業者，蒸留酒製造業者は，穀物の購入と加工を制限する政策に直面させられた。そのため，パンを焼くための穀物は確実に保存された[149]。アムステルダム市が飢饉を予想した時には，穀物が購入され，パンの価格が上昇し，最下層の人々にとって重大な問題となるまで，貯蔵された。貯蔵された穀物は，次に，パン屋の間で，低価格で分配された。彼らはそのパンを，固定価格で貧民に販売しなければならなかった。例えば17世紀のアムステルダムでは，安価なパンが，1623年，30年，62年，1698-99年に，貧民に提供された[150]。1647-48年には，アムステルダム市は四つの巨大な倉庫を建設した。大砲，砲弾，弾薬などを一番下の階に保管し，その上の五つの階全部に，供給する穀物を保存した[151]。1698年に，この都市は，貯蔵穀物を使い，時価よりずっと低い価格で，大量の穀物を販売した。それには，市場価格を下げる作用があった[152]。またこの年に，ホラント州議会の予算で，バルト海地方のいくつかの諸都市から穀物を輸入する手はずを整えるよう指示を受けた有力なアムステルダム商人が2-3名いた[153]。ファン・ディレンによれば，一時的な制限政策を含めて，1688-99年にアムステルダム市が遂行した政策は，同時代のヨーロッパでは数多くの地域で生じていた反乱と飢饉を防いだのである[154]。

　飢饉の年にとられたさまざまな政策，その政策の背景にある動機，それに先立ち，また同時におこった絶え間ない議論は，オランダの経済政策に一貫性が乏しく，独特の性格であったことを明らかにする[155]。異なった集団間（農民と商人。バルト海貿易に従事する商人と西欧・南欧との貿易に従事する商人。おおむね疫病を恐れる人々と1ペンスでも利益を得ようと必死になっている商人）の利害関係の衝突は，解決することがなかなかできなかったし，妥協することが多かった。この時代の終りに，ほとんどの政治的決定は外国貿易の利益を経済の他分野よりも優先した。この事実は，自由主義の原理の問題ではなかった。オランダ共和国の経済政策はいきあたりばったりであったし，理論的根拠に基づいた自由放任のイデオロ

4 商品集散地形成を助けた政治

ギーとも関係がなかった[156]。外国貿易が優先されたのは、それにかかわる商人が政策を支配しており、利益を擁護するのに最も成功した集団だったからに過ぎない。全体的な特徴としては一体性があったとしても、オランダの都市には多様性もあった。現実の政策が、ある程度地方の政治的・制度的状況に依存していたことが、そのことを示す。外国商人は、アムステルダムほどの力をどの地域でもふるえたわけではない[157]。

　このような政策は、通常はかなり商業エリートをえこひいきするものだが、共和国全体の経済発展を妨げなかったのだろうか。この問題については多くの論争があるが、いまだに決着がついていない。しかし、次のように議論することはできよう。商品集散地を優先しないが、輸入代替と、それ以上にドイツの後背地と南ネーデルラントの河川交易を促進する政治的政策をとった。それは、長期的には、18世紀の一般的趨勢のもとでは、オランダのような小国で開かれた経済にとっては、より良い選択であったことはまず間違いない、と[158]。仮にそうだったとしても、ここで次のことだけは付け加えなければならない。穀物貿易は、それとはまったく違った方法をとることが、ほぼ18世紀を通して現実には不可能な分野の一つであった可能性が高い。ゼーラント、オランダ東部の諸州、南ネーデルラント、ドイツの後背地からの輸入量は、少なくとも18世紀終り頃までは、おそらくバルト海地方からの輸入品が余るほどには多くはなかったろう。

　商品集散地に利益を与えるこのような政策は、人々の生活水準にとってどういう意味があったのか。その影響は、プラス面がかなり多かったように思われる。飢饉と穀物の高価格が他の地域とまったく同様、オランダ共和国でもみられた。だが、その影響は、比較的かぎられたものであった。近世ヨーロッパの他の国々では、生存の危機に見舞われた。穀物価格の高騰のため、消費者は、所得の中で食糧費に、過重なまでの出費を強いられた。そのために、衣料品、靴、家具、それに熟練工の製造した製品などが売れなくなった。ドミノ効果のために、食糧危機が、はるかに大きな経済危機へと変わった。逆に、穀物価格が低下すると、これとは反対の影響が現れ、熟練工が製造した製品の需要が増大した。穀物価格と経済発展の間には、このように相反する関係があったが、それはオランダ共和国ではみられなかった。おそらくそれは、穀物価格が上昇すると、経済活動が促進

され，単に穀物商人だけではなく，より多くの人々に所得がもたらされたためである。ある意味で，オランダ共和国，特にホラントは，穀物の不作と高価格から利益を得ることができた。より多くの船舶が送られたので，船員の仕事と船主への賃貸料がもたらされたからである。その中には，商船隊に対し小額の投資をする船長，未亡人，職工のような数多くの投資家がいた。船舶と倉庫で扱われる穀物の量は増え，穀物運搬人，穀物計量人，小型船による運送業者の仕事が，特にアムステルダムで産み出された。オランダ諸州では，より多くの穀物が流通し，内陸の水路を通って商品を輸送する人々の仕事が創出された。穀物貿易が盛んになると，さらに船舶を修理し，建造する仕事が産み出された。高い穀物価格は，購買力をある程度安定させる所得効果によって相殺されたのである[159]。

　人口変動による顕著な影響は，フランスやイングランドのように大きな危機に直面した国々とは違い，オランダには見られなかった。17世紀後半のアムステルダムについてある著述家は，的確にもこう記録した。「この都市には穀物が高価格の時代はあったが，誰も飢えはしなかった。アムステルダムの住民が現実に一人でも飢餓で死んだことはなかった」と[160]。ネーデルラント連邦共和国の他の地域でも，飢饉と高い穀物価格が死亡率を高めることはなく，たとえそうなった時でさえ，少なくとも1770年頃までは，その影響はごく僅かであった[161]。1709年と1740年には穀物価格が上昇し，その影響がライデンにまで及んだため，詳細なことが知られている。ライデンが興味深い事例を提供するのは，17世紀には繊維産業で繁栄したが，18世紀には経済的にも，人口構造的にも，大きく衰退したからである。失業と飢饉が，各地でみられた。1709年と1740年の食糧危機は，この都市の人口に比較的大きな打撃を与えたに違いない。だが，両年とも，死亡率は上昇しなかった。いつもよりは多くの人々が貧困救済を訴え，緊張が生じて食糧暴動が発生した。だが生活水準は，決して大幅に下がることはなかった[162]。逆にフランスでは，1709-10年の大飢饉の間に，人口の10-20％が死亡した[163]。ヨーロッパの多くの地域では，1740-43年の危機の時代は，死亡率が頂点に達し，出生率と婚姻率が下がる原因となった[164]。食糧輸出がほとんどの地域で禁止された時，ホラントは，1740年に南ネーデルラントへの穀物輸出に同意した[165]。

　18世紀の間，特に1770年頃から，穀物価格の高騰が死亡率に影響を与

え，かつては食糧危機が所得に与えていたプラスの影響は弱まった[166]。19世紀前半には，アムステルダム商人の中で，ごく僅かのかぎられた集団が食糧危機から利益を獲得し，他の人々は単に被害を受けただけであった[167]。

結　論

ここで，レスハーによる批判的な指摘に立ち戻ろう。アムステルダムは世界の商品集散地として機能したという伝統的な見解に対する彼の批判は，本章の導入部分で引用した。完全ではないにせよ，彼の見解の多くが的を射ているといえよう。レスハーの指摘で重要な点は，商品の貯蔵場所としての市場の重要性は誇張されており，他国への販売以前にオランダに商品を運び込むことは，必ずしも必要ではなかったという点にある。実際，穀物貿易は，アムステルダムに貯蔵されることなく，取引きが遂行された数多くの事例を提示する。とりわけバルト海貿易の「拡張の時代」である16-17世紀には，バルト海地方から直接フランス，ポルトガル，スペインや地中海に向かう通過貿易が，取引費用を削減するよく知られた方法であった。それは，関税，港湾などの使用税，地域的輸送や倉庫の賃貸などの費用といったオランダで賦課される費用を軽減することによって実現された。その後，バルト海地方からの輸出が再び増大した時代に，ヨーロッパの穀物貿易がアムステルダムでの貯蔵なしでも十全に機能できることを示したのは，オランダ人が管理した通過貿易ではなく，西欧諸国とバルト海地方との直接貿易であった。しかしそうはいっても，長年にわたり，通過貿易，すなわち直接的な貿易関係だけでは，需要に応じるには不十分であった。例えば，政治的理由で，バルト海地方からの輸出が不可能になる時，あるいは冬の数ヵ月間この地方の港が凍った時，あるいは単に収穫量が不足した時に需要に十分に応じられなかったのである。このような場合には，いつでも，以前から余剰を貯蔵していた市場に対するニーズが急速に高まった。効率性の観点から，このような港湾都市にとって最良の立地とは，戦時にバルト海地方からあまり遠くなく，また，消費地域からもそれほど離れておらず，政治的環境が貿易に好都合であり，さらに地域的サーヴィ

スが十分に発展している場所であった。作物栽培には，それ自体不安定な性質があるので，穀物のような作物は，具体的にある程度の市場規模がなければ，取引きするのが常に難しかったかもしれないのである。

　アムステルダム・ステープルの分析については，レスハーだけではなく，他の研究者も批判的なことを述べている。それは，ほとんどの商品にとって，ヨーロッパ内にアムステルダム以上に重要な市場があったから，アムステルダムは市場の階層の中で頂点に立ってはいなかった，ということだ。穀物貿易がアムステルダム市場やアムステルダム商人とは独立して，他の港湾都市で営まれていたことは歴史的事実である。そしてアムステルダムの役割は，まったく独自の性格をもつ市場としてではなく，おそらくヨーロッパ穀物市場の首座 primus inter pares を占めるものとして描出されよう。他方，アムステルダムは排他的な穀物市場（バルト海地方の穀物でさえ）ではなかったが，明らかに圧倒的に優勢であり，他の穀物市場を寄せつけないほど安定した位置にあった。アムステルダム・ステープルの相対的地位は，18世紀中頃から下降し始め，バルト海地方の穀物はスウェーデンと西欧諸国に輸出された。その時でさえ，アムステルダムは，取引額では，重要な穀物市場の一つであった。この状況は，19世紀にようやく変化した。1816年や1840年代に発生したヨーロッパ全体にわたる穀物の不作が，古い時代の「母なる貿易」を一時的に復活させたのである。

　世界の商品集散地であること以上に，オランダのステープルは，まず第一に，レスハーが力説したように，巨大な後背地への出入り口(ゲートウェイ)であった。ほとんどの輸入穀物が，現実にはオランダ諸州で流通していたことは間違いない。バルト海地方からの輸入が食糧供給にとって極めて重要だったのは，50万からたぶん100万の人々に必要なパン用穀物を供給できたからである。オランダ共和国の総人口が200万人を越えることが一度もなかったことを考えると，これは驚くべき成果であった。17世紀においては，バルト海地方からの輸入穀物は，穀物の高価格を低下させるために活用することができた。17世紀後半からバルト海地方の穀物の重要性が低下したのは，オランダの国内産穀物が増大し，人口増が止まったからである。18世紀においては，1760年頃までは，バルト海地方からの輸入に一部取って代わって，イングランドからの輸入が伸びた。例えば18世紀後半には新たな人口増があった。フランスに大規模な再輸出がなされ，再びバル

ト海地方からの輸入が増大した。だが，その間でさえ，オランダ国内では，穀物とじゃがいもの生産が増え，外国からの輸入穀物の地位を低下させた。19世紀前半には，オランダは，基本的食糧はほとんど自給自足できた。

　政治をてこにして，おおよそ考えうるあらゆる側面から，外国貿易を促進し，保護した。それは，必ずしも一般の人々の利益になったからではなく，ほとんどの権力が実業家たちに握られていたからである。関税など税の取引費用は低く保たれ，国内の穀物生産をないがしろにして，穀物輸入が促進された。貿易はできるだけ自由に任され，バルト海地方で，危険な状態にある場合には，外交力が動員され，状況を改善した。万一外交に失敗すると，軍艦がエーアソン海峡やプロイセンに送られ，オランダ貿易にとって決定的となる利益を守った。問題を生じさせる情勢になった時には，バルト海地方への海運業と貿易に与えられた政治的支援が，長距離貿易にかかわるリスクを軽減した。良質の高額銀貨が，特に外国への支払いのために鋳造された。そしてこのような鋳造政策によるマイナスの影響——国内流通の無秩序であるが——が受け入れられたのは，外国貿易が地域・地方の交易よりも重要だと考えられたからだろう。アムステルダム振替銀行を創設することで，アムステルダム市は，為替手形の使用を大いに促進し，資本の流動性を高めた。為替手形を使用するさらなる利点は，ある場所から別の場所に輸送しなければならない現金の量が少なくなったことである。そのため金を盗まれたり，失ったりするリスクが減った。だが，最も有利なことは，この信用制度のため，商人が自由に使える貿易資本が増加したことである。明らかに，オランダの政治は，長距離貿易の取引費用を減少させた。それは，リスクを減少させる手助けをし（貿易に干渉することをできるだけ避け，必要ならばバルト海地方との貿易と海運業に政治的・軍事的支援をすることで），資本の流動性を増加させ（アムステルダム振替銀行の創設），税金を低く維持することで実行された。これに続く諸章では，企業家自身が取引費用を削減しようとする際に行なったさまざまな方法に焦点があてられる。

第4章

市場組織と企業

───────

　取引費用の研究にとって適切な主題の一つは，貿易組織である。これは，市場と個々の企業の特定組織を包摂する。望めば誰でも，簡単に穀物貿易に参加することができたのか。あるいは，公式ないし非公式の障壁があったのか。個々の商人は，貿易条件と価格にどの程度影響を及ぼすことができたのか。これらの疑問は，市場組織と不可分に絡み合っており，本章の第1節で取り上げられる。続く二つの節では，企業に焦点があてられる。その数，規模，一般的な性格が考察の対象となる。実際に，どのくらいの数の企業があったのか。事業規模はどの程度であったのか。どのようにして，企業家は資金を調達したのか。企業家はどの程度特化していたのか。どういう理由に基づいて，商人は共同するパートナーを選んだのか。企業家が，パートナーや財源をみつけ，投資規模などを選択することなどは，すべて，かなりの程度費用を削減し，利益を最大にし，可能なかぎりリスクを避ける意欲に左右された。そのため，あらゆる事柄が，取引費用に関係している。これまでみてきたように，時代と共に，商人が活動を組織化する条件は変化してきた。「拡張の時代」には，バルト海地方の穀物に対する需要と供給は一般的に増大し，市場は拡大し，地中海をも含むようになった。17世紀中頃から，需要は収縮し，ほとんどオランダ諸州だけになり，おそらく，商人の間で激しい競争を引きおこした。さらに18世紀から，バルト海地方からの目的地としてのアムステルダム港の地位が相対的に低下したことが，全体的傾向である。ところでもしニーズが発生すれば，企業家たちは，どの程度状況の変化に対応できたのか。新たな状況に対応するために，貿易をどのようにして組織化して適応したのか。第2節

と第3節でオランダ企業について研究してから，アムステルダム穀物貿易における外国企業の役割について，少し言及しよう（第4節）。

1　自由な市場

バルト海地方を含めて，オランダの貿易と海運業の大半を特徴づけたのは，自由な企業である。多くの企業が，利益を求めて，他企業と競争した。この原則に対する最も重要な例外は，東西インドに対する貿易であった。東インド会社（VOC）と西インド会社（WIC）は，共に連邦議会によって東インドと西インドへの貿易と海運業の独占権を付与された[1]。これらの会社は，私的に所有される共同資本の企業であり，企業家と資本の出資者の機能は分離している。VOCとWICは，独特の性格があったばかりか，規模の点でも目立った[2]。大規模な運営がなされたので，どちらも大きな会社にならざるを得なかった。VOCとWICに匹敵する唯一の会社は，北方会社であった。1614年から1642年までの短期間しか存在しなかったが，捕鯨業を独占した。北方会社は，大きな成功を収めることはできず，特許状が，1642年に更新されることはなかった。それから3世紀間にわたり，オランダ捕鯨業には競合する会社がひしめいていた[3]。夢想に浸り，1608年にはロシアと，1629年には北アフリカとレヴァントとの貿易を独占する企業を設立する計画を立てる者もいた。しかしこれらの計画はどれも，実現されなかった[4]。独占とは，競争すれば，利益を得る可能性がまったく，あるいは実質的に失われがちな経済活動に対してのみ有効な選択肢であった。その他の状況においては，どんな場合でも，人々は企業を創設する権利があった。

　公的に認可された独占――法的独占――以外にも，いわば経済的独占と呼べるものがあった。現実的に，一時的な独占が，ある種の製品に対しておこった。それは，連邦議会の認可によるのではなく，競争者を排除することで生じた。P・W・クレインは，企業家のステープルでの行動は，独占的行為を含んでおり，価格に影響を及ぼす性格をもっているという事実に，歴史家の関心を引き寄せた。製品の供給を独占しようとする試みは，17世紀において，タールとピッチの貿易で一時的には成功した[5]。大砲の

1 自由な市場

貿易における経済的独占もあった[6]。J・W・フェルーウェンカンプの議論では，独占とは，現実にはかなり例外的であり，アムステルダム市場で本当に重要な商品のほとんどは，独占されることは決してなかった。独占は，実際には，タール，ピッチ，銅，武器のような商品以外では不可能であった。この当時，独占が有効だったのは，これらの産品は一地域からしか得られなかったからである。例をあげよう。17世紀後半の20-30年間，ヨーロッパのタールとピッチのすべては，実質的に，当時はスウェーデンの支配下にあったフィンランドから来た。スウェーデン政府は，これらの商品の輸出独占権を，一社にだけ与えた。スウェーデンにおける法的独占は，オランダの経済的独占を可能にしたのである[7]。一時的独占ないし実質的独占が，17世紀前半の硝石貿易で存在していたように思われる。またそれが可能だったのは，硝石はポーランドと東インドからしか輸入されず，数名の商人が，在庫のすべてを購入しようとしたからである[8]。ロシアの皇帝（ツァーリ）は，しばしば，外国の商人や企業に独占権を認めた。だが（ロシア産のキャビアを例外として），通常，独占は外国から輸出される商品にかかわるものであった。タール，灰汁，ライ麦，マスト材などがそれにあたる。したがって，アムステルダム市場での独占にはいたらなかったのである[9]。ほとんどの商品に関して，一社や，あるいは協力関係にある集団でさえ，アムステルダムで完全に輸入を管理することは不可能であった。

　穀物は，独占の対象としてまったく不向きな商品である。穀物は常に，バルト海地方とドイツ西部のさまざまな地域から輸入された。さらに，ゼーラントのようなオランダ諸州，18世紀にはイングランド，時には，フランスや白海のアルハンゲリスクから輸入された。穀物の種類と質は違っていたが（アムステルダム取引所では，通常は，少なくとも十種類の価格表があった），種類と品質については，かなり代替がきいた。したがって現実に一つの企業ないし2-3の企業が共同して，アムステルダムにおける穀物の総輸入量や総供給量を支配できたとは考えられない。それは，穀物が異なった地域から輸入されるだけではなく，全部の穀物を入手するための資金は巨額であり，一企業では，こんなことは不可能だったからである。法的・経済的に穀物独占を強制することは，ほとんど考えられなかった。

　連邦議会に対し，穀物貿易の独占を要請するのが適切だと思われる時期

が，一度だけあった。1628年12月に，9人の商人が集団となって，ロシアとの穀物貿易に従事した。1629年5月には，彼らは連邦議会に，ロシアからの穀物輸入の独占を今後15年間認めるよう請願した[10]。ロシアとの穀物貿易が重要になった理由は，当時バルト海地方との貿易が困難に陥っていた背景からはじめて理解できる。1626年から，スウェーデン軍がダンツィヒを含めてプロイセン諸都市を占領したために，プロイセンからの輸出は大きく阻害された。プロイセンからの穀物輸出の総計は，年々減少した。そしてバルト海地方の他地域からの輸入ではほんの一部しか，埋め合わせることができなかった。エーアソンン海峡を通る輸送量は1626年の6万ラストから，1629年には2万ラスト未満にまで低下した。アムステルダムでは，穀物価格に対する反応が必然的に生じた。当初，穀物価格は非常にゆっくりとしか上昇しなかった。だから，まだ大量の穀物が貯蔵されていたと推定できる。しかし，1628年末から，価格は急速に上昇した[11]。このような価格騰貴のために，ロシアのアルハンゲリスク港からの穀物輸入が魅力的になった。1630年に，百隻のオランダ船がこの港に到着したが[12]，通常の状況では，穀物商人にとって明らかに重要な港であるとはいえなかった。外国人は，ロシアにおける貿易では，皇帝(ツァーリ)からの特権を獲得する必要があったが，穀物輸出は許可されないことが多かった[13]。行政上の困難を別としても，アルハンゲリスクへの航海はバルト海地方よりも長く，この港に氷が張らないのは夏の一時期だけであった。したがって，船舶は1年に一度しか航海できなかったし，投資資金もまた，1年に一度しか回収できなかった。その一方，バルト海貿易は，1年の航海の時期だけで，3回，いや，4回も使うことさえできた。長期間航海したので，請求される輸送料が，バルト海地方の港への航海よりもずっと高くなった[14]。しかしながら，オランダで穀物価格が極めて高かったので，ロシアとの穀物貿易から，かなりの利益が予想されたようである。9人の商人が共同し，もし彼らが法的独占権を獲得したら，利益はさらに上昇するだろうと考えた。だが，この要求は現実のものとはならなかった。生きていくために最も必要なものを独占することを支持する政府は，どこにもなかったからである[15]。

　穀物価格が高騰したためにロシアとの貿易で利益が出るかぎりは，経済的独占を確立する可能性はなお存在した。だが，法的根拠のある独占では

なかった。1633年に，別のオランダ商人の一団が共同して，アルハンゲリスクで大量の穀物を購入した。彼らの数は多く（24人か24の会社），大量の穀物を購入した（約5,000ラスト）が，競争相手をすべて排除することは不可能であった。だから，1633年にはまた，アムステルダムで，ロシア産の穀物を供給する集団が複数あった[16]。しかも，バルト海地方からの穀物輸出は1631年から回復したので，取引所で価格を決定しようとする努力はまったく非現実的であった。アルハンゲリスクからアムステルダムへの穀物貿易による利益は，1630-33年に急激に低下したようである。同じ航路で穀物貿易を行なうスウェーデン政府の会計報告に基づく利益から判断して，この時の収入は，すべての費用を賄うほどではなかった[17]。

　結論を述べよう。競争市場で企業が自由に競争することが，バルト海貿易での原則であった。このような形態の組織は，企業家が可能なかぎり効率的に働き，あらゆる種類の取引費用を最小限にまで削減しようとするのに適していた。

2　バルト海貿易に従事した企業数と規模

　バルト海地方との貿易と海運業に従事した企業では，1人で事業を営むことが多かった。すなわち，個々の商人が，自己資本で，さもなければ小さな会社で働いていた。たぶん，2人以上の企業家がパートナーシップを結び，限定された期間ないし恒久的に，共に働いた。それぞれが，資本か労働，場合によっては両方を提供した。多くの会社は，必ずしもそればかりではないにせよ，同族企業であった。一つの会社だけにしか参加できないわけではなかった。実際には，そうではないことの方が多かった。参加者の一人ひとりが，他人と共同するかどうかはともかく，同時にいくつかの企業に関与した[18]。

　コルネリス・ピーテルスゾーン・ホーフトが活動を組織化した方法（第1章で書かれた）は，少しも例外的ではない。彼は1人か小さな会社で1-2名の兄弟，後にはその未亡人と共に働き，外国に住むそれ以外の家族の人たちのサーヴィスを利用したからである。16-17世紀のバルト海地方の穀物貿易に専念していた二つの他の家の証拠からも，同様の印象が得ら

れる。プル家は，もともとはリール出身であったが，1580年代からアムステルダムに住んでいた。この一家の中で，主要な活動の一つとしてダンツィヒの穀物貿易に従事していた人々は，これと似た方法で貿易を組織した。1600年頃，4人の兄弟ピーテル，ヘルマイン，イサーク，イスラエルが貿易会社を組織した。さらに彼らの一人ひとりが家族の他の者たちや近い親類と密接に共同して働いた。彼らは，アムステルダム在住のワロン人の移民コミュニティの一員であった[19]。デルフトの商人クラース・ファン・アドリヘムは，16世紀後半にはダンツィヒの穀物貿易に専念し，自己勘定で貿易し，時には家族の1-2名の実業界の友人とパートナーシップを結ぶこともあった[20]。

それから約百年後の状況の手掛かりを与えてくれる証拠がある。それは，1706年の記録であり（後ほど議論する予定である），バルト海地方との貿易と海運業に従事する137名のアムステルダムの企業がリストに載せられている。これらの企業の中で，1人の商人が圧倒的に多く，119名を占めた。それ以外の18名のうち，一つの事例だけが，会社の規模が推測の対象になっている[21]。だが，それ以外は明らかにかなり小さかった。12の事例では，パートナーの数は2名である。兄弟のこともある。4事例で，企業は父親と息子（たち）によって運営されている。最後に，一つの企業は，3人兄弟である。ホーフト，ファン・アドリヘム，プル兄弟のような穀物商人の研究は，18世紀には利用できない。だが，17-18世紀のオランダの貿易と海運企業の証拠はすべて，ここで述べたことを裏打ちし，しばしば互いに婚姻関係にある2-3のパートナーからなる個々の商人や会社とかかわりがある[22]。19世紀前半には，アムステルダムの貿易会社の大半は，まだ規模が小さく，パートナーはせいぜい2-3人しかいなかった。彼らは正規のパートナーシップ関係を結んだ。つまり，出資金の額に関係なく，パートナー一人ひとりに，事業全体の責任があった[23]。

企業は，パートナーと，たぶん家族の何人かが提供した資本で運営された。彼らは，外部からの資金調達を意図することはなかった。共同出資会社は，バルト海貿易で活発に活動し，可能なら，銀行からの融資は避けられた。すなわち，各企業が遂行する取引きの数と規模は，必然的にかぎられていたのである。

では，会社の数はいくつあったのか。1612年のアムステルダムの穀物

2　バルト海貿易に従事した企業数と規模　113

商人のリストには，62の名前がある[24]。彼らは，仲介人の抗議を支持し，仲介手数料を低くする提案に反対した。例外はあったが，有力な商人は皆，このリストに含まれていたようである。これらの最も重要な商人以外に，どれほどの商人がいたかということは謎である。他の二つのリストには，18世紀初頭に創業した企業家の名前がある[25]。穀物や他の商品に特化することにかかわりなく，バルト海貿易に従事したアムステルダムの商業企業家の名前はすべて含まれており，百以上の名前があがっている。これらのリストのうち一つは1704年から，もう一つは1706年のものだ。バルト海地方との貿易と海運業が困難に遭遇し，共通の利害を守るために，何らかの方法で協力する必要性が感じられた時に編纂された。商人と船主は，2-3人の代表委員を選び，アムステルダム海軍局に派遣した。この代表団（バルト海貿易・海運業委員会）はより組織化されたので，それからの歴史は，第7章で扱う。だが，ここで，バルト海貿易の企業数の印象に関して，二つの史料が利用可能である。第一のリストは，111の企業を含むが，明らかに完全ではない。投票の際に書かれた名前が記載されているだけだからである。代表団を宿屋で選挙する際に代表者が現れた企業名が書かれているのである。1706年のリストには，個人の商人と会社を合わせて137の名が含まれている。これには，他の投票者の住所が書かれており，したがって基本的に完全である。つまり，当時重要だったすべての企業が含まれる。現地代理人，仲介人，小規模な貿易業者は，アムステルダムで売買することに専心し，自己責任で小額の輸入に専念していたので，このリストに含まれていないと想定することは，極めて当然だ。さらにまた，他の貿易ルートに専心していた商人が，ほんの時たまバルト海地方との貿易に向けた関心を場合には除外されたと推定することもできる[26]。すなわち，これらの137の商会がバルト海貿易とアムステルダムにおける海運業の中核ないし根幹をなしていたのは，常に多大な資本と精力をそれにつぎ込んでいたからだ。

　ここで述べられているのは，18世紀初頭の状況である。この時代は，バルト海貿易が不振を極めていたので，他の時代のリストを入手できれば興味深い。ところが残念なことに，そういうものはまったく存在しない。課税記録が，いくつか残っている。そこから，アムステルダム商人の上層部のことが明らかになるが，バルト海貿易に従事する貿易業者と船主を，

他の地域の貿易に従事する貿易業社・船主とを区別していない。例えば，1742年には，1,111人の商人が税金を支払った[27]。だが，このうち何人がバルト海貿易に従事していたのかを決めることはできない。

具体的な数値は乏しいが，おそらく考えられることは，16世紀中頃から，企業数が増大し，17世紀のある時点で，それが止まり，減少さえしたことである。それは，最初の段階では，バルト海貿易が拡大し，その後収縮したという単純な事実のためでもあろう。バルト海貿易拡大のため，それに金と時間をつぎ込もうとした人にとって，新たな可能性が産み出された。新商人は，海運業で職層を上昇したり，ホーフト兄弟のように，オランダ船長の息子であったりした。ドイツや南ネーデルラント出身の商人もおり，アムステルダムへの定住を選んだ。バルト海地方は，1585年以降アントウェルペンを離れアムステルダムに移住した数多くの商人にとって，興味をそそる地域であった[28]。17世紀にバルト海貿易が収縮したため，アムステルダム企業家の数が減少したようである。その影響は，一社ごとの総売上が拡大したため，強くなったことは確実である。アムステルダムの居住者は，1585年に900万ギルダーを，1631年に6,300万ギルダーを，1674年に，1億5,800万ギルダーを課税された[29]。おそらく，バルト海貿易に従事する商人は，このような全般的富裕化と同じような速度で資産を増したので，1700年頃には，1600年頃よりも巨額の金を投資できただろう。一企業あたりの総売上げは増大したが，商品数が全般的に低下し，17世紀の間に企業家数が低下したに違いない。一企業あたりの総売上額に関するデータは入手できない。バルト海地方からオランダ共和国に輸入される総額が1636年に1,200万5,000ギルダーと推計されていることと[30]，企業の数は少なくとも100-200あったことを考えると，平均的投資額は少なかった。これ以上に正確な情報は入手できないし，17-18世紀のバルト海貿易に従事する企業の類型や階層を事業規模から確認しようという考えは，忘れなければならない[31]。

商人が獲得した事業規模と経験は，商人階層の中でどのような地位を占めるかという点で，重要な役割を果たしたに違いない。他の専門職とまったく同様に，バルト海商人の中でも，最も有力で権威があると考えられていた人もいる。そのような人々の名前は，市政府に提供された請願書の末尾に書かれている[32]。膨大な知識と経験があり，貿易における慣習と道理

2 バルト海貿易に従事した企業数と規模

をふまえていたので，彼らはまた，事業上の争いを仲裁するのに適切な人物であった。仲裁人に争いごとを訴えるようにするために，アムステルダムの参審人は，信頼がおける賢人（goede mannen）と呼ばれる人のリストをもっていた。これらのリストを，参審人が任命した専門家の一人が作成した。参審人は，独力で，それぞれの専門で他の最も有力で適格な人物（voornaamste en gequalificeerste）が誰であり，仲裁人リストのトップに書かれるのかを決定しなければならなかった。このような手続きが行なわれた。その方法については，例えば，マテイス・マーテンによって作成された，1700年のバルト海商人のリストの序文に書かれた謙虚な文章から明らかである。「私のかぎられた知識から判断するなら，次にあげる人物こそが最も有力で適格なバルト海貿易商人である」[33]。一つ一つのリストに，年齢順に名前が書かれていたらしい。例えば1704年の穀物商人のリストの末尾に，ある人物の名字が付け加えられた。どうも，リストが作成されてから書かれたもののようだ。そして年齢を考えると，彼はリストの3番目か4番目に出されるべき人物であると注意書きがあった[34]。

　時々，新たな登録簿が作成されることがあり，それには，専門職ごとの仲裁人が含まれていた。しかし1677-1716年の登録簿のうち，いくつかが現存するに過ぎない。その数は全部で8つである[35]。一つ一つが，バルト海貿易商人，船主（船舶を送る地域にしたがって，「西部」，「東部とノルウェー」と分類されることもある），穀物仲介人のリストを含む。1694年からは，穀物商人のリストが別になった[36]。それぞれの専門職に対して，リストには2-3ダースの名前がある。例えば，1700年の最も有力な穀物商人は，以下の通りである。フランク・フェルレイン，ウィレム・ファン・マウリク，フランス・ヤコブスゾーン・ド・フリース，ヤコブ・マルハント，ヘラルト・ローファー，アブラハム・クロムハイゼン，トーマス・ファン・ソン，ヘンドリク・ハーヘン，マテイス・マーテン（この年にバルト海貿易商人のリストを作成したのと同一人物），ダーフィト・ファン・ヘント，ヤン・ファン・タレリンク，ウィレム・ファン・ラール，アダム・シモンスゾーン・レーンラレ，シモン・ド・クナイト，コルネリス・ベーツ。穀物商人の仲裁人数は，13-24人である[37]。バルト海貿易商人の仲裁人数は，13-39人である[38]。バルト海地方とノルウェーとの貿易を専門にしている船主数は14-22人である[39]。これらの数は，リスト作成

者が使う基準よってある程度左右されたことは間違いない。1704年と1710年の記録において，バルト海貿易商人，穀物商人，東方に船舶を送った船主の仲裁人として記載されている人々が，1706年からバルト海貿易に従事した企業の多少なりとも完全なリストに見出されることは，意外ではない。むろん有力な人々はすべて，代表者の投票に招待された。

　1706年の投票者リストとの比較から明らかなように，このリストにある137の企業家のうち81社，すなわち半分以上が1700-16年に作成されたバルト海貿易に関連する部門の仲裁人として，一つないしそれ以上のリストに現れている。彼らはたいてい，バルト海貿易商人，船主，穀物商人であったばかりか，同時に，亜麻・木材・塩・鉄・獣皮の商人，仲介人，塩の仲介人，穀物仲介人，木材仲介人，船舶をチャーターする際の仲介人，保険業者，ロープ製作者，石鹸製造人であった。それ以外の56の企業では，バルト海貿易と関連した部門に属する，上層の専門職の人々の名が載ることはなかった[40]。

　1706年において，アムステルダム在住のバルト海貿易商人と船主には，おおまかな階層化が課された。それは，次の三つに分類される。上層に属する一つかそれ以上の適切な分野の仲裁人として分類される人々が81人。仲裁人とは言及されていないが，その企業（56社）が，1706年のバルト海貿易の主導的企業のリストに記載されている中位層の人々。そして，小規模な貿易業者，仲介人，代理商など，リストには記載されていない下層の人々である。それ以外の人々は，1706年に海軍局への代表者を投票するのに招待されるには，自分たちの事業規模はふさわしくないと判断した。明らかに，この階層は，上層から下層にいたるまで，当時の判断に基づいていた。かなりの期間を経た現在となっては，このような階層を構築するためのより客観的な基準をみつけることは不可能だ。商人は，自分たちの中で誰が最も有力か，そして他の基準から，有力だといえるほど大きくはないと，確かに考えていた。

　注目すべきことに，バルト海貿易に従事する最も有力な企業さえ，比較的つつましやかだった。本書で扱われている時代においては，個人的資産を使って共同するごく少数の人々からなる規模を越えた企業を結成することは，選択肢にはなかった。例えば，明らかに，10人以上の商人が資金，労力，契約を共にする企業をつくる理由は何もなかった。このような企

業であっても，競争相手を圧倒し，市場を支配できる立場に立てなかっただろう。バルト海貿易商人が全員共通の資金を利用できたと仮定しても，アムステルダムで穀物を販売する人々がなお他にもいただろう。したがって，企業の規模を拡大しても，価格と市場状況が大きく改善されることはなかっただろうし，費用が大幅に削減されることも期待できなかったろう。費用が上昇しているなら，どのような場合でも，小規模な商品とサーヴィスを提供する人々の労働を削減することはできない。穀物は，通常，バルト海地方の都市在住の数多くの小規模な売り手から購入した。彼らは，貯蔵しているすべての商品を購入する人々に割引して販売しがちであっただろう。しかし，彼らは通常は，1-2の船荷しか提供しなかった。大幅に割引して膨大な量を販売できる巨大な売り手が，存在しなかっただけだ。船舶をチャーターする際に，商人は，交渉相手となる数多くの船主がいただろうし，同時に数ダースの船舶をチャーターしても，割引きは期待できなかった。同じことは，アムステルダム市のサーヴィスにもあてはまる。海運・輸送サーヴィスに船舶を提供する巨大企業はなく，一隻一隻の小型船の所有者や穀物輸送者の一人ひとりと賃金について，しかもそれぞれの倉庫の所有者と商品の賃貸料について交渉しなければならなかった。したがって企業規模を拡大しても，費用を大きく引き下げはしなかっただろう。最後に，小規模な企業でさえ，バルト海貿易で一般に必要な投資に十分な資金を提供することができた。工場や機械に投資することは，まったく不可能であった。商人に必要であった高額な建物，取引所，穀物取引所には，アムステルダム市が金を支払った。全体として，企業が比較的小さかったことは，補充が不足したり，好機を逸することを意味しなかった。当時の状況を考えれば，小規模であったため満足すべきほどに効率性が高かったのである。

3　企業の性格づけ

企業が発展し，大規模な事業を営むことはなかった。この事実は，長期間にわたり，企業が同じ形態を厳格に保持したことを意味しない。企業の性格の変化の一つは，特定の人々，すなわち企業家と事業が深く結びついて

はいない商会が発生したことである。16-17世紀には，当然ながら，企業は商人（たち）の死去や引退と共に消滅した。ところが，18世紀になると，パートナーが死んでも残る商会が出現したのだ。これらの商会には決まった名称があり，法人組織とみなされた。アムステルダムにおける真の意味での最初の商会は，17世紀に見出される[41]。しかしバルト海貿易においては，商会は18世紀に発展したに過ぎない。この結論は，1706年の投票者リストからは，名称の継承や独自のアイデンティティをもった商会の記録はないらしいということから導き出される。しかし18世紀末には，企業の継続性が以前よりずっと重要になってきた。例えば，Ｓ＆Ｐ・ド・クレルク商会は，三番目のパートナーが加わった1790年代に名称を変えなかったし，名称の由来となったもとの2人が死亡し引退した19世紀にも，企業の名称は変わらなかった（第9章をみよ）。

ここで，特定の商人と同一視される企業と商会の違いについて，あまり追究すべきではない。というのも，前者は非公式的に事業が受け継がれることへの成功に熱心なことが非常に多かったからだ。多くの商人は，財産，知識，事業関係を息子たち，義理の息子たち，従兄弟たち，後継者に選んだ人々に伝えようとした。オランダのアルハンゲリスクへの貿易に関する最近の研究は，この種の継続性が得られるようなされた努力と，いくつかの家族が多くの世代にわたって積極的に活動することに成功したことを示した[42]。このメカニズムが，メノー派の人々がなお18世紀にバルト海地方との貿易と海運で支配的であった事実を説明することは確かである。メノー派の企業家たちは，平和主義を表明する宗教的理念から，16世紀から17世紀初頭にかけて，バルト海貿易に専念しようとした。そのため，他の貿易路と比べてバルト海は極めて平和な様子がみられた[43]。17世紀と18世紀には，バルト海地方との貿易と海運業はしばしば，メノー派内部で世代から世代へと，いつのまにか移っていった。

公式的であることにどのような利点があろうと，非公式的ではなく公式的であることが重要になっていったため，企業の柔軟性は一般になくなっていった。悪化する状況に対して，初期の企業家の方が他の製品を扱ったり，他地域と貿易するようになるのが早かった。16世紀と17世紀の一部の時代には，商業部門の柔軟性は強かった。事業の好機が現れれば，すぐにそれから利益を得た。それが，オランダ経済の拡大に大きく寄与した[44]。

3　企業の性格づけ

これが，18-19世紀との決定的な違いである。企業の継続性が時には非常に重要だとみなされたので，巨額の金融上の損失でさえ，この理想を守るために受け入れられるようになったのである[45]。

　数世紀間にわたってバルト海貿易に従事する企業が保持し続けた特徴は，企業のパートナーや代理商を，家族と親族に大きく依存していたことだ。これは，不確実性を減らすための試みだと解釈すべきである。家族の人々との共同は，ほとんど確実に，信用のおけない貿易のパートナーを選ぶというリスクを減少させただろう。代理商が詐欺師である可能性は，依頼人との血縁関係があれば少なくなっただろう。貿易関係が突然に変化するなど[46]，商業界につきまとった不確実性の多くに対して，商人にできたことは，（価格，政治的状況などに関する）情報を得る機会を最大限に高めることと，信頼のおける人からしか情報を入手しようとしないことであった。ほとんどの情報は公開されておらず，それは絶え間なくやって来る事業通信文書や取引所での日々の会話で個人的に提供されたので，この二つの戦略が一つに結合した。商人は，信頼のおける人からの情報に基づいて決定を下した。このような種類の人々からなるパートナーとしか事業をしなかった。さらに，パートナーを，アムステルダム以外の貿易拠点に在住する代理人として利用した。事業主は，代理商が命令を確実に実行し，事業主の利益を拡大するために何でもするという，ある種の保証をしなければならなかった[47]。

　問題は，信頼に足る人物は誰か，ということであった。信頼は，一個人の知見に基づいており，永続的に繰り返される接触に基盤をおく，顔と顔がみえる関係から産み出される。当該人物との接触が増え，関係が深くなり，互いに長期間知っていれば，信頼は一般に大きくなる。家族の人々は，通常，互いに信頼するために最良の機会がある。その結果，家族で貿易会社を形成することが多かった。彼らは，互いに代理商になり，取引きを行なった[48]。それに加えて，家族の中では詐欺行為のリスクは最小であった。なぜなら，家族という社会的地位を維持し，家族の財産を維持ないし増加させる責任を共有していたからである[49]。

　事業関係でそれ以外に重要な要素は，評判であった。これは，信頼とは別のものである。われわれは，ある人を信頼しなくなるかもしれないが，周りの人々の間ではまだ評判が良いかもしれない。それとは逆に，評判を

落とした事実があるにもかかわらず,その人を信頼することがあるかもしれない。評判は,割り当てられた社会的地位,階級との帰属関係,その他の指標に基づく[50]。評判は,互いがまったく知り合いでなかったり,あまりよく知らない場合には,より重要になる。評判とは個人的事柄ではなく,家名と祖先の名前にさえ密接に関係した。家族の者は,財政的困難に陥っている商人を助け,債務を返済させる。家族の中にいる債務者が汚名を負っていることから,家族自体の評判も悪くなるからだ。彼らは,家族にいる債務者の評判と信頼を回復するためには何でもした。家族の評判を維持するためだった[51]。商人の評判が良いことは,かなりの程度,彼の社会資本に依存した。それは,家族,友人,彼がこれらの人々から獲得する支援,資金,助言である。それゆえすべての貿易活動は,顔がみえる関係からなる社会状況に大きく左右された[52]。そして,人々が互いに会ったことがない場合には,実業上のパートナーたちが得ていた評判が基盤となった。信頼も評判も貿易組織で重要な役割を果たし続けていたが,評判の方が確実に重要になっていった。それは,名称がたびたび変わる企業は,1人ないしごく僅かの個人としか強い関係がないので,固定した名称の商会に取って代わられたからである。2世代にわたる商会は,良い評判ゆえに大きな利益をあげることができた[53]。

　商人が,顧客と供給者に対して形成した関係もまた,しばしば個人的な性質があった。しかしながら,たいていの場合,それが家族的な絆ではなかったことはいうまでもない。17-18世紀の特定の商人の企業家的行為を詳細に研究すれば,顧客と供給者との関係が安定していることが明らかになる。顧客との関係が一定していたので,売上高の規模と販売条件がある程度保証され,完全競争のもとで可能であるよりも,商人が少し多くの商品を販売することができるようにさえなった。このようなわけで,市場の形態は,完全に開かれた競争市場とは少し異なっていた。それが「独占的競争」と呼ばれるのは,以前に事業を行なった商人が,単に過去に一緒に仕事をしたというだけの理由で,他の商人より少し優位に立ったからだ。供給者との関係が安定していたので,企業家が期待される販売額に対して最大の購買量と最高の質で適応できるようになったのである。そのため,購入される商品の価格と品質の関係の間に,ある種の確実性が生まれた。定期的な顧客との間におこったことと似ていたが,企業家は少し高い価格

で支払う準備ができていたかもしれない。このような習慣は，顧客の忠誠心を確保することを目的としていた。供給者が誰か決められていたことから生じる利点は，商品がおおむね限定され，慣れ親しんだ人々の間で取引きされることであり，そこでは，顔がみえる関係があったので，不確実性が減らされた[54]。企業家活動に対するこのような洞察を基盤とする商人は，決して穀物貿易に特化してはいなかったが，穀物貿易の状況が，他と大きく異なっていたと考えるべき理由はない。19世紀初頭，S＆P・ド・クレルク商会が穀物貿易で委託代理業を行なったことをめぐる事例研究（第9章で扱われる）は，穀物の供給者との間に，この種の安定した関係があったことを正確に示す。商人，穀物供給者，顧客の間にあった永続的関係は，19世紀にいたるまで習慣として残っていた。

　貿易関係は安定していたかもしれないが，企業はどの程度特化していたのか。おおむね，16，17，18世紀に外国貿易に従事していたオランダ商人は，唯一の商品や港，地域に特化してはいなかった。貿易だけに専念していたわけでもない。彼らはさまざまな地域，さまざまな商品の貿易に従事していた。さらに，貿易と関連する，海運業，保険業，信用貸しのような分野に従事することもかなりあった。時には，輸出入貿易と関連した産業活動にも関係していた[55]。このように柔軟性があったけれども，ある程度の特化があったことも否定できない。確実に推定できることは，商人は，アムステルダム商品集散地で見出されるただ一つの商品だけを取引きしていたわけではない，ということだ。取引所には，取引きされる何百という異なった商品があった。その一方で，特定の商人と企業を研究しても，普通は，せいぜい2–3ダースの商品が確認できるだけだ。また企業家は，オランダと通商関係がある全地域との貿易や，あらゆる種類の活動に従事していたのではない。ほとんどの企業は，たぶん特定の貿易航路に専念していたと特徴づけるのが最良だろう。例えば，イングランド，南ドイツ，ノルウェーや，フランスや南欧とバルト海地方を結ぶ貿易航路がそれにあたる。彼らは，この航路やそれと関連する航路で取引きされる数少ない特徴的な商品に専念していた。このことから明らかに，企業は，ある程度特化していたと結論づけられる[56]。

　1700年頃の穀物商人に関しては，賢人の記録から，最も有力で資格のある商人は，他の分野のリストにもしばしば見出されるが，通常は，亜麻

とか木材などの他のバルト海地方の産物を扱う商人の記録にみられる。穀物商人もまた，塩の商人の仲裁人の中にみつけられることが多い。ここから，彼らがフランス，ポルトガル，スペインからバルト海地方への塩の貿易に従事していたことが示唆される[57]。シェーファーは，18世紀に活動的であった，大小含めて14人のバルト海商人の貿易について詳細に研究し，全員が，多数ではなく，少数の異なる製品を貿易していたことを提示した[58]。一企業がもっぱら穀物だけを貿易することは決してなかったが，事業の核であり得たし，実際にそうであることが多かった。

　ある程度の特化はまた，企業の活動が地理的に拡大していくことからも読み取れる。安定して連絡がとれ，地方の状況について信頼のおける知識が必要だったので，商人は，ただ一つの，多くても2-3の地域の外国貿易港に集中するようになった[59]。バルト海地方内部では，一部の地域に専念する傾向があった。ドイツの港，ダンツィヒを中核都市とするプロイセン，ロシアの港，フィンランドやスウェーデンの港などがそれにあたる。しかし，厳密にいくつかの港だけに制限されていたのではなく，偏重していただけである。地理的な特化のため，バルト海貿易に専念していた商人は，バルト海地方からの輸出が停滞した時にロシアからの輸出が一時的に急増したことから利益を獲得することは，普通はできなかった。アルハンゲリスクとの穀物貿易をおおむね組織したのは，ロシアとの貿易に特化し，通常，皮革，毛皮，灰汁，キャビアなどを購入した商人である[60]。1700年頃，バルト海貿易と，ノルウェー，グリーンランド，白海に隣接するロシア地域などの北ヨーロッパの貿易の両方に特化した企業家たちがいた。しかし，バルト海貿易と西欧・南欧やヨーロッパ外地域とを結びつけて貿易することは，あまりなかった。それを示唆するのは，仲裁人の記録である。バルト海貿易商人，バルト海地方と強い関係があった穀物商人，仲裁人などの集団は，フランス，イングランド，スペイン，イタリア，アフリカ，アメリカ大陸との最も有力な商人とほとんどオーバーラップしないことが示される[61]。

　16-17世紀の大半の企業家は，貿易だけに専念していたのではなく，船舶の所有にも従事していた。おそらく，商人と貿易会社のほとんどは，大規模なものも含めて，数隻の船舶を所有するか，複数の船舶を分担所有していた[62]。しかしながら，彼らはしばしば自分が所有しない船舶での貿易

3 企業の性格づけ   123

を指揮していた。商人に関する詳細な研究によれば，ほとんどすべての場合，貿易と海運業の間に密接な関係がみられた。16世紀デルフトの商人であるファン・アドリヘムは，海運業に従事していた[63]。アントウェルペン出身で，16世紀末から17世紀初頭にかけてアムステルダムの実業界で活躍していたハンス・タイスもそうであった[64]。プル兄弟は，船舶を分担所有しており[65]，コルネリス・ピーテルスゾーン・ホーフトもそうであった[66]。17世紀のトリップ家の人々は，分担所有のみならず，船舶全部を所有することさえあった[67]。ヤン・イサック・ド・ヌーフヴィルは例外である。というのも，彼は，1750年代から1760年代にしか海運業に従事しなかったが，1730年代から貿易業には従事していたからだ[68]。17世紀後半から18世紀初頭にかけ，仲裁人のリストを書いた冊子，すなわち最も有力な穀物商人のリストは，いつもある程度，最も重要な船舶所有者とオーバーラップしていた[69]。1人の商人ないし一つの商会がこのように二つの機能を併せもつことは，19世紀にいたるまでみられた。だが，船舶の所有に特化した独自の集団が出現し始めた。この過程は，おそらく17世紀後半に始まっただろう[70]。バルト海貿易・海運業委員会は常に商人と船主両方を代表する団体であり，17世紀末に創設された。原則的に，6人の理事のうち3人が商人で，3人が船主であった[71]。

　おおまかにいって，製品と地域を特化する傾向はやがて明らかになり，商人が貿易と関係する諸地域に関与する傾向はなくなっていったようだ[72]。1700年頃から，それ以前にはもっぱら商人の仕事であった海上保険が[73]，徐々に専門の保険業者によって提供され始めた[74]。そして海運業に関与する商人は，17世紀以降消滅する傾向にあった[75]。17世紀後半から，これとは別の新専門職の用船業者cargadoorが興隆したのがわかる[76]。これは，船主と海運力を探している人々を仲介する専門の船舶仲介人である。彼らの仕事は，船舶の書類，船荷，商品の保管を管理し，用船契約をすることを含んでいた。

　19世紀初頭の貿易組織を描写したものによれば，企業によってはすでに商品の輸出ないし輸入に特化し，第三の集団はアムステルダムで大量の重要な商品の購入に専念し，価格が上昇するまでそれらを保存し，それから販売した。この三つの集団は，第一・第二・第三の商人と呼ばれた。第一は外国からの輸入商人で，第二は（富裕な）買い手で，価格上昇をねら

って投機した。第三は輸出商人である[77]。このような描写が、どの程度現実の実業界の状況を反映しているかは、しばしば議論される点である[78]。われわれはおそらく、企業家、すなわち商人の集団が三種類存在していたことと、外国貿易の三つの異なった機能が存在していたことを区別すべきである。ほとんどの企業は、複数の機能を組み合わせていただろう[79]。S&P・ド・クレルク商会の企業の事例を第9章で取り扱うが、これは穀物輸入に特化した企業であり、「第一」の企業だということが明らかである。しかしながらそれと同時に、少なくとも18世紀の間は、パートナーの1人（ないし2人）が「第二」として機能し、この企業から穀物を購入し、適切な時にそれを販売した。やがて貿易の機能のうち、企業家が三つのすべてではなく、一つか二つに特化する傾向が増加することは不可避であった。

4　外国企業の役割

オランダ人が顕著な役割を果たしていたことは間違いないが、バルト海貿易に従事する商人は彼らだけだったわけではない。15-16世紀において、オランダ商人の最大の競争相手は、リューベック、シュテティーン、ダンツィヒ、リーガ、レーヴァルなどのハンザ都市の商会であった。16世紀にいたるまで、ハンザの企業家精神と資本は、バルト海貿易さえ支配した。『エーアソン海峡通行税台帳』読めば、われわれを簡単にごまかされるかもしれない。それは、15世紀末には、この海峡を航行する船舶の大半がすでにオランダ船になっているが、実際には、そのかなりの部分がハンザ商人によってチャーターされていたからである。16世紀中頃、ハンザ都市出身の商人は、アムステルダムで重要な役割を果たしていた。そのアムステルダムで、彼らは、穀物などのバルト海地方の製品の貿易に専念していた。個々の企業をもっと詳細に考察すると、これらの商人はオランダ人の競争相手ではなく、協力者になることも稀ではなかった。多くのアムステルダム在住の商人は、バルト海地方の諸都市を根拠地とする企業家の代理商として活動していたことがわかる[80]。

　16世紀最後の四半期になって、バルト海貿易におけるオランダ人の比

率が大きく高まり，その一方で，ハンザ商人の比率は減少した。オランダ人コミュニティは，16世紀末にダンツィヒの外国貿易を支配するようになった[81]。オランダ商人も，西欧との貿易の多くを支配下に収めた。西欧がバルト海地方にとって重要だったのは，西欧諸国が，バルト海地方の穀物の一部のはけ口であり，バルト海地方に輸出可能な塩とワインを生産したからである。例えばナント，ボルドー，ラ・ロシェルのようなフランス大西洋岸の港との貿易は，オランダ人によってもぎ取られた。1600年には，オランダ人はこれらの港との海上貿易からフランス商人を追いだした[82]。16世紀末から，ラ・ロシェルは「小アムステルダム」とさえ呼ばれるようになった。オランダ人はさらに，イタリアへの穀物貿易の多くを支配するようになった。イタリア商人は，1590年代にイタリアで穀物需要が上昇した時，この新たな好機を利用して利益を得た最初の人々であった。ところが，オランダ商人がそれにすぐに追い付いたのである[83]。これまでみてきたように，コルネリス・ピーテルスゾーン・ホーフトが，その1人であった。

　16世紀末から17世紀の大半にかけて，バルト海地方からの輸出穀物の大部分は，オランダ商人によって組織されるようになった。ボグツカによれば，1640年代には，ダンツィヒの穀物貿易のおよそ80％がオランダ商人の支配下にあった[84]。レーヴァルにおいては，オランダ出身の商人が，17世紀の間ずっと，西欧への穀物輸出をほぼ完全に独占していた[85]。

　バルト海地方の港湾都市出身の人々は，17世紀には小さな役割しか果たしてはいなかったが，貿易をまったくしなくなったわけではない。『エーアソン海峡通行税台帳』は，これらの港湾都市の役割について，ある指標を提供する。それは，1565-1655年の間で10年間ごとに，オランダ人が所有する商品に加えて，外国人の勘定で商品を運ぶオランダ（と他国の）船舶の数がわかるからである。バルト海地方から西欧に航行するオランダ船の中で，普通は10-30％が，オランダ商人のものではない商品を積載した。1560年代-70年代には（1565年と1575年の数値から判断すると），この数値は30％になった。これは，外国資本が，当時においてもかなり重要だったことを示唆する。1580年代から1630年代にかけては，オランダ船で輸送する貨物がある外国人の比率は低下し，エーアソン海峡を航行する船舶のおよそ10-15％になった。1640年代-50年代には再び上

昇し，20-30％になっている[86]。想像力を働かせなくても，ここからオランダ船で指揮される貿易において，外国資本が果たした役割を正確に反映していることがわかる。クリステンセンは，現実に記載されているのは，おそらく本当に「混在した」積み荷の一部分に過ぎず，オランダ人は，数値が示すよりも，はるかに大規模に他国の人々の輸送者として活躍したと考えた[87]。たとえそうだとしても，これらの数値は，オランダの輸送能力が常にある程度外国人によって利用されていることを示す。

オランダ人の資本と企業家精神は，17世紀前半とは異なり，支配的ではなかった。明らかに，オランダ人ではないがバルト海地方の穀物輸出に従事する人々がいた。彼らは，1680年のポーランド貴族とアムステルダム商人間の数少ないパートナーシップが提示するように，オランダ人と協力していたらしい。ポーランド貴族は，穀物に代表されるポーランドの産品を毎年ダンツィヒに運び，輸送料と保険料を支払おうとしていた。オランダ商人は，金融業者と代理商として活動した。彼らは，ダンツィヒで商品受取の手配をし，輸送と保険を組織化し，アムステルダムで商品を販売し，西欧の商品に再び投資し，それをダンツィヒに送るよう手配しなければならなかった。彼らはまたポーランド貴族に金を貸して，一連の取引きに資金を提供した。彼らは，労苦と利子の代償として，総売上の1.5％を給与として受け取った[88]。

バルト海地方の穀物貿易で外国商人の活躍が目覚ましくなった。にもかかわらず，ダンツィヒに有力なオランダ人コミュニティが存在し，18世紀初頭には活発に外国貿易に従事していた。これらの商人から，1704-05年に，自分たちの特権だとみなしていたものが侵害され，ダンツィヒ在住のオランダ領事のディルク・ファン・ドンブルフを通じてオランダに支援を求めたという苦情が聞かれた。ダンツィヒ在住のオランダ商人の不平は，地元とイングランドの企業家が，巨大な競争相手になりつつあったことを示唆する。苦情の中には，オランダ人による次のような主張もあった。彼らは，トルンのようなプロイセンの他の都市出身の商人と自由に貿易をしてきた。しかし現在では，ダンツィヒ出身の商人としか取引きを許されていない，と。彼らの意見では，このような貿易の縮小に加えて，イングランド人は不当にも税の支払いで特権を得ていた。例えば，イングランドの教会に属するものはメノー派教会に属するオランダ商人の半分の特別税

(Schirmgeld) しか払う必要がない[89]。これ以外にも，バルト海地方でオランダ人が，続く数十年間にも活発に貿易している証拠が見出される。大北方戦争（1700-21 年）の間，スウェーデンの私掠船が，アムステルダム企業家の船舶に商品を積んだ数多くのオランダ船を拿捕した。1714-20 年のアムステルダムの 60 以上の商家が経験した損害のリストから，アムステルダムの商家のバルト海地方での実情に関する様相がある程度わかる[90]。これらの商人が，外国人のための委託代理商として機能することも可能だったが，外国人が被った損害についての記録はない。このリストは，アムステルダム商人が，この頃バルト海での船の保護にこれほど熱心であり，ちょうどその頃に，バルト海貿易・海運業委員会が恒久的で公式に認められた機関に発達した理由を明示する[91]。オランダ商人は，バルト海貿易に巨額の投資をした。バルト海貿易の航路は，決して安全ではなかった。明らかに，18 世紀最初の数十年間は，数多くのアムステルダム商人は，まだ自己勘定によってバルト海貿易で活躍していた。

　18 世紀最初と最後の数十年の間に，アムステルダムの商会は自己勘定で穀物貿易を行なうことから，外国人にサーヴィスを提供することによる委託業へと変化した。外国の商会は，穀物をアムステルダムの委託代理商に送った。委託代理商は，商品を受け取り，販売した。商品は外国人に属し，外国人が企業家活動のリスクを負い，輸送料と保険料を支払った。外国人の商人は，穀物を委託で送ることができた。さまざまな委託業務が意味するのは，アムステルダムの商会は将来の売上げに宛てて前貸ししたことである。その場合，オランダ資本が重要な役割を果たし続けた。現在では，アムステルダム商会が自己勘定でバルト海貿易に従事していたのが，委託業務により資金を受け取るように変わり始めたのが正確にいつだったのかをたどることは不可能である。ヨハン・ド・フリースは，委託業務は 18 世紀の穀物貿易においては重要ではなかったと論じた[92]。だが，多くのアムステルダム商会が七年戦争の後の危機のため破産した 1763 年，商会が委託販売のためにもっている商品は，自動的に所有者に戻されるべきだと決定された。この政策が，特にダンツィヒの商人を保護するためにとられたのは，彼らが大量の委託商品をアムステルダムに送っていたからである[93]。穀物は重要であったので，委託商品の中に含まれていたとはありそうにないように思われる。第 9 章でのＳ＆Ｐ・ド・クレルク商会の事例

研究は，この会社が，18世紀末にドイツとバルト海地方の企業に対する穀物の委託業務に専念していたことを示す。たぶん，穀物貿易の委託業務は，18世紀後半になってようやく発展した。17世紀後半にすでに委託業務が増大していたアムステルダムの他の多くの貿易分野と比べると，穀物貿易では，なかなか外国資本と外国人の企業家精神が優勢にならなかった。

結　論

　取引費用に対して，市場の形態と企業の特徴はどういう影響を及ぼしたのか。商人はどのようにして，自分たちの企業を変化に対応させて取引費用を削減したのか。彼らは成功したのか。
　バルト海地方の穀物貿易が拡張した時代においては，1人の人間に率いられた非常に柔軟性のある企業が数多くあった。多くの商人が，はじめて穀物貿易に従事した。彼らの中には，船長の息子であった者もいた。他の商品の貿易に従事していたが，結局穀物貿易への関心を深めた者もいた。自分たちがどういう存在なのかということを明確に意識し，名称が定着し，企業家が死んでも存続し続ける企業はまだ将来のことだったが，継続性はしばしば目にみえないところで抗争の的になっていた。柔軟であることから利益を得た企業は，市場の拡大が付与する好機から利益を得る絶好の立場にあった。その多くは，新規の，心を躍らせる冒険である地中海への穀物輸出に参加することにためらいを感じなかった。買い手と売り手の間にあった信頼関係と，さらには小企業で共同出資を求めて働くパートナーの間にあったよりいっそうの信頼関係が重要な役割を果たした。そのため，会社におけるパートナーは，ほとんどいつも家族や親族だったのである。数多くの企業と，その性質上多くの地域から輸入される可能性がある商品の穀物に対して，個々の商人が価格と市場の状況に影響を及ぼすことは不可能であった。バルト海地方からの輸出が停滞した1630年頃になってようやく，比較的大規模な商人集団が協力し，ロシアの穀物輸出を管理し，アムステルダムの穀物価格を上昇させることがかなり可能になったように思われた。これが失望の種となったのは，連邦議会が彼らの望みを打ち砕いたからだ。法的にであれ非公式的であれ，穀物の独占は，決して実行さ

れなかった。

　17世紀の間に，企業の平均的投資額が少し拡大したので，取引費用は削減されたかもしれない。企業の総数は，バルト海地方からの穀物輸出が停滞すると同時に，業務がこのように少しばかり拡大した結果，おそらく減少しただろう。しかし，1706年の時点では，アムステルダムを根拠地とする企業が少なくとも137あり，バルト海地方との貿易と海運業で活動していたことが示される。商人の中に，ある種の階層性があり，それが明らかに企業の売上高と貿易経験と関係していた。1-2ダースの人々が穀物商人の中の最有力者と考えられたのは，取引きされる商品の路線に沿って，木材商人など他の商品でも最有力な商人がいたと判断されるからである。小規模な貿易業者も数多くいたはずである。だが，彼らの活動をあとづけることは，史料の関係で難しい。拡張局面が終わったので，バルト海貿易は新参者には興味がない分野になっていったのは間違いあるまい。バルト海地方との貿易と海運業は，依然としてメノー派の家族の集団に握られていた。

　バルト海地方の穀物貿易が収縮する時代において，企業家は特化することで取引費用を削減しようとした。貿易と海運業の間にみられた緊密な関係は，ほとんど気づかないうちに弱くなり始めた。船舶は，以前なら商人と外部からの投資家の手に握られていたが，17世紀の間に，時間と資金を大きく船舶所有に費やした一団の企業家が出現した。船舶仲介人に特化した集団が，17世紀後半に出現した。それに続いて，18世紀には，保険業に特化した集団が出現した。コルネリス・ピーテルスゾーン・ホーフトの時代にいた，貿易，海運業，信用貸付け，保険，工業活動といったあらゆる分野を扱う企業家は，一つの活動に専念し，副業を避ける企業家に取って代わられようとしていた。しかし，特化に向かうこの傾向をあまりに過大視してはならない。バルト海地方との貿易と海運業においては，17世紀と，18世紀の大半でさえ特化は極めてゆっくりとしか進まず，不完全であった。実際，18世紀終り頃にいたるまで，多くの商人は副業をもっていた。例えば船舶を分担所有することは，彼らの間では極めてありふれていた。

　18世紀の間に，2-3の重要な変化がおこった。それは，バルト海地方の穀物貿易の成長が再開した時代を大きく特徴づけたが，すでに18世紀

前半には始まっていた。第一に，アムステルダムの穀物貿易商人は，自己勘定での貿易から，外国人商人の勘定で委託業務をするように変わった。16世紀から，アムステルダムでは地元の商人が優勢であったが，18世紀には，外国の商会がこの商品集散地を支配し始めた。第二に，遅かれ早かれ，ほとんどの個人企業は法人企業になり，名称は変化せず，仕事は固定化していった。パートナーが死んだり引退しても，このどちらも変化することはなかった。企業は，永続化していく過程でオーラを発した。その間に，柔軟性は弱まり，関係者間のネットワークへの依存度を高めた。商会の評判が高くなっていくことが，パートナーへの信頼よりも重要なことになっていった。第三に，特化傾向が強まった。例えば18世紀末には，穀物輸入に特化し，外国人のために働く企業があった。しかしこのような変化が，企業の規模に影響を及ぼしたわけではない。企業規模は，せいぜい2-3人のパートナーの間での共同を越えるものではなかった。彼らは時間，精力，財産と，たぶん家族の財産を事業に投資した。穀物貿易においては，事業規模を拡大したり，巨額の借金をして投資することから，取引費用の大幅な削減は期待できなかった。

第5章
情報と代理人

───────

　バランスシートを作成するなら，情報獲得の費用が，長距離貿易における重要な取引費用だと考えられる。これは，とりわけ近世にあてはまる。物価と市場情勢が絶え間なく変化していたが，ニュースはゆっくりとしか伝わらず，手紙を送ることは高くついた。アムステルダムの企業家は，どうやってバルト海地方や他のヨーロッパの穀物市場に関して知ることができたのだろうか。ニュースはどれくらいの速さで伝わったのか。情報獲得の費用を低くしたり，逆に高くしたりすることが可能だったのは，どのような要因のためか。アムステルダムは，最新で完全で正確な情報を獲得する場合に，他の貿易拠点と比べて決定的に先んじていたのか。これらの疑問点に対する解答をみつけるために，事業情報と，そのために重要であった制度の拠点としてのアムステルダムが，第1節で描写される。第2節は，オランダとバルト海地方の郵便制度が取り扱われる。

　第3節は，「代理人問題」(agency problem) を扱う。これは，有能で信頼のおける代理人を外国に派遣することから生じる問題である。商人が，意志決定の権限のうちのいくらかを代理商に委ねることは不可避であった。また，代理商は本国の商人に最大の利益をもたらすことができた。しかもそうするように働き，委ねられた権限を乱用しないことが重要であった[1]。代理商を利用することは，近世全般にわたり，長距離貿易における最も顕著な特徴の一つとなった。中世において支配的だった貿易組織の形態は，商人が移動し，その際，地域から地域へと商品をもっていくことであった。近代になると，遠隔地から商品を注文することが増えた。しかし近世においては，商品（ないしサンプル）が手元にある間に取引きがしばしば実行

された。だから，商人やその代理商は，品質を調べることができた。アムステルダムの企業家は，バルト海地方の穀物が欲しければ，単にそれを注文するのではなく，外国の代理商にそれを購入するように指示した。バルト海地方との穀物貿易では，どのような代理商がいたのか。代理人問題の解決法が変化していったことは，どのようにして説明すべきか。状況を説明するために，ダンツィヒの代理商に焦点をあてよう。この都市は，アムステルダムにとって最も大切な貿易相手だったからである。

1 情報と意志決定の拠点アムステルダム

17世紀のアムステルダムは，他のヨーロッパの貿易拠点のどこよりも多くの商業にかかわる決定がなされていた可能性がすこぶる高い。他の港湾都市と比較すると，アムステルダムで取引きされる商品の範囲は広く，異国情緒豊かな香辛料や絹から，より身近なライ麦や皮革にまで及んだ。この都市が直接貿易にかかわるルートは，世界中の数多くの地域にまで達した。アムステルダムは，世界の多くの地域の商業的・政治的情報を伝達する場所であった。そのため，17世紀中頃は，主要なヨーロッパ諸国の情報システムのかなりの部分が，オランダに配置された代理商によって成立することになった。さらに，イギリス東インド会社の役員たちが，アジアの在外商館で発生していることに対する迅速で確実な情報を入手したければ，何のためらいもなく代理商をアムステルダムに向かわせることになったのである[2]。

スミスが示したように，アムステルダムでの情報獲得にはいくつもの方法があった。個々の商人が他地域に住む代理商や事業上のパートナーと通信することが，最良の情報入手法であったに違いない。船長や商人は，移動先から，ニュースを個人的に持ち帰ることもできた。オランダは，情報サーヴィスのために外務報告書を作成した。外国のオランダ商人コミュニティの上層に属する領事は，領事報告書で，貴重な事業情報を伝えた。その情報源は，アムステルダム市政府であった[3]。

アムステルダムは17世紀の商業情報の拠点として機能した。それは何より，商業の拠点であったことから生じた副産物である。ニュースが移動

中の商人や船乗りから伝えられたり，手紙に書かれて船舶で輸送されるかどうかはともかく，移動中の船舶が，最も貴重な情報源であった。17世紀においては，毎年アムステルダム港に，さまざまな地域から何千隻もの船舶が到着した。口伝えで，さらに手紙で，伝達がなされた。それは，情報がかなり最新のものであることを保証し，ニュースの正確さを調べることを可能にした。だから，船舶の往来が激しくなった。アムステルダムが最新で，しかも最も信頼のおける事業情報が見出される場所になったのは，そのためである[4]。

　アムステルダムはバルト海地方から出港する船舶を，他のどの地域よりも多く引き付けた。それゆえ，穀物貿易に関する情報を入手する点で先んじたのである。おそらく，16世紀第2四半期からそうだったのだろう。中世においては，バルト海地方の穀物貿易は，ドイツ・ハンザ商人の手に握られていた。彼らの企業（たいてい1人だけしかいなかった）は，リューベック，ダンツィヒ，リーガ，レーヴァルのような都市に根拠地をおいていた。彼らは，貿易の時期にはオランダまで移動したり，代理商を雇い，オランダまで移動させるか，オランダに定住させた。彼らが最も好んだ目的地は，当初はブリュッヘであり，15世紀末からは，アントウェルペンになった。穀物は当時，バルト海地方からオランダまで，このルートをたどって取引きされた。フランス，スペイン，ポルトガルで，バルト海地方の穀物需要が絶えず続く重要な商業的好機が生じ，貿易ルートがバルト海地方からこれらの国々にまで広がった時，バルト海地方の諸都市は，貿易ルートの末端に位置していたので，不利な立場にあった。これは，16世紀の第2四半期におこった。それ以降，オランダは地理的な要因で，明らかに有利な立場に立った。アムステルダムは，南欧の需要状況とバルト海地方の供給状況に対して情報を得る最も有利な場所となった。他の多くの要因の中で，これがアムステルダム商人が競争相手のハンザ商人よりも有利になった理由の一つであった。ハンザ商人の中には，勇気を出し，アムステルダムに移住した者もいた[5]。

　アムステルダムで情報が普及するには，さまざまな方法があり得た。最初から，口頭での伝達が，取引所，穀物取引所，市場，宿屋，商人が出会うその他の場所でなされた。仲介人が，情報の交換で重要な役割を果たした。売り手や買い手に，特定の商品の需要と供給を知らせた。重要性が増

して来たのは，書かれたり印刷された市場報告書のためであり，その中で重要な部分が，終値であった。ある程度特化した情報をもつ仲介人が，アムステルダム外部の商人のために働いた。1580年代-90年代には，ヘンドリク・フーベルツゾーン・レインスウィックという人物が所有する事務所は，市場報告書が事業上の重要な専門分野を扱っていたので，それに特に注目した。報告書の主要な内容は，価格表であり，決まった形態で注文が書かれた。次に，特別な情報が加えられた。これは特に，報告書の対象となる商人に必要なものであった。これらの報告書は，かなりの数が送られただろう。その中には，デルフトの商人文書館に保管されているものもある[6]。最後に，情報は新聞で広まった。1590年代から，専門のニュース記者が，新聞のために（まだ手書きであった）外国からニュースを収集した。アムステルダムで毎週発行される新聞の購読者の中に，ホラントのいくつかの都市の市政官がいた[7]。

したがって，アムステルダムの情報運用に最もふさわしい組織について素描することが妥当である。ここでは，取引所，穀物取引所，価格表，仲介人を扱う。

取 引 所　ここは，情報交換の多くが現実に発生する場所であった。15-16世紀には，商人は野外で事業を指揮した。彼らは，港近辺の特定の場所で出会った。最初は，ウァロメ通りで，16世紀後半には，ほとんどの場合，ダムラク川にかかる橋であるニーウェ・ブルフで出会ったのである。1580年代と1590年代には，アムステルダムでの取引きが急増したが，それはアントウェルペンが解決のために取り組まなければならない問題があったからだ。さらに，適切な土台に基づいた組織を形成するために，調整がなされた。1586年から，天候が悪い場合には，商人は通常の集会所近くの教会の一つで集まることを許された。取引所に関する最初の規定は，1592年に作成され，次のようなことが約定された。取引きは，午前中の11時から昼までの間にかぎられる。さらに午後に約1時間あるいは30分間開かれることもあるが，それは季節による[8]。強調すべきなのは，取引所の建物がなかったにもかかわらず，これらの規定が作成されたことだ。このような建物には法外な費用がかかり，アムステルダムは世界貿易の商品集散地として，アントウェルペンに一時的に取って代わったに過ぎず，やがてほとんどの商人は南部に帰るだろうという意識が広まっていたから

に違いない[9]。

　17世紀初頭に変化が必要だったのは，アムステルダムを訪れる商人の数が急速に増えたからである。取引所での取引数が急激に増大したので，問題が生じ始めた。近隣に住む人々は，出入りの際の騒音に苦情をいった。取引きが教会で行なわれるのは不適切だと考える人もいた。商人自身は，彼らが出会うための場所が必要だと感じていた。スペインとの講和交渉が，1607年に始まった。そのため，スペイン政府がオランダの独立の成立を認めるということに対する疑いはまったく除去され，ネーデルラントが二つの国家に分割されたままずっと続くことが確定したのである。スヘルデ川が絶えず閉鎖されていたので，アントウェルペンの地位は悪化し，16世紀の多くの期間世界貿易の中心であった頃には戻れないことが明らかになった。アムステルダムが主導的な地位にいると認識されたので，都市政府は，取引所を建設する決定を下した[10]。

　新取引所は，1611年8月に開設された。建物は，著名な建築家ヘンリック・ド・ケイサーが設計したオランダ風ルネサンス様式であった。市のちょうど中心部に位置し，水路にかかる大きな橋の真上にあった。エイ川から来港する船舶は，ダムラク川経由で取引所に到着でき，その下を通ることで，ローキン川まで航海できた。建物は，四面すべてが回廊で取り囲まれた中庭になるよう設計された。2階の回廊の一番上で，奢侈品を売る店があった。取引所の規定は，1611年に新設された時に刷新されたが，1592年から使われていたものと大変似ていた[11]。ヘンドリック・ド・ケイサーの取引所は，1668年に拡大され[12]，19世紀まで使われた。この時には外観は非常に悪化しており，今にも壊れそうであった。だから，結局1840年に，アムステルダム市の市政官が，新取引所を建設することを決定した[13]。

　取引所の規定の作成と建物の建設を，アムステルダム市の事業慣行に基づく革命的改良だと考えたとすれば，やや大袈裟に過ぎよう。商人は，取引所の外側にある，単なる道路やカフェで重要な取引きを続けた[14]。それでもなお，特定の時間に商人が同じ場所に集まることで，少なくとも，必要とされるありとあらゆる情報を素早く収集することはより簡単になったに違いない。したがって取引所は，以前に商人が街路で会っていた状況と比べると一つの改善であったことは，想像力を働かせなくても理解できる。

穀物取引所　ヘンドリック・ド・ケイサーの取引所では，穀物商人は完全には満足できなかった。取引所は，原則として，サンプルがない，大規模な取引きにしか使用できなかった。他の取引きは，外部，すなわち街路や宿屋で行なわれなければならなかった。穀物のサンプルをみせたい商人や，購入する以前にサンプルをみたい買い手は，街路の特定の場所で会った。それは，暑過ぎたり寒過ぎたり，雨が降っている場合には明らかに不便であった。長期間にわたり，穀物商人は適切な宿泊施設を求めていた。それを支持した人々がいた。家の前で小売商人がたむろし，迷惑をかけられていたからである。このような二つの集団からの要求が，ようやく1616年に認可された[15]。そして1617年に，穀物取引所が開設された。木造の建物で，アウデ・ブルフにほど近いダムラク水路の建物群にあった。すなわち，港と都市中心部の間で，商人が野外でかつて会っていた場所に近いところにあった。四角形であり，三面に回廊があった。この木造建築は，150年間続いた。その後1765-68年に，同じ場所で，煉瓦造りの穀物取引所が建設された[16]。

このような取り決めのもと，穀物貿易は二つの建物で遂行された。大規模な取引きは，たいてい取引所で行なわれた。一方，小規模な取引きは，パン製造業者と醸造業者への販売を含めて，穀物取引所でなされた[17]。外国との貿易に従事する多くの商人が，直接穀物取引所で穀物を販売することもよくあったが，他のロットはまず取引所で売られ，次いでもっと小規模な単位で穀物取引所で売られた。したがって，穀物取引所での価格が，取引所よりもいくぶん高かったことは不思議ではない。1760-83年は，この両方の場所で実行されたプロイセンのライ麦の取引きのほぼ完全な価格が時系列で残っている唯一の時代である。そこから判明するのは，穀物取引所での価格が，取引所での価格よりも平均して7％高かったことである[18]。

価格表　1580年代，正確にはおそらく1585年から[19]，商品価格リストが毎週アムステルダムで公表され始めた。それには，アムステルダム取引所で取引きされるほとんどの商品価格が記載されていた。われわれはこの出版物を，オランダ語のprijscourantにならって，「価格表」と呼ぼう。アムステルダム商業の先駆者であるアントウェルペンでは，一般に，経常価格を絶えず知る必要があったので，早くから価格表が定期的に出版

されていた。しかし先駆者である，このアントウェルペンについては，ほとんど知られていない。印刷された価格表があったかどうかさえはっきりしていないのは，一部たりとも現存していないからだ。にもかかわらず，印刷された商品価格表は1540年頃に存在していたようである。したがって，アントウェルペンの事業コミュニティは，おそらく北ヨーロッパ最古の商業新聞を発行し，アントウェルペンこそが，商業出版の生誕地だと主張できる権利がある[20]。16世紀最後の四半期，おそらく1570年代か1580年代に，北西ヨーロッパにおける金融・商業の主導的地位をアントウェルペンが譲った時，アントウェルペンの商品価格表の出版は自然消滅した。しかし，この考え方自体は，他の都市では生き残った。アントウェルペンの貿易の一部を奪い取り，この都市と同じような出版物が現れ始めた。フランクフルト・アム・マイン，アムステルダム，ハンブルクにおいては，知られているかぎり最古の価格表は，16世紀最後の20年間にさかのぼる。それぞれ，1581年，1585年，1592年であった。現存する最古の表から判断すると，これらの年度よりもいくらか前に出版されていた可能性も高い。だが，アントウェルペン市場の崩壊と，それと同時におこった価格表の消滅は，他の地域での価格表の出現に刺激を与えたかもしれない。アムステルダムの場合，たぶんそれが原因となった[21]。

　アムステルダム価格表の出版は，宣誓した仲介人の指導のもとで始められた。彼らは中間商人であり，もし，商人どうしが望むなら，彼らを接触させた。1週間に1回，最初は木曜日ごとに，後には月曜日ごとに，仲介人は取引所で行なわれるすべての取引きに関する情報を集めた。この情報を使って，彼らが計算したのは，商品の標準的リストの価格と，重要な貿易の拠点を行き来する商品への保険料と，アムステルダムで取引きされる為替手形のため，さまざまなヨーロッパ都市における為替相場であった。クジで選ばれた5人の仲介人が，新聞発行の責任者となった。彼らは，取引所における他の仲介人と完全な協力関係にあったようである。午後に貿易の交渉が終わるとすぐ，価格表が印刷された。その日午後遅くか夕方早くには，販売時にこの表が使えた[22]。したがって，当日に価格表を購入した商人は，たぶんすぐに利用可能で，最も新鮮で完全な市場状況の情報を入手したのだ。

　1613年から，アムステルダム市政府と市長は，価格表の出版を規制し

だした。他の規定の中には，価格の誤りはすべて訂正され，裁判所に報告しなければならないというものもあった。この都市は，今や印刷と新聞の流通を管理するようになったために，公的性格を帯びるようになった。市の紋章が，入り口に掲げられていた。この特徴は，同市の名声を大きく高めた[23]。17世紀においては，アムステルダムの価格表に含まれている情報は，おおむねヨーロッパで利用できる最も正確な情報だと考えられた[24]。

16世紀末には，おそらく比較的少数の地元の商人の集団だけが，その新聞を購入していた。しかし，それは急速に浸透し，オランダ共和国全体の支配的な新聞となった。17世紀の間に，イタリア語，英語，フランス語による翻訳も印刷された[25]。

出版された価格表が導入される以前には，アムステルダム商人と外国在住の代理人は，彼らの間の私的なネットワークの中で伝わる情報に頼って働かなければならなかった。この情報には限界があり，アムステルダム市場の全体像を提示するものではない。価格に関する情報は，独占されがちであった[26]。このような排他性をなくすためには，価格表は誰にでも利用可能であり，信頼でき，情報に関しては完全で，最も重要なことは，1週間に1回，時計のように正確に発行することであった。アムステルダムのある企業の長は，数部購入し，1部は自分で保管し，他の数部は，都市の外にいる取引先に送ることができた。遠隔地への郵便サーヴィスに時間がかかることを考えると，これは共和国内部よりも，外国の取引先に不利な制度であった。しかし，いかなる場合もアムステルダム市場の情報が入手可能であるので，新聞は信頼でき，共和国内部の取引先に完全で最新のニュースを伝えることが可能であった。

事業に関する出版は17世紀のイングランドでも発展しており，いくつかの商品価格表もあったが，アムステルダムの商品価格表は，18世紀にいたるまで，ヨーロッパ大陸で圧倒的に優勢であった。1760年頃の2-3年間，アムステルダムの価格表を印刷していたブリュッセルの出版社がそれをやめたのは，商人から，アムステルダムの新聞をブリュッセルで受け取ることは大変簡単なので，印刷の必要はないとの助言を受けたからだ[27]。1760年代には，ブリュッセルの中央政府は，食糧政策の改善を目指して，自国と国際市場の穀物価格の変動を記録し始めた。国際情勢からみて，それは簡単な作業であった。オランダ共和国の穀物価格は，オーストリア領

ネーデルラント市場の指標だと考えられたので，記入の方法は，アムステルダムの価格表を単に真似ることを基本としていた[28]。

価格表は，数ダースの品質の違う穀物を区別していた。例えば 1669 年 11 月 18 日の価格表では，10 種類の小麦が言及されている（そのうち，五つがバルト海地方からのものであった）。ライ麦が 6 種類（そのうち三つがバルト海地方から来た），大麦が 6 種類（そのうち三つがバルト海地方から来た），オート麦が 6 種類（バルト海地方から来たものはない），そばが 5 種類（バルト海地方から来たものが一つ）あった。1777 年 6 月 16 日の価格表では，穀物の種類は増え，小麦が 18，ライ麦が 8，大麦が 12，オート麦が 4，そばが 3，モルトが 1 であった。この時には，バルト海地方の穀物の役割は，相対的に低下していた[29]。

特定の穀物が印刷されたリストで触れられているのは，取引所でいつも取引きされていたからである。かといって，必ずしも価格表が印刷された週に取引きされていたわけではない。特定の週にその穀物が売られていないとすれば，リストには価格が掲載されない。リストの中に長期間にわたる価格の時系列が保存されている穀物は，最も頻繁に取引きされた穀物である。当初の価格表には，バルト海地方の 5 種類の穀物価格が常に掲載されている。プロイセンのライ麦（ダンツィヒとその周辺地域から），ケーニヒスベルクのライ麦，ポーランドの小麦，ヴァルダーの小麦（プロイセン北部から），ケーニヒスベルクの小麦である。価格がいつも掲載されているが，バルト海地方の穀物ではない唯一の事例は，フリースラントの大麦である。17-18 世紀には，他の国産の穀物（17 世紀にはフローニンゲンからの大麦。18 世紀には，フリースラントとゼーラントの小麦）だけではなく，原産地は特定できないが，オランダでも見出せそうなさまざまな穀物の価格が，定期的に掲載されるようになった。というのは，醸造オート麦 brew oats，糧秣オート麦 forage oats，黒ライ麦 brown rye などの，高い輸送費に見合わない安価な穀物が出現しているからである[30]。16-17 世紀の価格表は，ほとんどもっぱらバルト海地方の穀物を定期的に掲載しており，当時のアムステルダム市場で，この地域の穀物が圧倒的に重要であったことがうかがえる。一方，その後の時代に，リストの中にオランダ穀物の価格が現れたことは，バルト海地方からの食糧供給が次第に必要なくなっていったことを証明する。

仲介人　商人も代理商も，仲介人を利用することを余儀なくされていたわけではない[31]。だが，彼らがもし利用したいなら，少なくとも公式の規則によれば，宣誓して取引所会員になった仲介人を利用しなければならなかった。アムステルダムで1530年に仲介手数料が完全に禁止されたことは，公式に認可された人々に限定されるという条件で，仲介手数料を許可したことに続いておこった。1年半の間に，11人の仲介人が任命された[32]。1578年には，ギルドが一つ設立された[33]。にもかかわらず，仲介人による公式上の独占を保護することはできなかった。ちょうど1530年代から，認可を受けていない仲介人も常に活動するようになった。彼らは，不法就労者とか不法労働者と呼ばれた。やがて不法労働者の仕事に対し，数々の規制が出されたが，役立たないことがわかった[34]。1636年に，仲介人に指令が出された。それは，彼らは取引きごとに，アムステルダム市の紋章が刻まれた証票を示す――この証票を所有するのは，宣誓して取引所会員になった仲介人だけであった――ように指示したものだった。しかしこの指令も，不成功に終わった[35]。公的仲介人は，認可されていない仲介人の活動を取り込むことでたびたび利益を得た。それは，不法労働者が稼いだばりの仲介料全額を，仲介人に付与したからである[36]。

認可された仲介人の数は，1531年の11から，1560年代には24へと，着実に増加した[37]。しかもその後，経済が大幅に拡張した世紀転換期に，この数は急増し，1612年には360に達した[38]。18世紀の中頃には，500に達した[39]。そして19世紀初頭（1806-10年）には，およそ600になった[40]。もちろん不法労働者の数は，公式に認可された仲介人の数よりも確認ははるかに困難だ。それは彼らが登録されていないからではなく，少なくとも仲介人と同じくらい多いように思われるからである。例えば，商人の手引書では，こう説明されている。「1720年頃は，仲介人のギルドには395人の会員がいた。そしておそらく約800人の無認可の仲介人も活動している」と[41]。1744年に書かれた手引書では，認可された仲介人は，約500人いた。アムステルダムの仲介人の数は，認可されている者とされていない者を含めて，およそ1,000に達したといわれている[42]。

仲介人はその活動を，一般に，特定の商品に絞った。だから，木材や穀物に特化した仲介人がいた。また，保険業，為替手形，船舶での貨物輸送に特化した仲介人もいた。仲介人の集団は，それぞれが，数少ない人々を

仲裁人として任命した。仲裁人は，現場で生じる争いに対処しなければならなかった。このような仲裁人は賢人と呼ばれ，仲介人の中でも最も経験があり，事業上の争いごとを解決するのに最適な人とみなされ，仲介人ギルドの長によって任命された。われわれはすでに，賢人の制度が，バルト海貿易商人など，すべての専門職に存在していることをみてきた[43]。1700年頃の時代の仲裁人の名前については，それぞれの専門職で，われわれも2-3名知っている。例として，1700年の穀物仲介人の仲裁人をとりあげよう。レイク・ヤンセン，フレデリク・クリンクハマー，ヤン・マクレール，ヘンドリク・タベールト，ヤン・ラームブルフがそれにあたる。1704年には，フレデリク・クリンクハマーとヤン・ヤンマクレールしかない[44]。18世紀には，小冊子から，仲裁人が特化していることがわかる。この冊子は広告を掲載しているので，ある面で，「イエローページ」の先駆けとなる。さらにここから，アムステルダムの仲裁人の名前が読み取れる。1720年の「イエローページ」では，46人の穀物仲介人の名前が掲載されている[45]。

　仲介人は，1531-80年には，自由に貿易に参加できた。しかしそれ以降，不公平な競争をなくすために，自分が取引きする商品の手数料を取ることをやめなければならなかった[46]。仲介人は，必ずしもこの規則に従わなかったし，現実に，貿易に従事することによって得ていた情報から利益を獲得した。規則を破ったことから，着実に罰金が山のように増えた。罰金は重くなったが，この規則違反は続いた[47]。仲介人が，専門に扱う以外の商品を取引きすることを妨げる規則はなかったので，そうすることがしばしばあったし，本業とは別に，仲介手数料を稼ぐこともあった。

　仲介手数料もまた，規則によって固定されていた。しかし規則は，巧みに回避されることが多かった。仲介人は，穀物1ラストごとに，手数料の

表13　16-18世紀の小麦／ライ麦の1ラストあたりの仲介手数料[48]

（単位：スタイフェル）

1563年から	2
1596年から	4
1624年から	6
1747年から	12

ために2-3スタイフェルを要求する権利があった。売り手と買い手が，半分ずつ支払った[49]。1 ラストのライ麦や小麦に対する仲介手数料は，16世紀に2スタイフェルであったのが，200年後には，12スタイフェルに上昇した。

　これらの公的な仲介手数料は，必ずしも尊重されてはいなかった。仲介人は，低い仲介料にしばしば不平を漏らした[50]。18世紀前半には，すでに1世紀前から実行されていた仲介手数料について，商人はすでに時代遅れだと考えていた。新たな仲介料リストがない以上，商人は仲介人に公定価格以上に支払うことに同意していた。この慣行について，秘密は何もなかった。その情報が商人用の手引書に印刷され，1727年にアムステルダムで出版されたからである。この手引書は，読者に公定の手数料だけではなく，現実に通常支払われる手数料についても情報を提供した[51]。この規則によって，仲介料を高くするよう要請する仲介人に重い罰金をかけると威嚇したが，これは明らかに効果がなかった[52]。18世紀末に，公的な料金の2-3倍の金が，穀物の仲介料として支払われることがしばしばであった[53]。

　他のギルドと共に，仲介人ギルドは，1798年に廃止された。しかし，当時存在していた仲介人に対する規定は，それから40年間効力を有した。最初の法では1811年まで，次いで公的にではないが，実質的に，1838年まで効力があった[54]。すなわち，仲介人が自己勘定で取引きすることはまだ禁止されており，公定手数料はまだ存在しており，仲介手数料は，いまだ公的に任命された仲介人のためのものであった。しかし，確かに規定は存在したにもかかわらず，これらの活動はすべて，以前と同様に続いた[55]。

　したがって，アムステルダムで取引きする商人は，ある種の商品やサーヴィスに特化する数百の仲介人に頼ることができた。都市の規定はあったが，控え目にいっても，活動を妨げるものではなかった。実際，明らかに，規則破りが許されることも多かったという印象がある。

2　オランダ-バルト海地方の郵便制度

商業情報の交換は，ほとんどが私的な通信の形態で行なわれた。アムステ

ルダム商人は，仕事している間，かなりの時間，机に向かい，別の場所にいる取引相手に通信文を書いた。17世紀後半になるまで，彼らはまったくもって不十分な郵便制度と格闘しなければならなかった。

多くのオランダの都市では，専門的な郵便制度は，16世紀後半か17世紀初頭に出現した[56]。アムステルダムでは，郵便サーヴィスは，オランダ諸州の最も重要な目的地と南ネーデルラントの一部，ドイツ西部のために形成された。1612年の条例が示すように，この時までに，郵便制度はアムステルダムからアントウェルペン，ヘント，リエージュ，ケルン，アーヘン，ヴェーゼル，クレーヴ，エムデン，ハンブルクと，よりオランダに近い1ダースの地域——ほとんどが北ネーデルラント——にまで広がった。条例によれば，郵便配達人は週に2-3回出発した。例えばハンブルクには，水曜日と土曜日ごとに出発した[57]。目的地に到着するには，数日かかった。17世紀前半には，アムステルダムからハンブルクへのルートは，2-3日を要した。その逆のルートは，ハンブルクの郵便サーヴィスの保護のもとで（郵便サーヴィスは，もともと一方向だけで組織されていたので），はるかに時間がかかった[58]。アムステルダムの郵便制度が行き渡っていないフランス，ポルトガル，バルト海地方のような目的地に向けて出された手紙は，アムステルダム以外の郵便配達人に手渡された。だから，フランスに向かうすべての郵便は，アントウェルペン経由であったし，バルト海地方へは，ハンブルク経由であった[59]。このように迂回路をとった結果は，よけいに時間がかかっただけだった。

専門的な郵便サーヴィスでは時間がかかったので，商人は，特定の目的地に航海する船長に手紙を託した。アムステルダムの市政官は，ポルトガルへの手紙の受け取りを1643年に，スペインへの手紙については1652年に規制し始めた[60]。送られてきた手紙については，ずっと以前から規制があった。つまり，ありとあらゆる地域からテクセルやアムステルダムに船舶を使って到来する手紙と，その手紙がアムステルダムで配達されることに関する規制があったのである[61]。

では実際に，バルト海地方からホラントまで手紙が届くのにどれくらいかかったのだろうか。16世紀デルフトの商人クラース・アドリアンスゾーン・ファン・アドリヘムとダンツィヒ在住の代理商との間の書簡からは，状況は良かった印象を受ける。バルト海地方からの郵便はまずアムステル

ダムに送られ，そこから配達されるので，デルフト商人がアムステルダム商人と比べて不利な立場にいたのは確かである。これは，専門的な郵便サーヴィスと船舶を使って運ばれるほとんどの手紙にあてはまった。だとしても，アムステルダム－デルフト間の手紙はたった1日で到着した[62]。だから，デルフトのクラース・アドリアンスゾーンとダンツィヒの現地代理人の書簡は，バルト海地方とホラントとの間での手紙が配達される速さの良い指標となる。いや，遅さのより適切な指標となることさえある。

表14が示すとおり，目的地に到着するまで，11-51日（！）かかった。

表14 1580年代のデルフトとダンツィヒの書簡。クラース・アドリアンスゾーンと代理商との通信[63]

発送日	受領日	日数
デルフトからダンツィヒへ		
1580年8月4日	同年8月15日	11
1581年9月12日	同年10月9日	27
1583年2月8日	同年3月17日	37
1583年2月9日	同年3月17日	36
1585年3月31日	同年4月24日	24
1588年6月1日	同年6月24日	23
ダンツィヒからデルフトへ		
1583年11月11日	同年12月7日	26
1585年12月29日	1586年2月13日	46
1586年1月28日	同年3月5日	36
1586年2月10日	同年4月1日	50
1588年6月26日	同年7月29日	33
1589年5月6日	同年5月21日	15
1589年6月3日	同年6月24日	21
1589年6月8日	同年7月5日	27
1589年6月23日	同年7月17日	24
1589年7月12日	同年7月31日	19
1589年7月26日	同年8月15日	20
1589年9月11日	同年9月29日	18
1590年4月7日	同年4月30日	23
1590年4月19日	同年4月30日	11
1590年11月29日	1591年1月4日	36
1590年11月26日	1591年1月16日	51
1591年3月19日	同年4月24日	36
1592年11月28日	同年12月16日	18
1597年5月12日	同年5月29日	17
1597年8月10日	同年9月2日	23

確かに，たった11日しかかからなかった2つの手紙が，それぞれ8月と4月に送られたのは偶然ではない。どちらの時期も，アムステルダム－ダンツィヒ間の船舶航行数が大変多かった。手紙は，風が良好で，平穏無事な航路を通る出港直前の船舶に託されたに違いない。このような速い航海は例外であった。とはいえ，さらに条件が良いこともあり得たはずだ。16世紀中頃には，ダンツィヒからロンドンに到着する船舶は，たった9日間の航海で済んだ！[64]　しかしながらクラース・アドリアンスゾーンがデルフトで代理商から受け取った手紙のほとんどは，目的地に到着するまで20日以上かかった。手紙のうち8通は，30日以上かかった。最も遅かった記録は，50-51日であり，11月と2月に送られた。航海の時期ではなかったので，陸上の郵便制度を使うしかなかった。クラース・アドリアンスゾーンと代理商は，しばしば船長と手紙をかわした。すぐに出発する船舶がなければ，専門の郵便配達人を雇った[65]。手紙が届くまでにかなりの日数を要することがあったので，注文と情報が次の手紙で繰り返された。1584年9月19日，クラース・アドリアンスゾーンは，ダンツィヒの代理商に，5月31日に受け取ったことを知らせる必要があると考えていた。もう，3ヵ月半もたっていたというのに[66]。彼はもっと早くに手紙を書いていたが，その手紙が届いていないと困るので，また新たに送ろうとしたと想定して良いだろう。

　オランダの私的な郵便制度においては，手紙は船長の配慮にまかされたので，デンマークのエーアソン海峡近辺のヘルシンボーに住むオランダ人コミュニティが，重要な役割を演じた。このコミュニティの人々は，宿屋経営に専念していた。宿屋は，移動する商人と代理商，そしてエーアソン海峡に停泊している船舶の船員に宿泊施設を提供した。この地での宿屋で酔っぱらった個々の船員に対しての不平が聞かれる。結局彼らは，移動を続ける気はなく，そうすることは不可能であった。時には文字どおり，船からいなくなることさえあった[67]。オランダ人が泊まる，このような宿屋は多かった。例えば1601-08年のアムステルダム公証人記録には，少なくとも1ダースの異なる宿の名が記載されている。アムステルダムの紋章，テルスリングの紋章，アーケルスロート，エンクハイゼン，メデムブリック，ハールリンゲンの渡し船，金の結び目，ハールリンゲン，ホールンの紋章，修道士，赤い胸，スタフォーレンの紋章がそれにあたる[68]。これら

の宿屋のほとんどは，まず確実にヘルシンボー界隈にあり，「小アムステルダム」と呼ばれた．それは，歩哨のようにエーアソン海峡を見張るクロンボー城の王宮に最も近い一角にあった．そこには，オランダ人建築家が設計した，オランダ風ルネサンス様式の建物がたくさんあった．しかも住民は，オランダからの移民が大半であった[69]．ヘルシンボーのいたるところにオランダ人が押し寄せてきたので，オランダ通貨での支払いが可能となった．エーアソン海峡はまた，まだチャーターされていないバラスト船が到来しても，ここでチャーターすることが可能だという意味で，海運業の中心でもあった．1620年代に数回，エーアソン海峡でスウェーデン王のためにチャーターすることが取り決められた史料がある．スウェーデンの外交使節が，オランダ船隊がヘルシンボーに到着するのを待っているところであり，バラスト船を探していた[70]．

　食糧，飲料，宿泊施設を提供する以外に，ヘルシンボーの宿屋は，ある種の郵便センターとして機能した．アムステルダムの用船契約では，船長は自分宛ての手紙をもつ宿屋の主人の1人に会いに行かなければならないと規定されていることが非常に多い．その手紙は，デンマークの通行税関の役人やエーアソン海峡のオランダ外交使節にも送ることができた[71]．デルフト商人クラース・アドリアンスゾーンの文書からは，エーアソン海峡でようやく指示を得ることは，すでに1580年代には当たり前になっていたことがわかる[72]．おそらく，もっと早くからそうだったのだろう．ヘルシンボーは，戦略的な地位のために，主要な情報センターとして機能した．それは，ラ・ロシェルが西欧の貿易で果たしていた機能とまったく同じであった[73]．

　エーアソン海峡で受け取られた手紙には，船長への指示が含まれていた．アムステルダムを出港する時，船長の中には，どの港に向けて航行すべきかということについて，正確な情報をもっていない者もいた．例をあげよう．「ダンツィヒないしケーニヒスベルク」とか，「ダンツィヒかケーニヒスベルクかエルビングのどこか」という用船契約がかなり一般的であった．エーアソン海峡に到着してはじめて，船長は最終目的地がどこかわかった．バルト海地方から西欧・南欧への航海や，その逆の航海で，いくつかの港から選択することが，長距離航海の用船契約の一部であることが非常に多かった．例えば1597年7月に結ばれた典型的な契約書には，次のことが

規定されていた。「船長は，リスボンに近いセトゥバルに向かうべきである。この地で，塩を一杯に積み，次にそれをダンツィヒ，ケーニヒスベルクないしリーガに輸送する。どこに行くのかは，エーアソン海峡に到着した時に船長が受けた指示に従う」[74]。船長に対する指示は，指揮可能な範囲を大きく逸脱していることがあり得た。貿易したい地域に商人の代理人がいない場合には，商人は船長を代理人にすることができた。船長は，自らが購入する商品の種類と，それをどこで購入するかの指示をエーアソン海峡で見出すと規定している用船契約書もある[75]。

　エーアソン海峡に指示を送ることには明らかに利点があった。それは，船舶はこの海峡の通過を余儀なくされていたので，ここで指示を得たとしても遅くはないということである。さもなければ，西航船の船長は，テクセルの停泊地で船舶を錨で固定し，自身でアムステルダムまで移動し，何をすべきか聞かなければならなかった[76]。そのため，数日の遅れが出た。

　17世紀後半には，公的な郵便制度が大きく改善された。アムステルダム—ハンブルク間の郵便サーヴィスは，1659年に改善され，手紙がこの二都市間を移動するのにかかる時間は短縮された[77]。またそれと競合する，クレヴスとベルリン経由でプロイセン諸都市に向かうサーヴィスは，ブランデンブルク大公国が組織化した。1675年から，このように，南側を通るルートは，ダンツィヒ—ケーニヒスベルク—オランダ間の郵便の主要な行程となった[78]。

　郵便制度が改善された結果，商業書簡が，以前よりも速く，定期的に配達されるようになった。このことをよく示しているのは，18世紀アムステルダム商人ヤン・イサーク・ド・ヌーフヴィルと，彼のダンツィヒ在住の代理商アンドレアス・ショーペンハウエルの書簡である。ド・ヌーフヴィルのダンツィヒとの接触は，灰汁の貿易が特に大きなきっかけとなった[79]。ド・ヌーフヴィルとショーペンハウエルは，公的な郵便配達人を通して郵便物を送った。それは，手紙の中でたまたまそのことに言及していることから，明らかになる[80]。おそらく，ド・ヌーフヴィルが普通，南側のルート（クレーヴとベルリン）からダンツィヒに手紙を送ったのは，このルートの方をハンブルク経由よりも好んでいたからだ。七年戦争の間の1758年8月，彼は，郵便配達人が定期的には配達できないので，通常のルートを使うには問題が生じ，この手紙はハンブルクルートで出したと書

いた[81]。ダンツィヒーオランダ間で船長の代わりに公的な郵便配達人を使い，二つの郵便サーヴィス間で競争が存在したことは，16世紀末よりも状況が良くなってきたことを，すでに十分に表している。

　1751-63年の間には，明らかに，ド・ヌーフヴィルとショーペンハウエル間の通信状況は改善された。だが，その改善内容には，それまでとは少しばかりの違いがあった[82]。ド・ヌーフヴィルは，大半の手紙で，ショーペンハウエルから1通以上の手紙を受け取ったと書いている。彼はそれぞれの手紙が書かれた日を確認したが，届いた日を記録することは稀であった。したがって，手紙が到着するのに要した日数を正確に把握することは不可能である。ド・ヌーフヴィルがショーペンハウエルになかなか返信を出さなかったこともあったのは間違いない。だから，1758年5月19日に，彼はこう書いた。「貴殿から2月8日付けと4月19日付けの手紙を，しばらく前に4通拝受しました」。これは，他には特にニュースがないことから，すぐに返事をもらいたいとは思っていないことを表している[83]。幸いなことに，数年間にわたり，手紙はかなり頻繁に出された。だから，概して，ド・ヌーフヴィルは受け取った手紙にすぐに返信を書いたという印象を受ける。1751年は，このような年であった。ド・ヌーフヴィルは，24通の手紙を，ほぼ1年間同じ調子で受け取ったと述べた。この手紙のほとんど（14通）は，ダンツィヒで書かれた。それから僅か9，10，11日で，ド・ヌーフヴィルがアムステルダムでそれらを受け取ったのである。これは，16世紀の状況と比較すると著しい改善であった。というのは，手紙が20日とかからずに到着することはほとんどなかったからだ。これ以外の10通の手紙はもう2-3日かかったが，ほとんどの場合，2週間はかからなかった。ド・ヌーフヴィルが返事を書くのに2週間以上かかったのは，3通しかなかった。そのうちの一例は，配達が遅れたということは考えられない。家族の状況を考えると，ド・ヌーフヴィルが事業に専念することができなかった明確な証拠があるからだ。彼は1751年12月26日に悲し気に書いた。「12月11日付けの貴殿のお手紙を拝受しました。もっと早くお返事を書くべきだったのですが，姉のキャサリンが亡くなったのです」[84]。だが，キャサリンの不幸な死があっても，ダンツィヒで書かれたショーペンハウエルの手紙への返信をしたためるのに15日しかかかっていないのだから，大幅な遅れを生じさせることはできなかった。それ以外

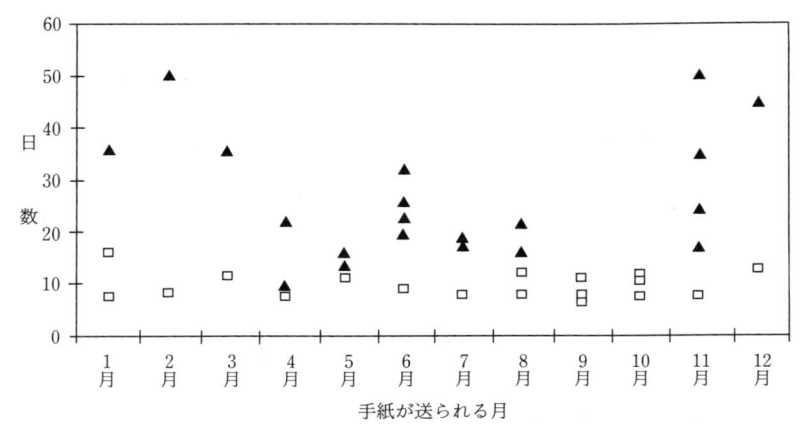

図9　ダンツィヒからホラントへの手紙の到達時間の比較
16世紀（▲）と18世紀（□）

出典）　16世紀の通信文は，ダンツィヒからデルフトに送られた手紙である。詳細は，表14に示されている。18世紀の史料は，ヤン・イサーク・ド・ヌーフヴィルが出した手紙をまとめたものである。彼は，1751年にダンツィヒから自分宛てに届いた手紙に返信している（GAA PA88, no. 1408）。

の二つの事例は，書かれてから17日後に返信を出しており，どちらも1月に書かれた。この2通が比較的遅れた理由は，冬の間は通信に時間がかかったからか，ド・ヌーフヴィルが単に伝えるべきニュースがないので，返事を出すのを待っていたのかは確かめられない。いずれにせよ，注目すべき重要なことは，17日間という比較的長い時間がかかったとしても，約150年前の商人であれば，大変短い期間だと思えたことである。

16世紀末から18世紀中頃の郵便制度の改善は，図9に示されている。この図には，ダンツィヒからデルフトに到着するまで（ファン・アドリヘムの16世紀の書簡の場合），あるいはアムステルダムに到着し，ここから返事を出す場合（18世紀のド・ヌーフヴィルの書簡の場合）の日数が，月ごとに分けて書かれている。

明らかに，16世紀には，郵便は，それ以降よりも時間がかかった。しかし，これ以前にはさらに不定期で，はるかに大きく季節に左右された。11月から2月までの4ヵ月間の海運に適さない時期は，特別に困難な時であった。とはいえこれは，1751年にはなくなっていた問題である。商人は，1580年代-90年代には，郵便をかなり海運業に依存していた。しか

し，18世紀には，郵便制度は，一年中信頼がおけるようになった。それでもなお，七年戦争の際に問題が生じたことをみてきたように，郵便制度は，戦時にはうまく機能しなかった。しかしながら一般に，ホラントとバルト海地方の通信は，16世紀よりも18世紀の方がはるかに良かった。

18世紀後半には，また少しばかり改良が加えられた。たぶん，これは諸都市の手中にあったホラントの郵便サーヴィスが，1752年に一つの州組織に中央集権化されたからである。ホラント州は，今や国家の郵便制度を担うようになり，ハンブルクやプロイセンのような，外国の郵便サーヴィスと新たに協定を結んだ[85]。一方1751年には，ショーペンハウエルとド・ヌーフヴィルの書簡は，到着するのに9-14日かかることが大半であった。それが20年後には，配達時間は8日間にまで短縮された。1770年の商人のための手引書では，さまざまな場所からアムステルダムに手紙が到着するのに必要な通常の日数が記録されている。ハンブルクからは3日間，ダンツィヒからは8日間，ケーニヒスベルクからは9日間であった[86]。

17世紀から18世紀にかけ，専門的な郵便制度が大きく改善された。そのため，情報探索の費用が一般的に低下した。しかし，それと同時に，情報拠点として，アムステルダムの特権的地位に損害を与えた。これこそ，アムステルダムが非常に特別な機能を果たしていたのである。それはおおむね，船舶が多数往来していたことの副産物であった。専門的な郵便配達人が手紙を送った方が速くなり，郵便サーヴィスの多くは有力な貿易拠点間で組織化されたので，アムステルダムに根拠地をおく企業は，情報に関してもっていた優位性を失う危険性があった。しかしながら，オランダ国内の郵便配達の組織はなお，多くのバルト海地方の諸都市とスカンディナヴィアの国々との関係については，オランダ都市の中でも，特にアムステルダムが重要であった。例をあげよう。手紙がホラント北部の諸地域（ホールン，メデムブリクなど）を目的地とした船舶とともに到着すると，まずアムステルダムにもっていかれ，そこから最終目的地に運ばれたに過ぎない。このようにして，アムステルダムの住民は，アムステルダムの北部の都市住民よりも，早く手紙を受け取った[87]。スカンディナヴィアと他の多くのバルト海地方の都市からの手紙は，ハンブルクで集められ，次に陸上ルートで直接アムステルダムに送られた。したがって，ユトレヒトのようなオランダ中央部の都市の郵便は，アムステルダム経由の迂回路をたど

った。1755年の史料から，アムステルダムがこの制度を非常に重視していた理由が明らかになる。アムステルダムの商人が，バルト海地方で穀物価格が突然上下したり，貨物積載船が難破したことに対するニュースを聞く最初の人々であったことは重要であった。「もし郵便がユトレヒトに最初に着いたとすれば，郵便がアムステルダムまで届き，ニュースが知れるように配達される前に，ユトレヒトの商人はアムステルダムまで移動し，穀物を売ったり，航海する船舶に保険をかける時間が十分にあった。ある春の朝の取引所での会議で——数時間に過ぎなかったが——，ユトレヒトの商人が，多くの商人と保険業者を破滅させることさえできたろう」[88]。

ロッテルダムの貿易が確立・繁栄すると共に，この地の商人は，ハンブルクと北欧の郵便が，まずアムステルダムに送られ，その次に，ホラント州の他の都市に向けて整理されたに過ぎないことに不満になっていった。時には，ロッテルダムでは，アムステルダムよりニュースの到着時間が1日以上かかることがあった。そのため，ロッテルダムの実業家は，はっきりと不利な立場に立たされた。ロッテルダム商人の不満は，17世紀から19世紀に聞かれた。彼らは，手紙はアメルスフォールト（東部ネーデルラント）で整理されるべきであり，ロッテルダムの通信は，アムステルダム経由の迂回路を通る必要はないと提案した。彼らの問題は，オランダが1810年にフランスに編入されてようやく解決された。北東部の郵便はすべて，今やユトレヒトで配達され，結局，ホラントのすべての都市は，同じ日にユトレヒトから手紙を受け取った[89]。その時まで，オランダ郵便配達制度は，アムステルダムに特別の地位を保証し，バルト海地方からの郵便については，同市は他の都市よりも決定的に優れていた。

一般的に，17世紀オランダの郵便制度の拡張と改善は，おおむね，実業界の需要が増大したことによる。例えば，イングランドとフランスとの貿易に従事する商人による需要増がそれにあたる[90]。対照的に，プロイセンへの郵便サーヴィスが劇的に増加した時代の特徴は，穀物価格とエーアソン海峡を通る穀物輸送が低下傾向にあった点にある。実際，プロイセンへの郵便制度の改善は，このルートを通じた貿易拡大の結果ではなかった。さらにオランダ穀物商人のニーズというより，むしろ三十年戦争末期の情勢と，ドイツ諸邦の政治的・経済的進展と関係していた。

3 外国のオランダ商人コミュニティ

16世紀後半から18世紀初頭にかけ，オランダの貿易制度の特徴として，外国におかれ，オランダ企業の代理をする代理商がいた。彼らは，常に外国で生活した。もちろん，早くも15世紀から16世紀初頭にかけ，オランダ人が外国市場に侵出し，滞在期間は，必ずしも短期とはかぎらなかったが，商品を売って新たに商品を購入する間だけしか滞在しなかった。15世紀末のオランダ商人の中には，永続的ではなくても，少なくとも貿易の季節全般を通じてダンツィヒに住んでいる者がみられた。デーフェンター，カンペン，ズヴォレのようなオランダのハンザ都市の商人は，16世紀初頭にはリヴォニア地方の諸都市に定住した[91]。にもかかわらず，16世紀にいたるまで，バルト海地方の諸都市に定住したオランダ人代理商の数は比較的少なかった。彼らが形成したコミュニティは，確かに，外国貿易で目立った役割は演じなかった。航海の季節に，オランダーバルト海地方間を移動することが，まだ一般的であった。

　16世紀最後の四半期に，ヨーロッパのさまざまな地域にいるオランダの外国在住の代理商数は，大幅に増加した。その結果，オランダ人コミュニティの規模と重要性は急速に増大し，新たなコミュニティが誕生した。この拡大の背後には，主として二つの理由がある。まず第一に，1585年にアントウェルペンが陥落し，その結果，多くのアントウェルペン商人が，他の貿易拠点に移動した。当初は，いくつかのドイツ都市を選んでいたが，1590年代には，アムステルダムを選択するようになった。そのためアムステルダムが，フランドルのコミュニティがもつネットワークの中核となった。このコミュニティは16世紀にアントウェルペン商人によって創設され，アントウェルペンからヨーロッパのあちこちに商人が移動したことで，1580年代から1590年代にかけて非常に拡大した[92]。第二に，この当時，貿易は北部諸州で伸びていた。バルト海貿易と西欧との関係，つまりフランスとポルトガルの塩とワインの貿易が，16世紀に急激に成長した。そのため，多くの商人にとって，外国に派遣代理人を送るだけの価値が出てきた。ホーフト家は，1584年に，ダンツィヒ，ラ・ロシェル，ベルゲ

ン（ノルウェー）アベイロ（ポルトガル）の代理商と，私的なネットワークを設立した。それは，北ネーデルラントが商人の移住を促進した方法を表す良い事例となる。アントウェルペンの問題は，それとは関係がなかったようだ[93]。それと同時に，スペインへの反乱は，北部諸州で商人が貿易を組織化した方法と直接関係があった。政治的・宗教的理由でアムステルダムから多数の商人が一時的に追放され，ほとんどがドイツとバルト海地方の諸都市に逃れたために，オランダ人コミュニティの発展が加速した。オランダの政治情勢のため，ホーフト家の多くの人々が，1568年以降数年間ダンツィヒとケーニヒスベルクに居を定めることを強いられた。彼らの滞在は，この地域に永続的に代理をおくように組織化をするための第一歩となった[94]。

オランダ人コミュニティの拡大は，17世紀の間ずっと続いた。最後に，コミュニティは，アルハンゲリスクからアレッポまで，またロンドンからリヴォルノにいたる主要な商業拠点のすべてに現実に存在していた。17世紀には，数百人，いや数千人のオランダ人が，オランダを離れて，代理商として外国で生活した。

そのため当然，このような商人コミュニティの性質はどのようなものか，という疑問が出てくる。いったい，どのような人々であったのか。成人男子が圧倒的であったことは確かだろう。その中で，妻，子供，若い使用人が同行していたのは少数であった。貿易に従事した人間は，大まかには二つの集団に分けられた。第一に，厳密な意味での商人。一般には，アムステルダムなどの都市に根拠地をおく企業のパートナーである。ボグツカは，17世紀前半にダンツィヒに居住した数ダースのオランダ商人と，アムステルダムを根拠地とする企業のパートナーが誰であるか確認した[95]。第二の範疇を形成したのは，現地代理人である。いい換えれば，同時に数多くの商人の注文を実行し，パートナーシップを結んだ代理商である。現地代理人は，売買の際，依頼人の命令に従わなければならず，依頼人から給与を受け取った。彼らの労苦に報いるため，この給与は総売上高の1％であることが多かった。ダンツィヒでは，17世紀前半に，代理人の給与は，通常，取引高全体の1-2％に決められた[96]。現地代理人には普通複数の依頼人がいたので，商人は，顧客の中で最良の人物になろうと努めた[97]。現地代理人としては，依頼人が確実に満足するようにしなければならなか

った。さもないと，商人は現地代理人を替えただろう。例えば現地代理人がアムステルダムで事業を始めるために都市を離れた時には，彼がそれまで奉仕してきた商人の保護を新たに受けようと残った現地代理人が争った。代理人の多くは，少なくとも依頼人の1人と血縁関係にある若者であり，代理人精神〔の形成〕は，教育の最終段階だと考えられた[98]。代理人と依頼人の間には，血のつながりと家族の絆があり，それはいたるところにみられたが，それと同じ理由で，彼らは他の形態の貿易関係でも協力した。それが，パートナー間で信頼を産み出す伝統的方法であった[99]。

　外国にパートナーも現地代理人もいない商人は，そのようなことをする人々（派遣代理人）に頼らなければならなかった。船長がその仕事を行なうことができた。さもなければ，移動中の使用人や船荷監督に委ねた。船長は，17世紀前半には，ダンツィヒへの貿易に関しては，ほぼ完全にこの機能を喪失したようだ。だが，それほどバルト海地方で重要ではない港においては，状況は違っていた。リーガやレーヴァルのような港との貿易においては，船長はしばしば積み荷の一部の所有者であり，自己勘定か船主のために貿易した[100]。これは，代理人問題に対する旧来の解決法であったように思われる。しかし大規模な貿易が行なわれず，したがって定住することが現地代理人の利益にならない航路に対しては，これは適切に機能した。また，これは貿易が非常に複雑でなかった港で行なわれたと考えられる。18世紀後半のバルト海貿易では，船長が代理商であることもあった[101]。船長や船荷監督を派遣代理人して使うとすれば，大きな不利益があった。彼らは，貨物の販売や他の貨物購入の両方のために，商船隊が短期間停泊する機会を最大限に利用しなければならなかった。さらに，商船隊が到着したその瞬間に，商品交換のためには最も不都合な事態が生じた。大量に供給されたために西欧の商品価格が低下し，バルト海地方の商品の需要が伸び，結果的に価格が上昇したからである[102]。商人は，船長に加えて，地方の委託代理商を代理として頼ることもできた。だが，オランダ人がバルト海地方の諸都市に移住したことから，多くのオランダ人が，16-17世紀には，現地出身の派遣代理人に依存することができなかったことが示唆される。

　オランダ企業の経営は，一般的にオランダ在住のパートナーの手中に固く握られていたが，依頼人は，現実には，個々の命令の遂行に際し，現地

代理人に権限を委譲するしかなかった。それは主として，通信の速度が遅かったからである[103]。穀物などの市場状況はうつろいやすく，急速に変化することがあり得た。そのため，すぐに決定を下すことが必要なこともあった。依頼人が代理商に出した指令は，必ずしも非常に正確というわけではなかったし，おおまかな指示しか与えていないことも多かった。これを完全に表しているのが，デルフトの商人クラース・アドリヘムとダンツィヒの代理商の，1580年代の商業通信文である。1582年9月に，クラエス・アドリヘムは代理商のハイフ・アドリアンスゾーンに，こう書いた。「手に入れられる中で最良のライ麦を購入しなければならない。もし古いものよりも品質が良いなら，（1582年に収穫された）新しいライ麦でなければならない。もし小麦が42フローリンから，高くても44.5フローリンであれば，醸造業のために小麦を購入しなければならない」[104]。これは，かなり正確な指示である。選択肢を二つに特定したうえで，その中から一つを選ぶようにしており，さらに，最高価格が述べられているからである。だが，たいていの場合，指令は細かなところまでは特定されておらず，商人は，代理商が行動を決めるにあたって自由裁量を許した。例えば，1590年8月の手紙では，クラース・アドリヘムは，代理商に三つの選択肢を与えた。醸造業のために小麦を買うか，ライ麦を買うか，為替状でアムステルダムに利益を送るかであった。価格も品質も触れられてはいない。代理商は，単に，最大の利益を獲得できると決定したことを行なうしかなかった[105]。

　コミュニティは，オランダ的な性格を保持した。そして外国在住のオランダの代理商と共和国にいる依頼人の間に，強力な経済的・個人的絆があった。そのため代理商は，在住する都市で同化することがおそらく妨げられたと想定されよう。多くの移民が，ずっと外国に滞在しようとは思っていない現地代理人であったということも，代理商の同化を妨げた。17世紀前半にダンツィヒで生き，そして死んだ，オランダ生まれの人々の遺言書は，アムステルダムの遺言書でみられる項目と驚くほどに類似している。オランダ語の書物，アムステルダム市の将来の可能性，デルフト様式のファヤンス焼きの皿が，いつも移民の家で発見される。また一般に，高い文化水準が維持された[106]。これらのコミュニティに移民的性格があった。そのことはまた，外国の代理商に数少ない「オランダ製良質チーズ」を船

積みする史料が時折あることから明らかになる[107]。

　オランダ独自のコミュニティが存続していたが，個々人は，その土地の女性と結婚したり，市民権を購入することで，コミュニティから去ることが常だった。例えば，コルネリス・ホーフトの従兄弟であるピーテル・ヤンスゾーン・ホーフトは，コルネリス＆ウィレム・ホーフト商会の代理としてラ・ロシェルに住んでいたが，フランス人女性のバルブ・ゲルと結婚した。ポルトガルに移住した従兄弟のクレイン・クレインスゾーン・ホーフトは，再婚の際，ポルトガル人の花嫁を選んだ[108]。必要なら，オランダ人は世代ごとに新たに外国に行った。だから，ピーテル・ヤンスゾーン・ホーフトが1598年に死んだ2-3ヵ月後に，コルネリスは17歳の息子のピーテルをラ・ロシェルに派遣し，叔父の未亡人の事務所で働かせて，いくらかの経験を積ませた。コルネリスが，息子を叔父の後継者として，ホーフト家の貿易ネットワークでこのように重要な地位をもっと長く果たすように望んでいた可能性はかなり高い[109]。もしそうなら，この希望は無駄に終わった。なぜなら，これまでみてきたように，ピーテルには商業書簡を書くよりも，詩を書く傾向があったからである。

　むろん，コミュニティの規模は，都市と時代によって，さまざまであった。非常に小さなコミュニティは，ごく少数の在住商人から成り立っていた。大きなコミュニティは，何ダースもの人から成り立っていた。一方，2-3ダースの在住商人がいるコミュニティは，かなりあちこちにみられたようだ[110]。コミュニティに属するオランダ人の実数が，在住の商人と現地代理人よりもいくらか多かったのは，彼らが結婚し，子供をもち，使用人を連れて来ることができ，現地代理人になるために教育している息子がいたからだ。彼らの数が著しく増大したのは，宿屋で乗船する船舶を待って，一時的に滞在できる船乗りがいたからである。穀物貿易にとって重要な場所では，オランダ人コミュニティはどれくらいの規模だったのか。バルト海地方の外側にある主要な拠点は，ラ・ロシェル，リスボン，さらに一時期だけであったが，リヴォルノであった。リスボンのオランダ人に関しては，実際上何も知られていない。だが，ラ・ロシェルには，17世紀最初の数十年間に，巨大なオランダ人コミュニティがあった[111]。リヴォルノでは，1615-35年に，オランダ人コミュニティは少なくとも合計でおよそ100-200人から成り立ち，それには，船員，使用人などが含まれて

いた[112]。在住商人の数は、もっと少なかったに違いない。それでも、リヴォルノには、なおヨーロッパで最も重要なオランダ人コミュニティの一つがあった。

バルト海地方においては、オランダ人の主な拠点はダンツィヒであった。オランダ人が市民権を買ったことは、市民台帳に記載されており、この台帳から、1558-1793年に、オランダ出身の人が516名いたことがわかる[113]。新しく市民になった人々は、16世紀から17世紀初頭に到着した。彼らは、貿易や海運業に従事していた。

表15 ダンツィヒで市民権を購入した人々の数 (1558-1793年)[114]

年代	商人	航海に関連する職	他の職	合計
1558-1609	78	77	112	267
1610-1709	30	121	38	189
1710-1793	7	50	3	60
合計	115	248	153	516

オランダ人移民がさまざまな時代に不均等に分散したことは、印象深い。1558-1609年には、毎年平均して、5人以上のオランダ人が市民権を購入した。しかしこの数値は、17世紀には2人に満たなくなり、18世紀には1人未満となった。

新しく市民になった人々の数に関して、市民台帳をあまりに信頼すべきではない。なぜなら、この史料の性質がかなり独特だからである。市民権は、通常、専門家として働くために必要な人々しか購入しなかった。公的には、市民権が必要だったのは、商人、職人であり、船長もそれに含まれた。市民権購入者の多くは船長であり、オランダ村落の出身であった。彼らは、特定の航路がオランダ船に対して閉鎖されているが、中立国の船には開放されている戦時に、ダンツィヒ市民になることは賢明だと考えた。だから、九年戦争 (1688-97年) の最中の1689-95年に、72人のオランダ人がダンツィヒの市民権を購入し、そのうち69人が船長であった[115]。フランス海岸をイギリスとオランダが封鎖したので、オランダ船がフランスの港まで航海することは不可能になった。この航路は、中立国の船舶だけに開かれていたからである。ダンツィヒの船主 (ホラントで購入される船舶もあった) のものではあるが、オランダ人船長が乗り込んでいる船舶は、

オランダ船からこの航路をもぎ取るために闘った。ダンツィヒ旗の下で指令することを許されるためには，船長にはダンツィヒの市民権が必要であり，そのため，ダンツィヒに居を移さなければならなかった。家族と共に移り住む者もいた。市民権の必要性は他の乗組員にはあてはまらなかったので，船長がオランダ人船員を指揮下におくこともしばしばであった。九年戦争時に，オランダ人船長が同じような行動規範をとった事例は，ストックホルム，レーヴァル，コペンハーゲンと，おそらくそれに比べれば大したことはないが，リーガと，ノルシェーピングのようなスウェーデンの港で記録されている。戦争が終わると，ほとんどの者は帰国した[116]。このような一時的国際移動は，スペイン継承戦争時（1701-13年）の行動にもみられた[117]。ダンツィヒの市民台帳には，特定の年度にオランダ人船長があまりにたくさん出てくることから，この史料の性質が完全に明らかになる。そして，ダンツィヒの市民台帳から，この都市の現実の移民ついては，ごく部分的にしか解明されないという結論が導き出せる。

　公的には，市民権は貿易を遂行するために必要であったが，この規則から逸脱することも普通だったので，外国人商人は，ダンツィヒで実際に働いた。これはまた，市民権から完全に排除された集団にもあてはまる。それは，メノー派であった。しかし，ほとんどがオランダ生まれである彼らの中には，ダンツィヒ出身の商人もいた[118]。外国出身のメノー派の中には，大きな成功を収めた商人と銀行家がいた[119]。真実は，ほとんどの移民は，ダンツィヒでは市民権を要求しなかったということだ。彼らは，そこの住人であるだけで十分であった。この地位を，16-17世紀のダンツィヒの都市住民の約70％が享受していた。したがって，現在のところ，この都市へ移住したオランダ人の正確な数はわからない[120]。17-18世紀全般にかけて，ダンツィヒの市民権を購入したアムステルダム出身の商人として記録されている移民は，3例に過ぎない。それ以外に商人として登録された移民は，たいていネーデルラント東部諸州の都市出身であった。フローニンゲン，ズヴォレ，デーフェンターなどがそれにあたる。アムステルダムからの移民の大半は，臨時の船大工，石鹸製造人，簿記係，船乗りであった[121]。アムステルダム商人は，明らかに，わざわざ市民権を購入しようとは思っていなかった。史料として市民台帳を用いることに対しては，このような反対意見があった。それらすべてを考慮しても，市民台帳が示

3 外国のオランダ商人コミュニティ

唆する傾向を疑うべき理由はない。オランダ人移民のほとんどは，16世紀と17世紀初頭にやって来た。17世紀には，その数は落ちていった。そして18世紀には，ごく僅かになった。1777年には，バルト海貿易・海運業委員会は，結婚していないが，家族とダンツィヒに同宿しているオランダ人に特権を付与しようとした。この時，彼らは，自分たちの努力が，たった一人（！）にしか利益を及ぼさないと知ったのである[122]。家族と共にダンツィヒに定住したり，帰化したオランダ人がいたかもしれない。しかし確かに，多くの独身男性がオランダ企業の現地代理人やパートナーの家族と共に投宿した17世紀とは，状況はかなり異なっていた。

17世紀前半のダンツィヒにおけるオランダ貿易の専門家であるボグツカは，徴税記録のような，市民台帳以外の史料をもとに推計した。彼女の見解では，1640年代のオランダ人定住者の数は，40から50ないし75であった。この集団は，圧倒的に貿易，銀行，金貸しから成り立っており，少数だが，職人と産業企業家もいた。現実にダンツィヒに進出しているオランダ人の数は，もっと多かったかもしれない。家族の人々，使用人，船乗り，現地代理人が，海運業の季節などにだけこの都市に滞在していたからである。例として，1618年のある時期を取り上げると，ダンツィヒには，300人以上のカルヴァン派の信徒がいた[123]。このように数値が大幅に増加するのは，ダンツィヒに大型の船舶が入港し，数百人の船員が上陸したことが原因かもしれない。全体として，16世紀後半から17世紀前半においては，ダンツィヒへのオランダ移民は，数百人，いや，数千人いたかもしれない[124]。とはいえ，いうまでもなく，そのすべてが穀物輸出にたずさわっていたわけではない。彼らの多くは，都市社会の上流階級が居住する通りに面する，この都市で最も良い一角に住んでいた。他の外国人集団と比較すると，裕福だとみなされた[125]。

ダンツィヒ在住のオランダ商人と現地代理人が出現し，一度に数百ではなく数ダースの人しか関係しなかったことがほぼ間違いないにせよ，経済的には非常に影響力があった。オランダからの移民は，新しい形態の為替手形と貸付金を導入した。彼らは，この都市の銀行業と信用貸しの認可を支配していた。アムステルダム振替銀行と同じ路線でダンツィヒでも政府銀行を設立する考え（実現はされなかったが）もまた，オランダからの移民によって議論された[126]。ダンツィヒの商人は，オランダ商人への現地

代理人として奉仕するか，オランダ人の企業に名前を貸し，彼らがまるでダンツィヒ市民であるかのように，ダンツィヒで自由に貿易することを可能にした。その結果，一見すると，オランダの貿易が実際より多くみえたのである[127]。ダンツィヒの商品価格表がオランダ語で出版され，それは，アムステルダムの商品価格表とそっくりだった。明らかに，作成のための模範は，アムステルダムの商品価格表にあったようだ[128]。オランダの簿記の方法を，ダンツィヒ商人が真似をした[129]。1590年代，オランダ人教員がいるある学校では，この教員が，算数を教え，請求書を作成し，価格を交渉し，商品を配達し，税関の役人と交渉した。彼はフランス語で教えた[130]。フランス語は，難しいが，貿易に従事する人々にとって重要な言語だと考えられていた[131]。それはダンツィヒの海上貿易の多くが，フランスと関係していたからである。オランダから輸入しない場合には，フランスから直接輸入されることが多かった。いわゆる，通過貿易である。オランダ語を教える必要はなかったようである。

　16世紀から18世紀にかけ，バルト海地方沿岸では，オランダ文化と言語の影響は大きかった。スカンディナヴィアとロシアの都市では，オランダ語は，少なくともある程度の人々が理解した。オランダ語が，当時は国際貿易で使用される言語だったからである。ここで非常に大きな成功を収めたアムステルダム商人ルイ・ド・ヘールについて，注目に値する話がある。彼は，スウェーデン貿易に貢献した褒美に，1641年にスウェーデンで貴族に列せられた。彼の処女演説はオランダ語でなされた！　それがスウェーデン貴族にとって障害ではなかったことは明らかだ[132]。バルト海地方の南岸と東岸の都市では，低地ドイツ語が話された。この言語は，オランダ人の母語によく似ていた[133]。それゆえ，地方の商人が，オランダ語を修得することや，オランダ人が各地方の言語を習得することは容易であった。意思疎通のための共通言語は，オランダ語であったように思われる。例えば，レーヴァルの商人のほとんどは，たいていドイツ生まれであったが，オランダ語を解した[134]。だから，前節で分析したように，アムステルダムの商人ド・ヌーフヴィルとダンツィヒのショーペンハウエル——母語はドイツ語であったに違いない——の書簡は，オランダ語で書き続けられた。また別の18世紀アムステルダム商人であるトマス・ド・フォーヘルは，ドイツ語で手紙を受け取った時，ドイツ語は読めないのでオ

ランダ語での手紙を待つとあっさりと返信した[135]。ダンツィヒとケーニヒスベルクの商品価格表は 18 世紀末まで，ハンブルクのそれは 18 世紀前半までオランダ語で書かれていた[136]。劇場会社は，オランダ語がわかる観客をみつけるのに問題はなかったし，1660 年代には，ハンブルク，ストックホルム，レーヴァル，リーガへ巡業に出かけオランダ語劇を上演した[137]。

多くのバルト海地方の港の景観は，オランダ文化によって影響された。数十人からの建築家，技師，彫刻家らが，宮殿，市庁舎，要塞，城門，製粉所，水門をつくり，装飾したからである。数百年間にわたり，ダンツィヒ都市建設長の地位は，オランダ人だけにしか委ねられなかった[138]。17 世紀には，多くの点で，バルト海地方がオランダの裏庭になった。オランダ船は海の交通を支配し，オランダの資本と企業家が貿易で優勢であり，オランダ貨幣は支払い手段として一般的であり，普及した。オランダ語とオランダ文化は，バルト海地方諸都市に広がった。

オランダ人コミュニティが，17 世紀に繁栄したが，18 世紀になると徐々に衰退した。このような動きはヨーロッパの各地にも見られ，バルト海地方もそれに含まれた。最近の論文で，フェルーウェンカンプは，コミュニティの機能とその盛衰の理由について確認しようとした。彼は，こう提起した。オランダ人が外国に行ったのは，各地の商人を信用できなかったからである。各地の商人は，知識，人間関係，信用供与と，商業の将来性を適切に管理運営し，地域的・国際的市場間を結合させようと活発に活動する創造力を欠いていた，と[139]。オランダ人は，多くの点で洗練されていただけであった。1680 年，アムステルダム商人の一集団は，息子たち，兄弟，使用人を外国に派遣して貿易業務を組織化するために自分たちが利用されたのは，代理人として最大の信頼を吹き込まれているからだと説明した[140]。地元の商人が十分な経験と知識を獲得するようになった。その程度は，地域によって違っていた。そのため，オランダ人は彼らを委託代理商として頼り，家族を外国に送って，会社の業務を処理する必要を感じなくなり始めた。オランダ商人は，外国商人と郵便によって貿易を指示し始めた。現地代理人のようなオランダの中間商人は，もはや必要ではなかった[141]。外国人代理商を使用することについてうまく描いているのは，1755-60 年にアムステルダム商人兼保険業者がつけた日誌である。彼

がどういう人物であったのかはわかっていない。この「ミスターX」が事業を行なった人々の名前から，彼らがオランダではなく，地方出身であったことが示唆される。その人々は，ボルドーのジャン・ド・ロワ，ロンドンのエドゥアート・ライト，カディスのディエゴ・デ・カストロ，フランクフルトのハンス・シュロイダー，ダンツィヒのデヴィド・ジョリスである[142]。

フェルーウェンカンプは，ロンドン，アルハンゲリスク，フランス大西洋岸の港，地中海の都市という，すべてバルト海地方の外部に位置するコミュニティに関する情報を利用した。しかし，同じ過程が，バルト海地方の諸都市にも適用できるようである。これまで，ダンツィヒへのオランダ人移民は，16世紀から17世紀初頭にかけて最も多かったが，17世紀には低下し，18世紀にはほとんどなくなったことを論じた。ダンツィヒと事業を行なう際，18世紀アムステルダムの商人ド・ヌーフヴィルは，この地に家族もパートナーもおらず，委託代理商としてアンドレアス・ショーペンハウエルに頼っていた。郵便配達への信頼性が高まりその速度が増していったのがこの展開で重要であったのは，ド・ヌーフヴィル（と他のオランダ商人）が代理商に委ねる権限を減らしたからだと考えられるかもしれない。オランダ語は18世紀を通してバルト海地方で支配的な言語であったが[143]，オランダ人実業家は，この地域では稀になっていった。

オランダ人コミュニティの衰退は，バルト海地方の諸都市における重商主義政策の帰結でもあった。ケーニヒスベルクにおいては，18世紀初頭から，外国人商人は，自由を制限する規制に直面した。彼らはこの都市市民にしか販売することが許されず，他の外国人と取引きをすることを禁じられた。オランダのレイクスダールダーのような外国貨幣を使用することは，どのような取引きでも許されなかった。1730年代に，ケーニヒスベルクは，市民の娘や未亡人と結婚していたり，この都市で不動産を所有する外国人商人が市民権を購入するよう強制しようとした。この都市で貿易するすべての外国人は，一人ひとりが，市民権を購入するか，毎年ある種の外国人税である保護手数料（Schutzgeld）を支払うよう要求された。オランダ人は，保護手数料について，オランダ共和国で，このような税を支払う必要はなく，ユダヤ人のように自分たちの政府をもたない人々だけが支払えばよいと抗議した。だが，すべての抗議は無駄であった[144]。ダ

ンツィヒにおいても，オランダ商人は，地元の商人が，外国人と比べておびただしい数の特権が付与されていると感じていた[145]。

バルト海地方でオランダ人コミュニティが縮小し，結果的に消滅したのは，代理人問題に対する別の解決法を発見した結果であり，オランダ人企業家の貿易活動が低下した結果ではなかったことを強調するのは重要である。外国でずっと暮らすオランダの商業代理商が減少し，ダンツィヒなどに在住するオランダ人の数が低下する間に，アムステルダム企業家が自己勘定で以前とまったく同じように重要な業務を指揮したが，地元の委託代理商を代理人として利用することが増えた。大北方戦争中の1714-20年に，60以上のアムステルダム企業家がバルト海地方に向かう船舶に積載している商品に多大な損害を被った[146]。アムステルダム企業家のすべてが，自己勘定で貿易に従事していた明確な証拠がある。オランダの貿易は，まさに新たな局面に突入するところだった。オランダの代理商が，地元の代理人によって取って代わられたのである[147]。

代理人問題に対する解決をする際のさまざまな局面が，常に大きく重なり合っていたことを強調することも重要である。オランダ人コミュニティが繁栄していた16世紀最後の四半期から17世紀の第1四半期にかけ，まだ船長を代理商として利用するアムステルダム商人がいた。18世紀の間ずっと，地元の委託代理商は有力なタイプの代理人となり，ダンツィヒでいくらか重要なオランダ人コミュニティもまだ存在した。

結　論

16世紀末から17世紀初頭にかけ，事業上の情報交換を促進する数多くの制度が，アムステルダムで誕生した。仲介人は，1578年にギルドに組織化された。価格表が，1580年代（おそらく1585年）につくられた。取引所の規定が，1592年に作成された。取引所は，1611年に設立・開設され，続いて穀物取引所が，1617年にできた。これらの制度的革新の中で，穀物取引所の設立だけが，穀物貿易が繁栄した直接的帰結であった。アントウェルペンからアムステルダムへと貿易の中心が移り，その結果取引きが急速に拡大したことが，アムステルダムで広く貿易組織の制度化が生じた

主要な要因である。新制度が産み出されたのは，商業発展の原因というより結果であった。1600年頃にアムステルダムで優れた情報機能が獲得された主要な理由は，この都市が大きく拡大し，ニュースの主な供給者である船舶数が極めて多かったからである。アムステルダムで行なわれる取引規模は巨大であった。さまざまな種類と品質の穀物が，バルト海地方など多様な地域から輸入され，あらゆる地域に輸出された。そのため，売買を望んでいる商人が，他のどこでもなく，アムステルダムに集結した。この都市で，商人はヨーロッパ各地の穀物市場について，新しく信頼のおける情報を入手することを期待した。なぜなら，アムステルダムに入港する数多くの船舶の一隻一隻が，新しい手紙と通信をもたらしたからだ。逆にいえば，適切にも，情報操作と関係する制度が，この都市の商業機能を強化したのである。ヨーロッパにおけるバルト海地方との穀物貿易の主要な情報の中心となったので，アムステルダムは，18世紀末まで，さらにたぶん商業情報上の重要性がかなり低下した19世紀中頃にいたるまで，商業機能を維持することができた。

　オランダーバルト海地方の公的な郵便制度は，17世紀後半に大きく改善され，通信がより速くなり，より信頼がおけるようになった。それを引きおこしたのは穀物貿易に内生的な要因ではなかった。むしろ，三十年戦争の結果とドイツ諸邦の政治的・経済的発展に関係があった。バルト海貿易に専念する企業は，政治的安定性が増したことから利益を得た。企業が今や手紙を公的な郵便制度を用いて陸上ルートで送ったのは，それが以前よりも定期的になり，信頼性が増したからである。不確実性は減らされた。16世紀の商人は，時には1ヵ月以上前の情報を頼りに売買しなければならなかったが，18世紀の商人は，それよりも新しい情報が使えた。通信の速度が上がると，市場統合が強まった。ダンツィヒとアムステルダムの価格の相関係数は，17世紀初頭にすでに高かったが，17世紀後半と18世紀初頭にさらに高くなった[148]。アムステルダムにとって，郵便制度の改善はまた，マイナスの作用をもたらした。ほとんどの情報が船舶の移動によって伝わり，バルト海地方からの船舶がおおむねアムステルダムに集中していた時代には，アムステルダムは競争相手の貿易都市に対する優位性があったが，大規模な郵便制度のネットワークが創出されると，その一部は失われた。少なくとも1810年まで，アムステルダムが他のオランダ諸

結　論

都市に対し，少しばかり優位性を保てたのは，オランダ国内では，アムステルダム経由で手紙が配達されていたからである。

　商業組織で注目すべき展開があった。それは，16世紀にバルト海地方の諸都市でオランダ商人のコミュニティが勃興し，17世紀にはそれが繁栄し，18世紀には衰退したことである。オランダ人がバルト海の貿易と海運業で支配的役割を果たしていたことも重なり，これらのコミュニティのために，バルト海地方がオランダ的な景観を示すようになった。ほとんどの港で，オランダ語は商人によっても，時には他の人々によっても理解された。オランダ人の建築家と職人が，ヘルシンボーとダンツィヒのような場所を，少しオランダ風に染め上げた。オランダ商人と仲介人がバルト海地方の港湾都市に移住したのは，オランダ人が，信用，知識，縁故の点でバルト海地方の商人より優位だったからだ。彼らが大きな経済的影響を及ぼしたことは，新たな貿易技術を導入し，オランダ語が国際貿易で使用される言語になった事実から明らかである。ダンツィヒのオランダ人コミュニティは，おそらく，バルト海地方の穀物貿易の最盛期であった1640年代に最大規模になった。ダンツィヒの商人がとうとうオランダ人と同等の立場に立つと，オランダ商会の代理人として十分な働きができるようになり，オランダ人が移住する必要はもはやなくなった。オランダの影響は，それ以降徐々にバルト海地方から消えていった。

第6章

オランダ商船隊と輸送費

———————

　輸送費は，穀物のように重くかさ張る商品の貿易では極めて重要だった。ホラントが地理的に有利だと認識されていた点を除けば，バルト海地方との穀物貿易でオランダ人が成功した説明としては，競争相手よりも低いオランダ船の輸送料があげられることが多い。16世紀後半から17世紀にかけて，イングランド人が「失われた貿易」という場合，ノルウェー，ロシア，バルト海地方，ドイツのほとんどの地域との貿易を指した。オランダ人はこうした貿易をほぼ独占していた。また，それに付随して強力だったのが商品集散地アムステルダムの地位であった。それは，イングランド人の眼からみれば，主に低い輸送料により生じたものだった。デン・ハーグ在住のイングランド人外交官，サー・ジョージ・ダウニングは，1664年にこう書いた。「イングランドが一度でもオランダほど安く航海できるようになれば，アムステルダムとはおさらばだ」[1]。

　サー・ジョージに同意し，複合的な問題であるアムステルダム・ステープル市場成功の理由を，安価な輸送料に単純化する必要はないが，輸送料の役割は詳細に研究する価値がある。本章は，オランダの商船隊の数，規模，船舶の形態を概観することから始まる。その後，バルト海地方との貿易におけるオランダ船の競争力とオランダ海運業の利益率を述べる。さらに輸送料を研究するが，それらに関連する多様な側面は第3節から第5節にかけて提示される。第3節の中心課題は，長期的な輸送費の展開であり，第4節では（例えば毎年の季節ごとの変化のような）短期的な輸送費を評価し，第5節では戦争と平和が果たした役割に捧げられる。第6節では，輸送費が穀物取引の利益に与えた影響を評価する。

1 オランダ商船隊の規模と構成

オランダ商船隊について考察するのならば，まず16-17世紀の驚異的な成長から始めなければならない。1530年代，ホラント州には300－400隻の商船があったが，1560年代は2倍の約800隻になっている。16世紀末，アムステルダム市参審人は，連邦議会にこう書き送った。「貿易と船舶数において，わが国がフランス王国とイングランド王国をほとんど比較にならないほど凌駕していることは疑い得ない」[2]。当時，連邦議会へのアムステルダムの代議員は，市長のコルネリス・ピーテルスゾーン・ホーフトだった。彼は，確かに自分の利益のために，市参事会の見解を伝えようという強い動機があった。1630年代，ヨーロッパの水域を航行するオランダ商船の数は1750隻になり，1670年代には，およそ2,000隻に達した。「オランダの沿岸諸州が保有する商船の数と優秀な性能は，全ヨーロッパ人にとって驚異だった」。これは，造船に関する優れた論文を1671年アムステルダムで出版した，ニコラース・ウィトセンの意見である[3]。17世紀のある時期，傾向は拡大からついに停滞へと転じた。18世紀末と19世紀初期は，オランダ商船隊は規模の点で惨憺たる時期だったが，ヨーロッパ内における相対的な位置という点ではそれ以上に痛ましかった。回復がみられたのは，19世紀の第2四半世紀以降に過ぎなかった。

ここでざっと概観したことは，オランダ船の数と総輸送力に関して利用可能な推計に基づいている。表16に，これらの数値がまとめられている。これらは，商船の数値であり，漁船や軍艦は除外されている。1636年と1750年のデータも付け加えられているが，これは最小限の数である。だから，ヨーロッパ外の海域で使用される船舶（東西インド会社の船）は含まれない。16世紀のデータはホラント州にしか触れていないので，完全な比較は可能でないし，一方，他の数値はネーデルラント連邦共和国全域を含む。それでも，16世紀ホラント州は，全州の中で圧倒的な商船隊を誇っていたので，北ネーデルラントを代表する資格がある。したがって，この表から，オランダ商船隊の発達過程の適切なイメージが得られる。トン数とは貨物の測量上のトン数もしくは自重トン数を表すが，この単位は

およそ0.5ラストである。ラストという単位は，バルト海と北海で広く使用されていた[4]。

表16 オランダ商船隊の概数（船舶数とトン数）[5]

年　代	船舶数	トン数
1530年代	300-400	45-60,000（ホラント州のみ）
1560年代	800	120,000（ホラント州のみ）
1636年	1750＋?	310,000＋?
1670年	2000	400,000
1750年	2000	365,000＋?
1780年	2000	4000,000
1824年	1100	131,000
1850年	?	390,000

16-17世紀における商船隊の急激な成長を反映したのは，数多くのオランダの港湾都市の規模が拡大したことである。ほとんどすべてのオランダの港が，少なくとも一度は拡大した。アムステルダム港は，1660年代に4回にわたる抜本的な拡張工事がなされた。そのため，1590年以前とは，完全に異なる概観を呈することになった[6]。

バルト海地方への航海に特化していた船は，一部だけだった。例えば，1630年にはおよそ400隻のオランダ船がバルト海を航行していたが，これはオランダ全商船数の四分の一に満たなかった。1隻あたり10人の乗組員がいたので，バルト海貿易は，およそ4,000人の船乗りの生活を保証した。1680年頃でさえ，バルト海貿易に従事した船乗りは，まだ4,000人ほどいた[7]。航海は，17世紀ホラント北部の農村に生活する人々が生計を立てる最も重要な手段の一つであり，それはおそらく18世紀の大半を通じても変わらなかった。オランダ人以外にも，ノルウェー人などのスカンディナヴィア人に代表される外国人が，乗組員として雇用された[8]。

17世紀のオランダ商船隊にとって最大の遺産は，16世紀後半に発明された独特の形態の船である。フライト船あるいは，イングランド人は，フルートとかフライボートと言った[9]。この船は，重くかさ張る商品を輸送するよう特別の設計がなされ，少数の乗組員でも航海でき，武器はまったく積んでいないか，積んでいたとしてもごく僅かだった。フライト船の船体は異様に長く，全長と全幅の比率は4対1から6対1であった。バルト

海地方の海運業で使用されるフライト船の全長は，だいたい 30-40 メートルあった。フライト船の形は，「丸い」と形容するのが最も適切である。この船の船底は，平らであるかそれに近かった（口絵 4 をみよ）。船倉は大きく，ほぼ四角形で，箱型だったので，貨物の積載が容易だった。バルト海貿易で使用されたオランダ船の中で最も大型のものは，たいていフライト船だった。1700-10 年にバルト海地方で使用された 400 隻近くのフライト船の積載能力が計算されており，平均重量が 184 ラストだった。他方，当時バルト海を航行していた全オランダ船の平均重量は僅か 145 ラストに過ぎない[10]。フライト船が非常に優雅な船とはいえなかったことは認めなくてはならない。イングランドでは，軽侮を込めて「オランダ野郎」と呼ばれた[11]。フライト船は，高速でもなかった。というのも，スピードは最大積載量に比べれば少しも重要でないと考えられていたからである。研究途上であるフライト船の航行特性がもっと明らかになるまでは[12]，ヴァイオレット・バーバーの見解を引用するのが最適だろう。彼女は，「多くの貨物が積載されるので，この種の船舶が高速船であることは期待できないが，フライト船はその外観から想像されるほどには遅くはなかった」と述べた[13]。

　フライト船がオランダの世界貿易のネットワークで使用されるようになると，オランダの造船会社はフライト船の大きさと特徴を航路に合わせて改良した。例えば，スペインやイタリアに向かうフライト船の方がバルト海地方へ向かうフライト船より大型で，大砲の数も乗組員の数も多かった[14]。バルト海へ向かうフライト船はノルウェーとの貿易で使用されるフライト船よりも喫水が浅かったのは，ダンツィヒ港をはじめとする多くのバルト海の港には，河口に沈殿した砂があったからだ。船の設計をエアソン海峡の徴税人が用いた計測法に合わせたことは有名である。船舶の通行税は，船の大きさで決まり，30 ラスト未満の船舶には最低額が，30-100 ラストの船舶にはそれよりもやや高額が，100 ラストを越える船舶は最高額が課税された。船中央近くのデッキの高さを基準に船幅の測定が行なわれたため，オランダの造船業者は，デッキを高くし船首と船尾の幅を船の中央とほぼ等しくなるよう設計した。このため，デッキは不相応に狭くなったが，船の実際の積載量よりも低い課税分類に属するようになった。かなり狭いデッキ自体は，フライト船全種類の一般的な特徴であり，これ

が顕著だったのはバルト海地方に向かうフライト船だった。1669年になって，はじめてデンマーク王はごまかしに気づき，測定方法を改めた。その結果，かつてのバルト海航行用フライト船の中にみられた奇怪な姿は時代遅れになった[15]。

策具が簡素であり大砲がほとんどあるいはまったくなかったので，フライト船は低コストで稼動した。1636年の記録からはバルト海を航行するオランダ船のトン数と乗組員1人あたりの比率は，だいたい20対1だった。これは，乗組員1人あたり20トン（あるいは10ラスト）分の積載量である。18世紀初頭，この割合は，およそ25対1になった[16]。この点で，フライト船は他国の船舶に比較して有利だった。1645年，デン・ハーグのデンマーク人公使はこう書いている。「バルト海沿岸諸都市の船なら，航海に10人以上の乗組員が必要であるところを，同じ大きさのオランダ船ならば6人で済むと信じられている」[17]。1692年，あるレーヴァル商人が，バルト海沿岸諸都市の市政官たちに覚書きを提出した。それは，在地商人の貿易を拡大させ，オランダ人の役割を縮小させる政策に関するものだった。彼の提案には，レーヴァル市民は独自の商戦隊をつくるべきだという主張がみられる。しかし，市政官はオランダ船と競争することはまったく不可能であると返答した。この覚書きが提出された時期は九年戦争（1688-97年）のためオランダ人には不利な，中立都市と中立国には有利な状況だった。レーヴァル船は実際には西欧への航海から利益を得ることができたが，平時の状況はまったく異なっていた。オランダ船は，レーヴァル船よりはるかに安く済んだ。それは，レーヴァルの市政官によれば，「200ラストから300ラストのオランダ船は10人から12人の乗組員により操縦される」からだった[18]。1トンあたりの乗組員数が少ないということは，賃金と食糧が比較的安く抑えられるということを意味していた[19]。フライト船の建造費用は，比較的低かった。これは，17世紀ホラントの船舶一般にもあてはまる。原材料（木材，ピッチ，タール，ロープ製造のための亜麻，帆布製造のための麻）が低価格で輸入されたこと，造船業においてある程度の規格化が行なわれていたことが主な理由の一つである[20]。このような船舶は安価に建造され使用されるので，穀物などのかさ張るが安価な商品の輸送にうってつけだった。

フライト船の新しい特徴は，貨物輸送だけを重視したことだった。この

時代まで，船舶は，武器搭載を考えて設計されていたが，フライト船は自衛することができなかった[21]。武器をまったく搭載しないフライト船は，特にメノー派の船主と商人の間で広まった。メノー派の信条は，あらゆる形の暴力を厳しく禁じた。主なメノー派のグループすべてが出した声明は，信者が大砲で武装した船舶の船長や所有者となることを禁止した。アムステルダムのメノー派協会の一つであるワーテルラント（Waterland）教会においては，17世紀初頭に，船主に求められる態度が非常に具体的に規定されている。1619年，ワーテルラント教会の長老たちは，武装船を所有する者は，それらを処分すべしという決定を通過させた。武装船の持ち分を所有することさえ許されなかった[22]。こうした船舶による貿易は明確に禁止されたわけではないが，武器の使用が一般に非難されたことは明白である。全員が教会の規則に従ったわけではなかったが[23]，他の宗派の商人であれば武装船をチャーターする状況さえ，メノー派の人々が非武装船を好んで使った記録は山ほどある[24]。メノー派の船長が操船するフライト船は，海賊の餌食になりやすかったことが知られている[25]。メノー派の信条である平和主義の一つの帰結として，この宗派の船舶所有者と貿易業者は，比較的安全なバルト海地方，ロシア，ノルウェーとの貿易を非常に好んだ。この三地域の貿易に従事したメノー派企業家の割合を正確に知ることはできないが，彼らは16世紀後半から17世紀初頭において，これらの地域の貿易に多くみられ，一方例えば地中海地域，東西インドとの貿易といった，通常重武装の船舶が活躍する地域の貿易では，少数しかみられなかったといえるかもしれない[26]。これらの事実を考慮すれば，メノー派に属する一人の造船業者がフライト船が建造され始めた頃に重要な役割を果たしたことは驚くにあたらない。

　民間伝承によれば，最初のフライト船は1595年，ホールンで建造された。これは間違いではないが，ウンガーが指摘したように，この船はそれまでのものとあまり異なっていなかったはずだ。1550年以降，オランダ船の技術進歩はあまり絶えることなく続いた。大量の商品を輸送するためにさまざまな形態の新しいタイプの船舶が建造され，フライト船はその最後に登場した。どの場合も，新設計による発明といったものではなく，既存の船舶に改良や改造を加えたものだった。フライト船の最大の特徴だった全長の長さは，1595年よりはるか以前にホラントで建造された船舶に

すでに見出される[27]。全長が長い新しい船舶は、1590年代初頭にイタリアとの貿易で使用されている[28]。突然発明されたのではなく継続的な発展によるものだったことは、考古学的にも証明されている。1580年代に建造され、おそらく1593年にテクセル沖で難破した船は、フライト船に非常によく似ている[29]。概して、フライト船は新型の船舶を代表してはいたが、それまでと違ったものではなかった。

フライト船ができた頃、それに深く関係したのは、ホールンに居住していたメノー派の商人であり、船主でもあったピーテル・ヤンスゾーン・リオルノである。彼は、通常、1595年に最初のフライト船建造を命じた人物といわれるが、ウェーヘナー・スレースウェイクが近年示したように、これは間違いである。ピーテル・ヤンスゾーンが最初のフライト船建造に関係したと考える理由はまったくない。フライト船の発展に対する彼の貢献は、現実には、この船舶史の第二局面を開始したことにある。第二局面は、1604年に始まる。ピーテル・ヤンスゾーンは、ノアの箱舟と同じ均斉のフライト船を2-3隻建造することを命じたのである。それは、全長120フィート全幅20フィート船高12フィートだった。全長と全幅の比率は、6対1だった。それ以前に建造された比率4対1のフライト船に比較して、新型のフライト船はかなり華奢だった。ピーテル・ヤンスゾーンは物笑いの的となった。聖書は船舶建造の良い手本とはならず、彼が建造した船舶は航行には不向きと考えられたからだ。実際には、それは立派な船舶だった。同じ数の乗組員であれば、全長が短い船よりも三分の一以上多くの貨物を積載することができたからである。したがって、新フライト船は、初期のフライト船よりも少ない費用で操船することができた。旧型との主な相違は、新型船は非武装だったが、旧型は軽武装だったことだろう。ピーテル・ヤンスゾーンは、メノー派信徒として、おそらく意識的に、完全な非武装船（さらに重要なことに聖書の物語に則って）建造の注文をし、航海させようとした。同時に、経験を積んだ船主として、大砲さえなくせば船幅はもっと狭くなると考えた。つまり、ピーテル・ヤンスゾーン・リオルノのフライト船の歴史に対する貢献とは、1604年の完全非武装船の導入にある。この船は、全長と全幅の比率が伝承上のノアの箱舟と同じく、6対1になるように建造された[30]。

フライト船は、1590年代の海上貿易において華々しい成果をあげるよ

うになり，やがて特に十二年休戦の期間に大量に進水するようになった[31]。休戦期間が終わると，全長と全幅の比率が僅かに減少したが，それまでは全長と全幅の比が6対1の非武装フライト船が，商船隊の中で圧倒的に多かった[32]。安全な海は，非武装船にとって，素晴らしく魅力的だった。海軍局は，こうした展開に大いに苦慮した。フライト船が極端に脆弱だったことは，休戦期間中，海軍局と連邦議会の書簡で重大な問題として扱われた。フライト船の使用は，海運部門の雇用において主要なマイナス要因だった。フライト船は，僅かな数の乗組員で操作できたため，多くの船乗りが職を失った。そのため船乗りの中には，外国海軍に従軍したり，海賊になろうとする者さえいた。現実的には，スペインとの休戦にもかかわらず，多くの航路は完全に安全とはいえず，無防備の船は，海軍局に護衛してもらわなければならなかった。海軍局は，フライト船の所有者はそれまで以上に所有船舶の防衛に責任をとることを望んだ。海軍局が提案した政策は，1603年に連邦議会が発した条例の強化を含んでいた。もっとも，それは，現実には実行されてはいなかった。この条例は，各タイプの商船が搭載しなくてはならない武器と船員の数を規定していた。それ以外の提案で，はるかに過激なものは，フライト船の使用制限，あるいは禁止さえも含んでいた。フライト船使用抑制の要望は絶えず繰り返し見出されるが，1603年の条例を強化しようとする努力と同様に，失敗する運命にあった[33]。

フライト船は，17世紀のオランダ商船において，最大数の船舶だった。18世紀になると，より小型の船舶がそれまで以上に使用されたが，その中には，バルト海地方で使用するために著しく発展したものもあった[34]。小型船の数が増加したのは，環境の変化に適応したからだ。17世紀後半から18世紀初頭に勃発した多くの戦争により，北海とバルト海の航海は危険になった。小型船の方が，沿岸航行に適しており，そのため敵船や私掠船を避けることができた[35]。オランダのバルト海貿易においてかなり小型の船舶が急速に使用されるようになった原因の一つとして，穀物の通過貿易（voorbijlandvaart）が重要性をかなり喪失した事実があげられよう。バルト海地方からの穀物輸出が収縮する時代において，通過貿易は重要でなくなり，穀物船の多くはもっぱらオランダとバルト海地方の間を航行するだけになった。フランス，イベリア半島やイタリアへ航海するためには，いくらか大型の船舶の方が望ましかっただろう。しかしこの航海は，通常

は選択肢の一つとは考えられなかったことは間違いあるまい。他の形態の船舶の使用が増えた結果，フライト船はオランダのバルト海貿易における優位性を18世紀中頃には失った[36]。

オランダ造船業の急速な技術的変化は18世紀末まで新局面を迎えることはなかった。18世紀後期から19世紀の革新には，造船における鉄の使用，船舶への蒸気機関の導入，船舶の全長の拡大などがあった。17世紀前半には，全長と全幅の比率が6対1であることは革命的だったが，200年後になると8対1あるいは9対1にすらなった[37]。しかし，これらの新型船は，バルト海地方では滅多に使用されなかった。19世紀中頃，老年期を迎えたバルト海貿易では，いまだに伝統的な木造帆船が使われていた。この船は，商船隊の最大の遺産ではなく，比較的小型だったので，当時目立ったに過ぎない。時にはかなり軽蔑して「小さな穀物船」と呼ばれた[38]。20世紀の船舶と比べればフライト船は単なる小舟だった。ここで一つだけ有名な例として，タイタニック号をあげよう。この船は，4万6,000トン（2万3,000ラスト）であり，100-200隻のフライト船の積載量に十分に匹敵した。タイタニック号2隻で，積載量は1630年代の全バルト海船団を上回った！　しかし，工業化以前では，フライト船は貨物輸送の王者だったのである。

2　オランダ海運業の競争力と利益

16世紀から18世紀にかけて，オランダ船はかさ張る商品（bulk commodities）の輸送で優れた競争力を発揮した。イングランド船，フランス船，ハンザ船，スカンディナヴィア船などの非オランダ船の一連の輸送料が不明であるため[39]，オランダ船と外国船の輸送料とを系統的に比較することは不可能である。ボグツカの主張によれば，17世紀前半におけるオランダ船の輸送料は，ダンツィヒからの船に比べて三分の一から三分の二ほど低かった[40]。オランダとイングランドの政治文書の記述から，イングランドとオランダ共和国両国は，平時に同じ航路であれば，オランダの輸送料はイングランドよりもかなり安かったことが示唆される。1634年と1651年の史料によれば三分の一から半分安く，1676年の史料によればや

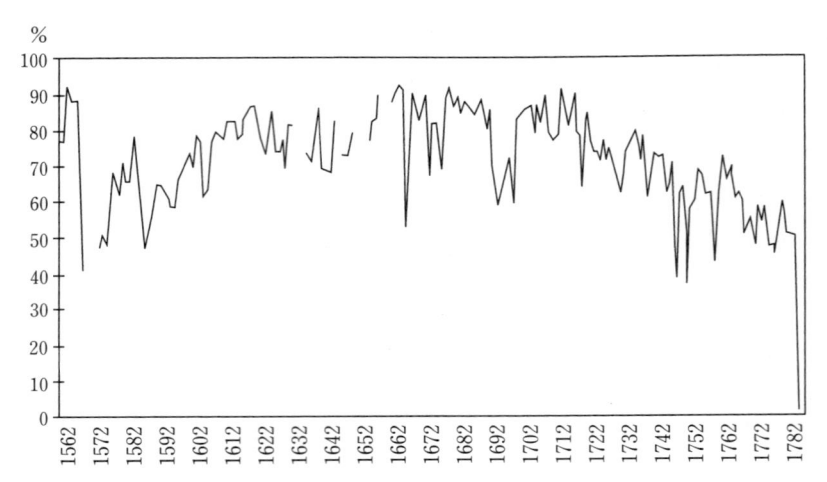

図10 バルト海地方の穀物総輸出に占めるオランダの比率（1562-1783年）
図は，バルト海地方からの輸出に占めるオランダ人船長による輸出のパーセンテージを示す。総輸出は，エーアソン海峡を通過したライ麦，小麦，大麦，モルトの総量を示す。
出典）Bang and Korst, *Tabeller*.

はり三分の一安い[41]。1685年，大陸間航路輸送費は，「アムステルダムとロッテルダムは，ロンドンよりも少なくとも10％低い」と考えられた[42]。選択されたこれらの史料が現実を反映しているのならば，イングランド人は17世紀の間にオランダ人に追いついたことになる。

オランダ商船が比較的安かったと証明することはできないが，16-17世紀の低地地方の「オランダ野郎」と他の輸送船の競争力が極めて高かったことは，北ヨーロッパのかさ張る商品の輸送で圧倒的に重要だった事実から明らかである。18世紀半ばにいたるまで，エーアソン海峡を経由した穀物輸送は，図10が示すように，大部分がオランダ人船長の船で行なわれた。

図10は，200年以上にもわたって，オランダ人がバルト海地方と西欧間の穀物輸送をほぼ完全に支配していたことを示す。当初のデータから，16世紀中頃には，オランダ商船はありとあらゆる国の船舶を圧倒していたことがわかる。16世紀最後の四半世紀のほとんどの期間を通じて，オランダ商船隊が相対的に脆弱だったように思われるが，それはまったく間違っている。オランダの「反乱」により，多くのオランダ人船長が一時的

にドイツ西部の諸都市への移住を強いられた。そのため，オランダ人の所有していた船の多くがドイツの船としてエーアソン海峡を通過したのである。これに良く似た現象は，17世紀末に生じている。九年戦争（1688-97年）のため，多くのオランダ人船長が西欧での航海の安全性を求め，ダンツィヒなどのバルト海地方諸都市へと一時的に移住したのである[43]。そうした船長の一部が，船籍を変更した。そのため，公的な「オランダ船」の数は，大きく低下した。現実に，バルト海地方からの穀物輸送が全体的に収縮した「困難な時代」のオランダ船の比率は，「拡張の時代」（1540-1650年）よりも大きい。17世紀中頃以降，オランダの穀物輸送は，輸送全体に比較すればほとんど減少しなかった[44]。

　オランダ商船隊が支配的地位を喪失したのは，18世紀のことに過ぎない。主要な原因は，イングランド，フランス，スカンディナヴィアの海運業の発展である[45]。フランス商船隊の規模は，1720年代12万5,000トンだったが，1780年代末には30万-35万トンになった。18世紀以前に，輸送能力の点でイングランド商船隊がオランダ商船隊を上回ることはなかったはずだ。しかしそれ以降，状況は完全に変化し，イングランド人に有利になった[46]。イングランド海運業は，18世紀後半に労働生産性が劇的な上昇を実現した。乗組員1人あたりのトン数が大きく上昇した結果，イングランド商船隊は，17世紀にオランダ船が実現し，長い間ヨーロッパの海運業でオランダにしかみられなかった水準の効率性にまで達したのである[47]。

　オランダの地位喪失の過程は，19世紀に急速に加速し，最後には周辺的地位に甘んじることになった。1814年から1850年には，エーアソン海峡を通過したオランダ人船長の数は，全体の10％を僅かに越えるだけだった。1837年にエーアソン海峡を通過したオランダ船は，大半の他国船より小さかった[48]。1845年にエーアソン海峡を経由した穀物輸送の研究（エーアソン海峡を通した穀物輸送に関して，使用することのできる唯一のデータ）も，まったく同じことを明示する。表17は，19世紀中頃，オランダがどれほど衰退しているのを，痛々しいまでに明らかにする。オランダ人は，バルト海地方からの小麦とライ麦輸出の10％を支配するに過ぎなくなった。

　オランダ海運業は，利益を産み出した。だとすれば，いったいどれくら

表17 エーアソン海峡を通過した小麦とライ麦の量（船籍ごとに集計）[49]

(単位：ラスト)

船舶	小麦	ライ麦	総量	％
ポンメルン	24,500	1,100	25,600	34
北ドイツ*	8,300	1,200	9,500	12
オランダ	4,100	3,600	7,700	10
総量	65,200	11,100	76,300	100

*）「北ドイツ」にはハノーファー，メクレンブルク，オルデンブルク，東フリースラントが含まれる

いだったのか。これは，16-17世紀の海運業をめぐる議論の対象となり，利益率の低い事業だったという主張がなされてきた。それは，船舶の所有に何世代にもわたって投資家の人気が集まったことを考慮すれば，船舶の所有が儲かったに違いないという，より理にかなった主張と同程度に説得力がある[50]。仮に海運業が金の無駄使いであり，最低限の利益すらあげなかったなら，投資家は明らかに他の投資先を探っただろう。ところが，1630年頃のある政治文書を読めば，船主が得る利益はごく僅かだったことが確信されよう。こうした文書は，ハールレムとアムステルダムの商人の手になるもので，オランダから出航するすべての船舶に強制保険を課すことへの反対が書かれていた。この計画は，当時のダンケルクの私掠船が多大な損害を与えている状況で出されたものである。商人たちは，船主の利益は少ないので，たぶん保険料を支払えないだろうと論じた。彼らは，船主が得る利益率は，平均すればせいぜい年間10％に過ぎないと主張した[51]。強制保険を却下させるという望みを抱いて，海運業がお先真っ暗であると主張するのが商人の目的であったが，強制保険の計画を主張した人々ですら「バルト海貿易は僅かな利益しか産み出さない」と認めなくてはならなかった[52]。

　投資，費用，利益に関する具体的な証拠はまだ少ない。事例研究から示唆されるように，18世紀の西欧と北東ヨーロッパで商船を航行させることで得られる利益率は，10-20％だった[53]。近年新たに重要なデータを提供したのは，ヘルデルブロムである。彼は，船舶の27の持ち分に関する投資額と利益率を発見し，分析した。持ち分は，アムステルダム在住のフランドル商人が所有していた。利益率は，現実に大きな変動を示したが，1589-1611年の年平均利益率は，10％だった[54]。全体としては，次のよう

な結論がおおむね妥当だろう。オランダ海運業への投資は，短期間で金持ちになりたいと願う者にとっては，良い選択肢ではなかったが，それでも極めて満足のゆく利益を産み出しはした[55]。

利益があろうがなかろうが，海運業——とりわけバルト海地方との——は共和国時代のオランダ経済にとって非常に重要であり，当時の人々はそのことを十分に認識していた。政治文書にみられる議論は，数多くの人々が商船を生活の糧としており，そのため通貨供給量が極めて大きく増大したというものだ。オランダ共和国の経済的成功に興味を抱いた外国人も，この事実に盲目ではなかった。例えば，スウェーデン外交官が1663年，本国政府にこう伝えた。オランダ人がバルト海地方との海運業であげる利益額は，輸送料だけでも年間360万ギルダーに及ぶと確かに聞いた，と[56]。この額は，正確な数字とはいい難い。100万ギルダーから200万ギルダーの間というのが，より正確なはずである[57]。それでも，100万ギルダー以上を産み出す活動は，主要な経済部門の一つだった。

3 長期的な輸送費の決定
——「オランダ内部の貿易」としてのバルト海貿易の性質——

16世紀の間に，オランダ海運業が達成した生産性上昇には大きな意味があった。この時期に輸送費が低下した根本的な理由は，貿易の発達（取引量の増加，組織の改良）と，これまでにみてきた通り，フライト船「発明」のずっと以前に，すでに造船の改良が行なわれていたことである。ヨーロッパ全体にあてはまることだが，特にバルト海では，16世紀にかさ張る商品の貿易が大きく発展した。貿易は，より規則的になり，信頼性が向上した。そのため，市場の組織化が発達し，所要時間が短縮され，船舶は貨物を満載して輸送するようになった。船長がバルト海沿岸の港で，オランダに輸送する（十分な）商品がみつけられないリスクは軽減された。荷積みと荷降ろしに必要な時間も短縮されたのは，バルト海地方の諸都市が，船舶の到着を待つ各々の商品集散地の規模にふさわしい倉庫をもつようになったからである。1530年，オランダ人船長は，ダンツィヒからアムステルダムへと航海し再びダンツィヒへと帰港するために，荷積みと荷降ろしを含めて1ヵ月半から2ヵ月と考えていたが，1580年代にはたっ

た1ヵ月へと短縮された[58]。バルト海貿易は「オランダ内部の貿易」となったが，その意味はこうである。大規模で安定した貿易で，普通は安全な航路を通る。貿易のために特別に設計された船舶で，素早く動く。荷を満載して，少人数の乗組員で済む[59]。

　オランダの輸送料削減を示す数量的証拠を入手することは困難だが，不可能ではない。16世紀前半のレーヴァル商人は，会計簿にアムステルダムへのライ麦輸送に必要な輸送料を記している。これらの輸送料は，デルフト商人，クラース・アドリアンスゾーン・ファン・アドリヘム文書で発見された16世紀末の記録と比較することができる。この記録は，ダンツィヒからアムステルダムへの航海に関するものである。レーヴァルからの航海は，ダンツィヒからよりもほんの少しだけ長距離である。17世紀の前者の輸送料は，後者の輸送料を僅かに上回る程度であり，同額のことさえあった。それゆえ，これら2種類の輸送料を比較することは妥当だと思われる。両者を比較すれば，名目上二つの輸送料は同程度である。16世

表18 レーヴァル／ダンツィヒからアムステルダムへの輸送料（ユトレヒトのライ麦価格と比較）。ライ麦1ラストあたりの価格[60]

（単位：オランダ・ギルダー）

年	レーヴァルからアムステルダムへの輸送料	ユトレヒトのライ麦価格
1513	8	33
14	8-8.5	30
16	4	34
30	4-8.25	53
47	およそ10.5	36
	ダンツィヒからアムステルダムへの輸送料	
1578	10-12	105
81	10-13	103
83	5.5-15.5	83
84	5-9.5	82
85	3.25-14.5	78
88	7.5-8	113
89	9-12	93
92	19	75
95	11	130

紀前半，輸送料は，1ラストあたり4ギルダーから10.5ギルダーだったが，16世紀末，ファン・アドリヘムが支払った輸送料は3.25-19ギルダーとなった。一見すると，輸送料の変動は，ある程度安定しているように思われるが，詳細をみると，決してそうではない。価格革命のせいで，オランダのギルダー貨の価値は16世紀の間に大きく低下した。それを示すために最適なことは，穀物貿易と輸送費の変化を数量的に提示することである（表18）。

ユトレヒトのライ麦価格は（これほど初期になるとアムステルダムでは価格が時系列で記録されていないので），16世紀の間に2倍以上に上昇するが，輸送費はほぼ同じだった。16世紀中頃の数十年間，オランダの輸送料は，それ以前よりもはるかに安価になっている。したがってちょうど16世紀の第2四半世紀と第3四半世紀に，オランダ船が，独力で，ハンザ船，ブルターニュ船，ポルトガル船，バスク船を退け，バルト海地方，フランス，ポルトガル，スペインとの海運業の大部分をそれまで以上に支配するようになったことは驚くにはあたらない[61]。

共和国時代に関しては，これまでオランダ商船隊の輸送料についての系統的研究はほとんどない[62]。17-18世紀オランダの輸送費に関する研究がないことに対しては，史料の欠如という説明はできない。特定の貨物のために支払われる輸送料を記録した商業会計簿はほとんどなく，アムステルダムの価格表は，輸送料が記載されていない[63]。しかし，公証人の前で記録された用船契約書という形態の史料は使用できる。こうした契約書には，特定の航海ないし特定期間（通常は1ヵ月）船を借りる1人以上のチャーター主と海運商会間の合意内容が書かれている。チャーター契約や用船契約の書類は，用船契約書（charter party）とも呼ばれ，船長の名，居住地，船の名とトン数，さらにいつもというわけではないが通常は貨物の種類（ラストごとかロットごともしくは1ヵ月間の），輸送料，船のチャーター主の名前が記載されている。また，荷積みと荷降ろしの回数や，それにかかる日数などのさまざまな特殊な規則が規定されている[64]。

用船契約場所としてのアムステルダムの重要性は，これまで認識されてきたわけではない。それらはバルト海貿易全体を代表するものではないし，それらに含まれる情報も統計的には利用できないというクリステンセンの主張がその一例である。彼の論点の一つは，契約書の数があまりにも少な

いということだ。17世紀の第1四半世紀から，バルト海地方への航海の用船契約書が残されている事例は，全体の10％にも満たない。さらに悪い事実は，史料に残されている数少ない航海をそれ以外の航海の代表例とすることが，少なくともこの時期にはできないことである。用船契約書においては，片道の航海の例は極めて少なく，むしろさまざまな目的地がある航海の方が一般的である[65]。なぜ，後世に残された用船契約書はこれほど少ないのだろうか。その一つとして，船舶はアムステルダム以外でもチャーターすることができたという説明がある。例えば他のオランダ諸都市，バルト海地方の諸都市，エーアソン海峡がそれにあたる。ホラントにいる船主が船舶に貨物を積むことを望まないかできない場合，船長は「冒険的に」(op aventhure) 航海した。つまり，自ら航路を決定し，船主の利益のために，チャーター主や貿易商品を探したのである。とりわけバラストを積載してバルト海地方へと向かう船の場合，オランダを出航した際の積載商品をあらかじめ決めておかない場合が多かった。エーアソン海峡ではこのようなバラスト船のために，重要な輸送契約の市場が存在した[66]。これ以外で，アムステルダムにおけるチャーター契約書がない場合，船舶は実際にはまったくチャーターされておらず，船主自身が貿易をするために使用された。これはごくありふれたことだったはずである。少なくとも17世紀には，船主に特化することはまだ稀だったからだ。これら二つの理由（アムステルダム外で船をチャーターすることや，現実には船がチャーターされていないこと）は，アムステルダム文書館の公証人文書の中でバルト海貿易全体の用船契約書の数が相対的に少ない理由の多くを説明するに違いない[67]。

　ファン・ロイェンは，用船契約書を史料として用いることに関して，クリステンセンのかなり否定的な見解に同意しない。ファン・ロイェンが示すように，用船契約書は，確かに限界はあるが，慎重に使えば，オランダの貿易・海運業において非常に重要な史料である。その理由の一つであり，ここでわれわれにとって最も大切な事実は，契約書で定められた輸送料が使用できるのは，船主もチャーター主も，それを不正確に伝える理由がないということである[68]。契約書に書かれている多くの要素のうち，いくつかは貿易全体の姿を示すものではないだろう（複雑で長い航路は，チャーター主の外国人数と同じく，現実の数以上に多い）。しかし，輸送料は，

3　長期的な輸送費の決定　　　183

輸送市場の正確な指標と考えることができる。ファン・ロイエンは，用船契約書に基づく研究を二つ発表し，公証人証書は輸送史において大きな価値があることを証明した。そのうち一つは，1591年から1605年の地中海への貿易と輸送に，もう一つは1700-1710年のヨーロッパで戦争の影響がオランダの海運業に与えた影響に関するものである[69]。

　本書で最も興味をそそるのは，アムステルダムからプロイセンまで航海し，さらに帰港するための費用の展開である。絶対的な輸出量でみると，ダンツィヒは18世紀後半まで，バルト海地方における最も重要な穀物輸出港だった。ダンツィヒまでの輸送料は，ダンツィヒと同様に穀物を輸出したエルビング，ケーニヒスベルク，ピラウといった近隣諸港と普通は同額だった。これら四つのプロイセンの港を目的港とする航海の契約書は，公証人史料に数多く見出され，バルト海貿易における輸送費研究のための素晴らしい史料を構成する。

　アムステルダム－プロイセン－アムステルダムの航海に関する輸送費の収集は，1591-1758年に限定しなければならなかった。現実的な理由のため，系統的に考察されたのは偶数年だけであり，奇数年はしばしば無視された。しかも，残念なことに，いくつかの年と短期間（1670年代と1710年代），使用された史料の中にデータがみられない。史料が散逸し，無視されてきたにもかかわらず，輸送料を収集した結果誕生したデータベースから，およそ170年間にわたる輸送費の展開のイメージをつかむための重要な情報が得られる。データの収集方法，史料，実際の結果の詳細は付録Cを参照されたい。視覚的にまとめた図11は，1592年から1758年までの偶数年の平均輸送料を示す。

　海戦の影響で輸送費が上昇することに，すぐ目が奪われる。戦争の影響については，第5節でより詳細にみることにしよう。輸送料の時系列記録から，1600年頃におけるオランダ造船業の技術的発展の影響を評価することが可能になる。フライト船が旧型の船舶に取って代わった時，輸送費は急激に低下したのだろうか。当時の人々と歴史家がフライト船に大いに注目した。これは何らかの輸送革命のようなものが生じたことを示唆する[70]。フライト船の評判は良い。とはいうものの，図からは，この新型船舶が重要になっていく時期に，輸送料が急激で決定的に低下したことは示されない。1590年代-1620年代に，輸送料は間違いなく低下傾向にあった。

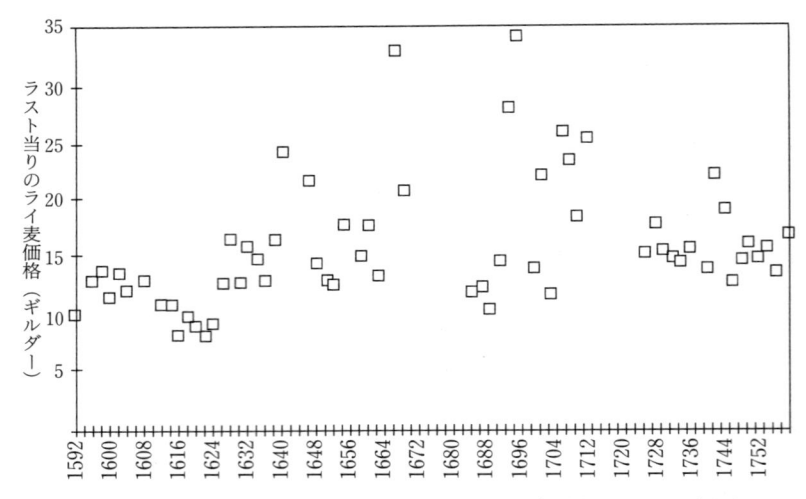

図11 アムステルダム－プロイセン－アムステルダム間の1ラストあたりの平均輸送料
単位：ギルダー（ライ麦1ラストあたり）。偶数年のみ（1592-1758年）
出典）　付録Cを見よ。

　確かにこの時代には，多くの商船がフライト船に取って代わられた。しかし，輸送料は，それ以後再び急上昇する。これが証明するように，継続的な技術革新があったとしても，輸送費が大きく低下するわけではない。
　図11によると，1590年代に輸送費はすでにかなり低かった。系統的な用船契約書が，ちょうどフライト船が導入された1590年代から記録され始めている。だから，この時には，新型船が輸送料の低下にすでに影響を及ぼしていると考えることは，理論的に可能である。この可能性を検討するために，ファン・アドリヘム文書が再び使用できる。クラース・ファン・アドリヘムとダンツィヒの現地代理人の間で交わされた書簡には，1580年代におけるダンツィヒーホラント間航海の輸送料に関する情報が含まれる。同じファン・アドリヘムの会計簿には，1578-95年に，彼がダンツィヒからホラントへの穀物輸送に実際に支払った金額と，自分の船舶がチャーターされた際に，輸送料として受け取った額が少しだけ記載されている。アムステルダムよりもダンツィヒの輸送市場の方が不安定だったにもかかわらず，この2都市における輸送料の変動規模は同じである[71]。

3 長期的な輸送費の決定

表19 ファン・アドリヘム文書にみられるダンツィヒからホラント（デルフト，ロッテルダム，アムステルダム）までの輸送料（1578-95年）[72]

(単位：オランダ・ギルダー)

年	平均	最大	最低	数
1578	11	10	12	3
1581	11.5	10	13	2
1583	11.1	5.5	15.5	8
1584	7	5	9.5	14
1585	6.3	3.25	14.5	13
1588	7.8	7.5	8	1
1589	10.5	9	12	2
1592	19	19	19	1
1595	11	11	11	1

したがって，ダンツィヒからオランダへの航海に必要な輸送料は，アムステルダムからダンツィヒへと航海し再びアムステルダムへと戻る航海の輸送料の指標として，信頼がおけると考えることができる。表19は，ファン・アドリヘムの文書館の手紙と会計簿にみられる，ダンツィヒからオランダへの輸送料を示す。

この表から，1570年代から90年代に，1ラストあたりの輸送料は3-19ギルダーと非常に変動が大きく，平均して約11ギルダーだったことが示される。1595年以降のアムステルダム－プロイセン－アムステルダム間輸送料の水準と比較すると，革命的というほどではなかったが，フライト船の登場以降輸送料は低下したという考えが確証される。

フライト船の導入で，オランダ船の輸送費が大幅に低下したわけではなかったのは，すでに16世紀中頃には，オランダ船はかさ張る商品を運ぶヨーロッパで最も優れた輸送船となっており，オランダ人が成功に安住しなかったため，それ以降も継続的に改良が重ねられたからである。結局，優れた船舶を所有したからといって安価な輸送が保証されるものではなく，フライト船とその先駆けである16世紀の船舶は必要条件に過ぎなかった。フライト船の効率性は，ある種の商業的・政治的・組織的条件があって，はじめて完全に実現された。近世では，このような条件が現実に輸送費の決定要因だった[73]。フライト船のおかげで，オランダ人は，16世紀と比較しても競合諸国よりはるかに有利に競争できるようになった。それは，

フライト船の建造方法を知っていたのが彼らだけだったからではなく（フライト船建造の方法はすぐに近隣諸国へと広がった）[74]、オランダの貿易制度がフライト船のように軽武装で、少人数の乗組員しか必要としない船舶の使用に最も適合的だったからである。十二年休戦の期間中，これらの条件は最適な状態にあったので、オランダ海運業はすべての競争相手国を大きく引き離したのである。

「オランダ内部の貿易」という性質がどれほど重要だったかを示す適切な事例は，初期のイタリアへの輸送にみられる。1590年以前，北ネーデルラントと地中海との間の海上貿易は，事実上存在しなかった[75]。1586年から1590年にイタリアを襲った一連の飢饉は深刻であり，1589年以後，イタリア諸都市の政府と商人たちはほかにどうしようもなくなり，北ヨーロッパからの穀物輸入を計画した。それ以前には，こうした輸入はされておらず，例外的に1‐2隻の船舶が来るだけだった。イタリア人は，アムステルダムやプロイセンで穀物を購入し，イタリアへ向かうためにオランダ船をチャーターしたのである。コルネリス・ピーテルスゾーン・ホーフトのようなオランダ商人も，貿易に従事した（第1章をみよ）。遅くとも1591年10月には，彼は，イタリアへと穀物を輸出し始めたのである。

海峡通過貿易（Straatvaart）——ジブラルタル海峡を通過する輸送——は，革新的な性質のため，歴史家の間に大きな関心を喚起してきた[76]。海運業に関連する最も優れた研究は，ファン・ロイエンのものであり，それはまた，イタリアへの航海に必要な輸送費に関する研究にもなっている。最初の数年間は，オランダ人の船主が提示した輸送料は非常に高額だったようだ。10年もたたないうちに通常の額に近づいた。このため，イタリア西岸（ジェノヴァ，ラスペツィア，リヴォルノ，ヴィアレッジョ）への輸送料は，1591年の1ラストあたり平均89ギルダーから低下し，1592年には75ギルダー，1594年には62ギルダー，1596年には54ギルダー，1598年には22ギルダーになった。1600-1605年に，この輸送料は22ギルダーから33ギルダーの間で変動している。ヴェネツィアなどのイタリア東岸への輸送料の方が高かったが，1590年代に西岸と同様，急激に低下した[77]。

なぜ，「海峡通過貿易」の輸送料は，当初はこれほど高額だったのだろうか。重要な理由の一つとして，当時の緊迫した情勢をあげることができ

る。オランダ人船主は，こうした状況を利用し，可能なかぎり高額な輸送料を要求し，イタリア人はこの金額をある程度受け入れざるをえなかった[78]。ハンブルク出身の貿易商人は，1592年5月の手紙で，こうした状況におかれたイタリア人を非難し，こう書いている。「イタリア人が必要でないのにあわてて船舶を借りるので，輸送市場は損害を被り，輸送料が急激に高騰している」[79]。このため，1590年代初頭の海運能力にとってはあまりに巨大で緊迫した需要が生じ，イタリアへの輸送は極端に高額になった。しかしながら，おそらくこれは唯一の理由ではない。というのも輸送料は1590年代初期のように異常なまでに高い状態にはならなかったからである。これ以降，1607年，1619-20年のように穀物（そのために輸送能力にとっても）に対する需要が極めて高くなったこともあったが，平均的輸送料は，1591-94年の水準に近づくことすらなかった。金額が51ギルダー以上になることはなく，しばしばその額をはるかに下回った[80]。

　商人の国籍は，大きな問題とはならなかったようである。イタリア人チャーター主もオランダ人チャーター主も高額の輸送料を支払ったことが，それを証明する。輸送業市場は分化されていなかった[81]。イタリアとの貿易開始時に用船契約をした商人の中にも，多くのイタリア人が見出されるが[82]，南ネーデルラントからの移民もみられないわけではない。1593年と1594年，アムステルダムにおいて作成されたイタリア行き船舶の用船契約者の約半分が南ネーデルラントの人々である[83]。外国人と移民のみが極端に高い輸送料を支払ったと考えるのは間違いだろう。ホールンにおいては，1591年11月から1592年1月にかけ，現地の商人によって，リヴォルノからジェノヴァへ穀物を輸送するために4隻の船舶が極めて高額でチャーターされた[84]。こうした船は小型で，1隻で20-35ラスト程度のライ麦や小麦を輸送できたに過ぎない。チャーター主がイタリアとは何の関係もなかったことは明白である。というのも，チャーター主がイタリアで穀物を売る責任がある代理商を乗船させた事例が二つあるし，船長に穀物を売る命令さえ出した事例が二つあるからだ。これらの商人や船長がイタリアへの海運業に参加したのは，おそらくこれが初めてかたぶん2回目であった。彼らは，1ラストあたり34-38ドゥカートの輸送料に合意した。これは，95ギルダーから106ギルダーに相当する[85]。アムステルダムで作成された用船契約書に見出されるよりずっと高額だった。ホールンの年

代記作成者フェリウスによれば，船主が新しい「海峡通過貿易」により高収入を得ていたため，当時のホールン市は繁栄していた。彼はこう書いた。「1590年，最初の4-5隻の船がホールンからジブラルタル海峡へと出港した。翌年1591年に，こうした船の数は，15-16隻あるいはそれ以上になり，翌々年の1592年にも船舶数は同じくらいだった。船主は，自分たちが要求した高額の輸送料から多額の金を得たために，この都市が繁栄したのである」[86]。ホールンの公証人が作成した用船契約書をみると，高額な輸送料という点でフェリウスの見解が正しいことがわかる。契約書をみると，イタリア商人のみならずオランダ商人も法外の金額を支払わなくてはならなかったことが判明する。

緊急に商船が必要とされたこと以外に，初期の「海峡通過貿易」で輸送料が高額だった理由はすぐには明らかになりそうもない。商人は，穀物を長距離輸送するためにさまざまな方法を試みた。契約書の中には，穀物を布袋に入れて輸送するよう規定しているものもある。これは，海上貿易においては異例なことである。その場合，輸送料は1ラストあたり6ギルダー高かった。1592年以降，布袋という規定はもはや契約書にはみられないことから，おそらく当時穀物は常に船倉にばら積みされたものと推定される[87]。新しい世界が，ジブラルタル海峡を越えて地中海で貿易を行なおうとしていた船長の前に開けていた。しかし，ほとんどの者は，これが初めてのこの地への航海だった。1590年以前には，北ネーデルラントの船長がジブラルタル海峡を越えることは，かなり例外的だった[88]。北ヨーロッパの航路で培った経験があったにもかかわらず，彼らは南方で何が待ち受けているか知らなかった。オランダ人が作成した最初の地中海海図は，1595年になるまで出版されなかったし[89]，イタリア諸都市の状況を描写できる者も多くはなかった。航海に必要な時間，貿易航路，イタリアの港に到着するための費用，荷積みや荷降ろしに必要な時間やリスクを予測することは困難だった。予想される事態を知ることが重要だったことは，マルコ・オットボーニの手紙から明瞭になる。ヴェネツィアの派遣代理人だった彼は，穀物を購入しヴェネツィアへ持ち帰る船を調達するために1590-91年にダンツィヒへと派遣されていた。ホラントからの商船隊が1591年4月に到着した後，マルコ・オットボーニは，オランダ人船長は喜んでイタリアまで航海しているという印象を受けた。オランダ人船長の

1人が，どうやらすでにヴェネツィアへと航海し，とても快く迎えられた経験があったからである。成功が保証されるとみると，他の者も喜んでイタリアとの貿易を行なうようになった[90]。船長のうち1人でも経験があると人々に安心感を与えたが，ほとんどの船長と乗組員はそれでも不安を感じていた。このため，船がついにダンツィヒからイタリアへ向かって出港する直前の9月，この「新しく危険な長距離の航海」（viaggio nuovo, lungo, et pericoloso）を開始しようとしている人々のために，全員がダンツィヒ最大の教会に召集され，祈りを捧げた[91]。マルコ・オットボーニもこの事業に完全に自信があるわけではなかった。地中海を航行する大型で頑丈な船舶を見慣れたこのイタリア人の眼からすれば，オランダ船には多くの欠点があると考えられたからである。オランダ商船隊が初めてダンツィヒに1591年4月に到着した際，彼は衝撃を受け失望した。「先週，200隻もの商船隊がホラントから到着したが，小さいうえに武器も貧弱だ」[92]。

極めて高額な輸送費がイタリアへの航海に必要だったのは，ほんの数年間に過ぎない。その後地中海は，オランダのシステムに統合され，「オランダ内部の貿易」の性質を帯びるようになった。オランダ人船員は，たぶんバルト海ほどには地中海に精通していなかったが，かといって，この安定した貿易の発展が妨げられることなく，航路に関する知識の普及と，すべての重要な地中海の港湾都市にオランダの代理商をおくことが特徴になった。こうした状況下，船主間の競争がおこり，輸送料は，イタリアとの航海を編成するにあたって実際に必要な費用に基づいた適切なものになっていった。1590-1605年，「海峡通過貿易」はゆっくり成熟し，ヨーロッパ水域におけるオランダ海運ネットワーク全体の一部へと組み込まれた[93]。

4 短期的輸送費の決定要因

輸送料は，輸送能力の需要と供給の関係によって，ほとんど自動的に決まる。1729年3月末，商人ピーテル・ド・クレルクは，ダンツィヒから穀物を輸送するため，船長クラース・ヤンセ・ダスが所有するユフラウ・カタリナ号をチャーターする契約を結んだ。両者は法外な輸送料で合意したが，それは船長がすぐに出港できると主張したからに過ぎない。これは，

他の船長では提供することができない利点だったようである。数週間後，期待とは裏腹に，ユフラウ・カタリナ号はまだアムステルダムに停泊していた。航海するために十分な乗組員がいなかったからである。ピーテル・ド・クレルクが確実に期待していたことは，自分が積んだ穀物がその年の春に最初にホラントに到着する穀物の一つになって，利益を獲得することだった。しかし，この計画が失敗したことを知り，失望した。4月12日，彼は公証人が作成した書類を通じ，可能なかぎり早い出港を船長に命じた[94]。この行為は，輸送業市場の働きを示す。船舶の供給が不足している時，船主は高額の輸送料を要求できる状況を利用し，利益を得た。反対に，多くの船長がすぐに出港の用意ができている時には，輸送料は下落する。契約する両者が，どう輸送料を決めていいかわからない時には，彼らは，「特定の航路を特定の時期に航行する他の船長に支払われる金額」[95]，すなわち市場における一般的な金額で妥協した。

　船舶は，貿易航路の両端でチャーターされたが，ホラントを母港とする船が多かったので，輸送料は，バルト海地方の都市よりはるかに安定していた。例えば，ダンツィヒには比較的少規模な商船隊しか存在しなかったため，輸出は外国の輸出能力に大きく依存していた。輸送料は，オランダ商船隊が春に到着すると急激に低下しがちだったが，航海可能な季節の終りには，急激に上昇した。航海可能な季節の終り頃のバルト海地方には，ごく僅かの船舶しかなかったので，高額の輸送料を請求できた。冬になる前にこれ以上の船舶が到着する可能性は低く，この時期は商品を西欧へ輸送する最後の機会だったからである。ダンツィヒにおけるオランダの現地代理人であるアドリアーン・バルテルメウスゾーン・フェルブルフは，デルフトにいる依頼人のクラース・ファン・アドリヘムに，1581年10月23日にこう書いている。「アムステルダムへの輸送料は，1ラストあたり11-12ギルダーだったのですが，いまや15ギルダー以上に上昇しております。船がある時はライ麦がなく，今はライ麦が手に入ったが船がありません。われわれは，ホラントからまた船が到着すると期待しておりました。しかし，これは間違いでございました。船隊なしで何とかしなくてはなりません」[96]。

　ダンツィヒの輸送料が不安定だったことは，すでに前節で述べた。1578-93年のダンツィヒ海運業市場で，ホラントに向かう船舶の輸送料は，

3−19ギルダーの間で変動していた。ファン・アドリヘムの現地代理人であり，アドリアーン・フェルブルフの後継者だったハイフ・アドリアーンスゾーンとデルフト在住の依頼人との間で取り交わされた書簡によれば，ダンツィヒの海運業市場は1583-85年に大きな変動を経験していた。

表20 ダンツィヒからアムステルダムまでの航海の輸送料（1583-85年間の変動）[97]

(単位：オランダ・ギルダー)

	1583年	1584年	1585年
3月		8-9	6.75-8
4月	11-12	7.5-8	5-7.5
5月	11-13	6-7.5	3.25-4
6月	9-12	5.25-6.5	7
7月	5.5-6.5	5-5.5	
8月		5-5.5	
9月		7-7.5	
10月	15.5	7-7.5	
11月		8-9.5	13.5-14.5

　1583年7月と1584年4月に，急激に輸送料が低下した。これは，大規模な商船隊の到着を意味し，一方，夏の間は輸送費が一般的に安価なことは，この時期に，活発に船が行き来していたことを示す。1585年11月の高額な輸送料に言及して，現地代理人アドリアーンスゾーンは「チャーターすることができる船舶は一隻たりともない」と述べている[98]。輸送料の変動は，この年が最も激しく，5月の3.25ギルダーから11月には，4倍以上の14.5ギルダーになった。
　アムステルダムの輸送料は，バルト海地方の港より安定していた。1年間の最高料金と最低料金の差額はしばしば少なく，料金が2倍になることはほとんどなかった。1583年と1585年のダンツィヒの海運業市場においてみられたような，最高額が最低額の3倍から4倍に達するような変動は，アムステルダムではなかった[99]。この説明として成り立つのは，多くの目的地に対する海運業の拠点だったので，アムステルダムの方が海運能力の供給が安定していたに違いないことである。
　他のあらゆる場所と同様，アムステルダムでも季節によって輸送料は変動した。表21は，年間の輸送料の上昇を詳細に示している。1728年には，それまで春と夏の間，ダンツィヒへの輸送料はかなり安価だったが，9月

表21 アムステルダム－プロイセン－アムステルダム間の航行時の輸送料の展開[100]
(1728年 単位：オランダ・ギルダー)

月	輸送料	船舶数
3月	13.54	(n = 6)
4月	13.-	(n = 2)
6月	14.-	(n = 1)
7月	13.50	(n = 2)
8月	14.67	(n = 3)
9月	16.47	(n = 8)
10月	19.04	(n = 6)
11月	20.-	(n = 1)

＊n＝船舶数

に上昇し始める。

　バルト海での航海は，通常，秋と冬の大部分の間は避けられた。一般的に，諸聖徒日（11月1日）の前の週が，バルト海地方に向けてホラントを出港するためのぎりぎりの日だと考えられた。西欧とバルト海地方の港を航海で往復しようとする船長は，10月末以降にオランダの沿岸を通り過ぎるならば，バルト海地方への航海を続ける必要は普通なかった。この場合，彼らは越冬のためアムステルダムなどのオランダの港に停泊することを許され，春になってから航海を続けた。秋と冬には嵐が吹き荒れ，冬季には凍結し，バルト海地方の港が使用できなくなるというのが，航海の季節が3月から10月にかぎられる理由だった[101]。しかし，天候が良好ならば，船舶はアムステルダムで11月，場合によっては12月でもチャーターすることができた。それ以外にも，嵐に遭遇するというリスクがあったので，輸送料は高額になった。このため秋には輸送料は上昇しがちであった。

　チャーター主と船主の間の特別な取り決めにより，輸送料は上下することがあり得た。船舶を1隻チャーターして，1回だけ航海するのが普通だった。しかし，時には航海の季節を通じての契約が行なわれることもあった。例えば，アムステルダム在住の商人アントニー・モワンスは，アムステルダム－ダンツィヒ間あるいはアムステルダム－ケーニヒスベルク間の航海のため，年間を通して船舶をチャーターしていた。彼が1620年にチャーターしていた6隻の船は，冬季まで，あるいは可能なかぎり航海を続けることになっていた。これらの船主は，航海の季節を通して，自分たち

の船が使用されるということが保証されていた。おそらくこの利点があったので，彼らは輸送料市場の平均的料金を下回る輸送料で契約を受け入れたのである。平均すれば，モワンスは，1ラストあたり7.95ギルダーを一航海につき支払っていたが，1620年の輸送業市場において，プロイセンへのアムステルダムにおける平均的輸送料は，それよりほぼ1ギルダー高い8.85ギルダーだった[102]。

それ以外の特別な取り決めは，輸送料を低下させるのではなくむしろ上昇させがちだった。商人は，航海の季節の終わりに出港してからバルト海地方で越冬し，春になってホラントに帰還する最初の船を借りることができた。この場合，船長と乗組員は，船を離れ陸路を通ってホラントまで帰り，さらに春になるとその道を反対にたどらなくてはならなかった。船は，冬季でも，ただちに出港できるよう準備をしておかなければならなかった。このすべてに特別な費用がかかったことが，こうした航海に必要な輸送料が非常に高かった理由を説明する。例をあげよう。1597年12月に二つの契約書が作成された。その規定によれば，船舶はダンツィヒに向かって航海し，冬の間そこにとどまり，春になって出航する。輸送料は1ラストあたり，27ギルダーと26ギルダーだった[103]。しかし，同じ年の通常の輸送料は，1ラストあたり15ギルダーを越えなかったのである。他の契約の規定では，冬季に船舶がバルト海の港から出港することを余儀なくされた場合，船主は1ラストあたり4-5ギルダーの追加料金を受け取ることになっていた[104]。

最後になったが重要なこととして，評判が良い熟練した船長は，そうでない船長よりも高い金額を要求することができた。1591年9月，ヴェネツィア公使のマルコ・オットボーニは，ダンツィヒからヴェネツィアまで穀物を輸送するために四番目の船をチャーターした。この時彼が上役に伝えたのは，船長はかつてイタリアに来た経験のあるオランダ人であり，他の船を指揮する船長も彼と航海することを好んだから（che il patron è Olandese, è stato in Italia altra volte, et questi altri patroni lo hanno havuto carissiomo'），なおさらこの船舶のチャーターに関して満足したということだった[105]。その後18世紀に，貨物船ド・ヌーフヴィル・ファン・デル・ホープ号を指揮した2名の船長の性格は，かなり違っていた。1751年から1754年にかけて最初にこの船を指揮したルパート・ナップは，

指導力をほとんど発揮せず，どこか外国の地にいる時，船に積載する積み荷をみつけられないことが多々あった。次の船長であるヤン・バルテルスの指揮下，船はより効率的かつ頻繁に使用されるようになった。バルテルスがナップよりも積み荷をみつける回数が多かったことは，フランス人チャーター主の間で評判が良かったことと確実に関係がある。依頼人である，ド・ヌーフヴィル・ファン・デル・ホープ号の所有者も，彼には大変満足していた[106]。状況が良ければ，評判が良い船長の方が高額な輸送料を要求することができた。時には2人の船長が同じ商人と契約し，類似の航海を企てたこともあった。この場合，たとえ同じ日に契約し，契約条件が同じであっても，一方の船長がはるかに高い輸送料が認められることがあり得た[107]。他の条件がすべて同じであるとすれば，このように高い報酬は名声次第だったに違いない。単純なことだが評判が良ければ，船長は，自らの価値を交渉するうえでより強力な位置にあった。

5　輸送料の決定要因としての戦争と平和

海上での安全は，輸送料を決定する重要な要因だった。海上輸送は，平時より戦時の方がはるかに高額だった。この点は，イズラエルが17世紀に関して，その著書『世界貿易におけるオランダの優位』の中で強調していることの一つである。彼は，十二年間休戦の初期にオランダ船の輸送料が急激に上昇し，休戦が続く間はその水準が維持されたことを示している。休戦期間の終了後，ダンケルクの私掠船とスペインの軍艦が実際に活動を始めるまで数年かかったが，1625年頃にそうなると，輸送料は再び上昇し始めた。このことは，イズラエルの研究が最も明確に表している。イズラエルは，フランス，ポルトガルからアムステルダムや，直接バルト海地方に塩とワインを輸送する場合の一連の金額を提示したのである。しかし，彼は，イタリア，ノルウェー，ロシアとの海上貿易でも休戦が輸送料に多大な影響を与えていることを示した[108]。

　同様の現象，すなわち休戦中の輸送料がその前後に比べて低いということは，アムステルダム－プロイセン－アムステルダム間の輸送料の研究にもみられる。一般的に，1591-1758年全体の，戦争の影響は明らかである。

高額な輸送料が，1640年，1645年，1646年，1666年，1668年，1692年，1694年，1700年，1703年，1704年，1706年，1707年，1709年，1710年，1740年にみられる。1668年を除いて，すべて戦時である。すなわちスペインに対するオランダの反乱（八十年戦争，1568-1648年），第二次英蘭戦争（1665-67年），九年戦争（1688-97年），大北方戦争（1700-21年），スペイン継承戦争（1701-13年），オーストリア継承戦争（1740-48年）の時期である。1668年には，1667年のスペイン領ネーデルラントへのフランスの侵攻とそれに続いた1668年におけるイングランド，オランダ，スウェーデン間の同盟締結（三国同盟）により，紛争の激化が懸念されたに違いない。上述したすべての年度で，海上が危険なために輸送料が大幅に上昇したことは間違いない。1640年は，そうした状況の典型と考えられよう。スペインの軍艦とダンケルクの私掠船は，1620年代以降オランダ船に対し盛んに損害を与え，拿捕を続けていたが，オランダの損失は1640-41年頃に頂点に達した[109]。

フリースラントの貨物船の利益率に関する研究によれば，18世紀においても，船主は戦時中（オーストリア継承戦争，七年戦争，第四次英蘭戦争，1795-1800年にかけての時期）に極めて高い利益をあげていたが，平時になるとかなり低くなった[110]。

戦時に輸送費が上昇したことにはいくつかの原因がある。海軍局は貨物船を借り，それを軍艦へと改造し，そうした船舶の乗船する乗組員を集めた。このため，貨物船が不足し，船乗りの賃金は上昇することになった。船主は戦時に大きな利益をあげ，多くの船を指揮するようになった。そのため，戦争が終結し，これらの船を貨物船として使用することが可能になると，海軍局が借りていたが，再び民間のものとなった船が利用できるようになった。当時，こうした結果が生じ供給が活発になり輸送料は低下した[111]。

ほとんどの船は，フライト船かまったくあるいはほとんど武装されていない他の種類の船舶だった。平時において，こうした船は理論上最も経済的な貨物輸送船だったが，戦時になると，攻撃を受けやすいフライト船は軍艦による護衛を必要とした。敵によって拿捕されるリスクを最小限にするため，多くの場合，船は海軍局が組織する護衛船団に囲まれて航行した。バルト海地方に向かう場合，こうした護衛船団の最大の問題は，1年間に

かぎられた回数しか組織されず，時にはそれが2回もしくは3回しかなかった点にある。出港の準備ができた船は，護衛船団が形成されるのを待たなくてはならなかった。それが，出港が遅れる原因となった。こうした状況では，船長は平時と同じようにはバルト海地方に航海することはできなかった。例えば大北方戦争の間，オランダ人船長は1年間平均して1回しかバルト海地方に向かうことができなかった。平時には，彼らは通常2回以上航海を行なった可能性が高い[112]。軍艦による護衛を受けることになった船主は，航海が行なわれなかったことから生じた損失を，航海のたびにより高額な料金を請求することで埋め合わせた。

　船主と船のチャーター主が護衛船団に頼らないことに合意すると，船舶には大砲を備え付けなければならなくなった。そのため，負担は増加した。武装船は，大砲を取り扱うために乗組員を増やす必要があったからである。さらに，大砲は船舶の輸送能力の一部を奪い，商品用のスペースは減少することになる。したがって，船に大砲が備え付けられれば，商品1ラストあたりの輸送料は増加する[113]。輸送契約書の中には，船長は単に商品のみならず，大砲が搭載されなければ積載することのできた商品の量に換算して，弾薬つきの大砲に関しても輸送料を受け取るよう定めているものもある[114]。

　護衛船団も大砲も，航海の安全を保障するものではなかった。船や商品の損害や損失のリスクが高くなっても，決して戦時の輸送料が上昇することはなかった。多くのチャーター主は，護衛船団なしで航行する船に対し，進んで極めて高額な輸送料を支払った。こうした船の方が早く出港し帰港できたので，大規模な船団が到着した後よりも，はるかに好都合な市場の状況から利益を得ることができた。多くのチャーター主が船主に対し，船舶がすぐに出港し，護衛船団の出発を待たないという条件で，高額の輸送料を支払うことを約束している[115]。次章では海上が危険な時期の護衛艦隊の組織をより，広範に扱うことにしたい。

6　利益率に対する輸送費の重要性

一般に認められていることは，輸送費は，穀物商人が負担したすべてのコ

ストの中で最も大きかったことである[116]。税金，保険料，商品計量費，そして船から倉庫への商品の移動にかかる費用は，バルト海地方から西欧への輸送費に比べればかなり安価だった。アムステルダム市政府が食糧不足を憂慮し，穀物を貯蔵するために1698年にケーニヒスベルクからライ麦と小麦を輸入した時，1ラストあたり僅か11.50ギルダーが支払われたに過ぎなかった。しかし，それでも，輸送料が取引費用全体の40％を占めていた[117]。

　外国への航海に支払われる輸送料は，特定の取引きから生じる利益にとって最も重要だった。1592年12月のデルフトでは，ファン・アドリヘムが高額な輸送費と，そのために穀物取引から得られるはずの利益がどれほど減少させられるかに関して，不平を述べている。「海運業による利益とともに，利益の一部が失われる」(De vracht is met de proffijten een deel wechgelopen.)[118]。「デルフトへと持ち込まれるバルト海地方の商品の価格が低いのに輸送料が高額であることを考慮すれば，貿易は利益をもたらすものではない」と，彼は悲しそうに述べている。ファン・アドリヘムによれば「港に来る船をみるだけでも，バルト海貿易と同じだけの利益が得られる」(Die de ancomste van de schepen hier te lande waerneemt, doet soe ghoet proffijt als die op Oesten handelt)[119]。こうした不平は，異常な事態について述べている。しかし，少なくとも17世紀から18世紀前半にかけての平均的輸送料が時系列で明らかになっているので，通常の穀物貿易によって生じるはずの利益を輸送料がどれほど食いつぶしていたのかがわかる。

　ある所与の年のダンツィヒとアムステルダムの平均的ライ麦の差額を貿易による利益とすれば，輸送費は，少なくともこの利益の半分あるいはそれ以上を占めることがあり得た。食糧危機の時期だった1698年，状況は商人にとって極めて有利だった。輸送料は僅か14ギルダーであり，一方ダンツィヒにおける平均ライ麦価格は，149ギルダー（オランダ・ギルダーに換算）であり，アムステルダムにおいては244ギルダーだった。貿易の利益は95ギルダーであり，輸送料が占める割合はたった15％だった。僅か6年前の1692年，状況はまったく異なっていた。戦争により輸送料が上昇し，ダンツィヒとアムステルダムのライ麦価格はかなり低く，それぞれ70ギルダーと128ギルダーだった。したがって，価格差は58ギルダ

ーしかなかった。貿易の利益のおよそ半分は，28ギルダーの輸送料によって差し引かれた。それゆえ輸送費が利益に与える影響はかなり変化し，海上の安全は，それと密接な関係があった。

輸送費の構造的発展を理解するためには，戦争の影響を排除しなくてはならないが，これは簡単なことではない。スペインに対する反乱，三度にわたる英蘭戦争，九年戦争，大北方戦争，スペイン継承戦争，オーストリア継承戦争といった戦争が続けざまにおこり，その合間に長期の平和な期間が訪れることはなく，再び新たな戦争がすぐに勃発している。現実には戦争が通常の状態であり，平和が例外的状況だったとさえいうことができよう。1670年代のデータが欠如していることは，輸送費の構造的発展をたどろうとした場合，また別の問題となる。しかし，それでも，なお比較可能な平和な時期が3回ある。すなわち十二年休戦の期間，1684-88年の時期，そして1724-38年である。

表22 17-18世紀の貿易による利益額と平均的輸送料 （単位：ギルダー）

年　代	利益額（平均）	輸送料（平均）	％
1610-20	28	9.5	34
1684-88	36	12	33
1724-38	38	16	42

表22はまた，休戦期間において，輸送費が貿易による利益の三分の一を占めたことを明示する。輸送料は低いが，貿易の利益，ダンツィヒとアムステルダムにおけるライ麦の価格差もやはり非常に少なかった。バルト海地方とオランダ貿易が活発だったために輸送が頻繁に行なわれていたからである。休戦期間と1680年代の間，平均的輸送費は9.5ギルダーから12ギルダーへと増加した。それは主として，当時生じつつあった価格と賃金の全般的上昇によって，ある程度まで説明できるはずである。同時期に，貿易による利益が増加（28ギルダーから36ギルダー）したことは，それと同じくらい重要である。こうした展開の結果，1680年代においても輸送費はなお貿易による利益全体のおよそ三分の一を占めていた。18世紀の状況は興味深い。1680年代から1720年代にかけて，インフレーションがなく，貿易による利益はどちらの時期もほぼ同じであり，輸送料は12ギルダーから16ギルダーへと，かなり上昇している。オランダ海運業

は，もはや17世紀ほど安価ではなくなったのだ。

　表22をみると，バルト海地方からの穀物貿易による利益は，一般的に大きなものではなかったこともわかる。バルト海地方とオランダの間の構造的価格差による利益の多くの部分は，通常，輸送料（平時においては少なくとも三分の一）により消えていった。むろん，それに加えて，支払わなければならない別の費用があった。このことは輸送費の小さな差異が大きな影響をおよぼし，オランダ人が比較的安価な輸送料で穀物貿易の大部分を17-18世紀に支配した理由の説明となる。

結　　論

　16世紀から生じた商船隊の急速な発展のため，17世紀のオランダは，ヨーロッパ最大の海運国となった。オランダの貨物輸送船は，当時，競争相手諸国の船よりもはるかに低いコストで航海していた。この成果は，かさ張る商品の輸送において特に顕著である。16世紀から18世紀にかけて，バルト海地方からの穀物輸送は，大部分オランダ人によって行なわれていた。海運業は，オランダ人にとって，重要な収入源だった。利益が莫大だったとはいいがたいが，断片的な証拠を分析するかぎり，明らかにそう悪いものではなかった。貿易量の増加とそれにともなう組織の改良により，16世紀の第2・第3四半世紀，オランダ船の輸送料は大幅に削減された。貿易の発展により安定性が増した。航路と売買の状況に関する知識が向上し，貨物を満載できることが多い船舶が誕生し，航海時間の短縮などが生じたのである。造船分野で1550年頃から生じた技術革新も，貿易の発展に貢献する要素だった。むろん，こうした革新自体，船舶の積載能力に対する需要が増加したことから生じたものだった。16世紀，オランダのバルト海貿易は，輸送費の低下にともない，「オランダ内部の貿易」の性質を帯びるようになった。ところが，17世紀前半において輸送料は，さらに削減された。特に，十二年休戦の期間において，輸送料は極めて低かった。新しく発明されたフライト船は，武器を積まず，したがって乗組員は少数で済み，重い貨物を輸送したことが成功の一因となったが，造船におけるこうした技術的革新による成果を，過大評価してはならない。フライ

ト船を所有するということと，それが使用可能であるということは，同じくらい重要だった。後者には広範囲にわたる貿易関係，十分に組織化された市場，安全な航路が含まれる。1592年から1758年にわたる輸送料の時系列からみた変動によれば，輸送料は，以前のように低くはなかったし，18世紀には，オランダ海運業は間違いなく17世紀よりも高くついた。貿易の利益がほぼ同じだったため，商人は費用が高騰する問題に直面した。輸送費は，純利益に決定的な影響をもたらすので，このことは重要でないとはいえなかった。輸送費は，貿易の粗利益（ダンツィヒ市場とアムステルダム市場の価格差）の半額，場合によってはそれ以上になった。それゆえ，オランダ船が18世紀の間にバルト海地方からの穀物の海上輸送において，圧倒的な地位を喪失したことは驚くにはあたらない。19世紀は，オランダはバルト海地方で周辺的地位を占めるに過ぎなくなった。短期・中期的な視点からすれば，輸送料は，ダンツィヒのような港より，アムステルダムの方が安定していた。ダンツィヒなどの港では，海運業はアムステルダムほど活発ではなく，小規模な商船隊が到着した時でさえ，輸送料市場に大きな影響を及ぼすことがあり得たからだ。しかし，アムステルダムにおいてすら，短期・中期的な輸送料の変動は，非常に顕著だった。変動を引きおこす最も重要な要因は，貿易の時期と海上の安全だった。後者の問題に関しては次章で扱うことにしたい。

第7章
海上のリスクとバルト海貿易・海運業委員会

―――――

　オランダのバルト海商船隊は攻撃に弱かった。他のほとんどの商船隊より攻撃されやすかったのは，武器を搭載していないか，たとえ搭載していても，軽武装に過ぎなかったからである。敵やその可能性がある者は，このことを非常によく知っていた。1699年フランス政府に対し提出された報告書には，こう書かれていた。「平時には，これらの商船隊に護衛がつくことはなかった。30-40門の大砲をつんだ軍艦が4-6隻から10隻ほどつけられた。これらの軍艦は，エーアソン海峡まで護衛した。ここで商船隊は，航海遂行に十分な数の商品が集まるのを待った」[1]。エーアソン海峡へ向かう商船に随伴する軍艦を艤装することは，実際，オランダのバルト海貿易で保護するための最もありふれた方法だった。原則的に，戦艦の艤装費用を支払ったのは海軍局だったので，商人と船主は海軍局に依存することになった。軍艦に関する詳細，すなわち軍艦の数，艦上の大砲の数，出港日などを決定する権限は海軍局にあった。海軍局との交渉で商人間の協力がなされた。またそうすることで，さまざまな制度を発展させた。この章では，そうした組織の一つであり，とりわけバルト海を舞台とした貿易と海運業にかかわったバルト海貿易・海運業委員会（*Directie der Oostersche Handel en Reederijen*）が考察の対象となる。この組織の主な目的は，保護費用の軽減だった。同委員会は，この点でどの程度の成功を収めたのだろうか。

　航路が戦争の危険にさらされていなくても，企業家たちは悪天候，航法の失敗，私掠船などの危険から生じる船舶や商品の損害や損失というリスクに直面した。彼らはどのようにして海上貿易につきものの財政的リスク

に対処したのか。また彼らが採用した方法はどれほど費用がかかり，どれくらい効率的だったのか。第1節は，そのためのさまざまな方法，つまり海上保険，それに先行する制度に関して述べる。それに続く諸節ではバルト海貿易・海運業委員会とその制度的発展（第2節），この組織の理事がバルト海貿易の利益を保護するために取ったさまざまな方法（第3節），そして理事たちがどういう人々かということに関して述べたい（第4節）。

1　海上保険と海上のリスクに対処する方法

　中世の間に，オランダ人は海上貿易につきもののリスクを軽減する3種類の方法を導入していたが，そのすべては，貿易と海運業がすでに発展していた他地域からもたらされた[2]。第一にリスクの分散がある。これは，商品を数隻の船舶に分散させたり，数名の人々あるいはいくつかの企業が船舶の所有権を分担する方法であり，オランダにおいては分担所有（*partenrederij*）という名で知られる。第二に，「共同海損」がある。これは損害を数名に分散させる方法である。第三に〔船主が船舶を抵当に入れ，航海資金を借りる〕船舶抵当貸借（*bodemrij*）がある。これは，一種の海上貸借〔訳注：船舶，輸送費，積荷を抵当・質入れし，目的地到着を条件として返済する貸借〕であり，抵当としての性質がある。現実には，保険と貸付けを組み合わせたものだった。16世紀末になって，はじめて現実に海上保険，つまり掛け金の支払いを裏づけとする保険が導入された。まず，海上貿易におけるリスク防止のため発達した比較的古いこの3種類の方法と，より近代的な第四の方法をみていこう。

　オランダ船は，所有者が1人だけのことは滅多になかった。船舶は通常少なくとも2名，多くの場合それ以上の人物からなる海運商会が所有していた。ホラントにおいては，多数の船舶共同保有者が船舶を分担で保有するこうした方法，すなわち分担所有は15世紀にまでさかのぼる[3]。この方法は，海運に融資し組織化する手段として最も一般的なもので，19世紀最後の四半世紀まで残存した[4]。船舶共同保有者は，それぞれ船舶に1つ以上の持ち分をもつ。持ち分の中には64分の1，128分の1あるいは256分の1といった小さなものさえあり得た。だが多くの場合，4分の1，

1　海上保険と海上のリスクに対処する方法　　　203

8分の1あるいは16分の1の持ち分の方が好まれた。船舶所有者たちは，1隻の船舶全部を所有して不運のためすべての投資を失うリスクを背負うのではなく，多くの異なる船舶に資本を投資した。大商人は，しばしば数ダースもの持ち分を所有した。例えば富裕な商人だったピーテル・アレンは，1643年の死に際して，78もの持ち分を残したが，そのほとんどはかなり小さく，16分の1あるいは32分の1であった[5]。他の例としてはアムステルダム商人のヤン・イベスがあげられる。1652年に死亡した時，彼は120もの異なる船の持ち分を有していた[6]。ヤン・イベスは，投資を商船隊全体にばらまいていたといっても過言ではない。そうすれば，投資先の船が1隻が丸ごと損害を受けても，致命的な打撃ではなくなるからだ。

　持ち分は商人によって所有されることが非常に多く，彼らはこれを使って，自分たちの商品を積載する船舶内のスペースを確保した。だが，持ち分保有者の中には，船長やありとあらゆる投資家がいた。そうした人々の中には，海運に関連した補助的産業で働く人々，たとえば木材商人，造船業者，ロープ製造人，帆布製造人，醸造業者がいた。彼らは商人にスペースを貸付することから利益を得たが[7]，投資家の中には，海運業とはまったく関係のない，寡婦，孤児，聖職者という人々もいた。ブリューレの議論では，彼らはおそらく安全な事業に投資することを望んでいたが[8]，現実には特定の持ち分に投入して投資額を失うリスクはかなり高かった。投資は，多くの船の持ち分を購入してはじめて比較的安全になった。低額の持ち分を少しずつ所有する現象は，小額しか投資しない人々がいたからではなく，リスクを分散させる必要性があったという説明がなされる[9]。

　船舶所有者だけが用意周到だったわけではなく，輸送業者もすべての卵を同じバスケットに入れる愚は冒さなかった。商人たちには同じ場所へ輸送される商品を分割し，確実に商品を数隻の船に少しずつ積載して発送する傾向があった。この方法はバルト海貿易に特に適していた。というのもこの航路を通る船は多く，商人は余った商品を輸送するため長く待つことができなかったからである。一般的な貨物輸送（freighting）に比べて，第三者による貨物輸送（sub-freighting）〔訳注：商人ではなく輸送業者が，別の輸送業者に下請けに出し貨物を輸送させること〕が行なわれていた証拠を発見することははるかに困難であるが（前者とは対照的に後者は公証人の前での契約の文書化がなされない），バルト海貿易において，商

品を多数の小型のロットに分割し、別々の船舶に積載する方法が少なくとも17世紀の第2四半世紀まで広く実施されていた証拠がある。こうした方法は、高額な商品の輸送の方が一般的だったが（証拠のほとんどはストックホルムの貿易で発見される）、間違いなくダンツィヒとの穀物貿易においても実施された[10]。

　当時、穀物のロットは、種類ごとに分けなくてはならなかった。穀物は厳密に区分されることなくそのまま船倉に保存されるので、種類や品質の異なった穀物を分別する時と同様、船長は袋を用いてさまざまな積荷を区分しなくてはならなかった。作業が適切に行なわれなかったり、船が大嵐に遭遇すると、さまざまなロットが混ざりあい、穀物の荷降しや計量の際に重大な問題となることもあった[11]。船主個人の会計簿をみると、1隻の船に積載された2-3のロットを仕分けするためこれらの袋が何百も必要とされたことがわかる[12]。16世紀後期のオランダ商業船に関する考古学的な調査により、穀物が船舶に積載される方法を正確に再現することが可能になった[13]。難破したこの船を発掘する際、何百という袋が発見された。

　リスクを可能なかぎり分散させることに加えて、オランダ海運業では、リスクの要素を最低限にする第二の方法が発展した。海事法のもと、船舶や商品がある特定の損害を被った場合、常に、できるかぎり多くの関係者によって支払われた。ここで問題となるのが「共同海損」である。船舶もしくは商品が船長によって故意に損害を被った場合、あるいは船長の意図によって何らかの出費が生じた場合は、これが使用された。つまり、船長が嵐によって船舶全体を失いかねない危険な状況に陥り、船荷の一部を船外に投棄し、メーンマストあるいは錨を切断し、破滅から船を救った方が良いと判断した場合に適用されたのである。「共同海損」は、海賊が船舶を拿捕し、身代金を要求した際にも適用された。こうした場合、損害は船主と貨物の所有者の間で分担された。このような損害は、全体の利益に悪影響を及ぼしたからである。一部の貿易では、20世紀においても「共同海損」が見出される。バルト海貿易において、「共同海損」は少なくとも18世紀末まで非常に一般的であり、商人は、誰もがいずれはそれを必要とする事態に巻き込まれるものと考えていた[14]。

　海上貿易における不確実性に対処する第三の方法は、中世に生まれた船舶抵当貸借である。これは一種の海上貸借で、短期の融資と船舶への保険、

1 海上保険と海上のリスクに対処する方法　205

あるいは商品への保険，もしくはその両方を組み合わせたもので，それに基づいて融資される。船主は，航海の間，一定金額を借り受けた。船舶や商品が損害を受けずに到着した場合，それを返済さえすれば良かった。損害がなければ，貸主はあらかじめ支払った金額を失った。貸主はすべての金額を失うリスクを負ったが，船主は少なくとも借りた金額に関してはまったくリスクを負わなかった（ただし，船舶抵当賃借の形態で融資されていない場合は，残りの金額を失うリスクがあった）。船が無事に到着した場合，状況はまったく異なった。借り手は，発生した利子に加えて，融資を受けた全額を支払わなくてはならなかった。しかも，それは船舶が到着した直後のことだった。それができなかった場合，貸し手には，事前に合意された契約に基づき，船舶や商品を差し押さえる権利があった。商人がどの程度船舶抵当貸借を用いたのか，正確に知ることは困難である。バルト海の海運業では一般的だったが，16世紀以降あまり実行されなくなっていったようである[15]。

　船舶抵当貸借の利率は，航海の予定期間と，航海する航路の危険性によって決まった。船舶抵当貸借に関する現存の公証人文書をみるかぎり，オランダからダンツィヒやケーニヒスベルクへの航海の利率は，17世紀最初の四半世紀は約5-12％の間で変動していた[16]。17世紀の第2四半世紀の間に関しては，やはり現存の公証人文書をみるかぎり，3.5-13％の間で変動していた。こうした低利率が可能となったのは，バルト海が安全でありオランダでは資本が不足していなかっただけではなく[17]，金を借りるのは，たいてい航海期間（アムステルダム－プロイセン間の片道航海の場合）のたった1ヵ月間だけだったことに求められる。

　実際の海上保険がオランダにおいてなかなか発展しなかった理由は，すでに述べたように三種類の技術——リスクの分散，損害とそれにより生じた費用を関係者全員で分け持つこと，船舶抵当貸借——が，リスク問題を解決する点で極めて効果的だった点にあることは疑えない。保険金の支払いを裏づけとする形式の海上保険は，16世紀のある時点にオランダで導入された。おそらく最後の四半世紀に導入されたのだろう[18]。それ以前には，商品に保険をかけるために商人は，アントウェルペンまで出掛けた。16世紀前半，エーアソン海峡を通過したアムステルダムの船には，しばしばアントウェルペンで保険がかけられた[19]。オランダで現存する最古の

保険証券は，1592年1月アムステルダムで作成されたものである。それら（3通の保険証券で，内容はほとんど同じ）は印刷されており，アントウェルペンとロンドンで行なわれている保険の慣習を遵守するよう規定していた[20]。これらの書類は，知られているかぎり最も古い保険証券であるが，むろんオランダにおいてそれ以前に海上保険が存在しなかったわけではない。オランダ商人がハンブルクに海上保険を導入した事実が，それを証明する。遅くとも，1590年にはそうしている。この年にオランダ語で書かれたハンブルクの保険の約定事項があることが，その証拠となる[21]。1592年の約定事項が手書きではなく実際に印刷されていたことから，こうした保険は当時かなり普及していたことがわかる[22]。1598年，アムステルダム市政府によって，保険に関する最初の法令が公布された。保険・海損会議所（Kamer van Assurantie en Averij）が設立され，保険証券の登録と，そこから生じるすべての問題を解決する責任を有した。この会議所は，1598年に設立されたが，1612年になるまで公的には機能しなかった[23]。

それゆえ，遅くとも1590年代からアムステルダムでは，船舶に積載される商品と船舶自体に保険をかけることが可能だったことを示す証拠がある。しかし，こうしたサーヴィスは，商人の間でどれほど用いられたのだろうか。1590年代，地中海との貿易で輸送される商品には，海上保険がかなり一般的に使用されていたものと思われる。例えば，知られているかぎり最古の1592年の3通のほとんど同一の内容の保険証券は，ジェノヴァへのライ麦輸送に関するものだった[24]。一般に，当時南欧に輸送されるライ麦と小麦にしばしば保険がかけられたことを示す数多くの証拠がある[25]。バルト海貿易における——特に穀物貿易の——海上保険の普及をたどることは容易ではない。この問題が複雑なのは，保険証券はいくつかのイタリア諸都市と異なり公証人によって作成されず[26]，このためほとんど何も残されていないことだ。そこで，別の証拠を探さなければならない。クリステンセンの主張によれば，数多くの異なる船舶に積荷を分散することは17世紀の前半には極めて一般的だったが，17世紀の第2四半世紀に消滅する傾向がみられた。この事実が，バルト海貿易における海上保険の増加を示すというのだ[27]。問題は，彼が提示する証拠がストックホルム貿易に関するものだということである。ここでの貿易では，かさ張る商品よ

りも高価な商品の方が重要な役割を果たしていた。それゆえ厳密にいえば，穀物貿易の状況はあまりわからないのである。以前なら，保険は，かさ張る商品よりも高価な商品の貿易の方が一般的だったかもしれない。

　保険会社設立を提案した1630年頃の史料によれば，当時比較的安全だったバルト海で輸送される商品には，保険をかけないことが一般的だった。1628年，オランダを出港するすべての船と商品に，外国人のものだろうとオランダ人のものだろうと，安全な貿易航路を航海しようとしまいと，4人のアムステルダム商人が，強制的に保険をかけさせる計画を立案した。東西インド会社の船舶は除外されるが，ヨーロッパ航路の全船舶には保険がかけられることになる。この計画では，私企業の設立も提案されていた。この会社は，保険を組織化し，危険な貿易航路で商船を集団で護衛する数隻の軍艦を維持することになっていた。この提案の背景には，ダンケルクの私掠船団により当時生じていた多大な損害があった。どうも心を動かされた様子はなく，アムステルダムの商人と船主は，計画の強制的な性質に異を唱え，保険料によって利益の大部分が失われると反対した。16人のアムステルダム商人の署名がある1通の手紙によれば，海上保険は特殊な状況にかぎられていた。例えば1隻を丸ごと所有するか，少なくとも持ち分のかなりの部分をもつ僅かな人々しかかけなかった。その手紙によれば，通常，船舶所有権は例えば16分の1以下に分割され，保険料を制限するために，商人は商品を数隻の船に分けて積載した。商人は，船舶所有はほとんど利益があがる事業ではなく，大半の人々は帆・食糧・ロープなどを海運会社に売るためだけに持ち分を所有しているとの抗議を続けた[28]。最終的に，この計画は否決された。アムステルダム商人がこの計画に反応した様子をみると，海上保険は1630年頃いまだ一般的でなかったことが明示される。

　だとすれば，海上保険はいつ一般的になったのだろうか。18世紀に（何よりも）かさ張る商品を積載してバルト海へ向かう船舶の使用に関する史料をみると，商品の保険はより一般的になっていたが，いつもそうだとはかぎらなかった。当時，船舶自体に保険をかけるのは，戦争のような例外的状況だけだった[29]。商品の保険に対する需要が17-18世紀の間に上昇した。この事実は，たぶん，保険料の金額が低下したことと何らかの関係がある。保険料は，以前ほどには，利益を侵食するものではなくなっ

た[30]。19世紀，ついに商品のみならず船舶にも保険をかけることが一般的な慣習として定着した[31]。

17-18世紀の間，ヨーロッパ内を目的地とする場合，一般的に保険料の低下が生じた。スプーナーは17-18世紀の「価格表」を用い，さまざまな目的地への航海のためにアムステルダムで支払われた保険料をまとめた。スプーナーが，必ず6月の保険料を用いたのは，6月はどこに向かう場合でも，1年の間で保険料率が最も低かったからである。バルト海地方に関しては，東部沿岸のレーヴァルとリーガの保険料を調査した。保険料率は，1630年代後半には2-4％だった（保険がかけられるようになった頃の「価格表」のデータは存在しない）[32]が，1730年代には1.25-2.25％に低下し，ついに1760年代後半には1-1.5％になり，その後の低下はみられない[33]。1世紀半の間に，保険料率はおよそ半分に減少したのである。

保険料が，17-18世紀の間に低下したのはどうしてか。技術向上は無関係である。というのも，航海技術と造船方法は18世紀末になっても17世紀初頭と比べてあまり改善されておらず，少なくとも，遠洋航海のリスクを半減させるほどには進歩はしなかったからである。おそらく，保険会社が他の場所（オランダ国内，しかしとりわけハンブルクとロンドン）に設立されたため，アムステルダム保険会社は以前より激しい競争に直面していた。だから，保険料率低下への圧力が生じた。それ以外の説明として可能なのは，概して利子率が低かったことである。ヨーロッパの金融市場，アムステルダムの通貨・資本市場のさまざまな部門が統合し，保険料は，もはや小規模な集団内（オランダ海運業の関係者）の需要と供給で決定されるのではなく，金融世界全体の発展にも依存していたからである。第三の，すなわち最後の説明は，経済活動の一分野としての保険の組織に関係する。16-17世紀には，ほとんどの保険業者は商人だったが，1700年頃からある種の専門化が生じ始めた。保険の専門家たちは，危険を特定の航路と1年間の特定期間のリスクを計算する点で，多大な経験を積み上げた[34]。こうしたことは，リスクの計算と保険料率を算出する際に統計的な裏付けが存在しない時代において，重要な組織的進歩だった[35]。

いうまでもなく，保険料は戦争の勃発次第で大きく変わった。それは戦争のため海が平時よりも危険になり，保険への需要が高まった時以外には，大多数の商人と船主は海上保険を使用しまいとしたことだけが理由なので

はない。熱心な商人は，特に海戦がない時には，保険証券を引き受けて貯蓄の一部を投資する傾向があったが，他方戦時に素人の保険業者が業界からあっという間に撤退し，それにともない保険の供給が縮小したからでもある。このようなことが重なり，海上が危険な時に保険料率が高騰したのである[36]。

　1ヵ月の間でさえ，合意される最高と最低の保険料率の間に大きな差異がみられる年もある。護衛船団が編成されるとこうなる。護衛船団に囲まれる船舶の保険料率は低いし，保護されない場合には高くなる。いくつもの戦争が勃発した17世紀転換期頃の，バルト海南岸への航海における保険料率は，極めて示唆的である。九年戦争（1688-97年），スペイン継承戦争（1701-13年），大北方戦争（1700-21年）の時代には，しばしば護衛船団が編成され，そのためたびたび2種類の異なる料金が課せられた。図12は，こうした航海における最高と最低の保険料率の差を示す。大北方戦争により，バルト海は極めて危険になった。護衛船団をともなわない船舶に積載される商品の保険料率は，たびたび9-10％に達し，1717年と1718年には20％に達している！

　保険料は，季節によって大きく変化した。前章で触れたように，バルト海は，3月から10月末までが航海可能な季節だったが，輸送料はすでに夏の終わりに上昇し始める。保険料率は，それ以上に季節に応じて変化する。スプーナーは，保険料率が1766年から1780年にわたって月単位でいかに変化したかをさまざまな目的地ごとに公表した。バルト海南岸（ケーニヒスベルク，ダンツィヒ，ポンメルン，リューベックの見出しで出てくる「価格表」）に関しては，保険料率は，図13で月ごとに整理されている。春と初夏において低く，9月と10月ではその3倍以上になり，さらに冬季は極めて高い。

　リスクを減らしたりなくしたりするために，さまざまな解決法が考案された。その方法は，組み合わされることが可能であり，事実そうされることが多かった。商品が，異なった船に分散されて積載される時，商品の所有者と船舶の共同所有者は，しばしば別人だった[37]。船舶に共同海損の負担があり，なおかつ商人が保険に加入している時は，商人が支払うはずの損害の一部を，保険会社が支払った[38]。船舶自体を失うリスクは，通常，所有権の分割，すなわち分担所有によって減らされた。しかし，そうした

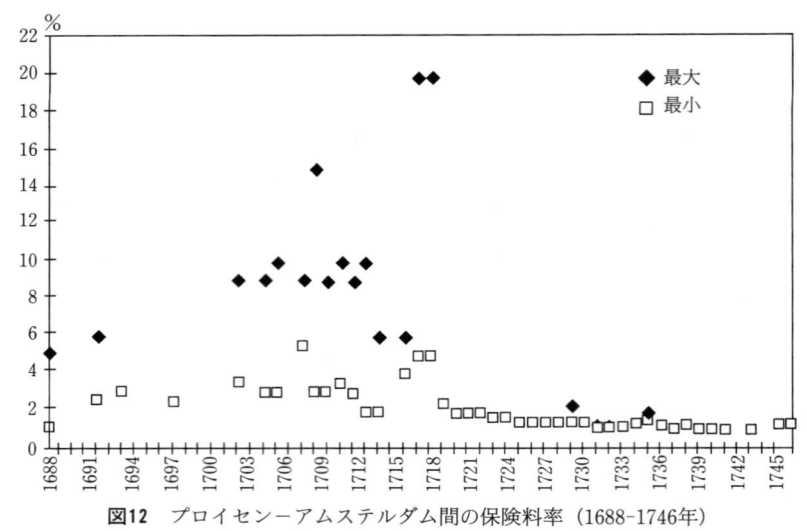

図12 プロイセン-アムステルダム間の保険料率（1688-1746年）
出典）Collection of price currents in the Nederlands Economisch Historisch Archiet (NEHA collectie prijsconraten).

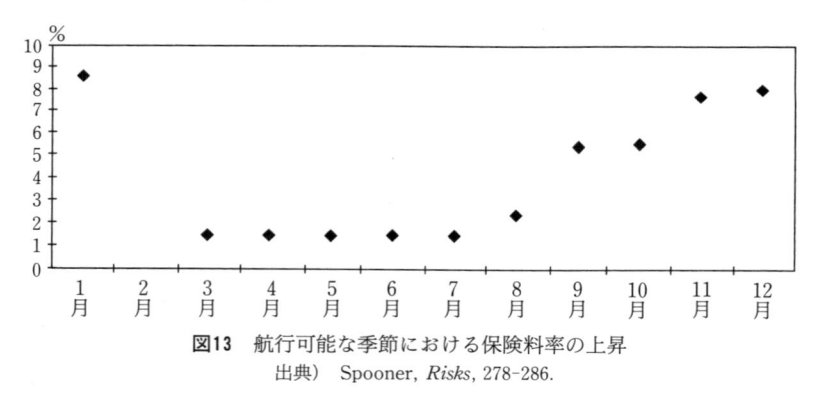

図13 航行可能な季節における保険料率の上昇
出典）Spooner, *Risks*, 278-286.

状況であっても，船舶や船舶の持ち分の一部を保険にかけることはできた。フリースラント州で18-19世紀に活動していた数ダースの海運会社の会計簿によれば，こうしたことは，リスクがまだ非常に高いと考えられる状況でなされた。例えば船主が僅かな持ち分しかない時や，戦争のため海上が危険な時がそれにあたる[39]。海上貸借が，多くの船舶共同所有者からなる海運会社の船舶のために確保されたので，船舶抵当貸借も分担所有と組み

合わされた[40]。

　バルト海貿易・海運業において海上保険がなかなか普及しなかったことは，通常の状況では，金融上のリスク——例えば海上貿易における巨額の取引費用——が適切に処理されたことを示す。船主は，分担所有と船舶抵当貸借のため，大きな損失を被ることはなかった。船舶に対する保険は，19世紀になってはじめて一般的となったが，この時でさえ，分担所有が船舶所有の通常の形態だった。中世以来商人を巨額の損失を被ることから保護したのは，船舶抵当貸借と数隻の船舶に商品を分割して積載する戦術だった。だが，やがて商品に対する保険が，金額上のリスクに対するこの二種類の対処方法に取って代わった。しかし異常事態においては，このうちどの方法をとっても充分ではなかった。つまり，商船隊は軍艦によって護衛されるしかなかったのである。

2　バルト海貿易と海運業を支える恒久的組織

　ヨーロッパ外部——東西インドとの貿易を独占する株式会社が商業を厳しく規制してきた——とはまったく異なり，ヨーロッパ内部では自由な企業が広く活動していたことを前章でみた。それでも企業家は，時には共同で活動するか，少なくとも何とかして最低限の相互的取り決めをする必要性を感じていた。彼らは，理事からなる委員会を形成し，特定部門の貿易における利益を求めた。こうした組織が形成された最初の分野は地中海貿易であり，1625年にレヴァント貿易委員会（Directie van de Levantsche Handel）が設立された[41]。主要な役割は，地中海を航行する船をスペインの軍艦やバーバリー海賊から保護するため，護衛船団を編成することだった。委員会はまた，出港の準備が整ったオランダ船が，規定通りに最小限の武器と乗組員数を乗せているかどうかを調べた。委員会は，地中海に航行する船舶に積載されている商品に関税を課すことで護衛船団の費用を支払った[42]。

　数年後，バルト海地方で活動する商人や船主も，レヴァント貿易委員会のやり方を踏襲することになった。アムステルダムと他の5都市では，市政官はバルト海貿易に従事していた商人と船主の間から選出された理事を

任命した。6都市の委員会は，6都市とバルト海地方ないしノルウェーを行き来する船舶に税を課し，北海を航行する護衛船団に資金を提供し組織化した。こうした制度を恒久的なものにしようとする意図はなかったが，結局かなりの長期のわたり機能した（正確には1631-56年）[43]。

さまざまな委員会が，17世紀の第2四半世紀に形成された。現実には，その原因は，与えられた護衛義務を果たせなかった海軍局の無力にある。つまり，オランダの海上貿易を保護できなかったのだ。軍艦を艤装しスペインとその同盟国に対する戦争を遂行し，貿易船団を軍艦で護衛することは公的義務であり，そのために五つの海軍局が創設された。これらはアムステルダム，ロッテルダム，ホールンとエンクハイゼン（両都市が同じ海軍局を共有する），ミデルブルフ，そしてドックム（この海軍局は後にハーリンゲンへと移転した）にあった。こうした海軍局は16世紀に創設され，独自の基盤があった。最も重要な財源は外国との貿易に課せられる税金，すなわち輸出入関税（convooien en licenten）の徴収だった。北アフリカを拠点とするが北海でも活動していたバーバリー海賊船，スペインの軍艦，最後になるが手強いダンケルク私掠船が結びつき，1620年代，1630年代，1640年代に脅威となっていたが，それらの処理は，海軍局にとってあまりに荷が重すぎた。したがって，理事自ら護衛船団に資金を提供し組織しなくてはならなかった[44]。レヴァント貿易委員会とは異なり，バルト海貿易で利益を追求するさまざまな委員会は，商船隊をさらに護衛する必要がなくなったため，不必要になった。

17世紀末，九年戦争のため，新たに三つの委員会が形成され，バルト海貿易，ノルウェー貿易，そしてロシア貿易の利害を監督した[45]。今回，主導権を握ったのは企業家自身であり，17世紀前半とは異なり市政官ではなかった。当初，委員会は完全に民間組織であり，商人と船主から選出される一定数の代表者からなり，そして一時的な組織となる予定だったのは確かである。しかし，バルト海貿易の代表団はロシア貿易とまったく同様に，結局は半ば公的な性質を有する恒久的な組織となった。それがバルト海貿易・海運業委員会である。

バルト海貿易・海運業委員会の初期の歴史を語るにあたり，三つの年に注目しなければならない。まず，1689年である。この年にはじめてバルト海貿易に従事する商人は代表委員を指名し，代表委員という名称を使っ

て活動した。そのため，この年は委員会の「設立の年」と考えられる。次に 1706 年に注目したい。この年，代表団の最終的な構造が形成された。最後に 1717 年をみよう。この年，代表団は市政府による公的な認可を受け，その監督下におかれた。換言すれば，単なる代表団として始まったものが，誰もが認める組織になったのだ。興味深い問題は，どのようにしてそうなったかということである。

九年戦争（1688-97 年）の間，オランダ共和国はイングランドと同盟を組んでフランスと対抗しており，北海とバルト海における海運業は深刻な脅威にさらされていた。商船隊を護衛する軍艦がなかったのは，海軍はより南方，つまりフランス沿岸のチャンネル諸島や地中海における任務だけで手一杯だったからである。北海の航行は，ダンケルクから出動するフランス私掠船部隊のために不断の脅威にさらされていたが，危険が認識されているにもかかわらず海軍局は数隻の軽武装フリゲート艦を派遣しただけだった。アムステルダムの商人の目には，非武装船をバルト海に向かわせるにはあまりにも状況が危険すぎた。彼らは，護衛船団が必要だと考えた[46]。アムステルダム海軍局に彼らの見解を納得させるため，3 名の代表を彼らの中から選出し，護衛船団の供給を主張した。彼らの名前は今日でも知られている。ヘラルト・ローファー Gerald Rover，ヤン・ファン・タレリンク Jan van Tarelink，コルネリス・ベーツ Cornelis Beets である[47]。彼らは最初の「理事」と考えられるが，にもかかわらず彼らはつつましくも「護衛船団を求める代表委員」（gecomitteerden tot verzoek van't convoy）と呼ばれた。彼らは，九年戦争の海戦から 2 年経った 1689 年に指名されたが，正確な日付とその様子は知られていない。当時の史料は存在せず，この点でこの出来事を再び述べた 18 世紀の史料に頼るほかない。

やはり史料がないため，九年戦争期に最初の代表委員がどのような活動をしたのかということに関しても，ほとんど何もわからない。彼らは，海軍局に対し圧力をかけ，バルト海の商船隊保護のために可能なかぎり多くの軍艦を派遣させようとしていたと推定される。彼らが成功したかどうかさえ簡単にはわからない。彼らの活動に関する唯一の史料は，戦争の最後の年である 1697 年のものである。戦争が終わったという知らせが広まった時，船舶は海上にあり安全に帰国できる状況にないので，代表委員は 1

隻の高速船（galliot）をチャーターし，オランダ船員にこの素晴らしいニュースを伝えた。オランダ船は，すぐに帰港することが可能となった[48]。さもなければ帰港が遅れ，商人と船主に損失がもたらされただろう。

　戦争後も3人の代表委員は，バルト海貿易商人全体の代表であり続けた。当然ながら，その任務は今や軽くなったのだろう。1700年頃には活動していたふしはない。ヤン・ファン・タレリンクとコルネリス・ベーツは，アムステルダムの参審人に，当時多発していた穀物盗難の防止方法に関する助言の手紙を出した。1702年，もしかしたらそれ以前のことかもしれない[49]。それは，代表委員としての役割から，彼ら自身が作成したものかもしれないが，手紙には自分たちが代表委員とは書かなかった。

　平和は長くは続かなかった。1700年には，大北方戦争が，そして1701年にはスペイン継承戦争が勃発した。後者の戦争で，1702年にかなり危険な状況が生じた。フランスの私掠船団が北海をうろつくようになり，一方オランダのバルト海とノルウェー方面の商船隊は，早期に帰還することが予想された。1702年10月末，海軍局は代表委員を召集し，バルト海やノルウェーから帰還する船舶に警告するよう勧告した[50]。この勧告に従い，代表団は，すぐに小型船をチャーターし，商船隊にこの知らせを伝えた。この代表団は，マテイス・マーテンとヤン・ファン・タレリンク（ローファーは欠席だったと思われる）だった。ヤン・ファン・タレリンクはすでに九年戦争時に代表委員の1人だったが，マテイス・マーテンの名はこの時点で初めてみられる。彼は，コルネリス・ベーツの後を継いだに違いない[51]。マーテンとファン・タレリンクが一般の商人と相談せず，彼らに負担を強いて船をチャーターしたことは，強調すべきだろう。商人は，11月，数百ギルダーの費用で船がチャーターされてからようやく召集された。このことが強く示唆するように，マーテンとファン・タレリンクは，自分たちには商人の名において行動する権限があると考えていた。以前の歴史研究では，商人の代表団が1697年から1702年11月までの平時に機能していたかどうかに関して疑問が投げかけられていた。1702年が，委員会創設の年とされてきた[52]。最近の研究では，設立の年を1689年としているが[53]，このような見解は，上述の議論から，1702年よりもかなり強く支持される。

　戦争のため，マーテン，ローファー，ファン・タレリンクの仕事は増加

した。長年の間ではじめて，代表団は，海軍局がバルト海へと派遣する護衛船団を監視する重要な責任をもつようになった。1702年11月，商人と船主の集会で，彼らは，代表委員の数を3名から6名へと増加するよう提案し，この提案は承認された。マーテンとローファーが再選され，ファン・タレリンクは再選されなかった。そして，4名の新代表に任命された。6人全員が1704年までその資格を保持することになった[54]。1702年11月以降，代表委員は常に6名だった。

　この代表委員は，バルト海貿易に従事していた人々から民主的に選出された。1689年に最初の代表委員がどのようにして選出されたかについては史料が存在しないが，1704年の選出方法（およびそれに続く1706年の選出方法）は，代表団が当時作成した詳細な議事録から明確に再構成することができる。1704年3月1日，百人を越える商人がニューウェンデイクの「白鳥」（De Swaan）という宿屋に集まったが，それは代表委員の主導によるものと推測される。ブルック・イン・ワーテルラントの商人を代表していたとおぼしき1名に関してはまったく不明だが，少なくとも他の5名の商人は代表から退任することを望んだ。出席した商人たちは，彼らが引き続き1年間代表として活動するよう要請したが，彼らの決心は揺るがなかった。このことから確かに，当時代表団となり，海軍局に護衛船団を請願するという仕事には人気がなかったという印象を受ける。最終的には妥協に達した。ブルック・イン・ワーテルラントの代表を交代させるかどうかは，その地区の商人に委ねられたが，残る5人のうち2人はさらに1年間委員として残り（誰が選ばれるかはくじ引きで決定された），新しい3名の委員を決定する選挙が行なわれた。選挙はすぐに実行され，マテイス・マーテンとトーマス・ファン・ソンは代表委員として残り，そして他の3名（ヤコブ・ファン・ヘイニンゲン，ヤン・ファン・ブーニンゲン・ヘンドリクスゾーン，ヨハンネス・ファン・ドローヘンホルスト・ジュニア）が選出され，新しい同僚となった[55]。

　委員会の文書館に残っているリストには，1704年に「白鳥」での集会時に投票した者たちの人名が記されている[56]。その中には95名の商人の名と，2名以上の人物の関係者——例えば兄弟あるいは父とその息子という項目で——16名が記入されている。したがって，新しい代表委員は全員で111のアムステルダム企業の代表によって選出された。「白鳥」は，

この冬の日，実に騒然としていたはずだ。しかし，このリストは，アムステルダムでバルト海貿易に従事する企業の総数を推計するためには使用できない。どれだけの企業が実際にこの宿屋に代理人を送り票を投じたのか，そうしなかった企業がどれだけあったのかが不明だからである。

任命された代表委員は1年間だけで辞めたが，次の選挙にはおよそ2年近い月日が必要だった。1706年1月，バルト海貿易に従事する商人を，1704年に使用されたものと同じ宿屋，つまり「白鳥」に集める措置が取られた。印刷された文言は少ない。「貴殿をニューウェンデイクの『白鳥』に1706年1月30日土曜日午後5時にお招きいたします。バルト海貿易に尽力されている商人と船主から代表を選出するためでございます。この知らせを，関心をお持ちの方にご通知いただければ幸甚に存じます」[57]。数通保存されているこの手紙の文面は，バルト海貿易をしていると知られていたすべての商会へと配布された。幸いなことに，住所のリストが保存されている[58]。予想されるかもしれないが，これは1704年のリストよりもやや長い。バルト海貿易に関係するすべての人々に配布され，また商人のみならず船主も含まれたからである。事実，代表委員のうち3名が商人（トーマス・ファン・ソン，マテイス・マーテン，ヨハンネス・ファン・ドローヘンホルスト・ジュニア）で，船主から選出される代表委員は3名だった（ヤコブ・ファン・ラール，ヤン・ファン・フォレンホーフェン，ディルク・ブロック）[59]。1706年のリストには，少なくとも137の商会が記録されている。これらの企業が，18世紀最初の10年間のアムステルダムのバルト海貿易・海運業の基盤をなしたと考えられる[60]。

代表の構成に関する重要な三つの調整が1706年に行なわれた。代表委員は，（遅くとも1702年からは）商人と船主の名のもとに行動したが，時おり船主の一団は満足せず，「代表委員は船主の利害を代表していない」と主張した[61]。1706年1月，原則として代表委員は商人と船主の二つのグループから平等に選出されるという決定がなされた。すなわち，3人の商人と3人の船主である[62]。果たして代表委員用の三脚の椅子が，実際に常に計画的に船主のためにとっておかれていたかどうかは明らかでないが[63]，代表委員（後に理事）が1706年以降，二つのグループ間の利害調整に心を砕いたことは疑えない。二つの重要な決定が，1706年になされたからである[64]。まず，毎年あるいは2年おきに6名の代表委員の総選挙

を行なうのではなく，死ぬまで職にあると決定された。第二に，6名のうちの1人が亡くなった場合，残る5名が新たな代表を選出する。つまり，新代表委員は，民主的な選挙ではなく代表委員によって選出されるようになったのである。

しかし，この年以外に，委員会の組織の歴史上特に注目に値するのは1717年である。それまで，代表団は，私的な性格を帯びていた。商人が，代表人物とその職責を決定した。しかし，1717年，代表委員はアムステルダム市長に請願を出した。その内容は，代表委員こそが，バルト海貿易商人と船主の正式な代表として認められるべきだというものだった。1717年4月10日，返答の中で市長はこれに合意し，バルト海貿易・海運業委員会 (Directie der Oostersche Handel en Rederijen) が最終的に創設された。こうしてバルト海貿易商人と船主の代表が，市政府によって公的に受け入れられたが，同時にある程度市政府に依存することになった[65]。これ以降，代表委員は，自分たちを理事（directeuren）と呼ぶようになった。そうすれば，1717年4月まで活動していた「代表委員」と区別できるのである。組織化がさらに進行する徴候がすぐに出現した。理事会内の規則は1719年に承認された[66]。それには，すべての理事会で詳細な議事録を取らなければならないという規則があった。理事たちは，議事録作成者に賃金を支払うこととなり[67]，1725年以降，こうした作業は，法律家で彼らと良好な関係にあったマテイス・マーテン・ジュニア，すなわち理事のマテイス・マーテンの息子の仕事になった[68]。1720年から，使用人[69]と会計係[70]が雇用された。法律家，使用人，簿記係以外に，委員会は誰も雇用しなかった[71]。

なぜ，代表委員は1717年に公的な地位を得ようとしたのか。ここでもまた，明確な像を描くために充分な断片的情報は存在しないが，残された資料は二つのことを物語る。第一に，護衛船団はそれまで以上に必要とされており，そして代表団は公的地位につき，より効率的に海軍局とホラント州議会と交渉すべきだとおそらく感じていた。代表委員は，設立に関する手紙にこうした熱意をほのめかしている。その理由は容易に想像できる。スウェーデン人は，ロシアの貿易港に向かうと考えられた全オランダ船を拿捕したので，バルト海は危険になった。1717年と1718年，バルト海航路の保険料率は，20％に上昇した。仮に近世でオランダ船がバルト海で

護衛されなくてはならない時期を一つ選ぶとしたら，1714-1718年の4年間である。第二に，代表委員には，あまり選択肢がなかったに違いない。公的組織になるよう要請する際，彼らは市政府が二種類の方法で支配することを黙認した。毎年市長に収入と支出の決算報告をし，さらに理事が空席の場合は，市政府が残る5名の理事が推薦した2名の候補の中から新理事を任命できるということにも同意した[72]。こうして穏やかに政府の支配下に入ったことから，疑問が生じる。なぜ，彼らは市政府による監督に自発的に同意したのだろうか。

　この理由は，代表委員はアムステルダム港と他のいくつかの港に停泊する船舶から徴収し，かなりの額を得ていたという事実に求められなければならない。徴収は，当初は特定の場合にかぎられていた。すなわち，海上の船に私掠船がいると警告を発したり，沿岸に危険のないことを知らせるために，船舶がチャーターされた時だけだった。代表委員は，1697年，1702年，1704年，1705年，1706年にこのような行動をとった。船舶，通常はハルヨート船（galjoot あるいはハリオト船 galiot）をチャーターする時に生じる出費は，バルト海地方とノルウェーの港を目指す全船舶から徴収される金額で賄われた。これがハルヨート代（galjootsgeld）と呼ばれる徴収金である[73]。1709年には，ハルヨート代は，必要な時に徴収されるのではなく，実際に必要とされる出費とは何ら関係もなく恒久的に課せられるようになった[74]。この徴収金を恒久的な強制取り立てとして公式に許可するよう要請することは決してなかったし，おそらくその許可はおりなかった。このように，暗黙の了解がなされた。その結果，船舶をチャーターする必要性とは無関係に，ハルヨート代から年間数千ギルダーの収入を受け取ることになった。1710年3月，代表委員は未使用金を用いて公債を購入することを決定し，彼らは1,000ギルダーと500ギルダーの公債を一つずつ買った[75]。これは，注目すべき額の資本蓄積の端緒だったが，すべてがハルヨート代によるものだった。

　史料から，資本蓄積のいくつかの跡をたどることができる。例えば，1723年から1725年の間に購入された公債を調査すると，総投資額は9万3,635ギルダーとなる[76]。1762年に，委員会は91もの公債を所有していたが，それは総額で13万5,035ギルダーの価値があり，それ以外に1万3,000ギルダー以上の現金があった[77]。理事たちが1795年に財産税を支

払わなくてはならなくなった時，彼らの資産は20万ギルダーと見積られた[78]。1823年には，財産はまだおよそ20万ギルダーあった[79]。

　代表委員の自由になる財産は，当初は，政府からあまり注目されなかった。しかし，1716年には，市長はホールンの代表委員から財産について知らされた。ホールンでは，3名の代表委員が1714年にホールン市長から認知されており，アムステルダムの代表委員との協力が合意されていた。だが，アムステルダムの代表委員は，ホールンの理事に財政状況を知らせることを許さなかった。ホールンの理事は，（正しくも）財政状態を考えるとハルヨート代の徴収は廃止することができると考えた。彼らが情報を得ることから意図的に排除されていたため，1716年についにアムステルダム市長に要求を出し，アムステルダム代表委員からの年間会計報告書の提出を求めた[80]。代表委員は，もはや市政府に身を委ねる以外に選択の余地がなかった。このような決定がなされてなかったならば，代表委員がハルヨート代を徴収する権利は拒否されていただろう。

　このことから，バルト海貿易・海運業委員会の理事がどの程度市長に依存していたかという問題が生じる。前述のように，市長は，委員会を二種類の方法で支配していた。第一は財政的方法であり，第二は空席が生じた場合の新理事確定の方法である。もし，6席のうちの1つが空席となれば，以下の手続きがとられた。残った理事が適切と考えられる2名の候補に順位をつけて選び，市長がこの2人のうち1人を任命する。つまり，原則として理事は新会員選出（co-optation）によって選出されるが，市長は何らかの影響を及ぼす可能性があった。時には，推薦状が書かれ，それとともにリストのトップにある候補者に口頭の推薦がなされたようである[81]。数ダースからなる手続きによる証拠から明らかなように，市長は実のところ常に第一候補を指名しており，したがって，実質的には理事の選出に影響を与える権利を行使しなかった[82]。しかし，一度だけ例外があった。1795年の革命後，アムステルダムでは他の諸都市と同様，市政府が改革された。1797年，理事は新参事会に忠誠を誓うよう要請された。彼らのうち5人が，それを拒否したので解任された。新しい理事は，伝統的な方法で選ばれた。残った理事が，1人の理事に対し2人の人物を任命した。したがって全員で10人の候補者がいたことになる[83]。この変革は別として，委員会は，理事決定の点で，現実に自律的だったと結論すべきである。

市政府が委員会に影響を行使するもうひとつの手段は，財政だった。この財政的支配が，かなり重要だったとは思われない。事実，収入と支出に関する年間報告は，実質的に異議申し立てを受けることなく常に了承された。1798年以降，理事は年次会計報告を市政府に送ることすらしなかった[84]。公的には，委員会は市政府に依存していたが，実際には，極めて自律的だったと結論できよう。

3 委員会の活動

当初，商人の代表団が行なう唯一の職務は，バルト海商船隊が護衛船団によって充分に護衛されるよう取り計らうことだった。極めて早くから，そしてたぶん最初から，彼らはバルト海貿易と海運業に関連するあらゆる種類の事柄に助言を求められた。1719年以降，彼らは穀物取引所の管理を任されるようになった。そこで責任が生じ，穀物貿易全般に，それまでよりはるかに大きく関与することになった。実際，委員会の活動を，前述した三分野に分けることはかなり容易である。以下，委員会が関与した分野を簡単に概観する。（1）海上の安全，（2）アムステルダム穀物市場，（3）バルト海貿易全体である。

戦時に海上の安全を確保するため，17世紀末から18世紀初頭にかけて，バルト海貿易商人の代表委員は小型船をチャーターし，商船隊に対し私掠船と敵国の軍艦がいるという警告を与え，あるいは国への帰還が可能なほど海上が安全になったという知らせを送った。スペイン継承戦争の間（1701-13年）に，彼らは1702年，1704年，1705年（この年は2回も）にこうした船舶をチャーターし[85]，そして1706年12月には2隻の船をチャーターした。彼らはこの出費を賄うためにハルヨート代を徴収した[86]。

知らせを海上の船に伝達することとは別に，代表委員，後には理事が全力を尽くしてアムステルダム海軍局を説得し，充分な数の軍艦をバルト海の商船隊護衛に割り当てさせた。18世紀最初の10年間，代表委員は頻繁に，特に春に海軍局を訪れた。彼らはバルト海における護衛船団の必要性を力説した。代表委員は，海軍局や市長に陳述書を送り，影響力のある人々を訪れ，必要ならばデン・ハーグにまで出かけた。彼らの目的は，十

分な数の軍艦をバルト海へと派遣し，しかもそれを素早く準備することだった。そうした手配がなされないなら，商船隊は待機しなければならないというリスクがあった。他の貿易航路がバルト海よりも好まれることもあった[87]。また船舶が数週間にわたって待機しなくてはならないという事態も発生した。船主も商人も，ともにこうした遅延に影響された。

例えば1707年6月のアムステルダムでは，重武装した6隻の私掠船に支援を受けた9隻の軍艦からなるフランスの艦隊が，ダンケルクを離れ，ドッガー・バンクに向かっているというニュースが広まった。これは，破壊的な結果をもたらすかもしれなかった。それは，バルト海地方とノルウェーから来た商船隊が，この航路を通じて帰還する予定だったからである。代表団は，連邦議会に対して，オランダの艦隊指揮官ファン・デル・ドゥッセンに命令し，商船隊を探し，本国への帰還に際して護衛するよう要求した[88]。彼らの要求を強制するために，トーマス・ファン・ソンとマティス・マーテンの2人の代表委員がデン・ハーグに向かった。この地から，彼らはアムステルダムの同僚に対し，毎日待機と陳情ばかりしていると不平を訴えている（van 8 tot twee uuren weder op de been geweest met solliciteeren & wagten）。しかし，この苦労はやがて報われた。連邦議会で，指揮官ファン・デル・ドゥッセンに，東方から帰還する商船隊の護衛をさせることを決定したからだ[89]。

1711-20年に，代表団は，ほとんどいつも海上の安全問題に専念しなければならなかったに違いない。しかし，史料からは詳細はわからない。確かに，安全は当時のオランダの貿易と海運業にとって大きな問題だったに違いない。スペイン継承戦争は1713年に終結したが，大北方戦争（1700-21年）の戦火は衰えていなかったし，そのためバルト海は非常に危険な状態となっていた。ロシアと戦争状態にあったスウェーデンは，かつてはスウェーデンの貿易港だったが今やロシアに占領されているナルヴァとの全通商を不可能にしようとした。そのため，公的には中立だったオランダの船舶も，ナルヴァに向かっていると疑われた場合はいつでも，スウェーデン政府によって拿捕されることになった。

大北方戦争が終結してから20年後，再び海上の安全が深刻に脅かされることになった。今度は，オーストリア継承戦争（1740-48年）が原因である。戦争の間，理事たちは何度も，商船隊は護衛船団による適切な保護

が必要だと主張し，それに成功した[90]。海軍局は，それに対して委員会にいくつかの要請を出した。1743年，海軍局の依頼で，理事は船舶をチャーターしエーアソン海峡にいる軍艦に食糧を供給した[91]。1748年，委員会は，現実に，軍艦乗組員の賃金の一部を支払っているが，こうした状況はおそらく滅多にないことだった[92]。通常，委員会は護衛船団にこだわったが，彼ら自身が護衛船団を組織することも，作戦のための経費を支払うこともなかったからである。今や，海軍局は1ヵ月11ギルダーの通常の賃金で働こうという人員を十分に雇用することも，それ以上支払うこともできなかった。結局，何百人もの船乗りが1748年に1ヵ月5ギルダーの賃金を余分に受け取ったが，それは委員会が出費したのである[93]。

18世紀後半，理事たちは，必要ならば護衛船団を要求した。七年戦争（1756-63年），第四次英蘭戦争（1780-84年）の間がそれにあたるが[94]，決して船舶がチャーターされることはなかった。

委員会の別形態の活動に目を向けると，穀物貿易が他の貿易分野以上に重視された。それは，1719年に委員会がはじめてアムステルダム穀物取引所の管理を公的に委任された時点からのことだったようだ[95]。当初，理事たちの唯一の仕事は，取引所の貯蔵施設の割り当てを管理することだった。これらの貯蔵施設は，商人，仲介人，仲買人が売りたいと思う穀物のサンプルを保管するために使用された。貯蔵施設を保持する者が穀物貿易から撤退したり死亡した場合，それ以外の者に割り当てられた。複数の人物が，空の貯蔵施設を使いたいと思うことがしばしばあったので，誰に割り当てるか決定しなくてはならなくなった。この決定は，貯蔵施設の利用申し込み者リストを持つ穀物取引所の監督官が行ない，委員会は彼の決定を承認しなくてはならなかった[96]。

おそらく，この公的職務こそ，理事たちが穀物取引所を適切な状態で管理する責任があると考えた理由だろう。1723年以降，理事たちは定期的に新しい測量器具を購入し，取引きで使用するようになった[97]。1732年から，毎年委員会が金を拠出して測量器具を調査した[98]。1617年から使用されてきた木造の穀物取引所が老朽化し使用が困難になると，新しいレンガ造りの取引所が1765年から1768年にかけて建造された（口絵5をみよ）。これは，市政府の仕事であったが，委員会は，仮取引所建設のために資金を調達して手助けした。それは旧い取引所が取り壊されたが，新し

い取引所が完成するまでの間に使用された。1766-68年の会計簿には，建築資材（石，鉄細工製品，しかし何よりも木材）への出費，大工，煉瓦工，石工，鍛冶屋，画家といった人々の賃金が記載されている。すべては，仮取引所のためであった[99]。新しい取引所が落成した1768年からほどなく，商人たちは問題点を発見した。取引所のどこからも，時計をみることができなかったのである[100]。委員会は，自費で時計を作らせ，それ以後維持費も支払った[101]。1799年，1825年，1842年には，取引所の木製の床を取り替える必要が生じ，そのたびに委員会はおよそ2,000ギルダーを支払った[102]。

　穀物取引所に関する配慮は，必要な場合，穀物貿易に関連する他の事柄にも拡大された。例えば穀物を運搬する労働者たちが要求する高賃金（1729年），州税を支払わなくてはならない事務所の場所（1800年），アムステルダムにおける穀物の盗難への救済――これは1790年以降深刻な問題となっていた――がそれにあたる[103]。

　商船隊や穀物貿易の安全に関する問題はもちろん，委員会はバルト海貿易に関するあらゆる事柄に関与した。興味深い例としては，バルト海地方のオランダ改革派集団の援助がある。1729年，1730年，1731年に，毎年375ギルダーにのぼる補助金がリーガの改革派教会に支払われている。教区は小規模なものに過ぎず，教区委員会には教会と学校を建築し維持するために充分な資金がなかった。この贈り物は感謝とともに受け取られた。教区委員会の委員は，感謝をこめてこう書いた。「アムステルダムのバルト海貿易の繁栄，あらゆる不幸からのアムステルダムが守られること，そして理事とその家族が健康で幸福に長生きすることを神に祈ろう」[104]。こうした感謝に対する対応として，理事たちは，数年後の1736年に，サンクト・ペテルブルクで改革派の教会を建設するために設けられた募金に寄贈した。委員会は，当時，300ギルダーを寄付したのである[105]。

　こうした贈与は，貿易と海運業の発展という委員会の目的にうってつけだった。貿易商会は地方の委託代理商の代理機能にますます大きく依存していったけれども，オランダの商人や現地代理人の中には，まだ外国に居住し，文化的・宗教的状況がオランダとはまったく違うロシアのような国での大変な生活を余儀なくされている者もいた。委員会は，教会を援助した点で決して例外ではなかった。18世紀の間，ロシア貿易のための姉妹

組織であるモスクワ貿易委員会（Directie van de Moscovische Handel）は，アルハンゲリスク，モスクワ，サンクト・ペテルブルクの教会に定期的に援助している。それには財政側面のみならず，このような遠隔地にすすんで居住する牧師を探すためでもあった[106]。1737年，バルト海貿易・海運業委員会の理事たちは，信者たちに小額の寄付をした。そうして，アルハンゲリスクに出発しようとしている牧師の旅費を，ロシア貿易に従事する仲間たちに与えたのである[107]。

　市政府は，あらゆる問題に関して理事に忠告を要請する義務はなかったし，理事（のみならずあらゆる他の当局）の勧告に従って行動する必要もなかったが，いつもそうしていた。理事は，どんな事柄にも助言した。例えば，誰を連邦議会の外交代理人に任命するのかということがあった。連邦議会は，コペンハーゲン，エーアソン海峡，ダンツィヒ，ストックホルム，1693年以降はベルゲン（ノルウェー）に，1774年からはヘルゴランドに，常に外交代理人を派遣していた[108]。これらの役職の一つが空席になると，理事はアムステルダム市長に誰を任命するのか助言を求めた。市長は，反対に委員会に尋ねた。いつもというわけではないが[109]，多くの場合，理事が望ましいと考える候補者が任命された。例えば，1775年，理事はダンツィヒの代理人だったヘンドリク・スールマンスの後任に，4人を候補者として考えていた。その中には，ダンツィヒに行ったことがなかったり，当地の状況にほとんど知識がなかった者がいた。理事たちは，ヤコブ・ロスを推薦した。彼は貿易，とりわけオランダ－ダンツィヒ間の貿易の経験があるので，ダンツィヒについても熟知していると知っていたからである。ロスは実際に任命された[110]。彼らは，外交官の賃金に関してすら助言した[111]。

　アムステルダムの商人と船主にとって，この委員会は，バルト海地方の問題に関する情報の拠点として機能した。理事たちは，デン・ハーグに代理人がおり，定期的に連絡をとった。理事自身がデン・ハーグに来ない場合は，代理人が彼らにホラント州議会と連邦議会が採択した決定を伝え，理事の代理としてこれらの議会と交渉した。委員会は，またヘルシンボーとダンツィヒのオランダ人外交官と定期的に連絡をとり，さまざまな商品の市場状況，政治的情報，輸送料などに関する情報を受け取った。貿易に関する新しい規則がバルト海地方の諸都市で公表されると，理事たちはで

きるだけ早くこうした規則を把握しようとし，アムステルダムに知らせた[112]。

4 理事たち

理事たちは，勤めた任期と職務に対する賃金は支払われなかったが，候補者をみつけることは難しくはなかった。この職に就くと，政治に影響を与える機会が提供され，おそらく名誉ある地位と考えられた。たいていの理事は死ぬまで職に就いたし，誰かが退職することが稀にあったが，それは老齢が原因だった。例えば，1719年にマテイス・マーテンは約20年間にわたって務めてきた理事の職から退きたいと望んだ。それは，彼が当時69歳であり，もはや健康ではなく，このためデン・ハーグにしろ別の場所にしろ，アムステルダム商人の名のもとで出かけることは困難になっていたからである[113]。1774年，2名の理事，ヤン・ファン・フォレンホーフェンとヤコブ・ド・クレルクは，加齢と体力の衰えを理由に（om derzelver toeneemende jaaren en aanhoudende zwakheid）退職している。ファン・フォレンホーフェンは，1727年から（つまりほぼ半世紀間も）委員会の一員だった![114] 1803年，ヘンドリク・フォレンホーフェンも退任した。退任の手紙には，個人的な問題によりそうせざるを得なかったとあるが，多くの幸福な思い出に満ちた在任期間に出会った友好的で快適な仲間ともう会えないことを残念がった（vriendelijk en aangename ommegang, die ik heb moogen genieten geduurende de jaaren, dat ik mede in de Directie was en welke mij altoos eene blijde herinnering zal zijn）[115]。

理事が賃金や謝礼を受け取ることはなかったが，この職に就くことには確かに利益があった。それらは，無料の夕食や飲み物[116]，時には会議中やその後のタバコ[117]，そして毎年たっぷりと出される菓子などである。この経費は，委員会が負担した[118]。さらに新聞の定期購読がそれに加わった[119]。議事録をみると，理事たちはともに楽しんだらしく，1747年12月30日の記録には「タラの食事，皆が出席」（cabeljauw maaltijd, present alle）とある![120]

では，こうした理事とはどういう人々だったのか。18世紀初頭，商人の代表委員はすでに前任者たちの名をリストに記載している[121]。それ以降，この長いリストには絶えず名前と日付が入っている。しかし，それしか情報はない。経済活動，宗教の宗派，政治的影響，家族関係に関しては，詳細な研究は行なわれていない。プロソポフラフィーによる完全な分析は明らかに本書の手の届くところにはないが，大まかな調査でも，この問題にある程度の洞察が得られよう。

市参事会が1717年に公認する前の代表委員の評判に関しては，仲裁人の登録簿が研究の手がかりを与えてくれる。この登録簿は，第4章ですでに触れた。そこには，知識と経験から，ある特定の職業上の争いの仲裁人として行動するのに最適と考えられる人物の名前が記載されている。1702-04年にしか活動しなかった，ブルック・イン・ワーテルラントの代表（この人物は，居住地を考えると，よもやアムステルダムの仲裁人に指名されるとは思ってはいなかったかもしれない）を除けば，遅かれ早かれ全代表委員がこれらのリストに記載されていることがわかる。ただ一つの例外もない[122]。彼らの中には，バルト海貿易商人もいた。さらに船主，穀物や亜麻の購入者がいた。代表の一員になるための条件に，商売で良い評判を得ていることがあるのは明らかだ。これらの仲裁人の登録簿が1717年までしか存在しないのは残念である。

富裕であるということが，バルト海貿易商人であるための一つの条件だと想定しても差し支えないだろう。理事たちの財産を推定するためには，1742年の徴税処理が有効である。この税金は，年収が600ギルダーを越える家族の家長に重くのしかかった。当時の理事全員が，この税金を支払わなくてはならなかった。課税額を決定するため，さまざまな事柄が記録されている。収入，豊かさの証拠（家内使用人の数，別荘の所有数，馬車・そり・小型船などの数，馬の数）家賃などである。これらから，理事の生活水準に関する興味深い像が示される（表23）[123]。

明らかに彼らは富裕であり，6名全員が豊かな生活をしていた証拠がある。後年の議事録には，別荘にいるので，数名の理事は通常夏季には町にはいないという内容の指摘がある[124]。1742年に理事たちが比較的富裕だったことがさらに明らかになるのは，彼らの年間6,000ギルダー以上の収入をアムステルダムに居住する一般の人々と比較した場合である。4万世

表23 バルト海貿易・海運業委員会の生活水準（1742年）

(単位：ギルダー)

理　事	豊かさの証拠	年収
ヘンドリク・ファン・カウヴェンホーフェン (Hendrik van Couwenhoven)[125]	使用人:3 大型そり:1 馬:1	6,000
ヤコブ・アレヴェイン・ヘイゼン (Jacob Alewijn Ghijsen)	使用人:5 別荘:1 馬車:1 馬:4	30,000
コルネリオ・マーテン（Cornelio Maten）	使用人:5	6,000
レーンデルト・スヘルテス (Leendert Scheltes)	使用人:2 別荘:1 馬車:1 馬:2	10,000
ゼーヘル・ファン・ソン（Zeger van Son）	使用人:3	10,000
ヤン・ファン・フォレンホーフェン (Jan van Vollenhoven)	使用人:3	6,000

帯以上が当時のアムステルダムに居住していたが，これほど高い収入を得ている家族は601（2％にさえ達しない）に過ぎなかった[126]。商人は，当然ながら，一般的に豊かだったが，その中でも理事は最も高収入だとみなされた。1,019人の商人に対し課税が行なわれており，そのうち6,000ギルダー以上の収入があると査定された者は，213名（21％）だけだった[127]。

理事たちが豊かだったことは間違いないが，はたして政治権力を握ることはできたのだろうか。理事が参審人に任命されたり，市参事会員，場合によっては市長に就任するのは当たり前だったのだろうか。答えはノーである。18世紀の間，全員で48名の理事のうち参審人に任命されたり，市参事会に席を得た者は僅か4名に過ぎなかった。フィリップ・アントニ・ファン・デル・ヒーセン（1717-30年にかけて理事）とエフェラルト・アドリアーン・ファン・ムイデン（1774-90年）は，参審人であり市参事会の会員だった。トーマス・ファン・ソン（1774-90年）は，1775年に市参事会員に任命され，ヘンドリク・ウィレム・クラーマー・ルドルフスゾーン（1781-97年）は，レヘントから選出されなかった3名の新会員の1名として，1787年に市参事会の会員となった[128]。理事の中には市長はまっ

たく見出されない。理事はバルト海貿易商人の最も高い階層に属していたことを考えれば，少なくとも18世紀においてはバルト海貿易商人がアムステルダム政治権力に直接接近する方法はかぎられていたと結論づけることができるだろう。

　宗派に関しては，例外的ともいえるほどの高い確率で，彼らはメノー派教会に所属していたことが示される。18世紀に就任した48名の理事のうち，おそらく20名もの人がメノー派信徒だった[129]。アムステルダムの全人口のうちメノー派はほんの数％だったことを考えれば，これは異常なまでに高い比率である。この点に関しては，メノー派は全体的にみてバルト海貿易商人の間で代表的な宗派だったという事実を指摘すれば，おそらく簡単に説明できよう[130]。

結　論

平時に公海を航行するリスクに対処することは，オランダのバルト海貿易にとって決して問題とはならなかった。海上保険を導入する以前に，それ以外の効率的な方法が発達したが，それらのほとんどはリスク分散の原則に基づいていた。バルト海地方との貿易・海運業には多数の船舶と企業家が関与したため，常に損害を分担する多くの人々がいた。それゆえ，海上保険は現実には非常にゆっくりとしか普及しなかった。にもかかわらず，海上保険は，旧来の方法に比べて有利な点があった。まず，損害や損失を被った場合に補償することでリスクを排除した。一方，他の方法では危険を排除することはできず減少させただけである。第二に，海上保険のため，所有者が異なる多数の商品を1隻の船舶に積載する必要性が削減される。以前なら，かさ張る商品の場合，さまざまなロットを分割するために，煩雑な積載方法が必要になった。1630年代から1760年代にかけては，ホラント－プロイセン間の航海に必要な保険料はゆっくりとではあるが確実に低下していた。おそらく，より多くの人々が商品に保険をかけるように決めたことがその理由となろう。19世紀以前においては，船舶自体には，通常，保険はかけられなかった。船舶を多くの持ち分に分割する，古風な「分担所有」がいまだに効率的だったからである。商品に保険をかける

結論 229

人々は，巨額の財政上の損失を被る可能性を考慮に入れることを，単に小額の保険料を輸送に必要な費用の一部とみなすだけで済んだ。つまり，事業における不確実性が減少したのである。さまざまな要因が，保険料の減額に寄与したのだろう。その一つは，1700年頃に専門的な保険業者が出現したことである。これは，組織内の改善が費用の削減につながった一例である。

戦時には，状況はまったく異なっていた。保険料が異常なほど高騰することを防ぐため，バルト海地方で使用される船舶——それらはある種の「みせかけの抵抗」(token defiance) 以上の自衛は現実にはできない——は軍艦が護衛しなければならなかった。通常，商人と船主は，海軍局がこれらの軍艦を艤装することを頼りとしていた。これが公的職務だったからである。1631-56年には，海軍局はそうした任務をまっとうできず，アムステルダム市と他の数都市の市政官は，理事の一団を任命し，補助的な軍艦の艤装を責務とし，出費を賄うため，船舶から一定の税を徴収する権利を与えた。

17世紀末，海軍局は十分な数の軍艦を供給できないという問題に再び直面し，それにともなって，商人からなる新集団が出現した。最終的にバルト海貿易・海運業委員会という組織に発展したこの集団の性格は，それ以前の理事集団の性格とは異なっていた。理事たちは私的組織として出発し，市政府から公的に認可されるのはかなり後（1717年）になってからだった。彼らは軍艦の艤装を行なわなかったが，商人と船主の代表であり，政府と交渉し，要請されれば，海軍局，アムステルダム市政官，ホラント州議会，連邦議会にも助言した。

バルト海貿易と海運業を保護し活気づけるうえで委員会が果たした役割を評価するためには，初期とそれ以降の歴史を峻別しなくてはならない。17世紀末と18世紀初頭の戦期に，商人と船主は，自分たちの名で当局と交渉できるような代表団の必要性を感じていたように思われる。これは，多くの貿易会社が1704年と1706年の代表者選出に出席したことからも明らかである。1702-06年の議事録によれば，代表委員は非常に多忙であり，ハルヨート船をチャーターする際に多額の金額を費やした。バルト海は18世紀の20年代において危険な状況になり，おそらくそのため商人と船主の間である種の組織を形成する必要性が強くなった。それはまた，当時

生じつつあった急激な組織化の原因か，少なくとも原因の一つになった。代表委員は，1717年に公的に認められ，そして2年後彼らは公的職務を任されるようになった。その職務とは穀物取引所の監督であり，彼らは内部の規則を作成し始めた。うまくいくと，法律家，簿記係，使用人を雇った。代表委員は，バルト海から到着するすべての船舶にハルヨート代を課したが，それを永続化する許可は与えられなかった。

　大北方戦争の終結（1721年）後に平和が回復しても，この委員会は廃止されなかった。海軍局との交渉で商人と船主を代表する必要はなかったが，委員会は，穀物取引所に関連する独自の職務をもつ，半ば公的な組織となった。委員会はデン・ハーグ，ヘルシンボー，ダンツィヒの代理商との定期的な連絡も開始していたし，こうしてバルト海地方の情勢に関する情報を広めることが可能になった。貿易商人とレヘントの間で緊密な関係があった17世紀前半の状況とは対照的に，18-19世紀において，ほとんどのレヘントは，個人としては貿易や海運業にはかかわらなかったし，もちろんバルト海地方との貿易や海運業にも参加しなかった。注目すべきことに，18世紀に理事に任命された数ダースの者たちのうち，アムステルダム市の参審人や参事会の会員を兼職した者は僅か4名だった。委員会が強力なロビー活動の主体とならなかった事実については，現実にはその必要がなかったという説明をすべきである。レヘントは貿易全般，なかでもバルト海貿易の利益をかなり強く擁護したからである。そうするために，レヘントはしばしば実業界の意見を聴く必要があったが，現実には実業界との接触を徐々に失いつつあった。穀物取引所の監督職に加えて，政府と実業界の仲介を果たすという機能という職務こそ，17世紀に誕生した委員会とは対照的に，18世紀の委員会が解散しなかった理由といえる。

第8章
アムステルダムのサーヴィス部門

───────

　近世の穀物貿易は労働集約的だった。穀物は，海上航行用船舶の船倉にばら積みされ，目的港に到着すると，小型船(はしけ)に積み代えられた。その後は，念入りに計量され，袋に入れられ保管用倉庫へと運搬された。穀物は数年間も倉庫の中で保管されることがあり，絶えず火災を用心する必要があった。誰もが倉庫を借りることができ，そこに保管される穀物の責任を負ったが，アムステルダムにおいて輸送と計量は，三つのギルドの特権であると厳格に規定されていた。すなわち，穀物用小型船船員（市内の穀物輸送に適した小型船の所有者）のギルド，穀物運搬人のギルド，そして穀物計量人と配達人（setters）のギルドである。

　都市生活における重要性を考慮し，市政府は，いたるところでギルドを成立させ，円滑な食糧・燃料輸送を確立させた。これらのギルドは，手工業を監督するギルドとはまったく異なっていた。熟練した手工業者ではなく市政府に忠誠を誓った労働者だったからである[1]。ギルドへの加入は強制的だった。そのため，個人が指導権を発揮する機会は排除された。商人たちは，商品がギルドの会員によって計量・秤量・運搬され，積み替えられることを認めるほかなかった。P・W・クレインによれば，市政府は，卸売り業には通常介入を行なわない方針だったが，工業とサーヴィス部門に関してはまったく異なる方針をとり，さまざまな部門を管理した。品質の基準，価格と賃金を統制する規則，労働規定などの介入を行なった。こうした指図の大半は，州あるいは地方政府によって開始されており，中央政府から指示されるわけではなかった[2]。貿易におけるさまざまな規制，そして独占権を有するギルドがこれらの業務のほとんどを行なった。それ

は，貿易に対してどのような影響を与えたのだろうか。貿易商人の仕事は，低賃金で熱心かつ迅速に働こうとしている小型船の船長，港にいる運搬人らが豊富に供給されれば最も効果的である。過剰な規制と，強力な権力を有したギルドが組み合わされれば，貿易商人に不利益が生じる可能性もあった。間違いなく，こうした範疇に属する取引費用は，アムステルダム港の競争上の地位を確保するうえで重要だった。この章では，アムステルダムの補給サーヴィスが数世紀の間にどのような発展を遂げ，その過程でどの点が決定的な影響を与えたのかを探ることにしたい。商品が取引きされる際，効率と速さが改善されたのだろうか。そのため，取引きは高価になったのか，それとも安価になったのか。政府の役割とは何だろうか。

1　穀物用小型船船員

穀物用小型船船員（当時の人々からは korenlightermans として知られていた）の仕事は，港の大型外洋船から都市の埠頭まで，輸送に非常に適した特定の種類の平底船を操作することだった。一般的に，海外からオランダへと穀物を輸送する船舶は，ダムラク（Damrak）まで進入するには大きすぎた。この点で，アムステルダムは，例外的だった。他のオランダ諸都市では，貨物船の積載と積み降ろしは通常直接埠頭で行なわれた[3]。ともかく，穀物運搬用船舶は，何の問題もなく倉庫付近まで航行できた。この種のたいていの船舶とは異なり，これらの小型船に，悪天候の場合に貨物が濡れることを防ぐハッチ・カバーが備え付けられていた。

　ギルドの独占のため，会員以外誰も穀物用小型船を操船できなかった。しかし，このギルド規定は，アムステルダムで現実に穀物輸送の独占があったことを意味しない。というのも，他のあらゆる種類の小型船舶が市内の運河を行き来していたからである。例えば，国内輸送用小型船（klein binnenlandvaarders）船長のギルド[4]や河川航行用小型船（klein schuitenvoerders）船長のギルドは，彼らと競合した。穀物用小型船船員が苛立ったことに，18世紀の間に，後者のギルドがアムステルダム運河経由の穀物輸送にもつ権益が拡大した[5]。つまり，穀物用小型船船員は，彼らの船で輸送を独占したが，それが，アムステルダム港における新しく

1 穀物用小型船船員

効率的な輸送業が発展する障害とはならなかった。

穀物用小型船船員の数の上限はなかったが，都市行政は，「いわゆる『許可証』の上限を決定した」というような発言をすることは許した。穀物用小型船を操船したいならば，ギルドの会員となることや船舶の他にも必要なものがあった。小型船操船の権利，すなわち許可書も取得しなくてはならず，しかも入手可能な許可書の数には制限があった[6]。1624年，作業に従事する小型船船員の数がやや多すぎたのは，(僅かな期間に終焉することになった) 穀物貿易不振のためだった。そのために条例が公布され，新しい小型船の建造を禁止し，その数を225隻に減らすことが定められた[7]。有力な穀物商人がこの数を250隻に上げるように請願した1640年まで，この数はかなり長い間維持されたようだ。穀物商人は，穀物貿易が拡大しているためもはや225隻の穀物用小型船は充分ではなく，穀物用小型船船員は高額の賃金を要求して儲けていると主張した[8]。これこそ，1641年に穀物用小型船の数が250隻へと増加した理由である[9]。17世紀の間にその数は再び上昇したが，それでも269隻にしかならなかった[10]。市政府は上限数にしか干渉せず，それゆえ仕事があり余っている状況でしか有効ではなかった。こうした時期以外，穀物用小型船船員の数は低下した。新しい船は建造されなかったし，そのため許可証が最大限度数まで取得されることもなかったからである。例えば，バルト海穀物貿易の歴史においてどん底といわれている18世紀初頭には，発行されていない許可証が145もあることさえあった。少なくとも穀物用小型船のギルドの親方は，そのように主張している。1768年には，ギルドそれ自体が許可証を発行する権利を認められた[11]。

したがって，許可証の数の制限とは，都市行政が作業可能な穀物用小型船船員の数を規制する方法だった。穀物用小型船船員のギルドに属する人々の上限に関しては，決して問題とならなかった。他のギルドの場合，入会金を増額して，新規会員数の上限を設けようとした。入会金は，会員となる時に一度だけ支払う必要があった。しかし，こうした慣習は，穀物用小型船船員ギルドでは行なわれず，数世紀にわたって入会金は低額で据え置かれた[12]。

規制する手段がないため，穀物用小型船舶数は原則的に業務への需要に左右された。17世紀前半，かなりの数の穀物用小型船がさらに建造され

た。当時，穀物用小型船船員は，穀物輸送に対する小型船の需要増のみならず，貨物を短期間船舶に貯蔵することからも利益を得た。倉庫不足は深刻だったらしい。結局，商人は穀物用小型船を数週間チャーターし，そのため，ダムラクには穀物を積載した小型船が繋留されることもあった。ダムラクはこの慣習のために定期的に大変な混雑に見舞われ，さらに穀物運搬船を本来の作業に使用することも不可能になりかねなかった。そのため，1613年，貨物を満載した穀物運搬船舶はダムラクに一定の期間，すなわち月曜日の市で，3回続けてしか繋留できないと定められた[13]。1621年，穀物商人の請願に応じて規則に例外が設けられ，11月と12月は，穀物は倉庫に搬入する必要はなく，穀物用小型船の中に保管できることになった[14]。この2ヵ月間は，多くの商船隊がバルト海地方から到着したばかりであり，保管施設の使用にはちょうど割増金を支払うことが必要な時期だった。しかし，この規制緩和をもってしても違反が生じた。1641年は1620年代と同様，貿易活動が活発であり，再び入港禁止令を出す必要が生じた。しかし，アムステルダム市はそれと同時に禁止令を緩和し，貨物を満載した船をダムラクに繋留することが可能な日を，市場が開かれる間の3日間から4日間へと延長した[15]。これらの規制が可決された理由としては，港が利用不可能になりかねないという不安がある。商人のこうした要請を重視し，特定の時期に多数の船の繋留が許可され，倉庫の使用料金が極端に高額な月は例外とされた。

　17世紀末から，穀物用小型船船員に対する需要は減少し始めた。穀物用小型船は航行に適さないと証明されても，完全に取って代わられたわけではなかったが，その数は減少した。穀物貿易が当時の不況の影響を大きく受けていたことを記憶していれば，これは驚くにはあたらない。活動していた穀物用小型船船員の数は，それ以降も記録されている[16]。

　1690年以降の急激な低下は，アムステルダム穀物貿易を取り巻く状況

表24　活動中の穀物用小型船船員ギルド会員数の推移

1690年	182	1736年	65	1790年	80
1700年	155	1750年	64	1800年	82
1710年	124	1760年	63	1810年	71
1720年	83	1770年	75	1815年	68
1730年	64	1780年	95		

1　穀物用小型船船員　　　235

から容易に説明できる。穀物用小型船船員の業務は，おおむねエーアソン海峡を通る商業航行に依存していた。18世紀最初の20年間，バルト海地方からの穀物輸入量は，最低になった。バルト海貿易停滞の理由としては，海上の安全欠如を原因とする輸入ルートの混乱とオランダ共和国が輸入したイングランド産穀物の増大があげられる[17]。ロッテルダムなどのムーズ河沿いの港が，穀物が到来する主要な入り口だった。

　バルト海貿易の発展がアムステルダム穀物用小型船船員の生活に与えた影響は，ギルド内部の利害関係からも明らかである。毎年の入会金の合計金額からそれが示される。すでに会員となった者は，仕事が滅多にみつからない時でさえ，この地位をすぐに手放そうとはしなかった。そのため，ギルドに加入する可能性がある者が示す関心は，ギルドの会員全体よりも，穀物用小型船船員の雇用機会をみる方がよくわかるのが常である。入会金による収入の時系列とエーアソン海峡を通過した穀物の輸送を比較すると，この関連は明らかである[18]。入会金の収入は，1685-1736年と1743-95年が知られている[19]。前者の時期の相関係数（r）は，0.58である。史料がない時期が終わった1743-95年，エーアソン海峡との相関係数は，前者と比較してかなり低いようであり，0.40である。この数字の時系列は，図14に示される。

　入会金収入の増減が，穀物用小型船船員の仕事の人気の基準だとすれば，少なくとも18世紀前半においては，その人気は国際貿易の変動に大きく依存していたようである。世紀後半においてはそれほど顕著ではなくなるが，なぜなのだろうか。それは，まさにこの時代に，エーアソン海峡通過貿易が大きく発展し，アムステルダムの穀物貿易が再び繁栄したためである。しかし，穀物用小型船船員ギルドの会員権の人気は，以前の状態まで回復することはなかった。これにはさまざまな説明が可能である。その説明の一つとして，前述したように，他の小型船の船長との競争があげられる。そのために，穀物用小型船船員の穀物輸送における支配的位置は，18世紀の間に着実に侵食されていったからである。穀物用小型船ではなく，他の種類の小型船乗組員となろうとする者もいた。もはや倉庫のスペースは18世紀後半には不足しなくなり，穀物用小型船がかつて果たしていた一時的な貯蔵場所としての役割が必要でなくなったということが重要だったともいえよう[20]。

こうした要因に加えて，ギルド内部の発展自体が重要だったようである。内規で定められていたのは，常にギルドの会員しか穀物用小型船を操船できず，操船の許可をもたない者が航海しているのが発見されれば罰金が課せられるということであった。しかし，この規則は18世紀中頃に廃止された。そのため，ギルド会員は，小額の年間免除金を支払えば，仲間を穀物用小型船に乗せることが可能になった。こうした免除金を支払おうとしているギルド会員は不足しておらず，ここから下請けがかなり流行していたと結論できよう。つまり，穀物用小型船船員はいつでも船舶を運行できたのである。このような免除金を支払うことが可能であれば，そこから最大の利益を享受した集団は，穀物仲買人と代理商だった。彼らはギルドの会員であり，許可証保有者でもあり，船舶の所有者だったが，船長ではなかった。仲買人と代理商として，他の人々に割り当てる仕事があり，彼らの船で働く仲間にこの作業を委せた。穀物仲買人は，すでに17世紀末には，かなり支配的な役割を果たしていた。その証拠は，1698年の穀物用小型船船員ギルドの規制修正案が提示する。これは，ギルドの親方は仲介人と穀物用小型船船員の中から選出されなくてはならず，その大多数は穀物用小型船船員でなければならないと規定していた[21]。このことはおそらく，仲買人が優位に立ちつつあったことを示すように思われる。表向きには，仲買人も代理商も仕事を無理やり下請けに出すことはできなかった。1698年に公布された前述の修正案では，「5日以上仕事を休んではじめて，穀物用小型船が新しい貨物を積載できる」と決定された（ただし，他の小型船が使用できない場合だけだった。そうしなければ貿易業者が不当な損害を被ったからである）。現実には，関係者は，こうした規定をかいくぐる方法をみつけた。この場合の敗者は，自分の船を航行させる普通の穀物用小型船船員であり，彼らは，同じギルドの会員だった仲買人やその同業者とは異なり，商人と親しい関係を享受できなかった。18世紀から19世紀初頭にかけての陳情をみると，不利な立場にあった者がありとあらゆる提案をして，古い規制を復活させ，公平性を回復しようとしていることが明らかになる。ファン・エーヘンは，古い内規が徐々に使われなくなったためギルド内部で社会的不平等が醜い頭をもたげ，ギルドが商人の意向に大きな影響を受けるようになっていく過程を詳述している[22]。

下請けが行なわれるようになると，さまざまな手下が協力したため，ギ

1　穀物用小型船船員　　　　　　　　　　237

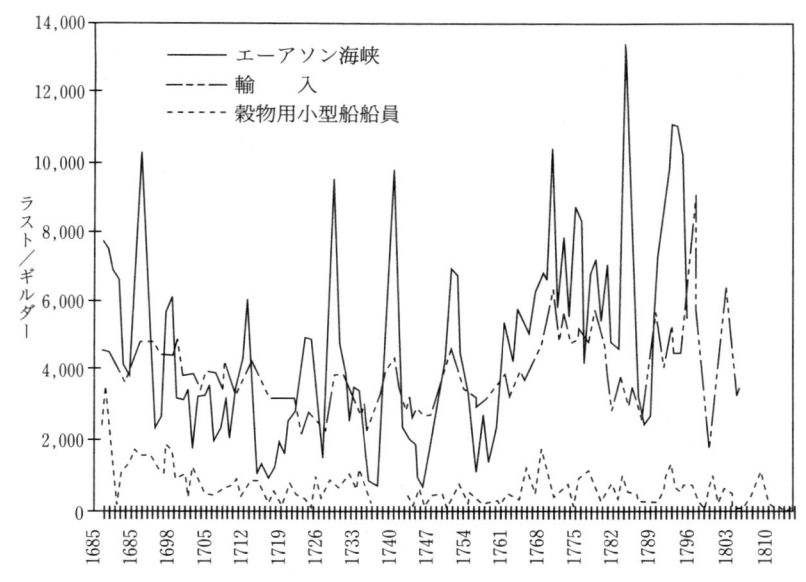

図14　穀物用小型船船員ギルド会員と貿易の発展（1685-1851年）

『エーアソン海峡通行税台帳』の時系列は，エーアソン海峡で通行税が支払われた穀物のラスト数を再構成したものである。
出典）Bang and Korst, *Tabeller*.「輸入」（Impost）の時系列は，アムステルダムに輸入される穀物に課せられる州税の収入をギルダー単位で示しており，アムステルダム市へと持ち込まれる穀物の総量を計測するための基準として用いられている（出典：Oldwelt, 'De Hollandse imposten', 74.）。「小型船船員」の時系列は，入会金収入をギルダー単位で表したものであり，他の2種類の時系列と有意な比較ができるよう，100倍している（出典：GAAG: A nos. 668-673 and 677-680）。

ルドの特定会員，とりわけ仲買人などに，穀物用小型船をより効率的に動かす機会を提供した。彼らもまたギルドの会員であり，穀物用小型船の一時的補修や，必要な時に別の小型船と交換する点で最も有能だった。下請けが1750年頃に可能になったのだから，穀物用小型船が輸送する穀物量が毎年増加したとも考えられる。それゆえ，このことは，ギルド入会金額とエーアソン海峡を通過航海する貿易との関係が，18世紀前半より後半の方が弱くなりがちだった第三の説明となるかもしれない。他の小型船舶との競争，一時的な貯蔵庫として小型船に対する需要の減少とともに，これはおそらく，同量の穀物を輸送しようとすれば穀物用小型船の需要が着

実に減少する事実を説明する点で有効だろう。

　穀物用小型船船員の雇用機会は，バルト海貿易に大きく依存していた。この貿易こそ，貨物をアムステルダム運河の小型船へと積み替える大型の船を使用する最も重要な貿易であり，一方他地域からの穀物輸入では，そのままアムステルダム市に進入が可能な，より小型の船が使用されたからである。小型船舶がブレーメンから，ザイデル海を経由してフリースラントから，あるいは川を伝ってユトレヒト州などから穀物を運んでくるということに注意しなければなるまい。これらの船舶は，市の内部にまで航行することができた。穀物用小型船は，市の埠頭に停泊するには大きすぎる帆船から穀物の荷降ろしを降ろすために使用された。だからこそ，穀物用小型船船員ギルドの利益とアムステルダムが輸入する穀物量の相関関係は，エーアソン海峡を航行する貿易ほどには強くなかったのである。アムステルダムの輸入は，アムステルダムに流入する穀物に課せられる州税の収入から判明し，それは図14に示されている[23]。〔輸入量と〕入会金を時系列にした場合の相関係数（r）は，1685-1736年が0.52，1743-95年が0.30である。一方，すでに〔235頁で〕みたように，エーアソン海峡とはそれぞれ0.58と0.40である。穀物用小型船船員の運命は，アムステルダムの穀物貿易全般ではなく，バルト海貿易に強く結び付けられていた。

　市政府の規制により穀物用小型船船員の数は制限され，その規制は品質管理にまで及んだ。確かに，1601年の条例で，穀物用小型船は最低150ギルダーの税金を支払ってはじめて使用することができる——ただし，1621年にこの課税額は250ギルダーに増額された——[24]と決められたが，この数字は穀物用小型船の価格を考慮に入れれば，さほどたいした額ではない[25]。この規制の結果は，最古のそして最も航海に適さない船舶が使用されなくなっただけである。

　同様に，穀物用小型船の輸送料を調査すれば，政府はかなり限定された介入しかしなかったという印象を受ける。船長たちは，決められた料金を遵守する必要がなかった。穀物用小型船は，自由な市場で日ごとにチャーターされ，市政官は乱用を防ぐためにごくありふれた介入しかしなかった。こういうことから，最高価格と最低価格が決定された1624年，穀物用小型船船員に対する規制を補完する規則ができた。それは，彼らは1日あたり1ギルダー以下か，4ギルダー以上ではチャーターできないということ

であった[26]。この時の問題は，価格が低すぎたことが引き金となったことは明らかである。それと同時に，穀物用小型船の数を減らすとの決定も下された。穀物用小型船船員は，競争の激化のために最低限度の価格に合意しなくてはならなくなった者もいたに違いない。エーアソン海峡経由の穀物貿易は，1624年にはそれ以前と比べてかなり少なくなった。アムステルダムに流入する穀物は，非常に少なかった。これが輸送部門にとって悪いニュースだったのは，輸送料が急激に低下したからである。アムステルダムの穀物用小型船船員は，僅かな賃金では生活していくことができないと感じていたことはほぼ確実である。またアムステルダム市の長老は，この金額を不当であると考えていた。

　市の行政は，規定された最低・最高金額を維持する計画に成功しなかった。1640年，穀物商人の一団が，以前なら輸送料は1.5-2.0ギルダーだったが，穀物用小型船船員は1日あたり5－6ギルダー，時には7ギルダーを要求すると苦情を訴えている。穀物用小型船船員は商人に「夢のような金額を要求する」と不満な商人は訴え，穀物用小型船の数を225隻から250隻へと上げるよう陳情した[27]。商人が公的に決められた，賃金の最高限度額を要求しなかったことには大きな意味がある。たぶん商人たちは，そうしたものがあるということすら知らなかったのだろう。最高賃金は，1698年に上げられただけであり，その後1日あたり4ギルダーから6ギルダーへと急激に上昇した。これは50％もの上昇率である。実際，賃金は徐々に上昇し，現実には市行政は賃金の最高額の指示を出すというより，その後追いをしただけだろう[28]。

　穀物貿易に必要な他の費用と比較すれば，穀物用小型船のチャーター料はささやかな出費に過ぎなかった。穀物用小型船船員は，通常1日あたり数ラストを扱っていた。商人は平均すれば，1ラストあたり数スタイフェルを支払うだけで済んだのである[29]。

　これは，市の行政がアムステルダムの穀物用小型船船員を非常に厳しく統制することはなかったことを示すように思われる。穀物用小型船船員の数，より正確にいえば，穀物用小型船を操船するための許可証の発行数には上限が定められていたが，実際にその数に達するのは例外的であった。概して，実際に働くギルド会員の数は，国際的な穀物貿易に左右されて変動した。バルト海貿易の量が変動すると，ギルド資格の人気が急速に変化

することに注目しなくてはならない。市政府が告知する品質管理の水準は圧倒的に高いものではなく，穀物用小型船の最低評価額は極めて低かった。穀物用小型船員が要求する賃金の場合にも，ある程度同様のことがあてはまる。最高額と最低額は決定されていたが，値段の交渉は受け入れられていた。実際には，市場の需要と供給関係が機能したのである。17世紀，穀物用小型船による穀物輸送が200-300名の人々の生活の糧となったのは，穀物用小型船員の数がこのくらいだったからである。17世紀末，雇用機会は減少し始めた。18世紀の第1四半世紀，穀物用小型船員ギルドの活動的な会員は100人未満まで落ち込んでおり，1730年と1760年の間にはこの数は60人を越える程度だった。後にこの数は少し上昇する。

2　穀物運搬人

穀物運搬人は，穀物の入った布袋を頭上に置き，小型船から倉庫や穀物庫まで運搬する。布袋以外の職業用道具としては，小型船のタラップ，穀物小屋へ行くために必要なはしごがあった[30]。

　穀物運搬人ギルドの特権は，購入後穀物の運搬が許可されるのは，このギルドの会員だけだったことである。換言すれば，市内に持ち込まれ売買された穀物は，誰でも運ぶことができたのである。特権は，穀物のみならず塩や香料の運搬にまで拡大されたが，それらは穀物と同様に口の開いた布袋で運搬された[31]。そのため，自分たちで穀物を降ろした船長や，自分の穀物庫へと運んだパン屋には罰金が課せられた[32]。ギルド規約は，一般に遵守された。この事実は，会員の構成をみればわかる。穀物の運搬を主要な仕事とするギルド会員以外にも，それを単に副業とする人々もおり，さらに，穀物仲買人やパン屋のような職業の人々は穀物運搬にかかわり，運搬をしばしば手伝った。すぐに罰金を取られないようにするためには，穀物運搬人のギルドに加入しなくてはならなかった[33]。実質的に，すべての穀物用小型船船員が穀物運搬人ギルドの会員であり，二種類のギルドが「不可分の集団」と考えられていた理由はこの点にある[34]。副業として穀物を運搬する者の中には，劣化を防ぐために保存倉庫の穀物を定期的にかきまぜる人々だけでなく，店主もいたと考えるべきである[35]。

2 穀物運搬人

　中世の制度では穀物運搬人は賽を振って仕事を分割していたが，この方法はすでに17世紀初頭には用いられなくなっていたようだ。穀物運搬人が実際に仕事を振り分けた方法が，17世紀の間にどのように変化したか再構成することは極めて困難であるが，いくつかの内規とさまざまな陳情書から，この問題にいくつか興味深い光が投げかけられる。1613年の内規は，穀物運搬人，仲買人や商人の代理人が穀物運搬中に冒す不法行為を規定している。したがって，内規で，それぞれの商人はこの作業のためには，ただ1人しか仲買人や代理人を立てられないと定められた。仕事を処理しなければならない仲買人や代理人は，自分で働かなければならず，せいぜい代理を立てられるくらいだった。残りの仕事は，穀物運搬人の間で割り当てられなければならなかった。しかも，それは，賽振りで決めるしかなかった。賽を振ることなしに割り当てられたのは，4ラスト未満の少量の品物だけだった。これらの内規は，仲買人や代理人が労働者を自分たちで決定する状況に対応するために導入されたようである。このような不法行為は，そうした仕事を割り当てる人々だけではなく，運搬人自身のせいで生じた。この事実を考慮すると，不法行為は単に許可証を持っていない人々だけではなく，ギルドの特定の会員を選んだために生じたのかもしれない。しかし数ヵ月後の1614年2月，内規は穀物積降ろしにも妥当すると宣言されたが。当初は，この商品の荷積みに対する規定しかなかった。また，法が冒された場合には罰金が課せられると決定された。たぶん後者が最後のきっかけとなり，内規は2週間とたたずに無効にされた。苦情と反対を考慮して，1614年3月，賽投げは撤廃され，1613年の規制以前の状況が復活した[36]。

　1614年に回復した状況とはどういうものだったのか。それについては，内規から明確になるわけではない。しかし，1788年の陳情から，この点に関していくつかの手がかりが得られる。およそ100名の穀物運搬人から申し立てられ，彼らは内規が仕事の分配の上で不公平なシステムの根源となっていると指摘した。1614年に賽投げが廃止されて以来，商人と仲買人は，最も適格で有能な穀物運搬人を自由に選ぶことができるはずだと主張していた。そのため，ギルド会員間で不平等が生じ，陳述者はかつての平等性を取り戻すため，何らかの打開策を真剣に望んだ。陳情が出され，91名の穀物運搬人が署名した[37]。これらの「保守的な」穀物運搬人は賽

投げを好み，一方，他のグループは，仕事が指名される18世紀の方法から組織的に利益を得ていたらしい。ここから，1828年に描かれたシステムの輪郭がすでに形成されていることがわかる。その時には，ほとんどの穀物運搬人と，少なくともこれを主な生活の糧としていた人々は，同一の仲買人のために定期的に働いていた。それ以外の人々は，正式な会員がすでに仕事を行なってはじめて，参加するよう要請された[38]。

したがって，すでに17世紀初めには，賽投げで仕事の割り当てを決定するようなより平等なシステムは消滅していた可能性がかなり高い。この状況は，アムステルダム秤量所の運搬人に生じたことと極似している。早くも17世紀初頭には（少なくとも1616年以前，おそらくすでに16世紀末には），彼らは自らフェーム（veem）と呼ばれる組織を結成した。これは小規模な秤量所運搬人の団体で，彼らは共同の口座を設けて一緒に働いた。これらのフェームは，しばしば同じ商人のために毎年働く結果になった。この場合も，フェームに属さず，したがって十分な仕事を見出す機会がない穀物運搬人の集団に不利に作用した。17世紀末から，こうした恵まれない人々の間では，より公平な方法，例えば賽投げによる仕事分担を実現させようと試みることが増えていった[39]。また，穀物運搬人の間でも，17世紀初頭以降，商人の仲買人や代理が望む人物を雇うことが許され，それが労働者と雇用主の恒久的関係へと発展していった。その結果，17世紀初頭に貿易が拡大し，それとともに商人が地域的サーヴィス部門への影響力を増大させた。

規定によれば，穀物運搬人は，請け負った仕事は自分でやり遂げなくてはならなかった。彼らは，人を思いやって仕事を譲ることはできず[40]，穀物運搬人の間で18世紀中頃に確立し始めた下請け制度の痕跡もほとんどみられない。下請けは，アントウェルペンの布袋運搬人（buildragers）の間においてもみられた。ここには，ギルド会員とともに許可されていない労働者がおり，彼らは下請けを通して雇用され，ギルド会員に賃金の半分を渡す義務があった[41]。

ギルドの会員数は多かった。他の港湾都市では穀物運搬人の数はかぎられており，新参者は，ギルド会員が死んだり引退した時にのみ入会が許可されたが[42]，ギルド会員の上限数はアムステルダムでは正式には決められていなかった。1640年，ギルドには700名の会員がいたようだ[43]。すで

2 穀物運搬人

に多かったこの数[44]は，さらに17世紀の間に増加したように思われる。1700年頃には，1,000人ほどの会員がいたらしい[45]。18世紀のある時点で，穀物運搬人の数は減り，1729年には700名程度に[46]，1747年ないし1748年には600名程度に[47]，1780年には591名に[48]，1828年には500名くらいになった[49]。

1760年まで，上述の数値は貿易の発展と密接に関連していた。17世紀中頃までバルト海地方の穀物貿易は急激に成長し続け，穀物運搬人には多くの仕事が確保された。この後，穀物運搬人は東インド貿易の拡大からも恩恵を受け（彼らは香料運搬人でもあった），またバルト海地方の穀物を運ぶ仕事の減少を，他地域の穀物を運搬することによって部分的に埋め合わせた。結局，バルト海地方からアムステルダムへの輸送量減少にともなって，他地域，特にドイツ湾岸からの輸入が増大した。すなわち，穀物運搬人は，バルト海地方との穀物貿易を頼りにしていた穀物用小型船船員とは違っていたのだ。しかし，18世紀前半の穀物貿易の減少は顕著で，穀物運搬人の数は低下した。

注目すべきことに1760年頃に始まり，例えば州税（流入穀物税 impost op de inkomende granen）の収入増にも現れているアムステルダムの貿易復興とはうらはらに，ギルド会員数は増加してはいない。穀物運搬人の数は停滞した（1747-48年には600人であり，1780年には591人となった）。穀物運搬人の方が頻繁に非ギルド会員による独占権浸食の憂き目にあっていたと考えることもできるが，その可能性はあまり高くない[50]。

ギルド会員数が18世紀の間に停滞した理由は，ある程度入会金という点から説明できよう。入会金額は絶えず上昇しており，たぶんその結果，ギルド会員になる障害として作用するようになった。共和国時代，入会金は繰り返し上昇し[51]，1579年に24スタイフェルだったその額は，1589年には3ギルダー，1613年には6ギルダー，1614年には10ギルダー，1655年には16ギルダー，1702年には30ギルダー，そして1720年には60ギルダーに増加した。ほとんどの場合，いや，たぶんすべての場合，入会金の増額は市政府ではなくギルドが主導権を握った[52]。ギルドの親方が入会金増額の理由を述べる時は，いつもギルドの金庫はより多くの収入を必要とするという事実があった[53]。1748年に入会金増額が試みられたが，こうした一連の行動は実行には移されなかった。これが議論の対象となった

のは，ギルド会員の数が多いことが指摘されたからだ。ギルドが大きく成長したため，多くの会員はもはや生活が困難になっていた。商人の利害代表である市政官たちは，穀物運搬人ギルド入会の敷居を上げることが有効だとは考えず，提案は否決された[54]。

　入会金は，何度も増額され，1720年にはその額は50ギルダーに達した。これは，どうやら，穀物の運搬ができそうな時に，そうしたい人をがっかりさせたり，労働力が不足した時に，ギルド会員権を購入する際の障害となった。17世紀（当時，入会金が16ギルダーを上回ることはなかった）においては，穀物仲買人，代理人，穀物をかきまぜる人などがすべて会員となることはあたり前だったが，18世紀には，それは以前ほど多くなくなった。この点に関し，二種類のギルド会員が存在したことを再び強調しなくてはならない。すなわち，生計をたてる主要な手段として運搬にたずさわる人々と，特殊な状況下で布袋を運ぶ——これはギルド会員にしか認められなかった特権であった——ためにギルドに参加した人々である。1828年に後者の集団は，「穀物取引所に，決して入らない，少なくとも極めて不定期にしか入らない人々。つまり，自分が働いている部門が不振に陥った時にしか取引所に入らない人々だ」と述べられている[55]。穀物運搬に従事する人々の「中核」部分は，不定期にしか働かない人々の仕事が質的に低いと苦情を述べ，ギルドをより排他的にすることを望んだ。1699年と1702年に作成された請願書がこの証拠となる。そこで主張されているのは，ギルドはすでに1,000人もの会員を抱えており，会員数を自然減にゆだねる計画を作成すべきだということであった。この請願は，327人のギルド会員からなる集団が提出した。彼らは，もはや家族を養うに足りる収入を稼ぐことはできず，もし改善がみられないならば，救貧院での生活を余儀なくされるだろうし，市場が活気を呈しても，事態は好転しないだろうと主張した。もしそうなったら，アムステルダム市の隅々から人々が湧き出し，穀物を運搬するサーヴィスを提供することになるだろうからである。これらの人々が重労働に慣れておらず，時には作業を終えることが不可能なのと同様，これは商人に損害をもたらすだろう。特に夏の暑い気候では，こうしたギルド会員は，仕事に耐えられなかった[56]。後者の問題は，商人の利益に直結し，当然ながらこれら372名のギルド会員は，商人が進んで彼らの言葉に耳を傾けることを知っていた。請願が否決された

にもかかわらず，1702 年，市政官は現実に入会金値上げを許可し，ギルド会員となるための障壁が生じることになった。そのため，1700 年頃にはギルドの中核会員と周辺会員に分化し，中核会員は全会員の中のおよそ三分の一から構成されていた（1,000 人の会員中 372 人）。オラニエ公の総督就任の祝典が挙行された 1747 年，穀物運搬人たちは，美しく装飾された穀物取引所で陽気に宴会をしており，約 300 名が 15 アンカーのワインを消費した[57]（1 人およそ 2 リットルも飲んだことになる）[58]。この集団は，運搬に専念する人々であったと想像しがちである。ところが，実際には，ギルド会員の数は当時およそ 600 人程度であり，全会員の約半数が出席していた。

このようにフルタイム労働者とパートタイム労働者への分化という問題は，穀物貿易が復興した 18 世紀の第 3 四半期に，ギルド会員数が 600 人前後にとどまった〔理由を解く〕糸口を与えてくれる。当時かなり急激に入会金が増額しており，そのためたぶん仲買人，穀物配置人などが，たやすく穀物運搬人の職を得ることはなくなっていた。入会金が高かったことは，ギルドの会員制度が柔軟性に欠けることを意味し，それはまた，すでに会員となった者を保護した。しかし，これが商人にとっても利益を及ぼしたわけではなかったのは，あっという間に労働力不足が生じたからである。穀物貿易が著しく増大した 18 世紀後半には会員数がおそらく停滞したので，穀物運搬人はより高い賃金を要求できたはずである。

実際，穀物運搬人の賃金に関してはほとんどわかっていないのは，賃金にはいかなる規制もなかったからである。これは，彼らの活動の多様性によるものだろう。頭に布袋をのせ 10 メートル歩いてダムラクの貯蔵場所へと向かうことと，こうした布袋ブロックを数ブロック持ち運び，さらに 4 階の高さまで持っていくことはまったく別の作業である。明らかに 1 ラストないし 1 個の布袋あたりの一般的料金は存在しなかった。しかし，それが他の都市で，一定額の関税を設定する上での障害とはならなかったと思われる。ほとんどの場所で，ビール運搬人や穀物運搬人，運搬労働者などの賃金は市の当局が決定した[59]。例えば，16 世紀のスヒーダムでは関税が細かく定められ，それが 18 世紀末まで続いた。賃金は，運搬人がスヒーダムの通りを歩く距離と，彼らが登らなければならない保管場所の高さで決められた[60]。ロッテルダムのビール運搬人に関しては，1651 年か

ら存在した2階以上の階に登る際の規則と，数多くの規定があるさまざまな後の時代の規制とが広く知られている[61]。アントウェルペンでは，やはりいわゆる「布袋運搬人」(buildragers) に関連した厳密な規定も存在した[62]。

　アムステルダムの穀物運搬人は，このような足枷がはめられることを拒否した。このことは，穀物運搬人ギルドの親方とバルト海貿易・海運業委員会の理事の間で行なわれた1729年の協議をみても明らかである。理事たちによって簡単に書き留められた覚書きから，この背景に興味深いものが垣間みられる。賃金を規定する内規はなかった。この事実を考慮に入れると，理事は，こうした内規の草案作成にあたりギルドの親方と協力するようアムステルダム市長から依頼されたようだ。問題は，かなり高額な賃金が要求されたことであり，このため市長がある程度関与することになった。それが，穀物貿易がアムステルダムから離れる原因となったかもしれなかった。しかし，ギルドの親方は過剰なほど反対したので，理事たちは当初，事態を成り行きにまかせることに同意した。それでも，ギルドの親方は会員たちに勧告し，将来の賃金交渉においては慎重に事を進めるよう指導した[63]。

　数ヵ月後，賃金は再び明らかに上昇し，親方たちは再び理事と会って，穀物運搬人の報酬をめぐって意見を交換した。ギルドの親方たちは，賃金に関するどんな規制にもまだ強く反対していた。当初，彼らは仕事の範囲は賃金を決めるには多様すぎると主張したが，彼ら以外の仕事の料金が強制的に固定されるとかなり知っていたはずである。後に秘密が明らかになった。実際，彼らは規制に同意するつもりであったが，それを相手に知られるわけにはいかなかった。現実に，彼らは多くのギルド会員の「活動と雰囲気を混乱させる」のではないかと恐れていた。ギルド会員の不利益になりかねないことに合意するとは考えられないと，親方たちは主張した。彼らが脅威を感じていたかどうかはわからない。あるいは実のところ同じ気持ちであったギルドの会員を規制反対の方便に使ったのかもしれない。しかし，彼らの意見は，賃金を規定するあらゆる計画を廃案にする十分な力があった。理事は，あまり劇的でない方法に合意した。市長に提案されたのは，再び数千人の会員数を誇るまで，入会金と市民権獲得費用（穀物運搬人はアムステルダム市民として登録されることが義務づけられてい

た）を減額するという内容だった。穀物運搬人の数が増えれば，賃金はひとりでに低下するだろう。彼らは次のように付け加えた。最後に，1727年には仕事が不足し死亡率が高かったので，穀物運搬人の数は低下した。それと同時に高額な入会金のため，新規会員は入会が困難になっている，と[64]。

　これ以降，バルト海貿易・海運業委員会の議事録にはこの問題に関して何も記されていない。したがってこの史料からは，入会金減額，会員数の増加のどちらも徴候が表れないことから，この委員会は，商人の代弁者とみなすことができるが，結局屈服し，賃金交渉を取り巻く非難に関しては何らの対策も取られなかったと結論づけられるかもしれない。しかし，これとは別の説明も可能である。賃金を抑制する何らの施策も実施されなかったということは，これとは違った観点からみなければならないかもしれない。この問題に関する議論がわき上がった1729年に，長期に及ぶバルト海貿易の歴史上はじめて，穀物貿易が力強く復活しつつあったことは決して偶然ではない。10万ラスト近くの穀物が，エーアソン海峡の通行税徴収所で記録されているが，これは1726年，27年，28年の3年間分の合計量をも上回る量である。活動可能な穀物運搬人の数（上述の議事録によれば，1727年の疫病によりかなり減少していた）は，もはやこれだけの量に対応するには少なすぎた。活動可能な労働者が極めて高額な賃金を要求したことは，このような異常事態に由来する。いったんこのピークが過ぎると，賃金が再び急激に下がることは避けられなかった。このような状況下に陥ると，商人による反対は消滅し，どのような対策も不必要になったかもしれない。

　穀物運搬人が商人に要求する負担は，通常1ラストあたり1-2ギルダーであった（ただし，1729年の夏のような極端な状況は例外である）[65]。相対的には，これは極めて高くはない。いずれにせよこの額は，穀物取引所で売買される穀物1ラストの価格と比較して法外とは思われない[66]。当然ながら，これは全費用支払った後に商人の手もとに残る利潤に，比較的重要な影響を与えたかもしれない。どのような場合でも，概して商人は，穀物用小型船船員よりも穀物運搬人に多くの金を支払わなければならず，前者に対しては1ラストあたり僅か数スタイフェルを恵むだけだった。穀物の計量すら（最大9スタイフェル）[67]，穀物運搬人による輸送料より安

価だった。

　ギルドの親方たちが会員の「行為と雰囲気」に言及したのは，驚くことではない。彼らはかなり荒っぽかったからである。確かにすべてのギルド規約には勤務中の飲酒，暴言およびナイフを抜くことに関する条項が含まれていたが，穀物運搬人に関して規定しているものは特に明解である。彼らが飲むことができるアルコールの量までが細かく規定されていたからだ。運搬人は，朝食においては決められた少量のビールしか飲むことができなかった。しかも，他のギルド会員から仕事を奪うこと，作業終了後に歩み板をその場に残したままにすること，日曜日や休日に作業すること，作業中の喫煙は禁止された。最後の規制は，運搬人が仕事をする場所である保管倉庫や船舶の危険に関係していたに違いない[68]。

　多くの暴力的な事件の事例が，1731-1844年の懲罰記録に記されている。穀物運搬人どうしの殴打や傷害が圧倒的に多いが，彼らと働くことの多かった穀物計量人も被害にあった。雇用主が攻撃される事例すら極めて稀ではあるが現実に存在する。例えば1753年，2名の穀物運搬人は，賃金がなかなかもらえないので，雇用主の家に行って，もらって来ようとした。雇用主が要求に応じなかったので，彼らは，娘が首にかけていた金のネックレスを粉々に壊した[69]。この暴力行為により，彼らの将来の雇用が改善されることはおそらくなかった。

　市政府が穀物運搬人に強制した規則に眼を向けると，最小限のものでしかなかったようである。ギルドは会員数を固定することはなく，数に上限を設けることも決してなかった。都市行政は，会員数が危険なほど少なくならないよう不断に監視していた。そうなれば，商人に損害をもたらしかねなかったからである。1700年頃に，372名のギルド会員が会員数を減らすようにと陳情したことに市政官が応えなかったのは，このためにほかならない。さらにこれは，1748年にギルドの入会金増額の企てが水泡に帰した理由でもあった。それでもギルド指導部には入会金の増額の許可が頻繁におりたため，金庫は満杯になった。1729年にバルト海貿易・海運業委員会は，入会金の減額を求める提案をしたが，それもまた許可されなかったのは貿易条件が大きく変化したからである。だから，穀物運搬人の数は商品集散地のニーズに応じて変動した。かなりの数の穀物運搬人が常時存在したが，その数は大きく変化している。すなわち，17世紀中頃から

1700年頃にかけて約700人から1,000人へと増えた。その後低下し，18世紀中頃には約600人，19世紀には500人となった。他の港湾都市における慣習とは対照的に，現実には賃金に関する介入はなかった。これは，たぶん近代的方法に基づいて仕事を分配しようとする，17世紀初頭あたりに初めて生じた傾向と関係がある。穀物仲買人などの雇用主は，もはや賽投げによってどの運搬人が仕事を獲得するか成り行きをみる必要はなく，最も優れた労働者を選ぶ傾向を強めた。したがって，彼らとの賃金交渉もできた。1729年夏のように極端な場合には，商人は賃金に関する一般的規則がないと不平をいったが，一般的に人々は満足していたらしい。規則に関するいくらか尊大な態度は，他のオランダ港湾都市の状況とは大きく異なったが，16世紀当時においてなお大規模な商品集散地だったアントウェルペンの状況とはある程度関係している。この都市では1538年に商人が圧力をかけたため，賽投げによる仕事決定の制度が一部の労働者集団については廃止され（ただし布袋運搬人には適用されない），商人は自由に労働者を選択できるようになった[70]。アントウェルペンでも一定数の運搬人のほか，「許可証をもたない者」や出来高払いの労働者が無数に存在し，手に余るほど多くの仕事がある時には彼らが招集された[71]。規制の本質的理由は，変動が極めて大きかったからに違いない。この変動が，世界的集散地の都市で働く，運搬人の労働市場における特性を明らかにする。

3　穀物計量人と配置人

アムステルダムで売られる穀物は，強制的に計量された。これは穀物計量人と配置人の役割であり，彼らはこの仕事のために宣誓を行ない，いわゆる積載人（aanlegsters）が彼らを補助した。計量人と配置人は，ずっとチームを組んで共同した。配置人が穀物を入れたブッシェル容器（あるいはより小さな容器）をまっすぐに持ち，計量人が枡でそれに突き刺す。これらの作業は，細心の注意を払い，常に同じ方法で行なわなければならなかった。なぜならば，膨らんだブッシェル容器には表面が平らな時よりもはるかに多くの量が入るからである。計量人たちは非常に重い責任を負わされていたことになる。だから，配置人の業務は肉体的に大変だった。計

量人と配置人を助けたのは，ブッシェル容器をシャベルで一杯にする2名の穀物積載人だった。この作業を行なううえで，一定の方法があった，なぜなら容器を一杯にする方法がブッシェル容器に納められる穀物量を決定するからである。2名の穀物積載人は，通常女性だった[72]。

作業する労働者がいない場合，ニューウェゼイズコルク（Nieuwezijdskolk）の穀物計量人集会所で雇うことになった。1558年から使用されてきた古い集会所の建物は，1620年に新しいものに取って代わった。これは，長方形の建物で石の階段があり，玄関には市の紋章が彫り込まれていた（口絵6をみよ）。その中には，穀物計量人と穀物積載人が使用する大部屋に加え2階のギルド部屋と，積載人のたまり場となる広々とした丸天井の地下室があった[73]。計量人と配置人は異なるギルドに属していたが，1654年に統合され，一体化した[74]。穀物積載人は，どのギルドにも属していなかった。

いうまでもなく，計量できるのは計量人と配置人だけだった。彼らは宣誓し，そうして仕事上の独占を手にしていた[75]。規則からの逸脱が生じたのは，極めて稀な例外だけだった。例えば，穀物市場にあまりに多くの仕事が舞い込んだ時がそれにあたる[76]。穀物運搬人や穀物用小型船船員とは完全に違っていたのは，計量人と配置人は市が指名したということである。さらに，市長はこの役職に空席を設け，お気に入りを指名した[77]。したがって，穀物計量人や配置人の地位の獲得は情実によるものであり。選ばれた集団の特権だった。

計量人と配置人は信頼を得る地位にいた。地方消費税と他の税金が正確に支払われているかどうかの監視は，彼らの義務だった。彼らは計測された額を消費税監督官と関税（輸出入関税＝convooien en licenten）受取局に報告した[78]。こうした状況から，計量人は商人のみならず当局の利益のためにも働いていたことがわかる。市政官が彼らを財政面での道具として用いようとしていた方法[79]は，地方消費税支払い回避を防ぐために生まれた1679年の規制からも明らかである。公的な計量人による計量も消費税の支払いもなく，貨物は輸入され保管されたらしい。穀物運搬人は，消費税支払い確認証書がない場合や，近くに作業可能な計量人がいない場合でも，特に騒ぎ立てなかったからである。このような穀物の引き渡しは，今や禁止された。それを確実に実行するために，違反時に重い罰則が導入さ

3 穀物計量人と配置人

れた。捕らえられた運搬人は初犯の場合でも50ギルダーの罰金が課せられ，再犯の場合，ギルドから追放された。規制で最も興味深い点は，穀物計量人の親方が罰金を徴収する公的な権限を与えられており，徴収された金は，彼らのギルドの金庫に納められることであった[80]。悪習がこれによって消滅しなかったことは，禁止令が数年後の1682年に再び公布されたことから明らかになる[81]。

荷が流入するたびに，仕事がなかった計量人の間で賽投げで担当を決定しなければならなかった。この意味で，ギルド会員は平等だった[82]。常に不運で，少量，例えば1ラスト，場合によってはそれ未満しか計量しない者もいた。また，幸運に恵まれ，100ラストか時にはそれ以上の積み荷の大型船を引き当てた者もいた。17世紀のうちに，手数料がますます不平等になったのは，外国との穀物貿易に使用される船舶の大型化が続いたからである。そのため，1702年にはギルドの親方が規制を導入し，仕事を見つける点で全員により公平な機会が与えられることとなった。入港する船舶が過去50年にわたり大型化してきた事実が考慮され，最大の船舶と取引する際の新しい手続きが採択された。計量人は，30ラスト以上の船舶を請け負った時，新しい仕事の賽投げまで4日も待つことになった。100ラストを越える船舶を請け負った時には4日も待たなかったが，結局他のギルド会員が大型船を請け負った後でなければ，こうした船のための賽投げをすることはできなかった[83]。誰もが，大型船が回ってくる順番を待たなければならなかった。ほぼ半世紀後，大型船を狙って再び賽を投げることはできなくなった。この方法は大型船（100ラスト以上）のみならず中型船（40ラスト以上）にも適用されると決定された[84]。穀物用小型船船員ギルドと運搬人ギルドとの間で，だんだん，仕事の分配が不平等になっていくといわれたようであるが，穀物計量人と配置人が獲得した平等な制度は変わらず残った。つまり小さな荷は賽投げで，大きな荷は順番に割り当てられたのである。

自由裁量が許されていた穀物用小型船船員や運搬人とは異なり，計量人と配置人の数は厳しく制限されていた。17世紀初頭，42人の計量人と42人の配置人がいた。1612年，この数は多すぎると考えられ，穀物計量人ギルドと穀物配置人ギルド——当時は別々のギルドだった——は，市政府に会員数を削減できるかどうか尋ねた。彼らの稼ぎは「つつましく小額」

であり、そのため生計を立てることが困難になっていた。要請に応えて、ギルドはそれぞれ36名まで会員数を減らした[85]。1749年、収入の低下を理由として、ギルドの親方は、再び会員数を削減しようとした。彼らは、36名の計量人と配置人を自然減にまかせ、それぞれ30名にすることを提案した[86]。この30名という人数は二つとも1824年まで有効だったが、この年両方とも20名に減らされた[87]。一定数の計量人と配置人の集団の他に、緊急時の補助者が常に一定数いた。その数は、17世紀初頭には12名だったが、18世紀には24名になり、その後、18世紀には18名に減少した。これらの人々は、ギルド会員が病気の時か、仕事が多忙を極める時に手を貸した[88]。

17-18世紀のアムステルダムでは、穀物計量は100人から200人分の雇用を提供した。そのためには、計量人と配置人は必ず2名の積載人と作業したことを忘れてはならない。それゆえ、17世紀初頭には、合計168人分の仕事があった。すなわち42人の計量人、42人の配置人、84人の積載人がいた。1612年から1748年にかけて、144人がこうして生活の糧を得ていたが、1749年から1824年にかけて、彼らの数は120人に減り、その後僅か80人になった。それに加えて、緊急の補助が必要な際に、一時的な雇用が行なわれることもあった。

ギルド会員の数が固定されていた事実を考えれば、入会金によって会員数を制限しない道理はない。入会金はかなり低く、それは明らかに会員権の特権的性質と関係していた[89]。

表25 16-18世紀の穀物計量の料金

(単位は1ラストあたりのスタイフェル)

	計量	配置	積載	総額
1578年から	1.25	1	1	3.25
79年から	1.5	1.25	1	3.75
89年から	1.5	1.5	1	4
91年から	2	2	1	5
95年から	2.5	2.5	1	6
1603年から	2.75	2.75	1	6.5
05年から	2.75	2.75	1.25	6.75
24年から	3	3	1.5	7.5
31年から	3.25	3.25	1.5	8
1761年から	3.75	3.75	1.5	9

3　穀物計量人と配置人　253

　穀物用小型船船員や穀物運搬人を取り巻く状況とは対照的に，計量し，配置し，積載する労働に支払われる賃金は内規が規定したため，彼らの発展は正確に追跡することができる[90]。

　この要約によれば，計量人と配置人が少なくとも1589年からは同額の賃金を得ていたのとは反対に，積載人は相当低い金額に甘んじなくてはならなかった（2名の積載人が積載の賃金を分けなくてはならなかった。これに関しては表25をみよ）。積載人の賃金は，2世紀にわたって，計量人と配置人よりも目立って低かった。男性は賃金を2世紀の間に3倍に増やしたが，女性の賃金上昇は僅か50％だった。史料からわかる範囲では，積載人はしばしば誰にも頼らずに生きていかなければならなかった女性たちだったらしい[91]。

　上述の数字が示すように，賃金は16世紀末と17世紀初期に目立って上昇しているが，1631年以降停滞する[92]。18世紀後半になって再び現実に賃金が上昇したが，1783年には，計量人は再び，そこそこの暮らしを維持できるほどの収入が得られないと不満をいうようになっていた。彼らは，ホラント州の中でアムステルダムほど計量の賃金が低い場所はないと訴えた[93]。出来高，すなわち1ラストあたり支払われる賃金は，西ネーデルラント全体の1日あたりの名目上の支払いパターン（nominal per diem pay）に沿って推移している[94]。その総額は，穀物貿易の変動の影響を受けてはいない。他の出費，例えば穀物輸送の出費と比較すれば，計量の出費は僅かであった。一般に，17世紀初頭以来アムステルダム（および共和国西側の諸州全域）の名目賃金は西ヨーロッパのどの地域よりも高額であり，このため商人とアムステルダムの比較的高価なサーヴィス部門は対立した。

　極めて簡潔にいえば，計量人・配置人ギルドはかなり厳格に統制されていた。両者が獲得する賃金は，ギルド会員数と同様，厳格に制限されていた。それにとどまらず，市政府は現状に大きな影響を及ぼした。それは，市長自身が誰が会員となるかを決定したからである。籤投げを用いた伝統的な仕事割り当て方法が，労働の配分のシステムと結びついて維持されたため，商人には特定の労働者をひいきする機会がなかった。これらすべての点で，計量人・配置人ギルドは，前述した穀物用小型船船員と穀物運搬人のギルドと異なっていた。その背景には，穀物計量に結びついた財政上

の役割がある。当局は，計量人と配置人に厳しい眼を向けた。なぜなら，彼らはあらゆる種類の徴税を監督しなくてはならなかったからである。雇用に眼を向けると，17-18世紀においては，穀物計量は100人から200人が生計手段を提供した。

4 穀物の保管・維持

数百ものアムステルダムの倉庫が，穀物保管のために使用された。1680年の請願書で，穀物商人は，アムステルダムの倉庫の四分の三は穀物で一杯であると断言さえした[95]。アムステルダムでは，保管場所を1ヵ月単位で賃す慣習があった。しばしば賃貸料は，穀物1ラストあるいはフロア全体を単位として決定された。こういう場合，商品の正確な重量は関係なかった。保管場所賃貸に関する時系列の史料は残されていないが，偶然残ったデータがいくつか存在する。例えば1569年，1ラストの穀物を1ヵ月間保管するためには12-24スタイフェルが必要だった[96]。アムステルダムの穀物貿易が急激に拡大した16世紀中頃から17世紀中頃にかけて，保管場所がしばしば割増金付きで賃借された。すでにみたように，特定の状況下で商人は，穀物を港の穀物用小型船に残すことが許された。

　倉庫に保管された穀物から火が出ることがあり得た。良好な状態を保つためには，時々穀物をかき回さなくてはならなかった。その頻度は，穀物の品質に依存していた。レーヴァルから輸入される穀物は，保存に適していたため西欧で評判が良かった。レーヴァルなどのバルト海東岸の地域では，穀物は取引きされる前に通常熱い煙で乾かされた[97]。乾燥した穀物は10年近く保存することができたが，品質は良くならなかった[98]。

　穀物をかきまぜるのは，もっぱら女性労働者だった。彼女たちは組織化されていなかったので，その数，労働状況，賃金に関する情報を出すことは困難である。ほとんどの情報は，価格が高くそのために不足が懸念された年のものである。その間，政府（ほとんどの場合，アムステルダム市政府，時にはホラント州）は，慎重に穀物を備蓄しパン屋に低価格で売った。例えば1699年夏，2-3の大企業が，ホラント州とアムステルダムの費用でバルト海地方から穀物を輸入し，その後数年間保管と維持の責任を負っ

4 穀物の保管・維持

た。その中には，フランス＆ヘンドリク・フェレイン商会，ビリオッティ＆サルディ商会，ジャン・ペルス＆サンズ商会，そしてアドルフ・フィッシャー商会があった[99]。彼らは，出費を証明する申告書を提出した。それにはバルト海地方での穀物購入，保険金，ホラントに輸送しさらにアムステルダムで生じるこまごまとした費用，例えば倉庫の賃借料や穀物の維持費が記載されていた。例えばフランス＆ヘンドリク・フェレイン商会は，1700年6月1日までの穀物をかきまぜるための賃金を申告した。この申告書には，名前（女性16人と男性1人），穀物をかきまぜる期間，支払われた賃金が記載されている。ジャン・ペルス＆サンズ商会で1699年7月から1700年7月まで穀物をかきまぜるための賃金に関する申告書が作成された。その中には3名の名前がみられるが，皆女性である。作成者が判明しない他の申告書には，市の所有する小麦をかきまぜるための賃金が記載されている。12人の名前が記載されているが，男性の名は一つしかない[100]。こうした仕事は，明らかに通常女性のものであった。

　穀物をかきまぜる労働者は，各人が別々に働いたと推測される。というのは，割り当てられた倉庫の階が，全員異なっていたからである。彼女たちはしばしば，場合によっては絶えず，雇用主の監視下に置かれた[101]。それぞれの女性が床の上で穀物をかきまぜたが，その量はたいてい数十ラストに及んだ[102]。アムステルダムに供給される穀物総量の情報は多くはないが，不足した時期に作成された在庫目録がたまたま残っており，そのデータからは，その数はしばしば数千あるいは数万ラストに及んだと考えられる（1556年11月には7,000ラスト以上[103]，1693年2月には約2万5,000ラスト[104]，1835-45年にかけては1万－3万ラストだとされる）[105]。これは，数百，たぶん数千の人々が，都市の穀物管理のために雇われていたことを意味する。

　こうした女性は，穀物をかきまぜることによってどれほどの賃金を得たのだろうか。ホラント北部のメデムブリクでは，1598年，1ラストあたり6ペニングが穀物をかきまぜるための賃金として支払われた[106]。1699年以降の記録には，賃金は特定期間の総額しか記載されていないことが多いが，1ラストの穀物をかきまぜる場合の賃金が記されていることもある。賃金は6ペニングであり，12ペニングに達することもあった。この差は，穀物の品質によって説明されよう。品質が変われば，作業の困難さも異な

った[107]。このため16世紀末においては，穀物をかきまぜる人は，計量人と一緒に働く集積人よりも，少し低い賃金に甘んじた。1世紀後も彼女たちの賃金は，集積人の賃金とせいぜい同額であり，たぶんはるかに低かった[108]。穀物をかきまぜる作業は，アムステルダムにおいて最も重労働かつ低賃金の仕事の一つだった。

　商人がある程度の量の穀物を管理するための費用は，品質に大きく依存した。1630年の日付の入った冊子の作者は，比較して，高品質の穀物は1ヵ月に1回かきまぜるだけでよいが，品質の悪い穀物は毎日かきまぜなくてはならないと書いた[109]。これが決して誇張でないことは，ジャン・ペルス＆サンズ商会による1699年6月から12月にわたる穀物のかきまぜ作業の賃金申告から証明されよう。この6ヵ月間，31ラストのライ麦を145回，さらに36ラストのライ麦を170回，そして29ラストの小麦のうち三分の一を152回もかきまぜなくてはならなかった。2番目のライ麦は，これら三種類の中でも最悪の品質らしく，ほぼ毎日かきまぜなくてはならなかった！　穀物のかきまぜ作業を行なう人々が手にする賃金は1ラストあたり僅か6ペニングなので，必要な費用は相当低く，1ヵ月あたり1ラストにつき約半ギルダーだけだった。費用は，実際には，かなり高額になる可能性があった。その事例としては，さまざまなポーランド産小麦を1699年に3ヵ月間にわたってかきまぜたと記した，ビリオッティ＆サルディ商会の申告書があげられる。出費は，1ラストあたり約14スタイフェルから2ギルダー近くまで幅がある[110]。

　穀物を保管してかきまぜることは，アムステルダム市による規制を受けなかったので，実際の組織形態を明らかにすることは困難である。保管場所の賃借と穀物管理に必要な費用が何年の間にどのように変化したのか見出すことも不可能である。一般的にこうした費用の指数は1ヵ月数ギルダーであり，穀物価格に比べれば多大な額とは思われない。情報が少ないが，明らかなのは，穀物貿易のために何百人あるいは何千人もの女性労働者のために，穀物をかきまぜることで雀の涙ほどの賃金を得る仕事が創出され，倉庫所有者の賃貸料から得られる収入の中で圧倒的に重要だったことである。

結論

　バルト海地方の穀物貿易が，アムステルダムの労働市場で最も重要だった。数百人もの穀物運搬人，穀物用小型船船員，数十人の計量人や配置人，積載人がいた。その他に倉庫で働く，穀物をかきまぜる人々がおり，彼らの数は数千とまではいかないまでも，数百には達していただろう。それに加えて，水路は，穀物用小型船船員だけの仕事場だったのではなく，他の輸送ギルドも水上で商売に従事していた。例えば，国内輸送用小型船の船長が，少なくとも数十の仕事に従事した。取引所，穀物取引所のみならず通りやカフェで穀物売買を行なう仲介人が，やはり何十人もいた[111]。貿易会社に雇われた多くの現地代理人も，無数の事務所のみならずそうした場所で働いた。つまり，17-18世紀に，穀物貿易によりアムステルダムでは何千もの雇用が創出されたのである。
　こうした輸送事業（logistical services）は，現実には水上輸送でしかみられない技術的進歩の影響を受けなかった。この分野は，僅かな進歩しかしなかったと思われる。17-18世紀に，穀物用小型船以外の小型船舶の使用が増加したからである。場合によっては，これらの船舶は穀物用小型船より効率が良かった。
　地方政治は，穀物計量に大きな影響力を及ぼした。政治は，穀物が計量される方法，その担い手，要求される費用の決定の点で最も重要だった。これらすべてが，地域経済への関心から生じていた。欠かせないのは，商品は適切に計量され，売られていると人々が確信することだった。主な食糧である穀物の場合は特にこれがあてはまる。パン屋，醸造業者や他の購入者は，不正行為から保護されなくてはならなかった。しかし，計量を厳しく管理する背後にある，最も重要な動機は財政的性質があった。消費税などの政府の歳入に関心が寄せられたのである。上述した四種類のサーヴィスすべてが規制をある程度受けたのは，こうした理由による。
　地方政府は，他のサーヴィスにはごく僅かしか干渉しなかった。例えば，穀物用小型船の耐航性に関しては最小限の要求基準を設定し，穀物用小型船船員がサーヴィスに対して要求する賃金の上限と下限を決め，作業を行

なう穀物用小型船船員の数に上限を設け，穀物運搬人ギルドの入会金値上げを許可し，あるいは逆に値上げやそれに類することに反対した。

アムステルダムの地域的サーヴィス部門の発展に影響を及ぼす最も重要な要素は市場経済であり，この点でアムステルダムは典型的な世界的な商品集散地だった。穀物を運搬し，穀物用小型船で輸送するという二種類の業務は，ギルドのもとで組織されていた。どうやらこの事実は，障害を生じさせなかったようだ。財政的影響が政府にとって重要でない時は，政府は，商人が港の作業の組織や配置に何らかの影響を及ぼすことを許した。これらすべてが，都市内部におけるより効率の良い労働方法を進めた。卸売り事業とギルドは，うまく互いを補完しあったのである[112]。

穀物用小型船船員に，全員に仕事を順番に割り振るような公平な機構はなく，日給も固定されていなかった。穀物用小型船船員ギルドの会員は，仕事をめぐって互いに競争しなければならず，さらに商人と1日分の用船料金についても交渉しなければならなかった。こうした状況下で，商人は，最も速くて信頼がおけ，安価な料金を提供すると思われる船長と合意に達することが可能となった。時が経つと商人の影響が強くなったのは，17世紀には穀物仲買人はギルドの会員としてすでに受け入れられるようになり，18世紀中頃以後こうした仲買人は穀物用小型船に部下を乗せ，自分の代わりに操船させることが許可されたからである。つまりギルド組織は，穀物貿易・輸送と関連するさまざまな分野である程度の垂直統合が出現することを妨げなかった。船舶は可能なかぎり効率よく使用され，他種の船舶の方が良いと思われたら，それらを用いるうえでの障害はなかった。

16世紀において，穀物運搬人は，なお仕事を自分たちの間で分割する伝統的なシステムを維持していたが，17世紀初頭には，すでに近代的な労働市場へと変化し，その中で商人は最良の労働者を選択し，彼らと賃金を交渉した。したがって，穀物運搬人が得られる収入は，労働市場の需要と供給に左右された。

この章で扱った取引費用は，近世において上昇したのだろうか。あるいは下降したのだろうか。この問いに答えることは困難である。現存する史料は，穀物計量の際の価格の動向に過ぎない。穀物を運搬輸送したりかきまぜる際の料金の展開については知られていない。だから，アムステルダムの地域サーヴィスがどの時期に安いのか高いのかを決定することは不可

能である。確かに，17世紀初頭からオランダ共和国西側の名目賃金の水準は他の西欧諸国よりも高く，それは他より高い生活費と関係していた。そのため地域的サーヴィスのために使われる料金が，比較的高かったに違いない。18世紀の穀物運搬に関しては，ギルドが排他性を強化したことに影響され，諸費用の点で不利になることもあり得た。ギルドに入会するには高額な入会金が必要になり，敷居が高まった。そのため，すでに会員だった者の間に労働力不足が創出され，賃金上昇を大した面倒もなく要求できた。

　しかし，料金だけで，すべてがわかるわけではない。提供するサーヴィスの速度と効率も影響を及ぼしたからである。穀物計量の料金は数世紀もの間ほとんど変化しなかった可能性が充分にある。穀物運搬においては，効率の改善が，近代的労働市場が発展した17世紀初頭に達成された。地域輸送に関しては，17世紀末から進歩があり，18世紀中頃には上昇傾向がより顕著になった。商人が穀物用小型船船員ギルド内部により大きな圧力をかける機会が増えたからである。一般的に，アムステルダムという商品集散地をあまり魅力的でないものにする不利な展開の徴候は，少なくとも19世紀以前にはみられない。18世紀後半，バルト海地方からの輸出が再び注目を集めたにもかかわらず，アムステルダムはほとんど利益を得なかった。とはいえ，当時の地域的サーヴィス部門が，アムステルダム商品集散地の魅力減退の要因になったとして，非難される理由はないのである。

第9章

ウィレム・ド・クレルク
――混乱期の委託事業――

　1814年の夏，19歳のウィレム・ド・クレルクは，商用と行楽を兼ねてアムステルダムからドイツへと旅行した[1]。外国への旅路は初めてであり，いわば「グランド・ツアー」だった。彼は，当時すでに数年間働いていた家族企業のために旅行していた。ドイツの取引相手の名前は，事務所で働いていたのでよく知っていた。彼は，旅行の間にそうした人々の多くと個人的に知りあった。「取引相手は，私が想像していた人たちとはまったく異なっていた」(De meesten onzer correspondenten zien er geheel anders uit dan ik mij zulks voorgesteld had)[2]。これは，彼がこの旅行から学んだ多くの事柄の一つに過ぎない。1814年は，外国貿易に従事するアムステルダムの商会にとって注目すべき年となった。1795年以降，外国との取引関係は，戦争のために危機的な状況にあり，そのために関税障壁が生まれ，貿易が禁止された。貿易が次第に衰える傾向は変わらず，それが最も深刻な状態になったのはフランス併合時（1811-13年）だった[3]。しかし，1813年末のオランダの解放は，復興の期待を高めた。多くの商会が外国に代表団を派遣し，かつて協力関係にあった事業上の取引先と旧交を温め，新しい取引先を探し，商業の可能性全般に関して情報を得ようとした。ウィレム・ド・クレルクは，そうした人々の1人に過ぎなかった。
　コルネリス・ホーフトの事例研究が16世紀後半から17世紀前半の商業機会を適切に示すのとまったく同様に，ド・クレルクの事例研究は，19世紀の広範囲にわたるさまざまな問題を例示する。ド・クレルクを詳細に研究する別の理由は，膨大な史料があるからだ。そのため，彼の人生を詳細に描くことが可能になる。分厚い日記には詳細な記述があり，それは史

料の中で最も目を引くが，ウィレム自身の手で書かれた2-3ダースもの商業通信文や穀物貿易に関する備忘録も，これに劣らず興味深い。さらに，このような史料を使った研究に基づいた多くの関連する出版物を利用することが可能である。その中には近年出版された伝記が含まれている[4]。第9章は，最初にウィレム・ド・クレルクの人生に触れ，その後にこの家族企業の内面と外面について述べる。最後に，貿易に関するド・クレルクの思想が考察の対象となる。

1　ド・クレルクの人生の記録

ウィレム・ド・クレルクは，1795年の1月15日に，アムステルダムでヘリト・ド・クレルクとマリア・ド・フォスの長男として誕生した。ヘリトは，穀物の委託代理商であり，父のステファヌスと従兄弟のピーテル・ド・クレルク・ジュニアと家族企業を経営していた。ウィレムが生まれた時，この3人は，家族のほかの人々と同様，アムステルダムではよく知られており，尊敬される実業家だった。ド・クレルク家の人々は，貿易，保険，金融そして委託代理業務の分野で何世代にもわたって活動し成功を収めてきた。例えば，18世紀初期，ウィレムの直接の祖先は，保険業者，バルト海貿易商人，船主として活動していた。そして，この三点のすべてで，アムステルダムで最も重要な指導者である賢人の1人だとみなされ，事業で論争が生じた場合には助言を求められた[5]。一般的に，ド・クレルク家は，北ドイツやバルト海地方との貿易に，商品の貿易については穀物に，ほとんどの時間と精力を費やしていたようである。

　ウィレムの祖父，大伯父そして父（ステファヌス，ピーテルそしてヘリト）が運営する会社は，1769年にさかのぼる。この年，ピーテル・シニアとステファヌスによってピーテル&ステファヌス・ド・クレルク商会（Pieter & Stephanusu de Clercq）あるいは縮めてP&S・ド・クレルク商会（P&S de Clercq）として設立されたのである[6]。ピーテル・ジュニアが1785年に父たちの後を継いだ時，パートナーたちは商会名の語順を変える必要を感じ，ステファヌス&ピーテル・ド・クレルク商会あるいはS&P・ド・クレルク商会（もしくはさらに短くS&P）とした。この名

は，商会が1853年に消滅するまで用いられたが，実際には他の人々がこの会社の事実上のパートナーになった。例えば父のヘリトは，結婚直後の1792年か1793年にS＆P・ド・クレルク商会のパートナーとなったが，商会の名前は変わらなかった。

ウィレムの両親は，長男に実業の道を歩ませる気はなかった。息子をメノー派の神学校に送り，祖父ウィレム・ド・フォスがそうだったように，牧師にさせようとした[7]。商会で働くことになっていたのは，彼と同じ世代に属する一族の1人，すなわち，ウィレムの大伯父の息子であるピーテル・ジュニアだった。だが，ものごとは計画通りには進行しなかった。1808年，ウィレムの大伯父の子であるピーテル・ジュニアが15歳で死亡したため商会の役職に空きが生じ，ウィレムがそれを引き継がなくてはならなくなったのである[8]。

ウィレムが1810年に商会で働き始めたのは，15歳の時だった。商会の経営は，当時，父と祖父の手中にあった。大伯父はすでに1805年に死亡していたからである。働き始めた当初，ウィレムは，大きな責任のある仕事は許されず，使用人として働き，手紙を書き写していた。当時は，戦争の影響のため，すべき仕事量は大してなかった。それが幸いして，語学，物理学，線画，絵画などを学ぶ時間がたっぷりとあった[9]。語学の勉強の方が，ウィレムをはるかに魅了する分野であり続けた。そのため，1810年から定期的に書き綴られた日記は，フランス語，ドイツ語，英語，そして後にはデンマーク語，イタリア語，スペイン語でも記されていた[10]。いうまでもなく，彼はこれらの言語すべてを完全に修得したわけではなかった。1812年と1813年の夏，両親は息子が成長したので，商会と業務関係がある場所に旅することができると判断した。こうした旅行で，ウィレムは，貿易が組織化される方法を体験し，穀物供給者と個人的に接触することができた。当初，この旅行では，オランダの国境を越えることはなく，東へ向かってトウェンテ，フローニンゲン，フリースラントを目指した。しかし，1814年にウィレムは，北西ドイツに行った。1816年には，バルト海地方にまで旅行した。

1814年と1816年の旅行で，フランスによる占領の時に失われた穀物供給者との契約を再開した。貿易は，1813年末の解放の時から復興しつつあり，アムステルダムの多くの委託代理商が外国商人の知遇を得ようとし

た。個人的なコネクションを形成することは，注文を得る上で重要な方法の一つなので，ウィレムは，自分で商人を訪ねることが必要だと感じた。1814年，彼は，6週間を費やしオランダ東部諸州，東フリースラント，ブレーメンへと旅した。各地を旅行するウィレムとアムステルダムにいる父や祖父との間で交わされた手紙が現存している。ウィレムへの手紙は，ドイツのレーア，イェーファー，そしてオランダのアルメロへと送られている。これらの地域で，手紙を送るのをド・クレルクに任せられるほど親しい間柄の事業家の友人や家族がいた。レーアに住んでいたラフーゼン家はウィレムの親類だった。18世紀末に，同家のヘルマン・ラフーゼンは，ドイツを離れアムステルダムに引っ越した。彼はサラ・ド・クレルクと結婚し，ウィレムの叔父となった[11]。イェーファーでは，S&Pは，商人のハマーシュミットと非常に親しかった[12]。ウィレムはイェーファーを出発し，旅行を続けたが，この旅は多くの場所を経て15日かけてアルメロに到達する予定だった。イェーファーを発った時，ウィレムは，父と祖父に手紙をアルメロへ送るよう頼むしかなかった。彼は住所はそこしか知らなかったからである。「これからアルメロに向かいますが，その途中で立ち寄り，手紙を返信する場所を私は知りません」[13]。アルメロには，ド・クレルク家の親戚や事業関係者が多くいた[14]。ドイツから送られたウィレムの手紙は，アムステルダムへ到着するのに通常4日かかった[15]。

　6週間の旅行で，彼は100人以上の穀物商人や農民を訪ねた[16]。彼らの中には，かつてS&Pと仕事をしていた者もいた。例えば，ウェーンダーでは，ウィレムはローシング氏を訪ねた。氏の記憶では，S&Pとの協力は35年前にさかのぼった。昔のことを覚えていたので，商会の若い代理人を非常に暖かく迎えた。暖かく歓迎されたが，ローシングは，契約を更新するにはあまりにも老いていたため，ウィレムが期待できることはあまりなかった。他方，イェーファーで，ウィレムはH・M・ルーデルツという人物と話し合いをした。彼は，ウィレムに，かつてS&Pと仕事をしたことを告げ，また一緒に働きたいといった。知り合いがいない場所では，彼は紹介状を用いた。例えばブレーメンに知人はいなかったが，ファレルの仕事仲間からの手紙をもっていた。見知った顔を求めて取引所を歩き回っていると，アムステルダムの同業者と幸運にも会うことができた[17]。

　どんなところでも，ウィレムは，誰が最も重要な商人かを探ろうとした。

このため，彼は，ルスターゼイルのＪ・Ｂ・リックロフと連絡をとるようにとの父の指示に従わなかった。リックロフの貿易はかなり小規模なものだと，信頼するに足る数名の人物から聞いていたからである。訪問が必要でない場合もあった。例えば，アムステルダムに家族が居住する商人を探し求めてもほとんど意味がなかった。むろん，他のアムステルダムの委託代理商と安定した関係がある商人の場合も，これはあてはまる。この点に関し，ジツェマの商社が時々触れられる。この商社との関係は確固としており，尊重された。次にオルデンブルクの商人の例をあげよう。この商人は，ジツェマとかつて取引していたが，3年間取引きをしておらず，今やアムステルダムへの輸出を進んで引き受けようとしていた。ウィレムは，うってつけの時期に彼と会い，Ｓ＆Ｐの仲間に加えた。しかし，失敗もあった。ウィレムは，少なくともかつてＳ＆Ｐを見捨てた1人の商人を再び仲間に加えようと訪れた。この人物は，アルメロのＧ・ブラインスであった。父のヘリトは，ブラインスをいうまでもなく丁重に扱い，Ｓ＆Ｐに戻る説得をするよう息子に指示していた。というのも，ブラインスにとって〔当時取引きしていた〕ド・フリースと取引きすることはもはや非常に重要なこととはいい難かったからである。父は，成功すれば少しばかり報酬を与えると息子に約束した[18]。

　ウィレムは，単にＳ＆Ｐと取引きを望んだ商人を探していただけではない。事業の規模や人々の評判に関する情報をも探し求めた。例えばエムデンで，彼は，過去にＳ＆Ｐと取引きしていたエイラート・ポッペンが信頼すべき人物で，今や人々から尊敬され愛されていることを知って喜んだ。ウィレムは，とりわけ商会に借金がある人々の評判と富に関心があった。例えば，ハンス・ハンセンという人物は支払い能力がないと考えられていたが，実際には裕福な人物であることを知った。したがって，商会に借金を返済させようと努力するだけの価値があった[19]。

　ウィレムは，最初の大旅行で極めて多くのことを学んだ。それは，単に地域によって異なる生活習慣だけではない。それに関して，彼は日記の中で書いた。「東フリースラントの人々は，異邦人を非常に親切に迎える。旅人を家に招き，名前や訪問の目的を尋ねることすらなくあらゆるものを提供する。他方，フローニンゲンでは，異邦人は扉の前に置き去りにされる」[20]。貿易に関する観察も，同様に興味深い。彼はわが身を振り帰り，

商業を取り巻く状況が 1790 年代から大きく変化していることを感じた。アムステルダムの商会は，かつて容易に委託業を行なうことができたが，それはもう過去の話だった。アムステルダムは，もはやヨーロッパの商品集散地ではなかった。外国の商人がナポレオン戦争期に地位を向上させる好機をつかみ，ウィレムがブレーメンで 1814 年 9 月 1 日に書いた手紙によれば，いまやバルト海地方全域は，呪わしいイギリス人の手中にあった (de verloekte Engelsen hebben de gehele Oostzee in handen)[21]。

　1816 年の大旅行は，サンクト・ペテルブルクまで及んだ（！）ウィレムは，3 月 25 日に出発し，およそ 7 ヵ月間帰らなかった。ハノーファー，ホルシュタイン，リューベック，ヴィスマル，ロストク，ストラールズンド，シュテティーン，ダンツィヒ，エルビング，ケーニヒスベルク，メメルを訪れ，その後ロシア帝国に入り，リバウ，ウィンダウ，リーガ，サンクト・ペテルブルクに行った[22]。サンクト・ペテルブルクに引き付けられた理由の一つに，蒸気船をみる機会があった。ウィレムは，蒸気船 (dampboot) をみるためにまる 1 日かけてフィンランド湾に赴き，それに魅了された[23]。オランダにおいて，1870 年まで蒸気船は商業海運の点でほとんど活躍していなかったことを考えれば，これは理解できる[24]。彼は，大きな都市以外にも，極めて多くの小さな町や村を訪れた。ウィレムは，旅行者であれば注目することなら何にでも興味をもったが，本性に忠実に，港，倉庫，取引所，その他の貿易に関連した施設に特別の関心を払った。1814 年の旅行と同様，彼は，商会が取引したことがある商人を訪れた[25]。そして紹介状をたずさえ，新しい事業関係を探し求めた。穀物輸出の重要な拠点のリーガは，以前に訪れたことのない町の一つだったが，ここで彼は多くの実業家を訪ねた[26]。

　穀物貿易が急発展する直前の年にバルト海地方への長い旅をしたのは，偶然に過ぎない。ウィレムは，1815 年にこの旅行をしたがったが，政治情勢のため不可能だったからである[27]。世界的な穀物収穫の不足が 1816 年（夏のない年）に生じ，1817 年に大量の穀物がバルト海地方から西欧へ向けて輸出された[28]。例えば，3 万ラスト以上の商品——ほとんどは穀物——が，当時，ロシアの港からアムステルダムへと輸送されたことが知られている。モスクワ貿易委員会の理事たちによれば，これは，それ以前の数年間の平均の 10 倍以上だった[29]。ウィレムの旅行は，まったくうっ

てつけの時期に行なわれたようである。急激で短期間しか続かなかった，バルト海地方とロシアとの貿易復興の直前だったからである。残念ながら，Ｓ＆Ｐ・ド・クレルク商会が新しい契約から利益を得ることができたかどうか，またその額については知られていない。ウィレムは，日記に1816年の旅行は商会にとってプラスの結果をもたらしたと記しているが[30]，他方，それでは，それ以前に種が播かれていた財政問題を解決するには不十分だったようである。この難題は，1817年になるとますます鮮明になっていった。

　1817年は，ウィレム・ド・クレルク個人にとって重要な年だった。ウィレムが予想だにしなかったことに，そして嘆き悲しんだことに，父のヘリトが死亡したのである。祖父のステファヌスが事業から引退する意志を表明したため，新しいパートナーを商会経営のためにみつけなくてはならなくなった。その結果，1818年，23歳にしてウィレムが商会の長になり，叔父のピーテルがパートナーとして選ばれた。商会は，以前とまったく同様，Ｓ＆Ｐの名を維持した。ウィレムは，その後6年間（1818-24年），商会を経営することになった。叔父のピーテルをパートナーとしたことは，決して賢明な選択ではなかった。というのも，彼は穀物貿易に関してほとんど何も知らなかったし，健康状態の悪化に苦しんでいたからである。ウィレムは23歳に過ぎず，叔父は45歳だった。にもかかわらず，商会の事実上の運営は，ウィレムの手に委ねられた[31]。

　商会の経営は，簡単な仕事ではなかった。「何事も初めが難しい」という言葉こそ，まさしくこの状況にふさわしい。それは，父と祖父が商会の状況を悪化させていたらしかったからである。帳簿をくまなく調べると膨大な借金が明るみに出た。これに加えて，ウィレムは，1820年にはブラバント商人による大がかりな詐欺の犠牲になってしまった。1817年と1820年の両方の場合とも，商会は，親族と家族の寛大な助力によって救われた。その際，印象的な救援活動がなされたが，これに関しては後に述べたい。これらの問題に加えて，ウィレムは，景気循環が特に悪化した時期にうまく対処しなければならなくなった。穀物貿易は，困難な時期を迎えつつあった。1816年の世界規模の不作により，1817年に商人に有利な時期が到来したが，これは嵐の前の凪だった。1818-25年には苦難の時代が訪れた。この時期は豊作のため価格が低下し，さらにフランスとスペイ

ンにおける輸入関税が追い打ちをかけたため，穀物をこの南欧二国に再輸出することが困難になったからである[32]。毎年，Ｓ＆Ｐに多少なりとも負債を抱える穀物供給者が破産し，多大な損害が生じた[33]。一度のみならず――例えば1822年の夏と再び1823年の秋に――商会をたたむ計画が議論されたが，結局，実行には移されなかった[34]。

　1824年，オランダ貿易会社（Nederlandsche Handel-Maatschappij）が設立され，ウィレムに，生計を立てるうえで新しく興味深い方法が提示された。彼は職を申し込み，書記に任命された[35]。彼が一族の商会から手を引くと，弟のステファヌスが後を継いだ。オランダ貿易会社は，半民間企業であり，国王ウィレム1世の個人的な指導下に設立されたが，政府が助成していた。その目的は，オランダの貿易・海運業，特に東インド貿易とオランダ工業を活性化させることであった。Ｓ＆Ｐ・ド・クレルク商会の経営で多くの問題と僅かばかりの成功を経験した後，ウィレムが喜んでこの機会を獲得し，商会から手を引いたことは驚くにあたらない。彼は，オランダ貿易会社で残りの生涯の間働いた。当初，書記だった彼は，1831年からは理事となった。理事として，オランダ東部トゥウェンテの繊維産業活性化に重要な役割を果たした。彼がこの地方を良く知っていたのは，現地の穀物供給業者と関係があり，訪問したことがあったためである[36]。地域産業として立ち上げられた繊維産業が成功を収めたのである。穀物貿易よりも繊維産業のトゥウェンテの発展のため，ウィレムはオランダ経済史に名声を残すことになった。

　ウィレムがＳ＆Ｐ・ド・クレルク商会を指揮したのは僅か6年だけだったが，実業界で高い名声を勝ち取った。1821年には，穀物計量人を監督する4名の委員会の1名に選ばれた[37]。重大な職務というわけではなかったが，指名には大きな意味があった。著名な商人しかこの職務にはふさわしくないと考えられていたからである。1823年，彼は他の有名な商人と共同で，北ホラントの長官に対し，貿易拠点としてアムステルダムが抱える不利な状況を改善するための意見を提案するよう要請された。彼はかなり若いうちに，取引所で名声を得た。それは，控えめにいっても輝かしく成功に満ちたものとは決していえない現実の実業活動ではなく，貿易に関する彼の考えとそれを提議できる能力のためだった。1819年12月，ド・クレルクは，教養サークルのフェリックス・メリティス（Felix Meritis) で講演した。講演は，貿易の自由（Vrijheid van den handel）に関する論文を発表する形態をとった。この論文は，「穀物貿易に関する覚書き」(Memorie over den graanhandel) として，1822年に出版された。ウィレムは，しばしばそうしたように，この小論に関して日記にフランス語で書いている。「この覚書には何も期待していなかったが，取引所において非常に喜ばしい評判を得ることができた」(Cette mémoire, don't je n'avais rien attendu, me procura à la bourse une reputation très flatteuse)。貿易に関するこの小論が決定的な要因となって，彼はオランダ貿易会社書記へと任命された。この時彼は比較的若く，まだ30歳の誕生日を迎えていなかった[38]。オランダ貿易会社が貿易を東インドに集中させることを計画している時期に，彼の実務経験は穀物貿易だけであったが，雄弁さの方が重要視されたからである[39]。ド・クレルクの小論で表明されている思想は，この章の最後で触れる。

　職業上の義務に忠実であったとはいえ，ウィレム・ド・クレルクがかなりの時間を他の事柄にあてる際の障害とはならなかった。ウィレムは，生涯文人として有名だったのは，注目すべき才能を押韻の分野で発揮したからである。誰かが何らかの主題——それは，ダンテ，メアリ・ステュワート，使徒ヨハネ，虹，中国，リスボン，あるいはイェルサレムでも何でも良かった——をほのめかすと，ウィレムは立ち上がり何の準備もなくそれを主題にした長い詩を詠んだ。彼は，これを頻繁に，多くは家族や友人の前で，しかし時には公的な場で行なった[40]。彼は，高度な一般教育を受け，記憶力も優れていたので，どんなことをいわれても即興で詩を詠むことができた。当時の人々は，彼のたぐい稀なる才能に感銘を受け，外国の新聞さえ彼のために数行を割いた。パリの新聞である「レヴュー・エンシクロペディーク」(Revue Encyclopedique) には，1823年に「アムステルダム，ホラントの即興詩」(Amsterdam. Improvisation Hollandaise) という題で，以下のように書かれている。「ここでは，どう考えても尋常とは思えない出来事がみられる。それはホラントの即興詩人である。（中略）ド・クレルク氏は，この都市の商業界において確固たる地位を占めている。（中略）しばしば友人の集まりで，誰かが詩の主題を示すと，彼は立ち上がり1秒から2秒ほど熟考する。そして，想念の奔流，高揚した精神から生まれる美しい韻文のイメージを神より得る（中略）」。同様の記事は，イ

文学について 1821 年に書かれた論文は，より重要である。この時代に書かれたことを考慮に入れると，現代でも極めて優れたものと考えられている。この論文は，15-19 世紀に外国文学がオランダ文学に与えた影響を論じたものである。ウィレムはこれをオランダ王立学院の懸賞論文のために書き，一位入賞を果たした。この論文は，300 頁以上あり，ヨーロッパ文学の最初の比較研究であり，長期間このような研究はほかになかった[42]。その著者は，しばしば，実業家ではなくむしろ学問の道を選択して，作家か学者になりたかったと告白している[43]。

文学以上に，ウィレムは，宗教に関心を抱いた。宗教的問題に関する関心の高さは，すでに若い時に現れていた。ドイツとバルト海地方への 1816 年の旅行で，彼は，メノー派などの教会を訪れ，メノー派コミュニティーの具体的な状況について書き残し[44]，時には信仰に対する人々の関心の低さを批判している[45]。例えばホルシュタインで，彼は，重大な事柄に人々が無関心な様子を批判してこう述べている。「彼らは，穀物価格のことしか話さない」。この不平が実際に興味深いのは，穀物貿易で生計を立てていると思われる者の口から出た言葉だからである。彼の見解では，神からどれだけの恩恵を受けているのかを，オランダ人ははるかに自覚していた[46]。日記には，宗教に関する彼の思想がいかに変化したかが記されている。1818 年の結婚も，すでに普通のものとは違っていた。結婚した相手は，メノー派ではなく，フランス改革派教会の信徒のカロリーヌ・シャルロット・ボワスヴァンという女性だった[47]。1820 年代，彼は，所属する教会の宗教的見解と実践にますます不満足になっていった。信仰上の理性主義と正統主義の欠如に不満を抱いた。1831 年，メノー派を離れフランス改革派教会に改宗した。彼は，正統改革教会の国際的なプロテスタント運動であるレヴェイユ（Réveil）の指導者の 1 人となった[48]。

ド・クレルクがオランダ史で知られているのは，自由貿易に関する著作，オランダ文学に関する論文，レヴェイユ運動で果たした役割のためだけではない。信じられないほど長い日記を書いたからでもある。彼は，1810 年に日記をつけはじめ，それは 1811 年に一度だけ中断した後，1844 年に死亡する数日前まで継続された。原文は，付録を加えて 3 万 6,000 頁に及んだ[49]。この概要は，700 頁にまとめられ，1888 年に出版され，ウィレム

の宗教思想の変化に焦点をあてた[50]。近年出版された,ウィレム・ド・クレルクの伝記は,この日記をよりバランスよく使っている。

ウィレムの日記をみると,彼は自分に一瞬の休息すら許さなかった印象を受ける。常に仕事,執筆そして研究でいつも多忙だった。「時間がない」という表現は,何らの意味もなかった。というのも「活動的な人であればいつだってやりたいことをするための時間をみつけるものだ」からだ。彼の日記には,このように記された一節がある[51]。こうした仕事中毒的な生活習慣のため,49歳の若さで死亡したのかもしれない。ウィレムは,1844年2月4日に亡くなった。

2　S&P・ド・クレルク商会の分析

長く存続した(1769-1853年)にもかかわらず,P&S,後にはS&P・ド・クレルク商会の商業文書が現実には残されていないことに注目するのは重要である。発見されているのは,僅か一冊の元帳だけで,これは1782年から1807年にまたがる。この帳簿は,ピーテル・ド・クレルク・ジュニアのものであり,株主としてのS&P・ド・クレルク商会への投資と,そこからの利益と損失に関する情報が含まれている。この帳簿に記されている他の記録としては,彼自身の穀物と脂肪種子の貿易による収益がある[52]。アムステルダムの穀物貿易に関する史料として,この文書にはかなり独自の性格がある。16-19世紀のアムステルダムに数多くいた穀物に特化した商人や,委託代理商,仲介商人の元帳は,これ以外には発見されていない。S&Pの活動を明らかにする史料としては,ピーテルの元帳以外に,他の種類の商業文書,数ダースもの手紙がある[53](そのうち,1814年のドイツ旅行の際に書かれた,ウィレムと父の間の往復書簡は完全な形ですでに出版されている)[54]。さらに公証人文書[55],1810-24年の穀物貿易について多くが記されたウィレムの日記がある。

商会の目的は,穀物の委託業務の遂行にあった。ウィレムの日記によれば,S&Pが自己勘定で貿易をすることがたまにあったが,小規模取引にかぎられ,しかもかなり例外的だったと考えられる[56]。これ以前の世代に属するピーテル・ジュニアは,自己勘定で穀物貿易に従事していたが,こ

うした商売は，彼がＳ＆Ｐの名で家族とともに経営していた商会の活動とはまったく別のものであった。彼は，穀物をこの商会を通して買い，その後また商会を通して売ったが，その目的は大きな収入をもたらす価格上昇を見越した投機であった。しかし，損失が生じる価格で穀物を売らなくてはならないこともあった。これらの取引きは，彼の元帳に「穀物と脂肪種子への投機」と記載されているので，Ｓ＆Ｐ・ド・クレルク商会における彼の利益と損失とは別の範疇を形成している[57]。商会の他のパートナーたちも，当時自己勘定で貿易し，少なくともステファヌスと同じ方法で投機をしていた可能性は高い。1812年，ウィレムは，日記の中で祖父について，過去40年にわたる穀物価格を記載した『投機の本』(Speculatieboek) を背にして座っていたと言及している[58]。この本は，現在では失われているが，これはヘリトが投機を行なった商品——間違いなく穀物——の勘定が記されていたはずである。ウィレムが商会の長であった時期 (1818-24年) において，パートナーの誰一人として自己勘定で貿易したことを示すものはない。ウィレムは，おそらく，Ｓ＆Ｐの名のもとで委託業務に専念した。

　Ｓ＆Ｐ・ド・クレルク商会は，穀物と脂肪種子を専門としていた。それ以外の商品は，史料にはほとんど記されていない。1816年の旅行の際，ウィレムは，バルト海地方において木材などの商品の供給者と会ったが，彼ならではのこの試みは，おそらく失敗に終わったと思われる[59]。

　選ばれた商品はかなりかぎられていたが，取引きする地域は広範であった。一般に，この商会は，数百の商会と取引関係を維持した。1823年の１月にウィレムがおよそ300もの事業上の関係者に通信文を送ったと記していることからも，このように判断される[60]。関係者の数は，外国貿易が崩壊する以前の世代の方が多かっただろう。こうした関係は，南ネーデルラント（ブランバント州やフランドル州），北ネーデルラント（ここにはあらゆる場所に関係者がいたが，主にゼーラント，東部オーフェルエイセル，フローニンゲン，フリースラント），イングランド，ドイツ沿岸（特に東フリースラントとホルシュタイン），デンマーク，バルト海の南岸と東岸，さらには北ロシアのアルハンゲリスク港にまで及んだ。この商会と取引関係がある広大な地域は，ピーテルがＳ＆Ｐ社から買った穀物明細から明らかになる。その元帳には，デンマークのオート麦に並んでシュテテ

ィーンのライ麦が，イギリスの小麦に並んでプロイセンのライ麦が，そしてフリースラントのライ麦に並んでリーガの小麦が，さらにサンクト・ペテルブルクの小麦がさまざまな種類のオランダ産小麦に混じって記載されている[61]。ウィレムは，1812年と1813年にオランダ東部，1814年にはドイツ沿岸部に，そして1816年にはホルシュタイン，ハノーファー，バルト海地方に旅行した。それは，商会がこれらの地域すべての商業関係を再確認する点に関心があったことを証明する。ウィレムが1820年代初頭にデンマーク語やスウェーデン語を学んだのは，商業文書を書くためであった。このことから，スカンディナヴィア諸国と取引き関係があったことがわかる[62]。ウィレムは，1819年にフランドルを，1820年にブラバントを商用で訪れた[63]。1820年にはブラバントの複数の商会による詐欺に遭い，S＆Pは倒産しかけたが，それは南ネーデルラントとも取引関係があったことを示す。

　S＆P商会は，19世紀前半のアムステルダムにおける大半の貿易商会と同じように組織化されていた。商会は，2名以上の人物による完全な合名会社であり，それぞれが保有する株式の規模に関係なく，商会の全事業に対し責任と義務を負った[64]。商会のパートナーは，通常，家族あるいはより遠縁の親族であり，それはS＆P・ド・クレルク商会にもあてはまる。株式が常に平等に分割されるわけではなかった。例えば，1809年，ステファヌスが株三分の一を，そしてヘリトが三分の二を保有するということが決定された[65]。しかし，パートナーはそれぞれ商会の運営上生じた負債の全責任を負った。商会は，1844年まで完全なパートナーシップ経営だった。この時になって，ようやく，商会は合資会社（Société en commandite）の形態で再編され，業務，特に穀物と脂肪種子の委託業務を行なうようになった。この形態の企業組織は，スリーピング・パートナーシップ（sleeping partnership）あるいは有限責任私会社（private limited company）とも呼ばれ，オランダ語では commanditaire venootschap と呼ばれる。この形態の組織においては，出資し，投資した金額だけに責任を負う「スリーピング」パートナーと事業を運営する「活動的」パートナーがいた[66]。1844年のS＆Pの場合，2名の活動的パートナーと，11名のスリーピング・パートナーがいた。13名のすべてがド・クレルク家の一員であった[67]。

あらゆる点で，この商会には家族が関係していた。資本はド・クレルク家の人々，あるいは婚姻関係にあった人々によって提供され，商会の運営は彼らの手に委ねられていた。これが不利に働くこともあった。例えば1818年にウィレムはパートナーを探したが，ド・クレルク家からは穀物貿易に関して何の知識もない叔父のピーテルしか選択肢がなかった。ウィレム自身，大伯父の息子が1808年に死亡せず，その後釜になることを強いられなかったならば，まったく異なった人生を歩んだことだろう。商会を経営する必要がなければ，彼は牧師になっていたかもしれない。1822年の時点でウィレムはいまだに簿記がよくわかっておらず，叔父の助けを必要としたことを考えれば，誰か他の者の方が有能な経営者となったのではないだろうか[68]。家族と親族の中には，意志薄弱な者もいたが，彼らの忠誠心は，商会の最大の財産であった。このことは，1817年，そして1820年に商会に降りかかった大きな危機の時に明確になった。

ウィレムの父であるヘリトが1817年の9月に死亡するとすぐ，商会の財政状況が危機に瀕していることが発覚した。ヘリトは，Ｓ＆Ｐ商会から，返済することが不可能なほど多額の金を借りていた。ヘリトは借金の利子を支払うことすらできなかっただろう。ヘリトが維持したような生活習慣は，資産を大きく上回っていた。しかも帳簿をつけてはいなかった。ウィレムは日記に，父のこの過ちこそ，商会を苦しめた難題の理由だと書いた。しかし，ヘリトは，過去十年間に穀物貿易を取り巻いていた不安定な状況から生じた利益の減少に適応することができなかったという方が適切だろう[69]。ウィレムは，常に敬愛していた父は非難しなかったが，祖父のステファヌスを，利益減少を放っておいたと非難した。ステファヌス自身，財政的問題も抱えていると告白し，商会をたたむことを提案した。こうして，商会の将来が1817年の10月に議論された。3人の叔父が，この議論で重要な役割を果たした。ヘリトの妹と結婚したヘルマン・ラフーゼン，スタトニツキ＆ファン・ヒューケロム銀行の責任者であり，やはりヘリトの妹と結婚したワルラーフェ・ファン・ヒューケロム，そしてウィレムの母マリア・ド・フォスの兄弟であったヤコブ・ド・フォスであった。3人の叔父は，助言を惜しまなかっただけではなく，貸付金を用意した。商会の存続が主張されたが，その点で重要なのは，伝統も名声もある商会の倒産はスキャンダルになるだろうということであった。メノー派信者の間では，

2 S&P・ド・クレルク商会の分析

破産を防ぐことが非常に重要とみなされた。そのため，ド・クレルク家も属していた「メノー派ネットワーク」の人々が，1817年にこの倒産の淵にあった商会を救うために結集したのである[70]。

1820年には，さらに深刻な災難に見舞われた。数人のブラバント商人が，S＆P・ド・クレルクから膨大な金額を騙し取ったのである。S＆P以外の数社も犠牲となった。この事件の詳細は依然として不明であるが，S＆Pは，大量の脂肪種子に金を支払ったものの，この商品は決して届けられなかったらしい。何が起こったにせよ，必要とされた金額は膨大で，訴訟しても僅かな金額しか得られなかった。結局，商会は，損失を計上しなければならず，そのための金額は，ウィレムの1820年11月末の日記によれば21万ギルダーに及んだ[71]。

これらの損失は，僅か3年前に商会が倒産しかけただけに，いっそう深刻だった。そして，ウィレムとピーテルは，その後事業を発展させていたが[72]，巨額の積立金を築く時間はあまりなかった。さらに悪いことに，不況が穀物貿易に影響を及ぼした。穀物は豊富にあり，価格は低かった。1820年，S＆Pは大量の穀物があったが，いまだ売却されていなかった。S＆Pは，おそらく穀物供給者に前貸ししていたが，何年たっても商品が低価格であったので，供給者たちは穀物がなかなか流動しないという問題をかかえていた[73]。S＆Pは，大量に貯蔵されている穀物ストックを担保に，ネーデルラント銀行から1820年の夏と秋に借入金を得た。7月には9万ギルダーを，9月には5万7,000ギルダーを，11月には6万4,300ギルダーを借りた。合計すると，21万1,300ギルダーになった[74]。借金は，年間5％の利息で借り入れ，それぞれ3ヵ月以内に返済しなくてはならなかった。こうした借金は例外的であり，S＆Pは，短期的な流動性の危機はこれで解決されると考えたことが示唆される。商会が借金と同額の損失をもたらした詐欺の犠牲とならなければ，全額返済することもできただろう。あまりにも大きなリスクを負い，脂肪種子が決して届かないことに気づいた時，ウィレムは彼自身の惨憺たる未来を予見した。残りの生涯，彼は借金を支払い続けるのだった[75]。

1817年とまったく同じく，ウィレムは親族に援助を求めた。今度は，ヘルマン・ラフーゼン，ワルラーフェ・ファン・ヒューケロム，ピーテル・ファン・エーヘン（彼はウィレムの姪と結婚した）とヤコブ・フォッ

クが援助し、助言を与え借款を約束し、おそらく保証人となった。この4人がどのような役割を演じたのかは正確にはわからないが、ウィレムはいつも彼らを「恩人」として記憶していた。彼らは皆、ウィレムが母と祖父母から巨額の遺産をいつの日にか受け継ぐことを知っていた[76]。再び破産は免れ、銀行への借金は返済されたが、当初の予定よりもかなり遅くなった。二つが1821年に、三つ目が1823年に支払われた[77]。ウィレムの母が1822年に亡くなった後、遺産の全額が借金の返済に必要とされた。これは、喜ぶべきことではなかったが、ウィレムは、いずれにせよ商会を救い、信頼できる実業家としての名声を保った事実に満足した。Het geld is verloren maar de eer is gered（財産は失われたが、名誉は守られた）[78]。

多大な援助が、メノー派コミュニティーの親族から寄せられることは、決して珍しくなかった。ヘリトとウィレムの縁戚であった、ボス&ド・クレルク商会も数年前には深刻な経済問題のただ中にあった。1813年の秋には、2-3の大規模商業銀行が倒産し、ボス&ド・クレルク商会も倒産の危機に直面していた。しかし、ド・クレルク家と縁戚であったファン・エーヘン商会のような企業の支援を受けて、事業の採算は回復し、新しい名の商会へと再編された。その商会は、結局、旧来の2名の経営者によるパートナーシップの継続に過ぎなかった[79]。S&Pが1817年と1820年に倒産の前兆を示していた時、困難な時期に援助する先例があったからである。

18世紀末から19世紀初頭にかけ、S&P商会は、アムステルダム取引所で名声を博していた。1800年、同商会は、アムステルダムでバルト海地方との貿易に従事する最も有力な四つの貿易商会の一つとして、ピーテル・ド・フリース未亡人&メインツ商会、ドゥッパー&スフライター商会、ピーテル・ド・ハーン・ピーテルスゾーン商会とともに知られていた[80]。1811年、アムステルダム貿易委員会が設立されると、ヘリト・ド・クレルクは、この委員会の会員選出の投票に招かれる50名の有力な商人の1人となった[81]。1814年、彼はバルト海貿易・海運業委員会の理事となり、その2年後「穀物貿易の委員」（Commissaris van den Graanhandel）となった[82]。これらのことから、彼がある程度知られたバルト海貿易商人であったことが示される。ウィレム自身がアムステルダムの商業界で博していた名声（このことは、例えば1821年に穀物貿易の委員に指名されたこ

とに示されている）は，彼が長い間存続し倒産しなかった商会の代表者であったおかげでもあり，彼が貿易の自由についての講演（1819年）と穀物貿易に関する彼の備忘録（1822年）による好印象のためでもあった。

この商会の財政状況は，事業に必要な資本によって示される。1785年，ステファヌスとピーテルは，両者ともに10万ギルダーの株を所有しており，したがって資産総額は，20万ギルダーになる。1793年にヘリトは，パートナーとなり，7万5,000ギルダーの株が各々に分配され，商会の資産は22万5,000ギルダーまで上昇した。1798年，それぞれの株は6万ギルダーにまで低下し，商会の全資産は18万ギルダーまで低下した。この状況はピーテルが1805年に死亡するまで続いた[83]。したがって，この20年の間の資産総額は，平均20万ギルダーであった。これが，最低限必要な運転資金だったは，ピーテルも商会に金を貸していたからである。これらの借金の額は年とともに変動したが，20年間（1786-1805年）の平均は，2万2,000ギルダーであった[84]。他のパートナーたちも金を貸していたかどうか明らかでないが，運転資本の総額は，20万ギルダーから30万ギルダーと推定することは妥当だろう。

およそ10年後，状況は大きく変わった。ヘリトは，1817年に死亡した時，膨大な借金を残していた。すでにみたように，縁戚の富裕な商人の援助があってはじめて，ウィレムと叔父のピーテルが1818年に再出発することが可能になった。1818年の6月，新しい商会の資産は6万ギルダーであり[85]，かつてS＆Pの金庫を飾っていた資産と比べるとかなり少なかった。この資産が，1818-25年の穀物貿易の不況時に増加したとは考えにくい。1820年の大規模な詐欺のため，ウィレムは再び「メノー派ネットワーク」に依存することになった。負債の支払いが完了したのは，ずっと後のことだった。オランダ貿易会社に職を得たウィレムが1824年に商会を去ると，事業は僅かながらも改善に向かったらしい。これは，S＆Pの資産に関して他に唯一存在する記録から推測される。記録の日付は，新しい合資会社が設立された1844年から始まる。この商会には，10万ギルダーの資本があった[86]。この数値はウィレムが商会を設立した時の総資本よりも多かったが，それでも以前の資本よりも少なかった。

こうした数値は，他の商会と比較する際に有効である。近年，ヨンカーは19世紀前半のアムステルダムの商会を，運用される資本額に基づいて

数層に分類した。最初のグループは，真の大商人である最上位の層であり，彼らの商会は 100 万から 200 万ギルダー，あるいは商会のグループで約 80 万ギルダーから 100 万ギルダーの資本を有していた。第二あるいは中間のグループ層は，20 万ギルダーから 30 万ギルダーの資本が典型であったようだ。第三の層を構成するのは，より小規模の事業を営む商人，仲介人，特定の商品の卸売商人，小規模な中間商人，代理人である[87]。こうした商会の運営資金は，10 万ギルダー以下だったと考えるべきである。上述のように，ピーテルの元帳によれば，1786 年から 1805 年にかけて，S＆P・ド・クレルク商会は 20 万ギルダーから 30 万ギルダーないし，それ以上の資金を運用していた。したがって，中間グループの商会になる。混乱が続いた 1806 年から 1813 年に，資本はほとんど消滅した。1817 年には，商会は，大きな赤字を抱えていた。裕福な叔父の援助で活動再開が可能になった 1818 年，資本は僅か 6 万ギルダーであった。1840 年代，資本はようやく僅かずつ増加し，10 万ギルダーに達した。簡単にいえば，商会は 19 世紀初頭まで商人中間層に属していたが，ウィレムが商会の責任者となった時には，小規模グループへと転落しており，以後はその位置に留まることになったのである。

　商会が獲得する利益は，1786-1805 年のピーテル・ジュニアの時代においてはかなり高く，平均しておよそ 1 万 4,600 ギルダーの利益を受け取っていた。実際の額は，1796 年のたった 4,500 ギルダーから，1789 年の 5 万ギルダーという驚くべき額までさまざまであった。1786 年から 1792 年にかけて彼が出資した 10 万ギルダーから生じた利益額は年間 1 万 7,000 ギルダーであり，したがって収益率は 17 ％である。そして 1793-97 年に，彼の出資額は 7 万 5,000 ギルダー近くになり，収益率は 20 ％に上昇した。1798-1805 年の出資額は 6 万ギルダーであり，収益率は年間 21 ％に及んだ[88]。S＆P 商会の委託事業は，この 20 年間に大きな成功を収めたと結論づけられよう。後の時代の利益と損失はわからないが，1817 年と 1820 年に倒産の危機に直面したこと，1820 年代初頭にたびたび生じた負債をめぐる議論があり，そしてウィレムが全生涯を通じて借金を支払わなくてはならなかったことから，控えめにいっても，S＆P・ド・クレルク商会の利益率に関してばら色の絵は描けない。

　10 年から 15 年の間に，実業規模と利益は，大きく縮小した。この低下

はどう説明すべきなのか。原因を正確に究明することができないのは，この期間の簿記の記録が存在しないからである。しかし，少なくとも三種類の状況が，商会の衰退を説明するうえで意味がある。まず，当時の政治情勢は，特に1806-13年において，国際商業にとって悲劇的であった。第二に，外国産穀物の市場はたいてい悪化し，特に1817年以降がひどかった。このような状況でたくさんの貿易商会が問題を抱え，多くの倒産が生じた。一般にみられたこうした窮状を悪化させたのは，Ｓ＆Ｐ・ド・クレルク商会を取り巻く特有の環境だった。商会は，ウィレムの父によってひどい経営をされたという印象が強いのは，帳簿さえつけられていなかったからである。ウィレム自身の経営手腕を問うことは難しい。しかし，彼の指示で，商会は大きなリスクを冒し，ブラバント商人に前貸しするためにおよそ21万ギルダーを銀行から借り，結局信用できないことが判明したことは隠しようがない。

　ようするに，Ｓ＆Ｐ・ド・クレルク商会は，数名がすべての経営責任をもつ実質的な無限責任制で編成された会社であり，それは当時のアムステルダムではよく見受けられた。この商会は，オランダ南部・東部，ドイツ北部，そしてバルト海地方の商人の注文に応じて穀物の委託業務をしていた。18世紀末から19世紀の最初の数年間，商会は，アムステルダムにおける中間層のグループに属し，20万－30万ギルダー程度の資本を投資して事業を行なっていた。利益は大きかった。しかし，1805年以降，さまざまな種類の問題により利益と事業が下り坂を迎え始めた。1810年代以降，商会は，おそらくアムステルダムの小規模商会の中に入れるのが最適である。商会を取り巻く現実は厳しかったが，代表者――まずヘリト，後にウィレム――は取引所において名声を保持し続けた。このような信望の多くは，富裕な親族がいたからに違いない。彼らはどのようなことをしても，家族の恥辱となる破産を防ごうとしたからである。ウィレムがオランダ貿易会社の方が自分に向いていると判断して1824年に経営から身を引いた後も，商会は19世紀中頃まで存続した。長いＳ＆Ｐの歴史の終焉は，1853年に訪れた。パートナーが商会の負債を清算し，解散したからである[89]。彼らの１人であり，ウィレムの弟のステファヌスは，穀物貿易に従事し続けた。しかし，今度は仲介人となり，アムステルダムではなくロッテルダムで働いていた。彼が競合関係にあるこの都市を選んだことは，当

時のアムステルダム穀物貿易の運命を象徴しているようにみえる。

3 貿易に関するウィレム・ド・クレルクの思想

ウィレム・ド・クレルクがS＆P・ド・クレルク商会を経営していた時，穀物貿易は，ほとんど不況のただなかであった。1818年，1819年，1820年は非常に豊作だったので，穀物価格は低下し，農業部門では問題が生じた。農民や地主から不満が生じたので，外国産穀物の輸入規制の必要性に関してさまざまな議論がなされた。そのためアムステルダムの商人たちは，利益の保護が必要だと感じたが，彼らはその利益は完全に自由な貿易を継続することにあると認識していた。この問題をめぐって，1820年代初頭に多くの著述が現れた。

その一つが，ウィレム・ド・クレルクが1821年12月に記した「覚書き」だった。この本文は，アムステルダムの4名の穀物貿易商人，つまりD・スフライター，アナニアス・ウィリンク，ダーフィット・ラフーセン，ウィレム・ド・クレルクの指導で書かれた。4名は，このテーマについて議論し，政府に提出する覚書きの本質的要素をどうすべきかという点で合意にいたった。4人は，ド・クレルクに「覚書き」を執筆するよう要請し，彼は，これを大変に栄誉なことだと考えた。その結果，明快に貿易の自由を擁護することになった。しかし，この著者は，本文の文学的質に完全に満足したわけではなかった[90]。前述のように，この「穀物貿易に関する覚書き」（Memoire over den graanhandel）により，ド・クレルクは，同業者の間で名声を博し，それがオランダ貿易会社への求職での成功に貢献したのである。

国王ウィレム1世がアムステルダムを1822年4月に訪れた時，多くの商人と銀行家の署名つきで，この「覚書き」が手渡された[91]。これがかなり影響力を及ぼしたのは，穀物の低価格から生じる問題を調査するために1822年3月に創設された政府の委員会が，徹底的に使用したからである[92]。この委員会の目的は，商人にも消費者にも被害を与えず，穀物の低価格のため生じたゆゆしき影響の打開計画を立案することであった。委員会は，11名の委員で構成され，国務大臣W・F・ロエルが議長を務め

た[93]。数ヵ月間の協議にもかかわらず，採るべき政策に関して意見が一致することはなかった。小数派の5名の委員は，あらゆる介入に反対し，一方多数派の6名の委員は保護的手段（穀物の最低価格と最高価格を決めるとともに外国産穀物の集散地をつくること）に賛成した。「少数派」も「多数派」も同じくらいの力があり，まっぷたつに分かれた。それを強調する事実は，この会議の議長だったロエルが，「多数派」による政府の提案とほとんど折り合いがつかず，自由貿易を提唱していたことである。公的報告書を国王に送った直後，ロエルはそれとは別の個人的な意見を表明した手紙を送った。明らかに見解の相違点は埋められず，自由貿易の提唱者と反対者の議論が続いた。この議論に貢献するために，1823年ウィレム王は，ロエルの会議の報告書，ロエルの別の文書，ド・クレルクによって書かれた「覚書き」，そして自由貿易に関する他の史料を一巻の書物として出版するよう指示した[94]。

「穀物貿易に関する覚書き」には，自由貿易を擁護するあらゆる古典的な意見――それは中世後期の頃からオランダにおいて頻繁に聞かれた――のみならず，19世紀の思想の典型である商品集散地に関するより理論的な解釈――も含まれていた。「覚書き」は，この点に関するド・クレルクの思想を理解する最善の方法であり，詳細に検討したい。本文を詳細に追っていくのではなく，ここでは古典的な自由貿易論に基づいて，さまざまな個所を列挙したい。

1　全体の利益の中で働く制度としてのステープルの性質　豊作と不作の仲介

収穫物の質は年によって異なり，そのため豊作となる年もあれば，不作となる年もあった。商品集散地との関係がある商人の役割は，ある年の余剰をそれが必要となるまで保管することである。商人は，商品が豊富で価格が安い時期に買い，それを保存し，価格が上昇するのを待つ。どちらの場合も，商人は価格の形成過程に影響を与える。商品が豊富で安価な時期には買い，価格を上昇させる。商品が不足し高価な時期に売り，価格を低下させる。穀物が豊作時に安くなり過ぎないことを，不作時に高くなり過ぎないことを保証する。そのため，他国と比較すると，オランダの穀物価格は比較的安定することになる。オランダの主要商品集散地が，西ヨーロッパの食糧供給にとって非常に重要なのは，深刻な不作年に生じる価格高騰

と飢饉に対する唯一の解決策を提供するからである。そのため，商品集散地の真価は，短期間ではなく，少なくとも2-3年なければ判断できない。

　短期間の効果と長期間の効果を峻別することは，自由貿易を擁護するうえで本質的な特徴となる。ド・クレルクは，商人が穀物を貯蔵し，豊作になって価格が上昇することが庶民の利益につながると主張することはできなかった。普通の人々は，パンをできるかぎり安く手に入れようとする。しかし，翌年になると，商人は価格を低下させることができるので喜んだ。同様のことは，農民にもあてはまる。貯蔵する穀物を商人が売却し，価格を低下させても彼らは戦慄せず，喜びもしないだろう。しかし，消費需要があまりない時に，商人が気前良く大量に買おうとしているとわかれば，農民は満足するだろう。結局誰もが得をする。これがド・クレルクの議論の骨子だった。執筆時の1821年12月の問題は，「短期間」が予想に反して長く続いたことであった。1816年が不作の最後の年となった。価格は1817年の夏から低いままであった。低価格は4年以上続いた。ド・クレルクは，これを認識していたが，現在困っている人々も，後で埋め合わされると知れば，運命を受け入れるだろうと論じた。

　商品集散地は，豊作時と不作時をつなぐ働きをする。そのために不可欠なのは，資産があり，それを穀物投機に使用する意志のある大商人である。彼らは，穀物を需要があまりない時に買い，輸送と倉庫での保管に必要な料金を支払う。商品が倉庫にあれば，彼らは良い状態で保管してもらうよう金を支払う，穀物はほとんどいつもかきまぜなくてはならないからである。彼らがそうするのは，決して利他主義からではなく，状況が変化し価格が上昇すると，利益が期待できるからに過ぎない。むろん，活動の中心には，輸出入の自由がある。商品が安価な時期に輸入が禁止されれば，商人が商品を貯蔵する計画は挫折する。商品が高価な時期に輸出が禁止されれば，商人は，最大の利益を得る機会が奪われることになるだろう。通商が禁止されればステープルの働きが阻害され，商人は，利益の高い事業を営むことができるという自信を完全に喪失してしまうだろう。その結果を予想することは困難ではない。商人は，資本を他の分野に投資するだろう。穀物貿易は，少量の穀物を短期間の間に売買する小商人が活動する分野となるだろう。彼らには，何ヵ月も，時には数年間商品を貯蔵するほどの資本がない。穀物貿易は他国と同じようになり，長年にわたって享受してき

た穀物貿易の威信は失われるだろう。価格形成過程が大商人の活動によって明確な影響を受けることはなくなり，完全に短期的な供給に依存するようになるだろう。価格は，以前にはみられなかったほど激しく変動するようになるだろう。

　自由な国際貿易によって価格が安定するという議論は理論的に妥当であるが，貿易の実践はそれとは別なこともある。ド・クレルクは，彼が書いた文書の中で一度ならず，穀物の低価格は，自然（豊作）により生じたもので，人間（貿易）によるものではないと強調している。これは，大商人が外国から大量に輸入するので，オランダ市場には穀物が洪水のように押し寄せ，価格が低下していると主張する，オランダの農民と地主の発言に対する弁護である。ド・クレルクは，商人の売買のタイミングは常に完璧とはいえないことを間違いなく知っていたが，こうした政治的な文書においては，当然ながらそれを認めようとはしなかった。

2　ステープルが永久に失われることへの不安

かつてこの議論は，たいてい「商業の変化」（diversie der negotie）への恐れだといわれていた。この議論の中心は，一度でも貿易構造が変化すれば，オランダがヨーロッパ市場の中心だった古い状況に戻ることはないということである。もしアムステルダムから自由が失われれば，バルト海地方の商人たちは，アムステルダムとの関係を断ち切り，もっと良い条件の相手を求めるだろうと，ド・クレルクは予見した。彼らは，南西方向への──特にクリミアへの貿易路を通じて──輸出を拡大するだろう。輸出を禁止すれば，外国商人はオランダ市場への信頼を失うだろう。低価格のため，最も著名なバルト海貿易商人の間でさえ倒産がみられるようになっているので，彼らはオランダ市場でリスクを冒すことをしなくなるだろう（注意：この「覚書き」を書く少し前，ド・クレルクは，数人のダンツィヒの輸出商人が倒産に直面しており，その中には11月に起きた，仕事仲間，アブラホモウスキーの倒産も含まれる）[95]。

　ド・クレルクは続ける。オランダに資本があったことが，何にもまして，以前のオランダに国際的穀物貿易が集中した原因である，と。この時（1821年12月），アムステルダム商人は，安価であるから購入した穀物に多額の投資をしていた。委託代理商も，外国人が委託した輸送穀物を引き

受け，膨大な投資をした。1817年以降，外国で破産が相次いだため，彼らは，未払い商品を所有するようになっていた（注意：ド・クレルクはこの問題に関しては豊富な経験があった）。彼の商会は多額の金を商人や農民に前貸ししており，そのために商会は，1820年，銀行から借金をしなくてはならなかった。銀行への借金は，彼の「覚書き」が書かれた時にはまだ完全には返済されていなかった）。貿易があまりに妨害されれば，委託代理商は委託穀物を受け取ることをやめてしまい，外国商人はオランダ以外に眼を向けるだろう。オランダの金は，外国，例えば貿易が自由なハンザ都市に投資されるだろう。貿易の復興によって利益を得るのはこうした都市であってオランダではない。なぜなら，失った地位を取り戻すことはできないからである。

　そして，アムステルダムとバルト海地方の関係がなくなり，信頼が失われ，そして構造が完全に変化し，さらに不作のため穀物不足や価格高騰が生じたら，どうなるのだろうか。誰が数が少ない商品集散地に供給を集中させるのだろうか。誰が資本と企業家精神を提供するのか。ド・クレルクは，1817年のフランスの状況に言及し，これから生じると——彼の見解では——考えられる現象に警告を発している。輸出入に関する恣意的な政策により，大規模貿易は破壊され，大商人は穀物から資本を引き上げ，その分野に留まるのは小規模な貿易商人だけである。身の毛もよだつ〔穀物〕欠乏の光景が眼前に現れれば，貯蔵はないので悲劇は避けられない。ド・クレルクの立場は，アムステルダム商業世界の古い伝統に立脚しており，貿易を阻害する一時的な措置ですら，もはや取り消せない影響をもたらすという不安に訴えた。

3　穀物貿易にともなう経済的な副次的効果をめぐる議論

ド・クレルクは仲介人，仲買人，穀物用小型船の乗船員，事務係，そして穀物をかきまぜ，計量し，運ぶ人々の雇用に関して触れている。この人々以外にも，倉庫や平底船の所有者も収入が奪われるだろう。穀物貿易より生じる副次的効果として第二にあげなくてはならないのは，船舶による貿易と，それに付随する，ロープ製造や帆布製造といった製品供給への刺激である。こうした副次的効果が重要なのは，ド・クレルクによれば，当時のバルト海貿易のほとんどは，オランダ人が所有する船舶によって遂行さ

3 貿易に関するウィレム・ド・クレルクの思想　　285

れていたからである。(注意：彼の発言は，「オ・ラ・ン・ダ・人・に・よ・る・バルト海貿易」の大半という意味である。なぜならば，すでにみてきたように，オランダ船は，かつてバルト海貿易全体でもっていた重要な地位を失い，小さな役割を果たすに過ぎなかったからである)。穀物貿易から生じる第三の副次的効果は，ジン蒸留や糊製造といった穀物を加工処理する産業にある。

4　税収に関する議論

国庫は，明らかに穀物にかけられる輸入税を受領することから利益を得る。この点では船舶への課税が特に重要である (ラスト税)。税金の問題に関して，ド・クレルクはまた穀物貿易に直接従事した人々について触れている。ド・クレルクによれば，貿易はほとんどの場合委託業務の形態で組織化されるので，外国商人は (オランダの金融業者からの) 借金の利子，平底舟の輸送料，倉庫の賃借代，外国の海運業への輸送料，保険の掛け金を支払う。そのため銀行家，平底舟，倉庫や船舶の所有者，保険業者が豊かになる。富がこれらの人々の間に行き渡り，より多くの税金を支払うことが可能になる。注目すべきことに，収入をもたらすさまざまな方法として利益と手数料には言及せず，この分野において最も重要な担い手である商人にも委託代理商にも触れていない。仮に，彼が触れていたら，自分自身と同業者の利益を擁護しただろう。この「覚書き」が商人と委託代理商の名のもと，国王に渡す目的で執筆されたことを忘れてはならない。著者は，彼らの利益に触れない方が良いと判断したのだろう。ここで述べたことが，彼の思想とそれほど異なるものでなかったと推測して構わない。

5　オランダの食糧供給の不安定性に関する主張

こうした意見がアムステルダム商人の口にのぼることは，15世紀からあった。すなわち，ホラント州で農業の変化があり，穀物輸入が必要となった時からである。穀物不足に対する不安は，常に身近に潜んでいた。にもかかわらず，人々は，18世紀末から穀物供給に没頭することはなくなっていた。オランダで穀物栽培が着実に増加したこと，特に1815年の南ネーデルラントとの統合のために今や王国となったオランダは，共和国時代よりも自給条件に恵まれていた。これが，おそらく，ド・クレルクが穀物に関する議論を強調せず，少し触れただけで終わった理由だろう。彼がい

うに，オランダが十分な量の穀物を生産できるかどうかは，たとえ現在のように豊作だったとしても，確実ではない。不作に見舞われれば，オランダは，どの国よりも深刻な状況に陥るだろう。1820年代に書かれた穀物貿易に関する多くの論文や覚書きは，実際にオランダはある程度自給自足していたことを示唆する[96]。ド・クレルクがこの文書を書いた1821年末には，長期にわたり豊作と低価格が続いたので飢饉の不安は強烈な印象を与えず，むしろ他の点を強調した方が良いと考えたのかもしれない。だが，1816年の不作のため穀物不足が生じ，外国からの輸入が不可欠になったことは完全には忘れてはならないだろう。

　自由貿易を支持するこれら五点の論拠を，ド・クレルクは非常に明確に提示している。だが，彼の文章にはいくつかの弱点も含まれている。例えば，彼は，保護貿易的な法律は実際には効果がなく，農民たちを満足させられないと主張した。こうした法律がフランスやイングランドで失敗し，目的は達成されなかったと説明する。しかし，この主張はやや的はずれである。もし，そうした法律が実際には効果がないのであれば，なぜ，わざわざその制定を防ごうと努力するのか。ド・クレルクを含む誰もが，保護貿易的法律に少なくともある程度の効果があると知っていた。税収に関する論拠も，あまり強いものではない。貿易のみならず農業も課税されていることを，ド・クレルクは否定できない。したがって貿易は衰退しているが農業が繁栄している場合，政府は豊かな歳入源を奪われないだろう。しかし，「覚書き」は，全般的に保護主義を強くそして明確に批判したものである。それに対しては，むろん，ド・クレルクのみならず内容を議論した他の3人の商人にも名誉が与えられるべきである。

　外国産穀物の集散地システムに関する議論については，「覚書き」はかなり限定された状況に基づいて書かれている。そのため政府が主要商品市場を妨害したり促進する方法については触れていない。多くの場合，ド・クレルクは，政府が国際貿易において果たす役割に批判的である。1819年，彼は，教養サークルの会員に対して時代を越えた「貿易の自由」(Vrijheid van den handel) を講演した。この講演は，半ば歴史に関するものであり，彼は，フェニキアとカルタゴ，中央アジアから中国へ向かう中世のキャラヴァン・ルート，ハンザの最盛期，そしてオランダ共和国の

事例を述べた。講演はまた，半ば政治的でもあった。彼は当時の状況を分析して講演をしめくくっている。輝かしい日々のたそがれと当時の状況を比較し，時計の針を輝かしい日中の時間（共和国時代）まで戻すことは不可能だが，それでもしばらくの間は晩の暗闇の訪れを延ばすことはできる[97]。しかし，それには商人の完全な自由が必要である。それに続いて，商人の特権に対する侵害が続いていること，すでに大きな負担となっている課税額が着実に上昇していること，規制が過多であること，そして書類に記入しなくてはならない項目が極めて多いことを鋭く非難した。企業家精神はすべて，こうした税金と不自由さのために息切れを起こしている[98]。実業界の人々は，彼の講演に拍手を送った。

　数年後，ド・クレルクは，政府に直接自分の見解を述べる好機に恵まれた。1823年の秋，王の命令を受け，北ホラント州長官は，論議を生じさせていた問題に関して，有名な数名の商人の見解を知ろうとした。貿易の衰退は，アントウェルペンやロッテルダムよりもアムステルダムの方が深刻なのはなぜか。J・ハイデコーパー，A・ファン・デル・ホープ，N・J・ファビウス，そしてウィレム・ド・クレルクが，他の専門家に混ざって，アムステルダムの衰退が比較的激しかった理由を分析するよう依頼された。ド・クレルクは，長官から個人的に招かれ，見解を述べた。1ヵ月後の11月，長官に対し提案を手紙で送り[99]。その中で，多くの事が間違っているが，解決策は政府の手中にはないと強調した。世の中には政府の手に負えないものもあり，貿易はその一つだと主張した。政府ができるのは，地方税を減額することだけであり，それ以外のあらゆる解決策は，商人自身が実行すべきだと論じた[100]。

　ようするに，「穀物貿易に関する覚書き」，「自由と貿易」に関する講演，アムステルダムの地位向上の方法をめぐる王への返答は，どれも政府は商品集散都市を商人だけに任せ，規制は最小限にし，徴収する税は最低額でなければならないというド・クレルクの確信を示した。日記の記述は，決して人目に触れることを意図したものではなかったが，こうした自由な見解を裏付け，単に政治的理由だけで［意見が］形成されたわけではないことがわかる。例えば，1817年には，1816-17年の穀物不足による危機で政府が果たした役割を分析している[101]。政府は，秋の初頭ではなく，冬に穀物だけを買い上げたが，これは遅すぎた。価格はすでに高く，政府が穀

物を購入したためさらに上昇した。政府は5月の価格上昇期に穀物を売却しなかったが，もしそうすれば確実に価格は低下しただろう。最終的に政府は，南ネーデルラントの人々に売却した。それは，暴動の恐れがあったからだ。北ネーデルラントにおいては，商人たちが，価格の高騰を引き起こしたという不当な糾弾にさらされていた。つまり，政府はあまり注意を払わず，価格形成過程を混乱に陥れたのである。

ド・クレルクは，「覚書き」で表明された，穀物貿易は自由であるべきだという意見を，期待された価格回復がその後数年で実現しなかった時でさえ，変更しようとはしなかった。しかし1823年の夏，状況はかなり悪化した。倉庫に保管された穀物量は莫大で，貯蔵場所は不足し，需要は欠如し，豊作が予想され，穀物価格が絶えず低下したからである。他のアムステルダムの委託代理商とともに，ウィレムは輸入を制限するために何かをしなければならないと確信した。1823年9月4日，クレルクらは，外国の取引先がどんな穀物を輸出したくても，彼らに前貸しをしないという内容の紳士協約に署名した。この協約は，その年の終わりまで有効であり，必要が認められるのであればさらに長く存続することになっていた[102]。保護貿易支持者たちは，ド・クレルクがこの紳士協約に署名した事実を利用しようとし，彼が「覚書き」で述べた意見を変えたと主張したが[103]，明らかにこの協約は，輸入禁止を防ぎ自由貿易を維持しようと意図していた。「自由貿易」原則の堅持は，アムステルダム商業界において支配的な傾向であった。それは，同じように不運な目にあった1823年に，アムステルダム商業委員会がこの原則を擁護したことからも明らかである[104]。

興味深い事実に，後にド・クレルクは，オランダ貿易会社の理事として自由貿易をまったく支持せず，オランダ繊維工業の保護主義を強力に弁護したことがある。彼の動機は，社会的で倫理的なものであった。綿工業を保護すれば，多くの人々の雇用が創出される。それは，貧困と道徳の乱れに対抗する手段となる。ド・クレルクが理事の時代，オランダ貿易会社の綿工業に対する政策は，実際には事業と慈善が混在していた。いくつかの地域の貧困は大きく縮小したが，商業的見地からは，改善の余地が多く残された[105]。マンスフェルトはオランダ貿易会社の歴史を書いた本でこう述べている。「ド・クレルクの両親は，息子を神学校に送り，牧師にしようとした。息子は，オランダ貿易会社の理事職を，牧師職の一種と考え，

そのために貧者に単なる実務家以上の関心を抱いたのである」[106]。

結　論

　ウィレム・ド・クレルクの事例研究は，信頼と名声が，共和国時代と同様，19世紀の貿易組織においても不可欠な役割を果たしていたことを示す。信頼こそ，商人と生産者の関係において，中心的な要素であった。1820年に，数名のブラバント商人を誤って信頼して裏切られ，商会は存亡の淵に立たされた。信頼の重要性こそ，ウィレムが1814年にドイツに，1816年にバルト海地方まで旅行し，かつてＳ＆Ｐと取引きした人々との仕事を好んだ理由であった。確かに財政状況の安定が当然だと考えられ，前貸しが危険な時代には，貿易は，お互いが顔を見知っている個人的関係のうえに築かれなくてはならなかった。顔を知らない場合には，評判が特に重要だった。ウィレム・ド・クレルクと家族が評判の維持を重要視していたことは，1817年と1820年に破産が防がれた過程をみれば一目瞭然である。商会は二度も，ウィレムの縁戚の富裕な商人が寛大な財政的援助を含む救済計画を立てたために救われた。彼らは，破産を防ぐために必要なことは何でもしようとした，破産は，とりわけメノー派信徒の間では，大変な恥辱だったからである。ウィレムが，お金（彼の母が遺した多額の遺産）は失われたが，商会の名声は保たれたと安堵して1822年の日記に書いていることが，それを証明する。

　Ｓ＆Ｐ・ド・クレルク商会の歴史は，アムステルダム穀物貿易の衰退を例示する。穀物貿易は，18世紀末から19世紀初頭において，まだ活発だったが，その後，1806-13年には，政治的状況に由来する難題，さらに，その頃から外国産穀物の需要低下につきまとわれた。そのすべてが，商会の歴史からくっきりと浮かび上がる。ウィレムが商会の長であった時代（1818-24年）には，オランダはある程度穀物は自給していた。これらの好ましからざる外的要因に加えて，内的要因もあった。すなわち，ステファヌスとヘリトによる稚拙な経営が1817年まで続いたのである。こうした状況の複合作用で，Ｓ＆Ｐの委託事業の規模は縮小した。商会は，それでも19世紀最初の数年間は，中規模の企業集団に属していたが，1810年

代以降は小規模な企業として数えられるべきだろう。

　穀物が低価格で，あふれんばかりの貯蔵量があり，輸入が継続していたにもかかわらず，ウィレムは，政府の干渉に対しては，それがどのような形態であれ反対した。彼と同業者のほとんどは，旧来の自由貿易の選好に固執した。必要ならば，相互の合意に基づいて輸入を制限したが，彼らは，政府が貿易や価格に影響力を行使することについては合意しなかっただろう。

　商会での労働による，ウィレム個人の報酬は多くはなかった。確かに，彼が執筆した「穀物貿易に関する覚書き」によって，取引所で彼の顔を知らないものはいなくなった。しかし，毎日，非常に不確実な状況下で，商会を運営し利益をあげる方法について思い悩み，大変な重荷を感じたはずである。だから，もっと将来性があることに精力を費やすための好機——すなわちオランダ貿易会社——が訪れた時，ウィレムは方針を変え，穀物貿易を断念したのだ。ウィレムは実業家として，商会やオランダ貿易会社のために働いた。かといって，それが，他の多くの事柄，例えば語学や文学の研究あるいは宗教的な問題に関心を向けるうえでの障害にはならなかった。それは，1816年頃の旅行で，ホルシュタインの人々が穀物価格のことしか話さなかったことに不満を感じたことを想起すれば足りる。ウィレム・ド・クレルクにとって，人生は，穀物以外に広がる大きな世界から成り立っていたのである。

結　論

　本書では，二つの事例研究を提示し，コルネリス・ホーフトとウィレム・ド・クレルクの生涯，経歴，考え方を描出し，類似性を示した。どちらの商人も，いざ金を投資する段になれば，もっぱら家族の人々と共同した。信頼と顔見知りどうしの接触が，バルト海地方の穀物貿易の「拡張の時代」には極めて重要であったし，それ以降もある程度の役割を果たした。これは，もともと（16世紀後半と17世紀初頭）比較的安全なバルト海航路を選択し，平和主義の信条に固執していたメノー派の商人と船主が衰えた時でさえ，彼らがバルト海貿易で圧倒的多数を占めて来た理由の説明の一つになる。顔と顔がみえる範囲での接触は，19世紀においてもなお重要であった。それは，1814年と1817年に，ウィレム・ド・クレルクがドイツとバルト海地方に旅をした時に，個人的に事業上の接触をしたことからも明らかである。現実には，良い評判の方が，数世紀にわたりはるかに重要であった。19世紀初頭には，それはメノー派の中で確かに非常に重要であった。それが，叔父などの関係者による「メノー派のネットワーク」が，S＆P・ド・クレルク商会の家族企業を二度にわたって救い，破産の醜聞に屈しないように莫大な資金を供給した理由である。
　ホーフトとド・クレルクは，経済政策に関して同じ考えを共有していた。どちらも，政府の介入には何が何でも反対し，貿易はどのような状況でも自由であり，税金は僅かにすべきだと考えていた。ウィレム・ド・クレルクの手による穀物貿易に関する「覚書き」（1822年）が近代的なのは，この問題についての理論的アプローチのためである。しかしそれと同時に，目的はかなり伝統的であった。オランダ商人は，何世紀にもわたり，自由

で妨害を受けずに貿易することを懇願してきた。ド・クレルクは，食糧供給，雇用創出，関税収入がオランダ経済全体にとってまだ重要であるという理由で，完全に自由な穀物貿易を推奨した。もしコルネリス・ホーフトがこの「覚書き」を読むことができたなら，間違いなく，彼が生きた時代の状況を的確に描写していると考えただろうし，たぶん，実際にそうだったのだ。現実には，ド・クレルクの「覚書き」は，1820年代の穀物貿易の重要性をかなり過大視し，彼が提示したアムステルダム商品集散地とオランダ商人の役割に関する分析は，19世紀よりも，古い共和国時代の状況に適している。

　二つの事例研究は，貿易の組織化が顕著に違っていることを示す。ホーフトもド・クレルクも，10代のうちに東方に旅行し，バルト海貿易の縄張りを知るようになった。だが，ド・クレルクは，決してオランダから移住しようとは思わなかったし，その必要もなかった。バルト海地方の事業上のパートナーが，自分たちで完全にすべてを取り扱えたからである。S＆P・ド・クレルク商会は，彼らから仲介手数料を取り，金を前貸しした。だが，企業家的リスクは，完全にドイツとバルト海地方の商人の責任になった。ホーフトは自分の貿易を，それとはまったく違った方法で組織化していた。すなわち自己勘定で貿易し，地元の商人に頼らなかった。貿易のパートナーとして，兄弟と共同し，関係する人々からなるネットワークを形成した。それは，バルト海地方からノルウェー，ポルトガルにまで及んだ。彼はケーニヒスベルクで数年間暮らし，兄弟もダンツィヒで何年も生活した。バルト海貿易は，当時，かなりの程度オランダの通貨と企業家精神に依存していた。

　2人の商人の特化の程度も異なる。S＆P・ド・クレルク商会は，穀物と油を採る種子穀物の委託業務に特化していた。この会社が自己勘定ないし委託業務で他の製品の貿易に従事することは例外に過ぎなかった。対照的に，ホーフトは，穀物，ニシン，油の貿易に従事し，海運業と信用貸しに関与していた。また，ニシン製造所も経営していた。

　最後に，2人の商人が働いた環境は，チョークとチーズと同じくらい全然違っていた。1600年頃のバルト海地方の穀物貿易の性質をみると，利益が出て拡張していた。それは，19世紀にはびこった悲惨さと不確実性とは決定的に異なっていた。地中海で飢饉がおこり，西欧全般で食糧が不

結論

足していった機会を利用して、コルネリス・ホーフトは財産を築いた。彼は、「拡張の時代」のかさ張る商品の貿易で普及していた企業家精神を具現化している。19世紀のアムステルダムにおいては、「母なる貿易」にはあまり関心がなくなっていった。ウィレム・ド・クレルクは全力を尽くしたが、低価格、事業関係者の破産、頻発する損害に対する処方箋を見出すことはできなかった。彼は最後に、穀物貿易をやめ、精力を東インドに捧げた。この分野は、バルト海地方の穀物貿易とは違い、成長する可能性があったからだ。

19世紀の「母なる貿易」は、それ以前の影であった。本書では、16世紀から19世紀までの特徴的な四つの段階におけるバルト海地方の穀物貿易の展開とアムステルダム市場の変化の役割について、描写し、説明しようとしてきた。われわれの特別の目的は、取引費用の役割の分析であった。取引費用は、どの程度、バルト海地方の穀物をめぐるアムステルダム集散地の成功に寄与したのか、あるいは逆に、寄与することができなかったのか。

「拡張の局面」(1540-1650年)において、バルト海地方の穀物集散地としてアムステルダムが台頭した理由の説明となる大きな要因は、地理的な位置である。まず第一に、16世紀には、オランダでバルト海地方からの食糧への需要が高まった。このように需要が高まったのは、主に近隣にある他の供給地域（特にフランスと南ネーデルラント）がオランダに余剰を輸出することが困難になっていったからだ。これは、15世紀に始まっていたが、16世紀に重要になった過程である。バルト海地方からのパン用穀物の需要が特にホラント州に集中していたので、アムステルダムが穀物を輸入し、ホラントの他地域に分配する都市となったことは、驚くべきではない。アムステルダムは、幸いにも、需要が高いホラントの北部分の地域に隣接していた。内陸水路がこの都市とホラントの他地域、そしてオランダの残りの地域を結合していた。だから、デルフトやロッテルダムなどムーズ川沿いの港よりも、バルト海地方から到着しやすかったのである。アムステルダムは、後背地に対する流通拠点として機能し始めた。アムステルダム穀物市場の成功を説明しようとすると、北部諸州、とりわけホラントで、バルト海地方の穀物に大きな需要が絶え間なく存在したことを過大視することは不可能に近い。アムステルダムは、バルト海地方の穀物の

主要な流出口に近かったに過ぎない。

　アムステルダムはまた，バルト海地方への穀物の需要がフランス，ポルトガルでは主として16世紀の第2四半期に，最後にイタリアでは1590年頃に増大した時に，恵まれた条件下にあった。ドイツとバルト海地方の諸都市は，中世後期の支配的な穀物市場であったが，貿易制度においては周辺地域に位置した。一方，幸いにも，ホラントはちょうど中間に位置した。この時代，アムステルダムは単にオランダの後背地への出入り口(ゲートウェイ)ではなく，国際的に重要な穀物市場であった。

　取引費用の役割に戻ると，いくつかの要因が，「拡張の時代」のアムステルダム商品集散地の成功に寄与した。すぐに目をひく点は，低い輸送費用である。中世後期から，海運業と造船業は，ホラントの重要な経済部門であった。16世紀の第2四半期に，かさ張る商品の長距離貿易が急速に拡大しだすと，彼らは大量に商品を輸送するために船舶を製造し操作することに長い経験があったので，有利な立場に立った。彼らはすでに何百年にもわたって穀物と塩を輸入し，ニシンを輸出していた。16世紀中頃から，オランダ商船隊はかさ張る商品の輸送でかなり競争力があったし，比較的安価にそれを行なったことは，16世紀末からかなり目立って来た。ホラントで船舶をチャーターすることは，例えば，バルト海地方の都市，ロンドン，フランス，イタリアよりも安く済んだ。アムステルダムが，穀物貯蔵庫の中心として人々を引き付けたのはそのためである。なぜなら，低い輸送料で，穀物がさらに出入りできたからである。輸送料は，さまざまな取引費用の中で，最も重要であった。それを示す事実は，ライ麦輸送にかかわる輸送料は，アムステルダム－ダンツィヒ間の貿易の粗利益の30-40％に達していたことである。

　輸送費が低かったのは，造船業の技術が優れていた帰結でもあった。16世紀になされた技術進歩の長い歴史は，特有の丸い形をしたフライト船の設計で頂点に達した。明らかに，フライト船とそのもとになった船は，その設計のためだけではなく，日常の航海で大規模に使用されたために，効率の良い貨物運搬船であった。オランダのバルト海貿易は，16世紀には，「オランダ内部の貿易」になった。大規模で安定した貿易が，通常，特に貿易用に設計された船舶で行なわれ，すばやく方向転換し，安全な海のいたるところで航海し，一杯に積み荷を積載し，乗組員は少数であった。そ

の結果，重要な規模の経済が実現され，輸送費は急速に低下した。

「拡張の時代」に，オランダの輸送費が低かったことには，それ以外の理由があった。それは，多くの人々に所有権を広める独特の方法である船舶の「分担所有」を組織化したことである。「分担所有」のために，船舶への保険は不必要になり，そのため，保険料は支払わずに済んだ。貨物の輸送者としてオランダの競争力にとって重要な最後の要素の一つに，海の安全性がある。フライト船を所有することと，それを最も効率的に使うことができるのは別のことである。フライト船は，効率の良い貨物運搬船であったが，小口径の銃器しか積んでおらず，場合によってはまったく積んでいなかったので，防御することはできなかった。だから，安全な海での貿易航路の開発が最善［の策］であった。すべての貿易路が安全であった十二年休戦の間にフライト船が比較的安価だったことは，同時代の観察者全員を驚かせた。極めて簡潔にいえば，たぶん，16-17世紀における取引費用の低下で，最も重要な部門は，優れた科学技術ばかりか，船舶の所有，安全な海，とりわけ，規模の経済からなる精巧な構成によって生じたのである。

情報と知識は，商人が決定を下す準備をする場合の重要な要素であった。16世紀末と17世紀初頭に産み出されたいくつかの新制度によって，情報探索の費用は低くなった。仲介人は，1578年にギルドに組織化された。最初の価格表は，1585年に印刷されたらしい。1613年からは，市長が管理した。最初の取引所の建物が計画され（1611年に開設された），穀物取引所が初めて建設された（1617年に開設された）。これらすべてが，アムステルダムで情報が流れることを促進した。そのため，情報探索の費用が削減された。穀物取引所の創設は，むろん，穀物貿易の取引きが増えた直接の帰結である。それを除けば，穀物貿易の拡大は，これらの新しい組織とは関係がなかったし，あったとしても部分的に過ぎなかった。だが，これらのすべてから利益を得ることができたし，事実そうした。それゆえ，情報探索の費用は，経済制度の改善によって低くなった。だが，少なくとも輸送費とまったく同じように重要だったに違いないことは，貿易規模の増加である。たぶん，百以上の商人と企業が，市場の状況に関する報告書とともにバルト海地方の諸都市から業務報告書を受け取った。購入すべき穀物の種類と品質を決定し，バルト海地方の最良の場所でそれを購入しよ

うとする人にとって最高の選択肢とは，他のどこよりも情報が保管されているアムステルダムの取引所や穀物取引所に頼ることであった。

　企業の規模は大変小さく，企業の中核には，たった1人の商人しかいないことが多かった。彼は，外国で代理をしている家族や血縁者とともに働き，個人的関係と信頼が，企業を結束させた。近世においてオランダの貿易が成功するのに重要なことは，企業が非常に柔軟であったことだ。それについては，コルネリス・ホーフトが完全な事例となる。事業のための好機があるように思われると，人々はある場所から別の場所に移動した。事業上のパートナーシップは，短期間で終わることが多かった。

　アムステルダム労働市場は，穀物の貿易と輸送に関係していた。それは徐々に商人の意志と一致するようになり，そのため，効率性が増した。穀物を運搬する人々は，ある程度は平等な制度である賽振りで，ギルドの会員に仕事を割り当てていたが，1610年代頃から，商人は最良の労働者を選択し，賃金について彼らと交渉することを許された。アムステルダムの運河で荷船をチャーターすることもまた，あまり厳格には規制されていなかった。アムステルダムの市政官は，商人が，自由に価格と規定について交渉することを，ほぼ完全に許したように思われる。ある程度同じことが，穀物の仲介人との交渉にもいえた。仲介手数料に対する公的な規定は，あまり強制されなかった。さらに，現実には，無許可の仲介人を使うことは十分に可能であった。明らかに唯一例外であったのは，穀物測量人のギルドであり，彼らの活動を主として財政的理由で厳格に監督したのは，都市の市政官であった。穀物計量人の仕事は，19世紀まで変化がなかった。一般に，バルト海地方の穀物貿易発展の時代には，地域的政策が商人の利益に有利であった。

　最後に，アムステルダムが穀物集散地として成功したのは，現実に，貿易にかかる税が比較的低かったからである。輸入税は低く，それは，オランダで基本的食糧の生産に失敗した背景から容易に理解できる。どの政府も，簡単に輸入品を確保できるよう望んだ。それより大事なことは，輸出にかかる税も比較的低かったことだ。16世紀前半に，アムステルダムは，ハプスブルク政府が穀物輸出にかけたがっていた税に対する闘いに勝利した。この闘争の結果，税金は，ネーデルラントの他地域にかけられることになった。それにはゼーラントとブラバントという競争相手の港が含まれ

結 論　　297

ていたが，ホラントは除外されていた。この情勢から，アムステルダムがこの時代に，市壁内部に穀物を集中させることに成功した理由がある程度うかがえる。

「収縮の時代」（1650-1760年）には，バルト海地方の穀物への需要は，もっぱらオランダに集中した。バルト海地方からの輸出品のほとんどは，エーアソン海峡を通過後，直接アムステルダムに向かった。西欧と南欧の国々は，「拡張の時代」ほどには，アムステルダムに頼らなくなった。国際的流通拠点としてのアムステルダムの機能は，この時代に損害を受けた。だが，オランダが後背地に対してもつ商品集散地の機能は，まだ非常に重要であった。オランダ市場では，バルト海地方の穀物は，ブラバントのそばとライ麦，ゼーラントの小麦などのネーデルラント内部の穀物，ドイツ西部とイングランドからの食糧と競争しなければならなかった。アムステルダムでバルト海地方からの穀物輸入量が低下したことは，部分的には，他地域からの穀物輸入増によって相殺された。しかし，概して，貿易路が移動したことは，ブラバント，ゼーラント，イングランドの穀物がしばしばロッテルダム港に持ち込まれることになったので，アムステルダムの地位に不利益をもたらした。

取引費用の中で最も重要な範疇である輸送費に関しては，情勢はそれ以前よりも悪くなっていた。構造的に，輸送費が長期的に上昇する傾向があった。18世紀前半には，オランダ海運業は，船舶の大きさと設計を調節したけれども，17世紀ほどには絶対的に安価というわけではなかった。輸送費も，戦争がほとんど常にあったことから，マイナスの影響を受けた。17世紀の英蘭戦争（1652-54年，1665-67年，1672-74年），九年戦争（1688-97年），大北方戦争（1700-21年），オーストリア継承戦争（1740-48年）がそれにあたる。海の安全に対する脅威は，輸送費と保険料に大きな影響を及ぼした。保険業者と船主は，時には巨額の利益を得ることもできたが，情勢は商人にとってたいてい悪かった。バルト海貿易・海運業委員会が，この問題に対処するために，17世紀末に出現した。この委員会は，元来，海軍局に圧力をかけ，バルト海の船隊を保護する軍艦を艤装することに関心があった。北海とバルト海が極めて危険な状態であったので，商人が協力する必要があった。彼らはこれには慣れてはいなかったが，避けられないことであった。委員会は，大北方戦争の間，主として保護費

用低下に寄与した。年々，バルト海と北海は危険になり，大きな圧力団体が，常に財政的問題に直面している海軍局に，バルト海地方に護衛船団を派遣するよう説得する必要があった。「母なる貿易」は，捕鯨業やモスクワとの貿易のように脅威にさらされている重要な貿易分野をも産み出した。バルト海貿易が，他のどの部門にも増して保護すべきかどうか，誰の目にも明らかであるというわけにはいかなくなった。17世紀末と18世紀初頭の戦時期に護衛船団を送ることが重要であったのは，輸送費と保険料が，1隻で航行している船舶と，護衛船団とともに航海する船舶とでは著しく違っていたからである。長期的には，護衛船団を使わなければ，海上貿易で利益を出すことは実質上不可能だったに違いない。

　委員会の創設以外に，この時代には組織の改良があった。商会が，多くても1-2種類の分野に特化する傾向がおそらく強まった。1700年頃には，はじめて保険を専門に扱う業者が誕生した。会社（の中に）は貿易に専念するものもあったが，海運業に専念するものもあった。しかしながら，ほとんどの会社は，まだ両方を組み合わせていた。17世紀の間に，企業数は減らされたが，一社あたりの平均投資額は拡大した。

　情報探索の費用の急激な低下は，バルト海地方－オランダ間の郵便制度が17世紀中頃から改善された時に実現された。ドイツの三十年戦争が終結し，陸上ルートの郵便制度が発展する道が開かれた。その結果，商人が代理商と手紙をやりとりするために船舶に頼っていた時よりも，情報供給に信頼がおかれるようになった。18世紀中頃，手紙の到着は，通常，10-14日しかかからなかった。1700年頃には，8日に縮まった。一方，16世紀末には，20-30日かかるのが当たり前であった。手紙の到着時間も，かなり予想できるようになった。バルト海地方－オランダ間の郵便制度が改善された主要な理由は，外国貿易の発展に対しては外生的なものであった。16世紀と17世紀前半に貿易が拡大し，その後停滞した。ドイツでの戦争は1648年に終了し，陸上ルートの安全性が高まった。その後，ようやくバルト海地方－オランダ間ルートでの郵便制度が改善された。

　商人がバルト海貿易での「代理人問題」の新しい解決法を発見したのも，17世紀中頃から18世紀中頃のことであった。もっとも，この発展がいつおこったのかを特定することは困難である。ダンツィヒのオランダ人コミュニティは，16世紀最後の四半期と17世紀の第1四半期に大きく成長し，

結　論

おそらく1640年代に最大規模に達し，それ以降衰退した。「拡張の時代」のオランダ人は，バルト海地方とドイツの商人とを比較すると，企業家精神（知識，経験，縁故，指導力）において進んでいた。だから，オランダ人が，外国に代理人を送り，ダンツィヒなどのバルト海地方の諸都市で代理商として生活させる方が良いと判断したのである。地元の商人がオランダ人に追い付き，オランダの代理商として最良の事業決定ができた時に，オランダの商会は彼らを代理商にして共同するようになり，家族をわざわざ外国に送ることはなくなった。効率性の観点からは，地元の代理商に任せる方が，誰かを派遣するよりもおそらく良かっただろう。派遣された人は，それから実業家との関係を築き，たぶん言葉を習い，地域の法律などを知らなければならなかった。この意味で，効率性は，「代理人問題」の解決法が変化したために上昇した。しかしながら，競争の観点からは，オランダ人は，外国にオランダ人コミュニティがある方が良かった。そのため，他の地域出身の商人に対する優位性が与えられたからである。

　1760年以降，バルト海地方からの穀物輸出が新たに増大した。その時代には，アムステルダムのステープルは，バルト海地方の穀物がオランダでは販路をみつけるのがだんだん困難になることに対処しなければならなかった。バルト海地方の穀物のニーズが減少したのは，主に人口が停滞し，じゃがいもの栽培が増加したためである。それとは対照的に，他の西欧諸国は人口が増大し，多くの国ではバルト海地方からの穀物輸入が増大した。18世紀後半には，アムステルダムは，飢饉の際には，まだしばしば有力な流通拠点として機能した。イングランド，フランス，ポルトガルが，アムステルダムで貯蔵された穀物に頼った。しかしながら，1800年から，バルト海地方からの輸入品が，工業化しつつあるイングランドに直接流入することが急速に増え，結果的に，バルト海地方とイングランドには強い絆ができた。イングランドは，バルト海地方からの穀物の大輸入国，大消費国として，オランダに取って代わった。バルト海地方の穀物に対する絶え間ない大きな需要は，オランダから，北海の反対側へと変化した。この変化は，確かに，アムステルダム穀物市場が急激に低落した説明として最も重要な要素である。19世紀には，アムステルダムが国際的流通拠点として機能するのは，例外的状況に過ぎなくなった。

　18世紀中頃からのオランダの輸送費がどの程度かということは，わか

らない。だが，オランダ海運業の競争力は，確実に衰えていった。オランダ商船隊は，バルト海貿易で，以前の地位を維持できなかった。穀物輸送におけるオランダ船の役割は，オランダへの輸出とともに低下した。オランダの穀物輸入がナポレオン戦争以後恐ろしいまでに減少した時，エーアソン海峡を通る穀物の総輸送量に占めるオランダ船の比率は，たった10％になった。おそらく，外的要因こそオランダ海運業の周辺化を生じさせたという非難の最大の対象になろう。オランダ人は，17世紀には，かさ張る商品輸送のための造船・輸送面で目立っていたが，この頃から重商主義政策の採用で刺激を受けた外国の競争相手国が，それ以降海運業と造船業を発達させた。オランダ人だけが，かさ張る商品の輸送で生じる規模の経済から利益を得ていたが，18世紀には，イングランドと他の数カ国も貿易と商船隊を拡大し，その間に，輸送費を削減した。

アムステルダムの戦略と結びついた活動が垂直統合する過程は，地域的な輸送の費用をおそらく削減した。商人は，ギルド会員の資格を購入することで運河で活動している荷船の船頭への影響力を拡大し，荷船に対する完全な支配権を確保した。17世紀末から，この展開には抵抗があった。ある荷船の船頭を別の船頭よりひいきし，そのためギルド会員間で不平等を生じさせたからである。しかしながら，18世紀中頃には，抵抗は打ち破られ，商人と仲買人は，公的にギルドの会員資格を購入することを許され，使用人にギルドの仕事を下請けさせた。ギルドは輸送面で非常に大きな役割を果たしていたので，穀物を運搬し測量するために，地方の荷船輸送を独占した。18世紀後半において，ギルドが費用と効率性に対してマイナスの影響を及ぼした証拠はない。バルト海地方からの輸出穀物が，アムステルダムを通過する傾向が増大した。この事実は，少なくとも18世紀のこの地方のサーヴィス部門のせいではなかった。商人は，まだ組織化に大きな影響力を行使し，労働者（少なくとも荷船の船頭と穀物運搬人）と賃金について交渉することができた。しかし都市の市政官は，商人から労働者を保護するために，大したことはできなかった。彼らはせいぜい，穀物の測定を厳密に管理して，税収を確保するだけであった。けれども，これは競合相手のすべての港でおこり，そのため，アムステルダムの競争力は落ちなかったと想定して良い。

情報探索費用については，18世紀後半のアムステルダムはなお，ヨー

ロッパの穀物価格の情報の最大の中心であったが，その地位の重要性は低下していった。情報の伝達速度は以前よりも上昇した。たぶんもっと重要なことは，アムステルダム以外の港湾都市が，今や増大しつつある商人の根拠地となったことだ。当然，次にはより多くの取引きが行なわれる場所になり，受け取る情報量も増えていった。「黄金時代」には，アムステルダムは他を圧倒するほどの量の穀物が取引きされた拠点であったが，18世紀の間に，例えば，ハンブルクとロンドンでの取引量が増大した。アムステルダムの商品貿易の規模は，1600年には他よりはるかに多かったが，18世紀になるとそうではなかった。ヨーロッパの市場は，一般に，統合度が高くなった。そのため，すべての情報を貯蔵する場所が存在する必要性が減少したのである。

　貿易政策が，18世紀中頃以降，商品集散地としてのアムステルダムの重要性が低下した理由ではないだろう。バルト海地方の輸入は，17世紀と違い，構造的に，オランダ市場の穀物価格に影響を与えることはできなかった。しかし，オランダはなお18世紀全般を通じて，食糧の大量輸入に依存していた。それへの意識と穀物貿易の乗数効果は依然として強かった。したがって，税金を低くし輸出入を妨げないことで外国貿易の利益を中心に据えたので，経済政策の性質は19世紀以前には変化しなかった。

　1760年頃から，バルト海地方からの穀物輸出が再び増大した。それは以前の時代とは全体的に異なったマクロ経済的状況（史上初めて，バルト海地方の穀物への需要が，オランダの外側で増加した）だけではなく，オランダ人が，取引費用の中のいくつかの範疇で，競争相手に対するリードを失った時代に発生したのである。「黄金時代」には，オランダ人はかさ張る商品の大規模な貿易を外国で組織した点で，まったく例外であった。他の国々は，オランダほど多くの巨大な船舶を所有していなかったので，比較的大量の商品を輸出入することはなかった。このような諸要因が結合した。それが，アムステルダムを，ヨーロッパの穀物貿易で他に類をみない情報拠点にした。さらに，競争相手をリードする大規模な企業家集団が出現する結果をもたらした。国家に対し，護衛船団に資金を使い，保護費用を削減し，他部門のニーズと利益よりも，外国貿易のそれを十中八九優先させるように説得し，そのため，輸送コストを低下させた。さらに，アムステルダムの運河における輸送問題に対して有効な解決法をもたらした

のである。18世紀の間に，他の国々の貿易と海運業が成長したため，アムステルダムの競争相手が，規模の経済から利益を獲得できるようになった。そのため，アムステルダム市場が競争相手の市場にもっていた優位性が損なわれていったのである。

付録A 穀物の種類別のバルト海地方からみた輸出総量 1562-1795年
（10年ごとの年平均）

(ラストと%)

年代	ライ麦	%	小麦	%	大麦とモルト	%	合計
1562-69	47,224	87	4,234	8	2,772	5	54,230
70-79	31,130	86	3,292	9	1,775	5	36,197
80-89	31,150	83	4,160	11	2,303	6	37,613
90-99	46,457	80	6,602	11	4,703	8	57,761
1600-09	47,432	85	5,150	9	3,261	6	55,782
10-19	52,244	82	6,127	10	5,211	8	63,582
20-29	41,481	76	6,822	12	6,576	12	54,879
30-39	39,395	69	8,588	15	9,290	16	57,272
40-49	63,376	67	17,755	19	13,673	14	94,804
50-59	38,641	72	10,257	19	4,449	8	53,347
60-69	25,363	66	7,359	19	5,820	15	38,542
70-79	26,502	57	10,159	22	9,445	20	46,106
80-89	46,855	55	18,054	21	19,551	23	84,460
90-99	33,831	62	11,393	21	9,330	17	54,554
1700-09	18,318	62	6,447	22	4,644	16	29,409
10-19	17,683	67	5,324	20	3,387	13	26,394
20-29	26,102	65	9,351	23	4,727	12	40,179
30-39	17,490	56	9,548	31	4,257	14	31,295
40-49	18,910	60	8,232	26	4,227	13	31,369
50-59	20,128	55	12,351	34	4,069	11	36,548
60-69	34,464	63	14,252	26	5,944	11	54,659
70-79	37,068	52	23,210	33	10,966	15	71,244
80-89	30,122	45	24,191	36	12,157	18	66,471
90-95	42,000	46	37,500	41	11,977	13	91,477

出典) Bang and Korst *Tabeller*; Johansen, *Shipping* (1784-1795). (52-53頁と90-91頁をみよ)。

*) 1632, 34年のデータ、1657-60年のデータが欠如。

付録B　バルト海地方のライ麦と小麦の輸出（港別）

ライ麦　(単位：％)

年代	ダンツィヒ	ケーニヒスベルク	リーガ	他の港
1562-69	81	8	7	5
70-79	64	17	7	13
80-89	74	12	4	11
90-99	70	10	7	14
1600-09	76	11	3	11
10-19	78	11	4	8
20-29	59	16	1	24
30-39	68	13	5	15
40-49	73	9	4	16
51-60	50	11	5	34
61-70	65	11	3	21
71-80	52	22	8	18
81-90	51	16	11	22
91-1700	36	19	18	27
1701-10	58	28	1	13
11-20	60	23	4	13
21-30	68	16	1	15
31-40	33	22	17	28
41-50	52	18	8	22
51-60	65	12	3	20
61-70	47	20	13	20
71-80	14	17	26	43
81-90	15	37	15	33
91-95	14	33	21	32

小　麦

年代	ダンツィヒ	ケーニヒスベルク	シュテティーン	他の港
1562-69	84	6	4	6
70-79	64	20	2	15
80-89	64	10	7	20
90-99	50	7	15	29
1600-09	52	8	15	26
10-19	50	11	13	26
20-29	45	14	18	24
30-39	80	6	6	10
40-49	80	7	2	12

年代	ダンツィヒ	ケーニヒスベルク	他の港
1651-60	55	13	32
61-70	78	8	14
71-80	74	18	8
81-90	76	14	10
91-1700	72	16	12
1701-10	72	22	6
11-20	79	15	6
21-30	86	10	4
31-40	73	18	9
41-50	77	16	7
51-60	86	9	5
61-70	76	12	12
71-80	44	18	38
81-90	29	40	31
91-95	30	38	32

出典）　Unger, 'De Sonttabellen', 154-155 (1562-1660); Unger, 'De publikatie', Appexdix IX (1661-1783); Johansen, *Shipping*, 104 (1784-1795); Bang and Korst, *Tabeller*（ライ麦はリーガからの輸出）。

＊）　1632, 34年, 1658-60年のデータが欠如。

付録C　輸送費

A　アムステルダム－プロイセンの往復航路

表26では，バルト海へ向かうオランダ船の輸送料を，1591年から1758年にかけて，時系列で示した。このデータ収集の際の海運航路，期間，取引き商品，そして史料の選択について，以下に述べる。

航　路　オランダの穀物貿易で合理的なのは，アムステルダム－プロイセン間の往復航路の航海であることは間違いない。公文書史料館に保管されている用船契約書によれば，一般にダンツィヒ，ケーニヒスベルク，エルビング，ピラウを目指す場合，輸送料は同額である。したがって，この四つのプロイセンの目的地へ向かう往復航路の輸送料［のデータを］集めた。船舶の最終目的地は，アムステルダムである場合が圧倒的に多いが，他のオランダの港になることもあった。私が使用した用船契約書は，もっぱらアムステルダムの公証人の面前で作成されたが，1591-1600年は例外であった。僅かながらも，北ホラント都市のホールン，メデムブリク，エンクハイゼンの公証人の前で作成されたものがみられる。これらの諸都市からプロイセンまでの往路も復路も，輸送料は，アムステルダムを起点とする場合と変わらない[1]。

時　期　輸送料を，1591-1758年にかけて収集した。この時期に限定した理由は，1590年以前の日付の用船契約書が保管されておらず，他方，何らかの理由で，作成されたこうした契約書は，18世紀の間に稀になり，発見が困難になったからである。19世紀の公証人史料集においては，このような記録は消滅した。公証人証書による用船契約が，19世紀の最初には実施されなくなっていたからである[2]。

商　品　用船料金は，ライ麦1ラストあたりの輸送料がオランダ・ギルダー（20スタイフェル）を単位として記されている。輸送料が通常ライ麦よりも高い小麦や，逆にライ麦より低い大麦は無視した。輸送契約から，輸送する商品が明示されない場合，1ラストあたりの輸送料は，ライ麦1ラストと同じだと想定する。輸送料が，商品1ラストあたりではなく船1隻で規定されており，さらに船舶の最大積載量もわかっている場合は，これを1ラストあたりの輸送料に計算しなおした。調査の際，特定年度で複数の輸送料がある場合は，最大値と最小値を出してから平均値を算出した。

史　料　プロイセンへ向かう用船契約書は，五つの方法で収集した。

（1）1591-1625年は，公証人の立ち会いのもとで作成されたバルト海に関する用船契約書がすべて刊行されている[3]。（2）1641-49年の輸送料に関しても出版された史料がある[4]。（3）1700-10年には，ヨーロッパ内の水路に関するかぎり，すべての用船契約書がP・C・ファン・ロイェンによってまとめられている。彼は，このデータベースを私に貸してくれた。私は，バルト海貿易に関連する契約を選択するだけでよかった。この場を借りてその親切に感謝したい。（4）残る1626-98年，そして1712-50年に関しては史料収集はより困難であり，したがって偶数年のみを考察の対象にする。当初，私はアムステルダム市立文書館の職員が作成した公証人記録索引を利用した。しかし，この索引は完全とはいい難い。例えば，1712-48年には，たった1年分の記録しかない。（5）したがって，私は海運業に特化した3人の公証人を選択し，100を越える公証人記録を処理した。この努力のおかげで，1682-96年と1724-50年の価格が明らかになった。それ以外の詳細にされていない年に関しては，残念ながら，海運業を専門とする公証人を見出すことができなかった。以下の3人の公証人が作成した記録を調査した。

シモン・ファン・セーフェンホーフェンは，1681-1705年にかけて活動した。NA 5236-NA 5261の記録を調査した（1682-90年）。

ピーテル・スハーバリエは，1692-1732年にかけて活動した。NA 5990からNA 5998の記録を調査した（1692-96年）。また，NA 6064-NA 6070（1712年）の記録も調査したが，関連する情報は見出されなかった。

マテイス・マーテン・ジュニア（Matthijs Maten Jr）は，1719-58年にかけて活動した。NA 9291-NA 9451（1719-58年）の記録を調査した。

表26　アムステルダム－プロイセン－アムステルダム往復の
　　　オランダ船の輸送料（1ラストあたり。オランダ・ギルダー）

年	平均	最小	最大	数
1591	13	13	13	1
92	9.75	9.75	9.75	1
93	10.5	10.5	10.5	1
94				
95	12.17	10	15	3

付録 C

年	平均	最小	最大	数
1596	12.86	9	17	7
97	12.53	10	15	18
98	13.6	12	16	5
99	14	14	14	1
1600	11.34	10	13	3
01				
02	13.5	12	15	2
03	15	15	15	1
04	12	12	12	1
05	14.5	13	16	2
06				
07	13.25	11	16.75	3
08	12.9	11	14	10
09	10.4	10	11	5
10				
11	7	7	7	1
12	10.75	10	11.5	2
13	11.5	11.5	11.5	1
14	10.64	9	13	7
15	10.75	10.75	10.75	1
16	8.08	7.75	8.25	3
17	9.13	8.75	9.5	2
18	9.67	8.5	12	24
19	8.69	7	10	13
20	8.85	7.5	10	5
21	7.4	6.5	8.5	5
22	8.13	7.5	8.75	2
23				
24	9.11	7.75	12	7
25	13.08	9	16.25	3
26	12.75	11	14.5	2
27				
28	16.63	10.5	25.5	21
29				
30	12.72	10	18.75	15
31				
32	16	16	16	1
33				
34	14.82	11.75	25.75	11
35				
36	1	12.5	13.5	2
37				
38	16.63	16	17.25	2

付録 C

年	平均	最小	最大	数
1639				
40	24.5	24.5	24.5	1
41	20			
42				
43	20			
44				
45	21.7			
46	22			
47				
48	14.5			
49	14.5			
50	13	11.75	15	5
51				
52	12.68	11.75	14	4
53				
54	17.98	14.5	21.25	12
55				
56				
57				
58	15.14	11.5	20	14
59				
60	18	18	18	1
61				
62	13.5	13.5	13.5	1
63				
64				
65				
66	32.88	29.5	36.25	2
67				
68	21.04	18.25	26.25	6
1669-83	データなし			
84	12	11.5	12.5	11
85				
86	12.5	11	14	2
87				
88	10.5	10	11	3
89				
90	14.75	14	16	3
91				
92	28.43	23	31	7
93				
94	34	34	34	1
95				

付録 C

年	平均	最小	最大	数
1696				
97				
98	14.1	13.5	14.5	5
99				
1700	22.6	15	30	10
01	19.64	14	26	11
02	12	12	12	1
03	33	33	33	1
04	26.4	18	33	5
05	18.77	14	30	13
06	23.88	23	26	8
07	21	20.5	22	3
08	18.71	12	28	7
09	25.38	16	32	12
10	25.88	15.5	30	4
1711-23	データなし			
24	15.5	15.5	15.5	1
25				
26	18.11	14.75	24	16
27				
28	15.8	13	20	29
29				
30	15.27	13	18	12
31				
32	14.84	12.75	18.75	8
33				
34	15.94	13.5	16.5	8
35				
36				
37				
38	14.25	13	15.5	4
39				
40	22.78	19	29	26
41				
42	19.5	19.5	19.5	1
43				
44	13	13	13	1
45				
46	15	14	16	2
47				
48	16.5	16.5	16.5	1
49				
50	15.18	12.5	18	20

付録 C

年	平均	最小	最大	数
1751				
52	16.13	15.75	17	4
53				
54	14	14	14	1
55				
56				
57				
58	17.25	17.25	17.25	1

B　バルト海地方－アムステルダムの片道航路

プロイセンからアムステルダムへの片道航路の輸送料は，変動が極めて激しいため，表26に含めていない（第6章の第4節をみよ）。

変動が激しいにもかかわらず，片道航路の輸送料は，往復航路と同じ重要性がある。それは，多くの船舶がバラストを積載してホラントを出港しバルト海地方に向かったことから説明すべきである。東航航路の輸送料のデータは，通常利用できない。輸送能力と比べるとごく僅かの積み荷しかなく，輸送料は極めて低く，無料の時すらあった。アムステルダム－ダンツィヒ－アムステルダム航路の輸送料を2で割り，ダンツィヒ－アムステルダムの片道航路の輸送料を算出したボグツカの方法は，したがって輸送コストに関する正確な像を提示しない。ジャナンは，すでにこの点でボグツカを批判した[5]。

比較すれば明らかになるように，ダンツィヒの輸送料は，構造上アムステルダムを上回ることも下回ることもない。片道航路と往復航路の料金は，（僅か）4年分しか知られていない。1592年，95年，1632年，46年がそれにあたる。この四種類の事例は，何でも可能だったことを示す。1592年12月，エンクハイゼン－ダンツィヒ－エンクハイゼン航路の用船契約書は，59ラストの船舶の1隻分の輸送料を総額で576ギルダーと規定しており，したがって1ラストあたりの輸送料は10ギルダー未満ということになる[6]。同月初旬に，クラース・ファン・アドリヘムは，ダンツィヒで合意した輸送料があまりに高いと不満を述べている。デルフトでは，ライ麦を積載した船舶が到着したが，これを受け取る商人は，1ラストあたり19ギルダー支払わなくてはならなかった[7]。すなわち，1592年末には，ダンツィヒの輸送料がホラントより低いわけではなく，逆に大きく上回っ

ていたのである。第二の事例では，輸送料はほぼ同額だった。1595年の公証人史料に，ダンツィヒないしケーニヒスベルクとの往復航路に関する3通の用船契約書が見出される。輸送料は，ライ麦1ラストあたりそれぞれ，10ギルダー，11.5ギルダー，15ギルダーだった。1595年8月に始まったダンツィヒからロッテルダムへの片道の航海では，7.25ギルダーが大麦輸送に，12ギルダーが小麦輸送に，そして11ギルダーがライ麦輸送に支払われた[8]（小麦の方がやや重く，常に高価だった。一方，大麦の方がライ麦より軽く，安価だった）。したがって，ライ麦の輸送料は，どちらの場所でも比較可能である。第三の事例は1632年のものである。1632年3月，アムステルダムで作成された用船契約書の規定では，アムステルダムとダンツィヒ（あるいはケーニヒスベルク）を往復する船舶に，1ラストあたり16ギルダーの輸送料がかけられた[9]。数ヵ月後の1632年5月末，ダンツィヒからホラントへの片道航路の輸送料は10ギルダーであったことがダンツィヒの価格表の写しからわかるが，これは僅かしか現存していない[10]。最後に1646年には，アムステルダムのチャーター主は，ダンツィヒとの往復航海に平均して22ギルダーを支払っていた[11]。ダンツィヒにおける1646年の5月2日の価格表によれば，ダンツィヒからホラントへの輸送料は，12（オランダ）ギルダーであった。これは，ホラントで一年間にわたり支払われた平均的輸送料よりかなり低い[12]。1632年と1646年の事例では，ダンツィヒの輸送料はホラントより低く，しかし1592年にはダンツィヒの方が高く，そして1595年はホラントとほぼ同じだと結論づけなくてはならない。ようするに，四つの事例は，片道航路と往復航路の輸送料に構造的差異が存在しないと示唆する。

訳者後書き

本書は，Milja van Tielhof, *The 'Mother of all Trades': The Baltic Grain Trade in Amsterdam from the Late 16th to the Early 19th Century*, Leiden; Brill Publisher, 2002 の翻訳である。

　表題を直訳すれば，『すべての貿易の母』となる。オランダではバルト海貿易は「母なる貿易」と呼ばれ，この原題からすべての意味は氷解するが，日本の読者には何を意味するのかおそらくわかるまい。邦訳の表題を直訳しなかった理由の一つは，ここに由来する。

　ただしそれは消極的理由であり，「近世貿易」がまずオランダで誕生したと主張したい積極的動機もある。

　ウォーラーステインの「近代世界システム」論に賛成するかどうかはともかく，16世紀後半のヨーロッパ経済でオランダが急速に台頭したことは疑えない。そのオランダの貿易が，「近世貿易」と呼ぶにふさわしいものだったと考えるからである。なお，ここでいう「近世」とは，中世の延長線上にある時代ということではなく，近代の初め，すなわち「初期近代」（early modern）と呼ぶにふさわしい時代を意味する。

　近年，ヤン・ド・フリースとファン・デル・ワウデにより，16世紀のオランダがマルサス・サイクルから離脱した持続的な経済発展を最初に成し遂げた国家であるという主張がなされた[1]。そのオランダの経済的基盤となったのが，バルト海貿易であり，しかも16世紀後半から17世紀初頭にかけては，そのベースは穀物貿易におかれていた。それゆえ，本書の表題を『近世貿易の誕生』としたのである。

しかもまた本書は,「近代」ではなく「近世」を取り扱っている。では経済史的には,このふたつの時代はどのように区別できるのか。

近世商業の特徴のひとつは,情報伝達の遅さ,船が難破したり,商品が届かなかったりすることなどに代表される不確実性にあった。ドイツでフッガー家が倒産したのも,前期的商人資本に属していたからというより,不確実性にとんだ時代状況に適応できなかったというほうが正しいかもしれない。彼らはハイリクス・ハイリターンの商業に従事しており,リスク分散に失敗したと考えられよう。近代になると,事業上の不確実性は大きく減少する。情報の迅速で正確な伝達(通信手段の発達),貿易に必要な日数の低下,輸送費用の低下,保険制度の発達などがその要因となった。

不確実性が多かったので,近世商人は親族・家族・同じ宗派の人々との共同作業を選択した。近世から近代への転換の大きな特徴は,いわばパーソナルな人間関係が事業運営の中核であったのが,よりインパーソナルな関係が強くなっていくということにある。『近世貿易』とは,顔見知りの人間関係が大きな役割を果たした貿易システムである。もとよりそのようなシステムは中世から存在したが,近世のオランダとは異なり,持続的な経済発展はなかった。やがて,マルサスサイクルに飲み込まれる運命にあった。

経済学の新制度学派の用語を使うなら,近世とは著しく取引費用が高い時代であった。本書の特徴は,穀物貿易における取引費用の削減過程を描写している点にある。それを商人活動,輸送費,情報,保護費用などいくつかの観点から分析していることが,本書に奥行きと広さを与える。

取引費用削減の重要性については,1993年にノーベル経済学を受賞した,ダグラス・ノースの影響が大きい[2]。このような傾向は,近年の北方ヨーロッパの経済史研究の特徴だといえる。例えばスウェーデンではレオス・ミュラー[3]が,フィンランドではヤリ・オヤラ[4]がその代表であり,成果を次々に発表している。本書は,そのような影響を受けた比較的若いグループの作品の一つだと位置づけられよう。

本書に影響を与えたもう一人の人物は,クレ・レスハーである。ここで彼の議論を紹介する前に,まず商品集散地(ステープル市場)に関するこれまで見解を述べたい。

従来の論では,商品,人員,情報の伝達が遅く,危険で高価だったので,

ほとんどの商人は，定期的に開かれる地域的な商品集散地 regional staple markets を訪れたに過ぎない。彼らにとって，長距離の移動から利益は期待できなかったからである。これらの地域的市場の余剰はより高度なレヴェルの市場で取引きされ，その結果，市場のヒエラルヒーが産み出された。その頂点に位置するのが世界的な市場，すなわち恒久的な商品集散地である。本書で取り扱っている時代なら，アムステルダムになる[5]。

レスハーはこのような商品集散地の階層性を否定し，重要な商品集散地は複数あったと考えた。アムステルダムは，重要な商品集散地の一つに過ぎない。アムステルダムの主要な役割は広大な後背地と前面地を連結する「出入り口(ゲートウェイ)」であった[6]。アムステルダムの重要性は，世界的な商品市場であったことではなく，その情報力・金融力によるところが大きかった[7]。

読者は，ノースとレスハーの影響が本書のいたるところに出てくることがおわかりいただけよう。とはいえ，彼らの理論に大きな影響を受けつつも，さまざまな一次史料を駆使し近世オランダの穀物貿易の様相を分析する著者の実力はかなりのものであることも納得していただけよう。

あと一点，付け加えなければならないのは，商人を「企業家」（英語では entrepreneur。オランダ語では ondernemer）と呼ぶことについてであろう。現在の研究では，近世の商人を企業家と呼ぶことはごく普通である。これはおそらくヤン・フェルーウェンカンプの著書[8]のために定着したことであろう。細かな研究史は省略するしかないが，彼の活躍もあり[9]，「商人」と同義語で「企業家」を使用することは，現在の北方ヨーロッパ諸国の商業史研究では当たり前のことになっていると受け取っていただきたい。

本書の著者ミルヤ・ファン・ティールホフはアムステルダムに生まれ，オランダ経済史の泰斗ファン・ザンデンの指導のもとユトレヒト大学で博士論文を書いた。それは『オランダの穀物貿易——1470-1570年——』[10]として，1995年に上梓された。これは，オランダは穀物をフランドルやフランス，ドイツなどの近隣地域から輸入していたのが，人口増大のため，1550年代からバルト海地方から輸入することになったと多数の一次史料により論じた，この分野では画期的な書物である。本書は，その延長線上で書かれたが，前著よりも経済学の概念を多く使い，論理的な面が強い。

前著ではアーキヴィスティックな分析に終始していたが，本書では新たな経済理論の採用に積極的になっている。この変化こそ，彼女の経済史家としての成長を物語るだろう。現在，ミルヤ・ファン・ティールホフはアムステルダム自由大学の研究員であり，ラインラントの水路管理（1500-1850年）の研究プロジェクトで活躍中である。

訳者の一人山本大丙は，1997年にアムステルダム公文書館に留学した時，ミルヤ・ファン・ティールホフが指導教官となった。玉木俊明はその夏にオランダを訪れ，山本の紹介で同文書館の食堂で彼女に会った。その時の少し恥ずかしげな様子は，今も印象に強く残っている。それ以来，何度か彼女の新たな取り組み，すなわち本書について話をしたが，よもや彼女の本が翻訳できるとは思わなかった。人生の不思議さを感じずにはいられない。

翻訳の分担は，序章から第5章までと結論が玉木，第6章—第9章と付録が山本である。翻訳後，互いの原稿をチェックして，不明の箇所は著者に尋ねた。オランダ史の場合は定訳がないものも多く，誤訳がないか，今もなお気がかりである。また，読者層として経済史の専門家，西洋史家だけではなく，歴史に興味を持っている人であれば読める翻訳を心がけた。ただしそうなっているかどうかは，読者の判断を待つほかない。

なお，訳者の判断で挿入した語句については，〔　〕を使用した。

最後になったが，このようなベストセラーにはなりそうもない専門書の翻訳出版を快く引き受けていただいた知泉書館の小山光夫さんと髙野文子さん，さらにお二人を紹介して下さった広島修道大学の堀井優氏に謝意を表したい。

玉　木　俊　明

注

序 文
1) Unger, 'The trade in rye', 131-137.
2) 1989年に出版されたJ・I・イズラエルの *Dutch Primacy* は激しい議論を巻き起こした。*BMGN* 106（1991）所収の論文をみよ。Van Zanden, 'Een fraaie synthese op een wankele basis'; Noordegraaf, 'Vooruit en achteruit'; Israel 'The "New History" versus "traditional history"'. *Leidschrift* 誌は，1992年の第9号で特集号を編んだ。とりわけ，次の論文が重要である。Gaastra, 'Conjunctuur of structuur?'; Lindblad, 'Structuur en conjunctuur'; Noordegraaf, 'De nijverhijd'. 1997年，それと関連するイズラエルによる展望論文が現れた。'The Dutch Bulk Carrying Traffic'. それと同時に出版されたのが，リンドブラッドによる批判論文であった。Lindblad, 'Republiek'.
3) Christensen, *Dutch trade*, 20 424.
4) 'Deductie', 特に，123, 130.
5) 中核となるこの時代については数多くの重要な史料が利用可能であるが，これ以降の時代についてはあまりない。『エーアソン海峡通行税台帳』の情報が得られるのは1562年から1795年である。公証人文書には，1590年代から18世紀中頃までの輸送費のデータがある。ダンツィヒのライ麦価格のデータは，1530年代から1810年代まで利用可能である。
6) 中世後期におけるオランダ経済の転換過程については，Van Zanden, *The Rise and Decline*, chapter 2; Blockmans, 'Der holländische Durchbruch'; Blockmans, 'The Economic Expansion' をみよ。
7) Van Tielhof, *De Hollandse graanhandel*, 120-121.
8) この集中化過程については，Van Tielhof, *De Hollandse graanhandel*, chapter 6 をみよ。
9) Noordegraaf, 'Crisis', 47.
10) 例えば，North, *Structure and Change*, North, 'Institutions'; North, *Institutions*.
11) 例えば，North, 'Institutions', 40.
12) North, *Institutions*, 62, 68.
13) North, *Structure and Change*, 202-204.
14) North, *Institutions*, 64.
15) North, *Institutions*, 55; North, 'Institutions', 30.
16) Davids, 'De macht der gewoonte?', 5.

第1章　コルネリス・ピーテルスゾーン・ホーフト（1547-1626年）

1) Van Tielhof, *De Hollandse graanhandel*, 170-172.
2) Dudok van Heel, 'Hooft', 94-95.
3) Boon, *Bouwers*, 176-177.
4) Dudok van Heel, 'De familie', 71-72, 103-104. 祖父の名はウィレム・ヤンスゾーン・ホーフトであった。
5) Van Gelder, *De levensbeschouwing*, 3.
6) Israel, *The Dutch Republic*, 158-159.
7) Schöfer, Van der Wee and Bornewasser eds., *De lage landen*, 110.
8) Van Gelder, *De levensbeschouwing*, 4-5.
9) Israel, *The Dutch Republic*, 179-193.
10) Van Gelder, *De levensbeschouwing*, 4-5.
11) Dudok van Heel, 'Hooft', 97-98.
12) Dudok van Heel, 'Het Embder ofte Condees Hoeckgen', 25-26, 34-38.
13) GAA NA10/65（1598年4月13日）：この公証人証書が示すように、コルネリスは船舶「天使ガブリエル号」の一部を所有していた。したがってファン・ヘルダーが、コルネリスは船舶を所有したこともその持ち分を所有したこともないと主張したのは誤りである。Van Gelder, *De levensbeschouwing*, 24.
14) 例えば、GAA NA 32/346 v.（1595年10月10日）：ある商人が、コルネリス・ピーテルスゾーンと彼の商会に合計6,000ギルダー借りていると言明した。この額を、10％の利率で半年以内に返済するつもりであった。しかし、返済期限は延びた。
15) Van Dillen, *Het oudste aandeelhoudersregister*, 200. ホーフトはその後、東インド会社の株を購入し、売却した。例えば1612年に、フイリップ・メッツーとジャック・メルヘイスに、1,800ギルダーの株を売った（GAA NA 21/36 v.）。そして、1613年に1,500ギルダーの株を購入した（GAA NA 21-8/1）。
16) Dudok van Heel, 'Hooft', 99; Dudok van Heel, 'De familie', 86.
17) Van Gelder, *De levensbeschouwing*, 12, 7.
18) Jacobsen Jensen, 'Hoe een Franschman', 105-106.
19) Dudok van Heel, 'Hooft', 109-110.
20) コルネリスが死去してから5年後の1631年におけるアムステルダムでの資産については、ある程度わかっている。1,000ギルダーを越えるすべての財産に税金がかけられた（Van Dillen, *Bronnen*, II, XL）。20万ギルダー以上の財産を所有しているために税をかけられたのは、24名に過ぎなかった。脱税がはなはだしかったことを考慮にいけなければならず（Ibidem, XLI）、もしコルネリスが1631年まで生きており、30万ギルダーよりはるかに小額の資産しかなかったと査定されたと仮定しても、彼はなお、納税者としては、上層に位置していただろう。
21) 彼の遺産については、Van Gelder, *De levensbeschouwing*, 7；シンゲル132への移動日は、Dudok van Heel, 'Het Embder ofte Condees Hoeckgen' 34.
22) Van Kretschmar, 'Aantekeningen', 109.

23) Van Gelder, *De levensbeschouwing*, 5-6.
24) 彼らは 1595 年 7 月の為替手形では，一緒くたにして「当事者」と呼ばれている。Winkelman, *Bronnen* III, no. 639.
25) Van Gelder, *De levensbeschouwing*, 6.
26) Elias, *De vroedschap* I, 147.
27) GAA NA 10/65 (1598 年 4 月 13 日).
28) Van Gelder, 'Zestiende-eeuwsche koopmansbrieven', 185; 1588 年の為替手形では，弟のウィレム・ホーフトが 1 人で当事者と呼ばれた。Winkelman, *Bronnen* III, pp. 484-485.
29) Heeringa, *Bronnen* I, 12-14.
30) この初期の時代の会計業務 ［史料］は失われたが，口座保有者のリストは少しだけ残っている。1609 年と 1611 年のリストでは，コルネリス・ピーテルスゾーン・ホーフトとウィレム・ピーテルスゾーン・ホーフト未亡人の口座は別々であった。GAA Acrchief 5077, Naamklappers op de grootboeken van de Amsterdamse wisselbank, A-6 (1609) and C-7 (1611).
31) Dudok van Heel, 'De familie'.
32) Elias, *De vroedschap* I, 148; Dudok van Heel, 'Hooft', 95.
33) Boxer, 'Sedentary Workers', 165.
34) Dudok van Heel, 'De familie', 94.
35) Dudok van Heel, 'Hooft', 100.
36) Dudok van Heel, 'De familie', 81.
37) Dudok van Heel, 'Hooft', 101. ピーテル・ヤンスゾーン・ホーフトは，1589 年の用船契約ではラ・ロシェルに住んでいたとされる。Winkelman, *Bronnen* III, no. 343. アムステルダムの史料から，彼がこの地にいた最後の足跡は，1584 年であったことがわかる。Dudok van Heel, 'Hooft', 101.
38) 1585 年夏にかけられた税収で，騎兵と歩兵がアントウェルペン救済のために雇われた。アムステルダムでは，たった 3,000 人ほど（最も裕福な住民）しか金を払わなかった。総人口は約 3 万人であった（Nusteling, *Welvaart*, 234）。コルネリス・ホーフトは，30 ギルダー支払った。そのため彼は，30 ギルダー以上支払った 174 名の 1 人になった。弟のウィレム・ホーフトは，24 ギルダー支払った。Van Dillen, *Amsterdam in 1585*, XXXIII, XXXVI, 91, 93.
39) Dudok van Heel, 'Hooft', 111.
40) Dudok van Heel, 'Hooft', 97-98, 101.
41) Brulez, 'De Diaspora', 290.
42) これを明確に示すのは，1589 年 3 月 5 日付けの用船契約で，ラ・ロシェル在住のピーテル・ヤンスゾーン・ホーフト（Winkelman, *Bronnen* III, no. 343）を代理商に指名した 2 名のホールン商人が作成したものと，1589 年 7 月に現地代理人のピーテル・ヤンスゾーン・ホーフトに配送された塩の代金を支払ったホールン商人の申告書である（Archiefdienst Westfriese Gemeenten, Notarieel archief 2036, 220 v.）。さらに，1597 年 7 月 31 日の証書では，ピーテルがアムステルダム

商人の代理商としてあげられていた（Winkelman, *Bronnen* III, no. 471）。
43) Tiele, 'Steven van der Haghen's avonturen', 414.
44) Jörgensen, 'Crijn Crijnsz Hooft', 8-9.
45) Dudok van Heel, 'Hooft', 108.
46) Dudok van Heel, 'De familie', 83 (Jan Pietersz) and 100 (Gerrit Pietersz).
47) Dudok van Heel, 'De familie', 83.
48) GAA NA 42/122 v. -123, 125 v. -126; Heeringa, *Bronnen* I, 12-14.
49) コルネリス・ホーフトとウィレム・ホーフトは，1584年9月に40ラストの灰に対し，船長に輸送料として260ギルダー支払わなければならなかった。その本文は，Dudok van Heel, 'De familie', 88に印刷されている。
50) Jörgensen, 'Crijn Crijnsz Hooft', 8.
51) Dudok van Heel, 'De familie', 81-82.
52) Donkersloot-de Vrij, *Drie generaties Blaeu*, 19, 75.
53) Hernkamp, *De handel* II, 93. 訴訟に関しては，Heeringa, *Bronnen*, 12-14に見出される。
54) Van Gelder, *De levensbeschouwing*, 12, 30.
55) ホーフトは，1612年にアムステルダム市が拡大することをあらかじめ知っていたので，旧市街市壁外の一角を購入した数名の同僚を非難した。市の拡張後，土地の価格は大きく上昇し，その土地を販売することで巨額の利益を得ることができたからだ。Van Gelder, *De levensbeschouwing*, 13-15.
56) Van Gelder, *De levensbeschouwing*, 11. ピーテルは，ムイデンの長官（drost）に任命された。
57) 第3節をみよ。
58) Bruijn, *Varend verleden*, 49-50; Kernkamp, 'Scheepvaart- en handelsbetrekkingen', 214.
59) Hart, 'De Italiëvaart', 52.
60) GAA NA 42/122 v. -123, 125 v. -126.
61) GAA NA 32/65 v. (1592年4月)
62) GAA NA 66/64-65.
63) GAA NA10/65.
64) Dudok van Heel, 'Hooft', 103, 113.
65) この旅行についての詳細は，De lange, *P. C. Hoofts reis-heuchenis* をみよ。
66) De lange, *P. C. Hoofts reis-heuchenis*, 27; Dudok van Heel, 'Hooft', 103-104.
67) Aegje, Grietje, Jannetje, Jacob: Dudok van Heel, 'De familie', 92-93.
68) Luyckx et. al. eds., *Winkler Prins Lexicon van de Nederlandse Letterkunde*, 194.
69) 詩は，1612年にC・J・フィスハーが作成し配付した新建築物の版画に印刷されている。
70) Elias, *De vroedschap* I, 147. しかしこれらの投資の収益率は，現在もなお謎である。

71) Wagenaar, *Amsterdam*, Tweede stuk, 29.
72) Dudok van Heel, 'Hooft', 105. 東インドへの滞在中の1625年頃，彼は義理の弟のピーテル・ハッセラールと甥の息子であるシモン・ド・レイクと貿易会社に投資した（Van Dillen, *Het oustde aandeelhoudersregister*, 169）。おそらく，金だけを提供し，会社の運営にはたずさわらなかった。
73) Van Gelder, *De lebensbeschouwing*, 175-176.
74) Gelderblom, *Zuid-Nederlandse kooplieden*, 175-176.
75) Van Gelder, *De lebensbeschouwing*, 45 167-168.
76) 経済学をめぐるこの考え方については，Van Gelder, *De lebensbeschouwing*, 40-46.
77) Japikse, *Resolutiën*, IX-XI.
78) Heeringa, *Bronnen* I, 17-27.
79) Noordegraaf, 'Crisis'.
80) Hart, 'De Italiëvaart', 44.
81) Heeringa, *Bronnen* I, 17-27.
82) Van Dillen, *Rijkdom*, 70
83) Noordegraaf, 'Crisis', 49.

第2章 バルト海地方からの穀物輸出における大波動

1) Bang and Korst, *Tabeller*.
2) Van Tielhof, *De Hollandse graanhandel*, 253-254.
3) Christensen, *Dutch Trade*, 49 footnote 1.
4) 貿易と海運業の史料としてのエーアソン海峡通行税簿の批判的評価としては，以下の文献をみよ。Christensen, 'Der handelsgeschichtliche Wert der Sundzollregister'; Christensen, *Dutch trade*; Jeannin, 'Les comptes du Sund'; Van Tielhof, *De Hollandse graanhandel*, Appendix C, 251-256.
5) Johansen, Shipping. ヨハンセンのプロジェクトはまた，1796-1807年に関する，無作為にとられたサンプルも作りだした。このデータの中で，オランダとバルト海地方を航海する船舶数は，Faber, 'Shipping to the Netherlands'で使用された。
6) Yamamoto, 'Baltic grain exports'. 現実には，この論文もバルト海地方から輸出された穀物以外の産品に関する情報を含んでいる。1845年のバルト海地方から西欧へのすべての航海を含んだ（Baltic trade 1845という名の）詳細なデータベースが，インターネット上にある。http://www.niwi.knaw.nl/.
7) Göbel, 'De Sonttolregisters'.
8) Jeannin, 'Les comptes du Sund', 96-100, 307 314-315.
9) 1562-1649年の長期的トレンドを表す式（1562年以前にはデータがなく，1650年のデータはない）は $y = 464.55 x + 36{,}603$.
10) Jeannin, 'Les comptes du Sund', 322-323.
11) エーアソン海峡を航行する貿易の安定度について，ある時代と別の時代で比較するために，申告された穀物量の変動の相関係数を，10年ごとに算出した。相関

係数が高くなるほど，10年間での年変動量は大きくなる。1550-1650年には，変動量の相関係数が0.5を越えた年は10年間しかなく，1620年代であった（1621-30年で0.66）。1640年代は非常に低かった（1641-50年は0.19）。つまり，1640年代は，輸送料が最大だっただけではなく，その量の変動が最も少なかったのである。

12) Wyrobisz, 'Economic Landscapes', 38; Zytkowicz, 'Trends', 59, 62 and 81.
13) Van Zanden, 'The development', 77-78.
14) Cieslak and Biernat, *History*, 107-109 and Glamann, 'European Trade', 458.
15) Wyrobisz, 'Economic Landscapes', 38.
16) Van Tielhof, *De Hollandse graanhandel*, 159.
17) Jeannin, 'Les comptes du Sund', 320-322. Bang and Korst, *Tabeller* からの数値。
18) 第8章の第1節をみよ。
19) Cieslak and Biernat, *History*, 155-161; Glamann, 'European Trade', 462.
20) Krannhals, *Danzig*, 61-62.
21) Klein, *De Trippen*, 153-161. Israel, *Dutch primacy*, 145; Hart, 'Amsterdam Shipping', 28. ロシアとの穀物貿易については，第4章の第1節もみよ。
22) 出典：Bang and Korst, *Tabeller*.「穀物」とは，ライ麦，小麦，大麦，モルトの総量。
23) 付録Aをみよ。
24) 例えば，ダンツィヒ，リーガ，タリン（レーヴァル）の港湾台帳には，穀物の記録が一種類ずつ記されている。Krannhals, *Danzig*, 64, 65, 70; Soom, *Der baltische Getreidehandel*, 273（リーガ），275（タリン）。
25) 1654-1760年の長期的トレンド（1650-53年のデータはない）を表す式は，$y = -265.4x + 58,117$ である。
26) 穀物貿易は毎年変動することが大きな特徴であるので，トレンドの変化を明確に決定することは困難である。Klein, 'kwantitatieve aspecten', 80-81.
27) この時代をさらに短い時代に分けることは十分に可能である。つまり，1720-40年と1740-60年である。ド・ブックとリンドブラッドが提示した時系列が間違いなく示すのは，1722年から，アムステルダムがバルト海地方に大きく依存するようになり，それは1740年に頂点に達し，それから1757年まで縮小したことである（De Buck and Lindblad, 'De scheepvaart en handel' 547）。1720-60年を全体として取り扱おうとして選択した理由は，この時期の穀物貿易の最も特徴的な面が，大きな不安定性にあったと思われるからである。
28) この時期の数十年間の間，変動の相関係数は0.5以上であることが多かった。それは，1660年代，1710年代，1720年代，1730年代，1740年代，1750年代である（注11をみよ）。
29) Posthumus, *Nederalndsche prijsgeschiedenis*.
30) Van Zanden, 'The development', 78-79.
31) Faber, 'The decline', 45-51.

32) Kappelhof, 'Nood-Brabant', 201-202.
33) イングランドからの輸出品には，ライ麦，小麦，オートミール，大麦，モルトが含まれる。エーアソン海峡経由のバルト海地方の輸出品には，ライ麦，小麦，大麦，モルトがある。バルト海地方の輸出品に関する出典は，Bang and Korst, *Tabeller*. イングランドの輸出品に関する出典のデータは，デヴィド・オームロッドが寛大にも提供してくれた。イングランドからの毎年の輸出の概数は，Ormrod, *English Grain Exports*, 96-97 で出版された。イングランドの輸出は，元来「クォーター」であり，ラストに換算されている（10 クォーター＝1 ラスト）。
34) ヘーグベリは，18 世紀のバルト海地方の穀物貿易における供給状況の重要性を示した。そして，1960 年代の歴史家は，本当にマルサス的な精神で労働し，需要状況に関する問題に専念していたといった。Högberg, 'Baltic Grain Trade', 126.
35) Wyrobisz, 'Economic Landscapes', 36.
36) Glamann, 'European Trade', 465.
37) Van Zanden, 'The development', 77-78.
38) Ormrod, *English Grain Exports*, 47.
39) Krannhals, *Danzig*, 126.
40) 1651-1750 年には，エーアソン海峡経由で輸送されるライ麦の 52％がダンツィヒから，18％がケーニヒスベルクから，8％がリーガから積みだされた。小麦に関しては，ダンツィヒが 75％，ケーニヒスベルクが 15％であった。
41) Soom, *Der baltische Getreidehandel*, 282.
42) 出典) Bang and Korst, *Tabeller*. 穀物には，ライ麦，小麦，大麦，モルトが含まれる。
43) Kirby, *Northern Europe*, 181-182.
44) Cieslak and Biernat, *History*, 189.
45) Oaklay, *War and Peace*, 85-86 and Dunsdorfs, 'The Riga Grain Trade', 35.
46) Van Dillen, *Rijkdom*, 346 (1658-1663).
47) だから，スウェーデン，ブランデンブルク・プロイセンとデンマークの交戦期間中（1675-77 年）は，アルハンゲリスクが西欧に穀物を輸出していた (Van Dillen, *Rijkdom*, 346; Raptschinsky, 'Het gezantschap', 183-186).
48) De Buck, 'De Russische uitvoer', 139-141 (1703, 1709).
49) 第 8 章の第 2 節をみよ。
50) Braudel, *De structuur*,, 238.
51) Burema, *De voeding*, 176.
52) Ormrod, *English Grain Exports*, 67-68.
53) Unger, 'Brewing', 437.
54) オランダ共和国に対しては，ファーバーが仮定した。Faber, 'The decline', 44. ウンガーは後に，ホラントの醸造業衰退は，バルト海地方の穀物貿易が衰退した主要な説明にはならないというファーバーの考えの正しさを確認した。1650-1805 年のバルト海地方からの穀物輸出と醸造業の収縮の間にある相関関係を分析し，

注／第2章

この結論を出したのである。Unger, 'Brewing', 441-442.
55) Lindblad, 'Foreign Trade', 237.
56) イングランドの輸出に関するデータは，デヴィド・オームロッドが提供してくれた（注33を参照）。
57) 1760-95年の長期のトレンドを表す式（1795年以降のデータがないので）は，$y = 842.53 x + 53,097$.
58) 変動の相関係数が0.5を越すのは1780年代しかない（注11をみよ）。データが欠如しているので，1790年代の計算はまったく不可能である。
59) Faber, 'Shipping to the Netherlands', 100; De Vries and Van der Woude, *Nederland*, 487.
60) Newman, 'International Price Levels', 56.
61) 1771-80年においては，サンクト・ペテルブルクで積まれた年平均2,000ラスト以上の穀物が，エーアソン海峡を通って西欧に輸出された。Unger, 'De Publikatie', Appendix X. また，Newman, 'The Russian Grain Trade' 55-59をみよ。
62) 1773年には，およそ1万7,000ラストの穀物が，アルハンゲリスクから輸出された。Abel, *Massenarmut*, 219.
63) Cieslak and Biernat, *History*, 190, 263-265.
64) Lindblad, 'Sweden's Grain Trade', 66. 1バレルは164.9リットルであり，1ラストは3,010リットルである。
65) Lindblad, 'Sweden's Grain Trade', 66-68. また，Cieslak, 'Aspects'もみよ。
66) Jörberg, 'The Nordic countries', 382-383, 438.
67) Johansen, *Shipping*, 104; Van Nierop, 'Uit de bekermat' I, appendix.
68) 付録Aをみよ。
69) Herlihy, *Odessa*, 97, 105, 107.
70) Mathias, *The First Industrial Nation*, 341.
71) Abel, *Agrakrisen*, 258-259.
72) Cieslak and Biernat, *History*, 189, 300, 339. 数値は，2桁に四捨五入されている。
73) 19世紀においては，ダンツィヒからの輸出品のほとんどは西欧に送られ，ごく僅かの割合しか，バルト海内には向かわなかった。Cieslak and Biernat, *History*, 339, 340. 第一次ポーランド分割以前には，状況は異なっていた。Cieslak, 'Aspects', 262をみよ。
74) Kriedte, *Peasants*, 101.
75) 6万5,200ラストの小麦，1万1,100ラストのライ麦，1万3,500ラストの大麦，4,900ラストのオート麦からなる。Yamamoto, 'Baltic grain exports'.
76) Cieslak and Biernat, *History*, 339.
77) Collins, 'Why Wheat?', 12.
78) Minchinton, 'Patterns', 126-127.
79) Collins, 'Why Wheat?', 9, 21.

第3章　商品集散地アムステルダム

1) Lesger, 'De mythe'. また，2002年に出版されるアムステルダム貿易に関する彼の書物をみよ。Clé Lesger, *Handel in Amsterdam ten tijde van de opstand* (Hilversum 2002).
2) この量は，当時のエーアソン海峡で公的に申告されていた量よりもはるかに多い。また，積み荷の一部を隠すために船長が行なっていた不正手段を考慮に入れると，おそらく現実に輸送されていた量よりも少しだけ少ない。Van Tielhof, *De Hollandse graanhandel*, 97-98.
3) Vlessing, 'The Portuguese-Jewish Merchant Community', 239-240.
4) 付録Aをみよ。
5) 第2章の第1節をみよ。
6) レーヴァルの港湾記録によれば，合計2万7,441ラストのうち，2万2,324ラストがホラントに向かった。Soom, *Der baltische Getreidehandel*, 286-288. ソームは，ホラントのどの都市に送られたのかは特定していない。しかし，ほとんどはアムステルダムに送られたと述べる（297）。
7) Kenkamp, *De sleutels van de Sont* の Appendix 1 からの計算。
8) このような関係は，消費税が地方でかけられる税であり，外国の穀物でなく，ホラントの農村からの穀物，オランダの他州の穀物にもかけられたため，目を見張るほど強固であった
9) Noordegraaf, 'Crisis', 47-48.
10) Van Dillen, 'Stukken betreffende den Amsterdamschen granhandel', 81.
11) Van Dillen, 'Stukken', 82.
12) Winkelman, *Bronnen* II, IV-VI から計算。南ネーデルラント，イングランド，フランス，ポルトガル，スペイン，イタリアへの航海と，これらのうちどの国を選択するかを規定する契約が含まれる。
13) 『エーアソン海峡通行税台帳』からは，オランダの都市が特定できない。だが，確実に，アムステルダムが他の都市を圧倒していた。1645年に，穀物積載船のうちたった10％しかアムステルダム以外のオランダの港には行かず（65頁をみよ），18世紀のホールンとエンクハイゼンの西フリースラント都市が衰退ないし停滞していたことを考慮すると（Boon, *Bouwers*, 195-205），他のオランダ都市でアムステルダムと競争できた都市はなかったと想定できる。バルト海地方の穀物のうちおよそ10％が他のオランダ都市に船舶で輸送されたとしても，約75％以上がなおアムステルダムに向かっている。
14) 出典）Unger, 'De publikatie', Appendix X.
15) 関税（convooien en licenten）は，次の穀物量に従って支払われた（ラスト）。

年	輸入	輸出
1668	63,000	2,000
1680	65,000	8,000
1692	76,000	57,000

出典）Van Dillen, 'Stukken betreffende den Amsterdamschen graanhandel', 80-81.

注意：数値は，4桁に四捨五入した。エンドウ豆とインゲン豆は含まれない。1668年の数値は，1667年10月1日から1668年9月30日に実際に支払われたもの。

16) GAA Burgemeestersarchief, no. 546.
17) GAA Burgemeestersarchief, no. 546.
18) GAA Archief 5059, no. 138, 'Graanhandel': Note from: Henri Sée, *Le commerce maritime de la Bretagne*, the papers of the family Magon, ship-owners in St Malo.'
19) Butel, *L'économie française*, 108.
20) 17世紀には，バルト海地方と西欧との穀物貿易は主としてオランダ人の手に握られていた。しかしながら，この通過貿易は，競争国の商人と船主が穀物貿易に従事するようになった18世紀まではあまり重要ではなかった。
21) Bang and Korst, *Tabeller* から計算。
22) これらの貿易統計は，外国からの輸入品にかかる港湾税（paalgeld）の記録である。毎年の輸入は，バルト海地方から輸入される小麦，ライ麦，大麦，モルト，その他雑多な穀物の総計として計算された。Welling, *The Prize of Neutrality* (http://www.let.rug.nl/~welling/paalgeld) に接続されたインターネット上のデータベースを利用した。
23) Welling, *The Prize of Neutrality*, 153, 160. 1722-80年については，バルト海地方からアムステルダムに入港する船舶数は少し少なかった。平均して，800隻近かった。De Puck and Lindblad, 'De scheepvaart en handel', 539.
24) 1771-87年には，16万1,196ラストがバルト海地方南部から来たのに対し，バルト海地方東部からは8万3,486ラストしか来なかった。Welling, *The Prize of Neutrality* に接続されたインターネット上のデータベースから計算した（注22をみよ）。
25) De Buck and Lindblad, 'De scheepvaart en handel', 552; Faber, 'Structural changes'.
26) 1753年は約9,000ラスト，1768年は約1万1,000ラスト，1771年には約2万ラスト，1774年には約9,000ラストであった。出典：Van Dillen, 'Stukken betreffende den Amsterdamschen graanhandel', 80-81 (1753 and 1774); Dobbelaar, 'Statistische opgaven', 151-152 (1768 and 1771). エンドウ豆とインゲン豆は含まれない。
27) Butel, *L'économie française*, 112.
28) Van Dillen, 'Stukken betreffende den Amsterdamschen graanhandel', 80-81. エンドウ豆とインゲン豆は含まれない。
29) 1802-09年には，毎年9,000ラスト足らずのライ麦・小麦しか，北ネーデルラントから，おそらくは主としてアムステルダムからは輸出されなかった。
30) Faber, 'Shipping to the Netherlands', 105.
31) 1815年には，オランダ全体の穀物輸入はおよそ8,000ラストであり，1816年には約2万8,000ラストであった。

注／第3章

32) Neumann, 'The year 1816 in the Baltic region', 2.
33) Knotter and Muskee, 'Conjunctuur', 165-168.
34) オランダのジャガイモ胴枯れ病の影響については，Terlouw, 'De aardappelziekte', 特に，285-290.
35) Bunk, *Staathuishoudkundige geschiedenis* の appendix に基づく.
36) Jeuninckx, 'De verhouding', 160, footnote 64.
37) Abel, *Agrarkrisen*, 207.
38) Cieslak and Biernat, *History*, 339.
39) Yamamoto, 'Baltic grain exports'.
40) De Vries and Van der Woude, *Nederland*, 714-717; Jobse-Van Putten, *Eenvoudig maar voedzaam*, 97.
41) McCants, *Civic Charity*, 44.
42) Van Schaïk, 'Prijs- en levensmiddelenpolitiek', 223, note 39 は，一日 0.8-0.9 リットルのパン用穀物を消費していたことに言及している。年間に換算すると，およそ 3.1 ヘクトリットルになる。Blockmans and Prevenier, 'Armoede', 502-503 は，繁栄期であったことから，4人家族の毎日のパン消費量を 2.5-3.5 キログラムだとした。これは，年間1人あたり 3-4 ヘクトリットル（あるいは平均で 3.5 ヘクトリットル）になる。ウンガーの推計では，15世紀の南北ネーデルラントのパン用穀物消費量は，最低でも3ヘクトリットルであった。1人あたりの必要な総量は（醸造業と馬のかいばを含めて），6ヘクトリットル以上だったようである。('Freeding Low Countries Towns', 330-331).
43) すなわち，1日1人あたり1リットルから0.6リットル。Vandenbroeke, 'Aardappelteelt', 59-60.
44) この問題に関する Toutain, 'Food Rations' と Grantham, 'Food rations'の意見の相違をみよ.
45) すなわち，1日1人あたり0.7キロリットル。Bogucka, 'Food consumption', 92.
46) Brunner, 'Maatregelen', 163. 事実，史料によれば，1日1人あたり1.5ムトである。1ムトが120.4リットルなので，1.8ヘクトリットルに相当する.
47) 小麦とライ麦へのニーズに加えて，ユトレヒトの史料は，エンドウ豆，オート麦，インゲン豆，そばの消費について言及している。Brünner, 'Maatregelen', 162-163.
48) Brugmans, *Opkomst en bloei*, 122. この1万9,000ラストを除いて，アムステルダムからの2,000ラストも近隣地域の村落に流通した.
49) Bunk, *Staathuishoudkundige geschiedenis*, 107.
50) Van Dillen, 'De duurte van het jaar 1698', 271.
51) Van Leeuwen and Oeppen, 'Reconstructing the Demographic Regime', 87.
52) De Vries and Van der Woude, *Nederland*, 715.
53) イングランドとドイツに関しては，Abel, *Stufen*, 55-57 をみよ。オランダについては，Burema, *De voeding*, 174 176; De Vries and Van der Woude, *Neder-*

land, 379.
54) 第2章の第3節の末尾をみよ。
55) Minchinton, 'Patterns', 129.
56) Van Zanden, 'The development', 80.
57) Noordegraaf, 'Sociale verhoudingen', 381-382.
58) Van der Woude, 'De consumptie', 133-134.
59) すなわち、およそ98キロリットル。De Vries and Van der Woude, *Nederland*, 717.
60) すなわち、およそ101キロリットル。Knotter and Muskee, 'Conjunctuur', 159.
61) すなわち、1808年にはおよそ90キロリットル。De Vries, 'The production', 202.
62) De Vries and Van der Woude, *Nederland*, 81.
63) De Vries, 'The production', 200-203. また、Burema, *De voeding*, 特に79 and 112をみよ。
64) 't Hart, 'Freedom', 120.
65) Jobse-Van Putten, *Eenvoudig maar voedzaam*, 83.
66) De Vries, 'The production', 205. この農民に関するさらに詳細な点は、Slicher van Bath, 'Een Fries landbouwbedrijf'をみよ。
67) Unger, 'Integration', 6.
68) Collins, 'The Role', 246 and 261.
69) Mackenney, *Tradesmen*, 97; Braudel and Spooner, 'Prices', 393.
70) Jobse-Van Putten, *Eenvoudig maar voedzaam*は、この件について言及していない。
71) Voskuil, 'De weg naar luilekkerland', 467. この論文で、フォスクイルは、1900年頃のオランダのさまざまな種類のパンの使用法に関する社会的地位や文化的・伝統的な影響力の強さを示している。
72) Sneller, 'De Hollandsche korenhandel'.
73) Collins, 'Why Wheat?', 35-36.
74) De Vries, 'The production', 202-203.
75) Voskuil, 'De weg naar luilekkerland', 473-479.
76) McCants, *Civic Charity*, 44.
77) Knotter and Muskee, 'Conjunctuur', 159.
78) Horlings, *The economic development*, 229-231.
79) Braudel, *De structuur*, 120.
80) De Vries and Van der Woude, *Nederland*, 71.
81) 時系列が完全に比較可能なのは、どちらの都市も、17世紀中頃以前には税の徴収は請負い制であり、その後直接徴収されるようになったからである。
82) 例えば、1680年には、エーアソン海峡でオランダに輸送されると申告された穀物は5万2,770ラストであったが、同年、アムステルダムに外国から輸入され

た穀物量はもっと多く，約6万5,000ラストであった。『エーアソン海峡通行税台帳』によれば，1692年には4万5,468ラストの穀物がオランダに向かったが，アムステルダムが外国から輸入した総量は約7万6,000ラストであった。これらの数値は，関税業務（convooien en licenten）から得られ，脱税は当たり前だったので，アムステルダムの現実の輸入量ははるかに多かった。数値は，Van Dillen, 'Stukken betreffende den Amsterdamschen graanhandel', 80 で公表された。

83) Van Dillen, 'Stukken betreffende den Amsterdamschen graanhandel', 83.
84) Bang and Korst, *Tabeller*.
85) 穀物輸入税（imposte op de inkomende granen）は，1659年に開始されたので，これ以前のデータはない。1748-49年のデータは紛失している。この税収は，Oldeweld, 'De Hollandse imposten'で公表されている。
86) すでに，Van Zanden, 'De economie van Holland', 584-586 で議論された。
87) 18世紀最後の数十年間に戦争のために破壊されたので，1750-95年全体の相関係数 r は0.5に過ぎない。
88) 1781年と1787年だけは，この割合が40％より少し低かった。計算は，ウェリングが作成したインターネット上で利用可能なデータベースを使った（http://www.let.rug.nl/~welling/paalgeld）。
89) それ以外に，27％がドイツ湾岸のブレーメン，ハンブルクなどから来た。Van Nierop, 'Uit de bakermat' III, appendix の数値から計算した。1794年と1795年の記録は紛失している。9年間の総輸入量は，ライ麦，小麦，大麦の総計で26万5,000ラストである。
90) アムステルダムの価格については1597-1850年，ダンツィヒの価格については1530-1808年しかわかっていない。
91) 私は1784年以降の分しか使っていないが，16世紀に始まる最後の時系列の信頼性は，ウェリングによって厳しく批判された（Welling, *The Prize of Neutrality*, 137-140）。ウェリングは，ポステュムスは，最初から当時利用できた価格表の一部しか使わなかったことを示した。さらに，ポステュムスの研究完成後，他の価格表が発見された。そのため，ポステュムスの時系列が構築された基盤は，今日の史料と比較すると非常に限定されることになった。第二に，価格データがまったく得られない数カ月間に対し，ポステュムスはデータを内挿したが，そうすべき十分な理由はない。未知の価格が，現実には，それ以前と以後の平均と同程度だったことはあり得るし，高かったり低かったりする可能性もあるからだ。ウェリングは，ポステュムスの時系列に別の反論をしたが，穀物価格については，この反論は最も妥当である。したがって，私が選んだのは，主としてライ麦価格で〔ポステュムスが利用したものとは〕別の時系列である。ライ麦価格の時系列を，ポステュムスも同じ版で出版してはいるが，彼は別の史料である穀物取引所（取引所ではない）帳簿 korenmarktboeken に基づいている。このライ麦の時系列は，実際には絶えず完全なので，取引所の価格表のリストと関係する主要な問題から生じる被害は免れている。この優れた史料は1783年で終わるので，1784-1850年の価格表による価格を利用するしかない。そうしても，思ったほどには問

題が発生しないように思われるのは，1760年頃から，価格表には，それ以前よりもはるかに多くの商品が記録されているからである．それゆえ，ポステュムスの時系列は，この時代から〔利用可能な〕基盤が拡大し，内挿が少なくなった．1767-92年は，ポステュムスの取引き価格は Materené, *De prijzenadministratie* が出版した取引き価格を使って照合可能になった．本書も，アムステルダム価格表を利用し，ポステュムスが構築した価格時系列が信頼のおけるものだということを，ほぼ同じではあるが別の指標で示した．

92) 近世ヨーロッパの穀物市場の統合については，市場統合に関する定義が異なる可能性と，さまざまなヨーロッパ諸都市の価格時系列間の相関係数の測定の結果をみよ．Allen and Unger, 'The Depth' and Unger, 'Sources of food supplies'.

93) フロッフ Hroch は，*Handel und Politik*, 35-37 でこの相関係数について研究した．クレインは，1624-1720年におけるアムステルダムのライ麦価格とエーアソン海峡経由のライ麦貿易の関係について，少し違った手法で研究した（Klein, 'Kwantitatieve aspecten'）．

94) ライ麦価格とは，アムステルダムの穀物取引所で支払われた価格のことである．出典）Posthumus, *Nederlandsche prijsgeschiedenis* I, 573-576.

95) Jeannin, 'Les comptes du Sund', 320-321.

96) 相関係数 (r) は，1651-1700年は-0.25．1701-50年は，0.10．1751-95年は，0.09である．例えば，大北方戦争とオーストリア継承戦争の間の平時である1721-41年には，相関関係はもっと強いことがあり得たが，統計的にはそれでも大したものではなかった（$r = 0.45$）．

97) Pearson, 'Merchants and states', 84.

98) Westermann, *Kamer van Koophandel* I, 5.

99) 商務委員会については，Brugmans, 'De notulen en munimenten'.

100) これは，Westermann, *Kamer van Koophandel* I, 2 によって提起された．

101) Van Brakel, 'De Directie', 332.

102) Westermann, *Kamer van Koophandel* I, 2.

103) Van Tielhof, *De Hollandse graanhandel*, 119.

104) Kirby, *Northern Europe*, 200.

105) Kirby, *Northern Europe*, 200; Lindblad, 'Nederland en de Oostzee', 13-14; Israel, *Dutch Primacy*, 148-149.

106) Cieslak and Biernat, *History*, 214; Bowman, 'Dutch Diplomacy', 346.

107) Van Dillen, *Rijkdom*, 3; Lindblad, 'Nederland en de Oostzee', 14; Bowman, 'Dutch Diplomacy', 346-347.

108) Pearson, 'Merchants and states', 85.

109) この税については，Van Tielhof, *De Hollandse graanhandel*, 132-138.

110) 't Hart, 'Freedom', 109; 't Hart, 'The Dutch Republic', 84.

111) 't Hart, 'Freedom', 109-110; Van Zanden and Van Riel, *Nederland*, 115.

112) 出典: Convooien, Derde Verhoging and Orizontse tol: Cau, *Groot Placaet Boeck* I, 2366-2367, 2382-2383, 2396-2397, 2434-2437; Westermann, 'Statistische

gegevens'; Van Dillen, 'Naschrift', Van Dillen, 'Stukken'.
113) 1603年と記録されている関税は，おそらくそれ以前から実施されていた。
114) *Deductie*. 低関税のために，商業が変化する恐れが強いと述べた別の請願が，1680年に，アムステルダム市の商人から市長に提出された。*Remonstrantie*.
115) 17世紀後半の穀物への関税と関連した問題に対しては，Faber, 'The grain trade, grain prices and tariff policy'をみよ。
116) この州と他州の税と収入などの情報については，Oldewelt, 'De Hollandse imposten', 特に64-68をみよ。
117) De Clercq, 'Verleden, heden en toekomst', 12-13; Bruijn, 'In een veranderend maritiem perspectief', 21. 1709年の直前の数年間，ハルヨート代は，一時的に数回課せられた。1隻あたりのラスト数の数え方については，De Buck and Lindblad, 'Navigatie en negotie'をみよ。ド・ブックとリンドブラッドは，オランダ船も外国船と同様に，ハルヨート代を支払わなければならなかったことを証明して，議論に終止符を打つことができた（ibidem, 36-37）。
118) De Vries and Van der Woude, *Nederland*, 136.
119) 't Hart, 'The Dutch Republic', 73.
120) 't Hart, 'The Dutch Republic', 84.
121) Johann Köstners Bericht (1660) in: Krannhals, *Danzig*, 131-132. イングランドの注釈者も，オランダの税体系，すなわち低い関税，高い消費税がプラスの影響力を持つ点を強調した。Klein, 'De Nederlande handelspolitiek', 212.
122) Polak, 'Monetaire politiek', 438.
123) Polak, 'Monetaire politiek', and Polak, *Historiografie*.
124) この創設については，Dehing, 'De Amsterdamse Wisselbank'.
125) Van Dillen, *Rijkdom*, 258, 268.
126) Barbour, *Capitalism*, 44-45.
127) Winkelman, *Bronnen* VI, no. 2223.
128) 例えば，デルフト商人のクラース・アドリアンスゾーン，ホーフト兄弟はそうした。Christensen, *Dutch trade*, 395; Van Gelder, 'Zestiende-eeuwsche koopmansbrieven', no. 75 (クラース・アドリアンスゾーンの代理人とコルネリス・ピーテルスゾーン・ホーフトは，1586年に同じ為替手形に関係した。前者が受取人であり，後者が支払人であった); Winkelman, *Bronnen* III, no. 639 (brothers Hooft, 1595).
129) Christensen, *Dutch trade*, 398.
130) Christensen, *Dutch trade*, 392, 398.
131) De Vries and Van der Woude, *Nederland*, 164-165.
132) 現存する最古の印刷されたリストは，1585年のものであり，アムステルダムが貿易していた主要10都市の為替相場が記されている。穀物貿易については，ダンツィヒ，ハンブルク，リスボンがとりわけ重要であった。McCusker and Gravesteijn, *The Beginning*, 48.
133) Barbour, *Capitalism*, 53.

134) De Vries and Van der Woude, *Nederland*, 165.
135) 例えば，Winkelman, *Bronnen* VI, nos. 2386, 2480, 2481, 2590（1619年と20年）。1618年と19年のほとんどすべての契約にサインしたのはアンドリース・ヘンドリクセン・ド・ベイサーであった（チャーター主の索引をみよ）。
136) Polak, 'Monetaire politiek', 443.
137) Noordegraaf, 'Dearth, Plague and Trade', 52.
138) Van Schaïk, 'Marketbeheersing', 470.
139) Van Dillen 'Stukken betreffende den termijnhandel in graan', 37; 16世紀のある時期にこのような契約が禁止されたことについては，Van Dillen, 'Termijnhandel'をみよ。
140) Van Dillen, 'De duurte van het jaar 1698', 273.
141) Noordegraaf, 'Dearth, Plague and Trade', 56-61.
142) Bourgois, 'Les Provinces Unies', 196, 201.
143) Noordegraaf, 'Dearth, Plague and Trade', 52-54; Noordegraaf, 'Crisis', 48-49. 17世紀のアムステルダムないしオランダ共和国全体の一時的な輸出禁止については，Commelin, *Beschrijvinge van Amsterdam*, 1174, 1176, 1177（1623-24年の冬，1628年，1630年）をみよ。
144) Van Tielhof, *De Hollandse graanhandel*, 1, 142.
145) Van Dillen, 'De duurte in de laaste jaren', 68-69.
146) Bunk, *Staathuishoudkundige geschiedenis*, 58-61.
147) 第9章の第3節をみよ。
148) Ormrod, 'Dutch commercial and industrial decline', 37-40.; Black, 'Grain Exports'.
149) Noordegraaf, 'Dearth, Plague and Trade', 52.
150) Commelin, *Beschrijvinge van Amsterdam*, 1174-1175; 1177; 1178; Van Dillen, 'De duurte van het jaar 1698', 251.
151) Wagenaar, *Amsterdam* II, 48.
152) Van Dillen, 'De duurte in de laaste jaren', 66.
153) Van Dillen, 'De duurte in de laaste jaren', 65.
154) Van Dillen, 'De duurte in de laaste jaren', 80.
155) Noordegraaf, 'Dearth, Plague and Trade', 54.
156) Klein, 'De Nederlandse handelspolitiek', 204.
157) Van Schaïk, 'Marketbeheersing', 489.
158) Klein, 'De Nederlandse handelspolitiek', 201-212.
159) Van Zanden and Van Riel, *Nederland*, 87.
160) Commerlin, *Beschrijvinge van Amsterdam*, 1172.
161) Van Zanden and Van Riel, *Nederland*, 87.
162) Pot, 'Door honger gedreven?'.
163) Pearson, 'Merchants and states', 51.
164) この危機については，Post, *Food shortage* をみよ。

165) Post, *Food shortage*, 172-173.
166) Van Zanden and Van Riel, *Nederland*, 40, 93.
167) Knotter and Muskee, 'Conjunctuur', 164-171.

第4章 市場組織と企業

1) Bruijn, 'Scheepvaart in de Noordelijke Nederlanden, 1580-1650', 140.
2) 通常の貿易組織と比較した VOC と WIC の特別な性格については，Klein and Veluwenkamp, 'The Role of the Entrepreneur', 37 をみよ。
3) Bruijn, 'Scheepvaart in de Noordelijke Nederlanden, 1650-1800', 233-238. 北方会社については，Hacquebord, Stokman and Wasseur, 'The Directors'をみよ。
4) ロシアに関しては，Klein, *De Trippen*, 154.; 北アフリカとレヴァントに関しては，Bruijn, 'Scheepvaart in de Noordelijke Nederlanden, 1580-1650', 140.
5) 独占に関しては，Klein, 'A 17th Century Monopoly Game'.
6) Klein, *De Trippen*, 457.
7) Veluwenkamp, *Ondernemersgedrag*, 11-13.
8) Veluwenkamp, *Ondernemersgedrag*, 17-19.
9) Veluwenkamp, *Archangel*, passim.
10) Klein, *De Trippen*, 153-154.
11) Attman, 'Stranglehold', 548-551.
12) Kellenbenz,, 'The Economic Significance', 560.
13) Klein, *De Trippen*, 153-154. 他の年度で，穀物がアルハンゲリスクから輸出されたのは，1600年，1658-59年，1701-04年，1713-16年である。Veluwenkamp, Archangel, 46, 126, 156.
14) 1626-35年には，アムステルダム－アルハンゲリスク－アムステルダム航路の平均的輸送料は 22-27 ギルダーであった（Hart, 'Amsterdam Shipping', 8）アムステルダム－プロイセン－アムステルダム航路の場合，13-17 ギルダーであった（付録Cをみよ）。
15) Klein, *De Trippen*, 155-156.
16) Klein, *De Trippen*, 156-157.
17) Hroch, *Handel und Politik*, 87.
18) 企業をめぐるこのような性格づけについては，Klein and Veluwenkamp, 'The Role of the Entrepreneur', 36-37 に基づく。
19) 彼らの事業活動については，Van der Laan, 'The Poulle brothers'.
20) 例えば，Christensen, *Dutch trade*, 190, 213, 215-216.
21) 「ヤン・ヘイムス商会」と名づけられたからである。
22) 例えば，Klein, *De Trippen*; Lindblad, 'Louis de Geer'; Veluwenkamp, 'The Purchase', 89.
23) Jonker, *Merchants*, 61, 69. 有限責任にかかわる契約は，おそらくバルト海貿易のように古くから確立された貿易ではまったく当然のことであった。Van Brakel, 'Ontbrekende schakels', 174.

24) GAA GiA, no. 1037。これについては，Gelderblom, *Zuid-Nederlandse koolieden* で言及されている。
25) GAA PA 78, nos. 13 and 14.
26) この時代の商会に関しては，別の史料が利用できる。船舶ないし商品が特定の損害である「共同海損」を被った事件では，アムステルダムで特別法廷が開かれた（第7章の第1節をみよ）。共同海損の事例はかなり一般的であり，多くの商人がそれに関与した。シェーファーは，1700-70年にバルト海地方を航行する途中で共同海損の事件に2回以上関係したアムステルダム商人の名前を収集した (Schöffer 'De vonnissen')。1706年の投票リストから判明する137の貿易会社のうち，約60商会がこのデータにも出現する。つまり，半数近くが，海上でこの種の損害をしばしば（2回以上）被っていたのである。ここから，共同海損がどれほど一般的であったかがわかる。しかしながら，それよりも重要なことは，14の商人ないし商会が，1706年を含むある時期に，バルト海地方を往来する最中に2回以上共同海損を受けていたことだ。1706年の選挙に，これらの14名の商人が招待されなかったのはなぜか。推測するしかないが，たぶんこれらの商人の中には，1706年1月に開催された選挙の後にようやく活動を始めた者がいたのではないだろうか。たぶん，それらは1人だけの企業であり，選挙の時に，貿易航路にいたのではないか。他の貿易航路に専念するか，バルト海貿易には大して関心を示さなかったからか。投票者のリストに彼らの名前がない理由は何であれ，彼らがバルト海貿易に従事していたことが示すのは，137の商会のリストは，バルト海貿易の商会の全体を見渡すには不十分だということである。しかし同時に，非常に一般的であった共同海損の事例を収集する場合，14名しか新たに加えることはできないことがさらに確実になる。
27) Oldewelt, *Kohier* I, 20.
28) Glederblom, *Zuid-Nederlandse kooplieden*, 152-154, 239.
29) Jonker and Sluyterman, *Thuis*, 54.
30) Bruyn, 'De vaart in Europa', 213.
31) 19世紀になってようやく，企業の階層制が築かれ，小規模，中規模，大規模な企業の三層が形成された。Jonker, *Merchants*, 70-72.
32) 穀物商人がサインした請願。GAA RA 691, no. 89 (1711); RA 684, nos. 41 and 82 (1713-18); RA 689, nos. 18 and 21 (1717or later); RA 701, no. 3 (1755); RA 706, no. 15 (1761); RA 722, no. 24 (1784). GAA PA 78, no. 205 (1800). Van Dillen, *Bronnen* III, no. 235 (1636) and no. 536 (1640).
33) GAA RA, no. 1817 (1700), category *oosterse handelaars*.
34) GAA RA, no. 1818 (1704), category *korenkopers en factors in graan*.
35) GAA RA, no. 1813-1820 (1677年，1683年，1688年，1694年，1700年，1704年，1710年，1716年).
36) 1704年と1710年の記録で，「バルト海貿易商人とバルト海地方に船舶を送る船主」のカテゴリーに，1704年と1706年の投票者リストにも現れる名前しか見出せないことは不思議ではない。唯一の例外は1704年に仲裁人と記録された商人

であり，欄外に外国にいると記されている。これは，選挙の際にもあてはまっただろう。名字しか記されていない。Schlalckwijck (GAA RA, no. 1818, category *oosterse handelaars*).
37) 1704 and 1716 resp
38) 1700 and 1688 resp.
39) 1704 and 1694 resp.
40) この56人のうち4人が，バルト海貿易に関係ない部門で仲裁人であったことが判明している。その中には，ニュルンブルクで取引きする商人，モスクワ商人，鯨油商人が含まれる。彼らは1706年のリストには掲載されているので，バルト海地方と何らかの関係があったはずである。しかし，このようなことは，彼らがバルト海地方と関係する部門での仲裁人になるためには，大して重要ではなかったのは明らかである。Van Tielhof, 'De handel op de Oostzee', 267をみよ。
41) Jonker and Sluyterman, *Thuis*, 31, 60.
42) Veluwenkamp, *Archangel*.
43) 第6章の第1節をみよ。
44) Jonker and Sluyterman, *Thuis*, 30.
45) 第9章のS＆P・ド・クレルク商会の事例をみよ。
46) Lesger, 'Over het nut', 68.
47) North, 'Institutions', 28. 代理人問題については，Veluwenkamp, 'Merchant colonies', 142-145と，Lesger and Noordegraaf, *Entrepreneurs* の数本の論文もみよ。
48) Müller, *The Merchant Houses*, 37. 貿易組織における家族の絆の重要性の事例については，Gelderblem, *Zuid - Nederlandse kooplieden* と Veluwenkamp, *Archangel*.
49) Veluwenkamp, *Archangel*. 62-65.
50) Müller, *The Merchant Houses*, 37.
51) Kooijmans, 'Risk and Reputation', 30, 32.
52) Lesger, 'Over het nut', 66.
53) Jonker and Sluyterman, *Thuis*, 90.
54) Klein and Veluwenkamp, 'The Role of Entrepreneur', 41.
55) 商人がどの程度産業活動にかかわったのかということについては，まだかなり調査不足である。成功した商人が，現実に貿易による利潤をいずれは工業に投資したかどうか，考えるべきかもしれない。このような行動は，どう説明すべきか。オランダの産業発展に対して，貿易はどのような影響を及ぼしたのか。Gelderblom and Van Zanden, 'Vroegmodern ondernemerschap', 9-11.
56) Veluwenkamp, *Ondernemersgedrag*, 24-28.
57) GAA RA, nos. 1816-1820. 異なったカテゴリー間で仲裁人が重なっていたことについては，Van Tielhof, 'De handel op de Oostzee'もみよ。
58) Schöffer, 'De vonnissen', 105-112.
59) 18世紀については，Schöffer, 'De vonnissen', 104. 16-17世紀に関しては，ボ

グツカが，地域や港に関係なく，バルト海貿易で同じ名前が何度も現れることを示した。Bogucka, 'Amsterdam', 446.
60) Veluwenkamp, *Archangel*, 例えば, 87-88, 127, 166, 176.
61) Van Tielhof, 'De handel op de Oostzee'.
62) 1600年頃については，Christensen, *Dutch trade*, 154. 18世紀については，Horlings, *The economic development*, 181-182.
63) Christensen, *Dutch trade*, 112-119.
64) Gelderblem, *Zuid-Nederlandse kooplieden*, 138.
65) Van der Laan, 'The Poulle brothers', 326.
66) GAA NA 10, p. 65. C・P・ホーフトとコルネリス・ヤンスゾーン・ヘールフィンクが「天使ガブリエル号」の船主だと申告したのは，1598年4月13日のことであった。
67) Klein, *De Trippen*, 100, 102, 139, 150, 181, 287-289, 292, 300-307.
68) Veluwenkamp, *Ondernemersgedrag*, 70-72.
69) GAA RA, nos. 1816-1820.
70) Jonker and Sluyterman, *Thuis*, 91.
71) 第7章の第2節をみよ。
72) Veluwenkamp, *Ondernemersgedrag*, 25.
73) これは，特に1620年の記録に現れる。Elink Schuurman, 'Korte aantekeningen', 112.
74) Davids, 'Zekerheidsregelingen', 194-196.
75) De Vries and Van der Woude, *Nederland*, 579.
76) Jonker and Sluyterman, *Thuis*, 91-92.
77) Van der Kooy, *Hollands stapelmarkt*, 18-24.
78) さまざまな意見については，De Vries, *De economische achteruitgang*, 34-35.
79) Jonker and Sluyterman, *Thuis*, 89.
80) Van Tielhof, 'Der Getreidehandel'.
81) Van Tielhof, *De Hollandse graanhandel*, 177-180.
82) Veluwenkamp, 'Merchant colonies', 153.
83) Van Royen, 'The First Phase', 92.
84) Bogucka, 'Dutch Merchants' Activities', 25.
85) Soom, *Der Handel Revals*, 7-8.
86) Bang and Korst, *Tabeller*, table 5から，10年目ごとの数値。外国の商品を積んで西航するオランダ船と，オランダ船の総計を比較。1565年は423/1431 (30%)。1575年は287/840 (34%)。1585年は，61/998 (6%)。1595年は216/1851 (12%)。1605年は116/1084 (11%)。1615年は227/1654 (14%)。1625年は137/849 (16%)。1635年は198/1211 (16%)。1646年は306/1039 (29%)。1655年は227/997 (23%)。1630年代以降外国商人の役割がこのように増大したことは，アムステルダムの用船契約の研究と一致する。それによれば，1639年の時点で，契約する当事者は，1594-95年，さらに1617-18年と比較しても，外国

人チャーター主の代理人であることがはるかに多かった。Christensen, *Dutch trade*, 234 (note 2)
87) Christensen, *Dutch trade*, 184.
88) Bogucka, 'Veranderingen', 254-256.
89) 不平不満はアムステルダムのバルト海貿易商会の代表者たち，すなわち，バルト海貿易・海運業委員会の先人たちの間でかまびすしく議論された。これについては，議事録が残っている。GAA PA 78, no. 1, pp. 35-46.
90) GAA PA 78, no. 299.
91) 第7章の第2節をみよ。
92) De Vries, *De economische achteruitgang*, 32.
93) De Jong-Keesing, *De economische crisis*, 204.

第5章　情報と代理人

1) North, *Structure and Change*, 202.
2) Smith, 'The Function' 987 (note 7).
3) Smith, 'The Function', 990-995 スミスは，アムステルダムでの情報の取得方法について多くのことを述べているが，そのうちいくつかはバルト海貿易には的外れである。
4) Lesger, 'De mythe', 21-23.
5) Van Tielhof, *De Hollandse graanhandel*, 198-203.
6) Christensen, *Dutch trade*, 219.
7) Stolp, *De eerste couranten*, Chapter 5.
8) Wagenaar, *Amsterdam* II, 29-31.
9) Spufford, 'Access', 309.
10) Spufford, 'Access', 309.
11) Van Dillen, 'Termijnhandel', 35-36 and Noordegraaf, *Atlas*, 125.
12) Wagenaar, *Amsterdam* II, 30.
13) De Vries, 'De Amsterdamse beurs', 140-141.
14) Israel, *Dutch Primacy*, 74.
15) Van Dillen, *Bronnen* II, no. 279.
16) この新建築物については，第7章の第3節をみよ。
17) Posthumus, *Nederlandsche prijsgeschiedenis* I, 569-570.
18) Posthumus, *Nederlandsche prijsgeschiedenis* I, 21, 576. 穀物取引所で支払われる価格が細心の注意を払って記されたのは，パンの価格を決定したからである。Bunk, *Staathuishoudkundige geschiedenis*, 92.
19) MuCusker, 'The Role of Antwerp', 305.
20) MuCusker, 'The Role of Antwerp', passim.
21) MuCusker and Gravesteijn, *The Beginnings*, 85-87.
22) MuCusker and Gravesteijn, *The Beginnings*, 46-47.
23) MuCusker and Gravesteijn, *The Beginnings*, 44-45

24) Smith, 'The Function', 992.
25) MuCusker and Gravesteijn, *The Beginnings*, 44, 48-49.
26) De Vries and Van der Woude, *Nederland*, 183.
27) MuCusker, 'The Role of Antwerp', 332.
28) Materné, *De prijzenadministratie*, 11-15.
29) Posthumus, *Nederlandsche prijsgeschiedenis* I, 価格表の複写は, pp. XX-XXI and pp. XXXVI-XXXVII. 1669年には, 全部で37種類の穀物のうち, バルト海地方のものは12に, 1777年には総計46のうちたった13になった。
30) Posthumus, *Nederlandsche prijsgeschiedenis* I, Tables 1-15.
31) 例えば, 1635年に仲介人ギルドの多数の人々が, この問題について述べた意見をみよ。Van Dillen *Bronnen*, III, no. 162.
32) 仲介業は, アムステルダムでは1495年に禁止された。しかし, このような禁止措置の結果, 仲介人は秘密裏に仕事を続けただけだった。16世紀初頭には, これは日常的になり, 根絶できなかったのは明らかである。アムステルダム市政官は, 最終的には仲介業を認め, それを独占化した。Van Malsen, *Geschiedenis*, 17-18.
33) Stuart, *De Amsterdamsche makelaarij*, 43-44.
34) ファン・マルセンは, 非合法な作業に対する1578年, 1608年, 1612年, 1615年, 1623年, 1636年, 1645年, 1668年, 1720年, 1749年の規制について言及している。Van Malsen, *Geschidenis*, 27-29, 39, 42-44, 47, 51-52, 54.
35) Van Malsen, *Geschidenis*, 42.
36) Stuart, *De Amsterdamsche makelaardij*, 48-49.
37) Van Tielhof, *De Hollandse graanhandel*, 195.
38) Van Dillen, 'Termijnhandel', 504. ステュアートは, 1600年には290名の仲介人がいたといっているが, 出典は特定していない。Stuart, *De Amsterdamsche makelaardij*, 46 footnote 3.
39) ワーヘナーは, この数は1758年に500に上昇したと書いた。Wagenaar, *Amsterdam* II, 467 (キリスト教徒の仲介人が450人。ユダヤ人の仲介人が50人)。しかし, 1753年にすでに500であったという説もある。Jacques Le Moine de l' Espine and Issac Le Long, *De koophandel van Amsterdam*, 7th edition, 1753 (Jansen *De koophandel*, 213).
40) Diederiks, *Een stad in verval*, 225.
41) Stuart, *De Amsterdamsche makelaardij*, 73-74. このハンドブックは, Ricard, *Le Négoce d'Amsterdam*.
42) Le Long and Le Moine de l'Espine, *De koophandel van Amsterdam* (Amsterdam 1744) 59.
43) 第4章の第2節をみよ。
44) GAA RA, nos. 1817 and 1818.
45) GAA *Herenboekje* 1720.
46) Stuart, *De Amsterdamsche makelaardij*, 44, 68.

注／第5章   339

47) Stuart, *De Amsterdamsche makelaardij*, 68-69.
48) Van Dillen, *Bronnen* I, no. 504 (1563), no. 885 (1596); Noordekerk, *Handvesten*, p. 1066 (1624), p. 1681 (1747).
49) これは，例えば1587年と1596年の規則で規定されている。(Van Dillen, *Bronnen* I, nos. 743 and 885).
50) 例えば1613年については，Stuart, *De Amsterdamsche makelaardij*, 66.
51) Jansen, *De koophandel*, 114. これは，Le Moine de l'Espine, and Le Long, *De koophandel van Amsterdam* (Amsterdam 1727) の初版の後半部分に関係する。
52) 例えば，Van Malsen, *Geschiedenis*, 55.
53) Stuart, *De Amsterdamsche makelaardij*, 76.
54) Stuart, *De Amsterdamsche makelaardij*, 87.
55) Van Malsen, *Geschiedenis*, 82-83, 85.
56) Overvoorde, *Geschiedenis*, 77-78.
57) Noordkerk, *Handvesten*, 1075. 条例は，Overvoorde, *Geschiedenis*, Appendix 3 にも印刷されている。
58) Overvoorde, *Geschiedenis*, 181 183. ハンブルクの郵便配達人に対する1641年の条例が印刷されている。それには，ハンブルクからアムステルダムに到着する最大日数は，夏であれば5日，冬であれば6日であると規定されている。Ibidem, Appendix 5.
59) Overvoorde, *Geschiedenis*, 229, 166.
60) Noordekerk, *Handvesten*, 1075-1076.
61) Van Dillen, *Bronnen* I, no. 926 (1598年1月31日の条例).
62) Bots and Wiersnga, 'brieven', 100.
63) 出典) 1580年，1581年，1583年，1586年の手紙。Van Gelder, 'Zestiende-eeuwsche koopmansbrieven', no. 14, no. 21, no. 34, no. 47, no. 76, no. 78. 1585年の手紙; ibidem, no. 75 and Winkelman, *Bronnen*, III, no. 784. 1588-97年の手紙については，Winkelman, *Bronnen* III, nos. 791, 792, 798-803, 806, 817, 834, 838, 855, 870, 872.
64) Simon, *Danziger Inventar*, no. 2364.
65) 船舶に載せられて到着する手紙は，以下の史料で言及されている。Winkelman, *Bronnen*, III, no. 779, no. 798, no. 811. 郵便配達人については, Van Gelder, 'Zestiende-eeuwsche koopmansbrieven', no. 50 と Winkelman, *Bronnen* III, no. 772.
66) Van Gelder, 'Zestiende-eeuwsche koopmansbrieven', 175.
67) Winkelman, *Bronnen*, III, no. 642 (1595).
68) Winkelman, *Bronnen*, IV, index of inkeepers on page 612-613.
69) Pedersen, 'Klein Amsterdam-Elseneur', 83.
70) Christensen, *Dutch trade*, 144.
71) Christensen, *Dutch trade*, 148.
72) Van Gelder, 'Zestiende-eeuwsche koopmansbrieven', 176（リスボンからダ

ンツィヒに航海する船舶)。
73) Bogucka, 'Amsterdam', 440.
74) Winkelman, *Bronnen*, II, no. 446.
75) 例えば，Winkelman, *Bronnen*, II, no. 292（1595年11月）．
76) 例えば，Winkelman, *Bronnen*, VI, no. 2244 をみよ（1618年5月の用船契約）．この契約によれば，穀物を満載してバルト海地方から出港した船舶の船長は，アムステルダムまで来て，商人にアムステルダムで荷を降ろすべきか，ダンケルクかルアンまで移動を続けるべきか聞かなければならなかった．しかしまた，契約書は，わざわざオランダまで来なくて済むように，どこに行くべきかエーアソン海峡で商人が船長に教えるよう最善を尽くすべきだと規定していた．
77) Overvoorde, *Geschiedenis*, 83 and 182.
78) Overvoorde, *Geschiedenis*, 31, 33, 185, 191.
79) Veluwenkamp, *Ondernemersgedrag*, 89.
80) 例えば，1754年11月29日の手紙（GAA PA 88, no. 1410, p. 183），1755年7月15日（GAA PA 88, no. 1410, p. 417），1756年10月26日の手紙（GAA PA 88, no. 1411, p. 77）による．
81) GAA PA 88, no. 1412, p. 232.
82) GAA PA 88, nos. 1408-1413（ド・ヌーフヴィルが出した手紙の複写）．
83) 例えば1757年と1760年には，交換された手紙は大変少なかった．ド・ヌーフヴィルは，この年に受領した手紙の数は10通に満たないと認めた．
84) GAA PA 88, no. 1408, p. 375.
85) Ten Brink, *Geschiedenis*, 11.
86) Ten Brink, *Geschiedenis*, 367. 現実に，ハンドブックの出版で，往復に必要な日数がわかった．すなわち，アムステルダムからの手紙がどこかの地に送られ，それがアムステルダムまで戻るのに必要な日数が判明したのである．私は，その日数の半分にした．
87) Brugmans, 'De post', 11.
88) Brugmans, 'De post', 28-29.
89) Ten Brink, 'Een langdurige controverse'.
90) Smith, 'The Function', 991.
91) ダンツィヒについては，Posthumus, *De oosterse handel*, 23-25; リヴォニアについては，Ahvenainen, *Der Getreidehabdel*, 117-120.
92) Brulez, 'De diaspora', passim.
93) 27頁をみよ．
94) このようにして，内乱がアムステルダムの貿易に利益を及ぼした．それについては，Van Tielhof, 'Handel en politiek'.
95) Bogucka, 'Dutch Merchants' Activities', 20-21.
96) 依頼人が行なう商業に，代理人が参加することも可能だった．Bogucka, 'Dutch Merchants' Activities', 21. 1490年頃，1ラストの穀物が送られるごとに，代理人に，契約額の一定の割合ではなく，一定の金額を支払うのが普通であった．

1590年に，ダンツィヒの現地代理人は，[それまでの額では] 満足できなかったので，この額をあげてもらうよう依頼人と交渉した。Christensen, *Dutch trade*, 228.
97) Christensen, *Dutch trade*, 225-226.
98) Christensen, *Dutch trade*, 226.
99) 第4章の第3節をみよ。
100) Bogucka, 'Amsterdam', 442, 443, 444. Soom, *Der Handel Revals*, 6.
101) Boxer, 'Sedentary Workers', 165. 't Hart and Van Royen, 'Het smakschip', 164-166. ノルウェーの木材貿易では，商人の派遣代理人は，通常は船長であった。Christensen, *Dutch trade*, 238.
102) Christensen, *Dutch trade*, 180.
103) Christensen, *Dutch trade*, 226-227.
104) Van Gelder, 'Zestiende-eeuwsche koopmansbieven', 162.
105) Winkelman, *Bronnen* III, no. 823.
106) Bogucka, 'Gdansk', 63-64.
107) 1618年リスボン在住の代理商に対して（Winkelman, *Bronnen* VI, no. 2311）。チーズもまた，1580年代にダンツィヒ在住の代理商に送られた（Van Gelder, 'Zestiende-eeuwsche koopmansbieven', nos. 43, 58, 61）。
108) Dudok van Heel, 'De familie', 72, 108.
109) Dudok van Heel, 'De familie', 69-70.
110) 数名の人物とこれ以上のことについては，Veluwenkamp, 'Merchant colonies'をみよ。
111) Veluwenkamp, 'Merchant colonies', 153.
112) Engels, 'Dutch traders', 65.
113) Ufkes, 'Vlielanders', 166. ベルケンフェルダーはまた，ダンツィヒで新しく市民になった人々についても書いた（Berkenvelder, 'Some unknown Dutch archivalia'）。しかし，史料の解釈に誤りがあり，新しい市民の大部分を見落としている。Ufkes, 'Vlielanders', 167をみよ。
114) Ufkes, 'Vlielanders', 166. 1710-93年に海運業に従事した新市民の数は，ウフケスの論文からはよくわからない。だが，この時代のオランダ出身の全新市民の83％が海運業に従事していたので，60人中の83％，すなわち50名であることが導き出せる。
115) Ufkes, 'Vlielanders', 166.
116) 17世紀末ダンツィヒ，ストックホルム，レーヴァルを出港したオランダ人船長と，この現象が生じた説明としては，Ufkes, 'Nederlandse schippers'. コペンハーゲンについては，コペンハーゲン市民台帳が，1690年代の多数のオランダ人船長について書いている（コペンハーゲン市立文書館。Tagregister til borgerskaber 1683-1719 (Mb 542), 'skipper'）。リーガとノルシェーピングに関しては，Boon, 'West Friesland', 183.
117) 西フリースラント人船長が18世紀最初の10年間にリーガとカルマルに移住

した記録は，Boon, 'West Friesland', 183.
118) Ufkes, 'Vlielanders', 164 and footnote 6.
119) Bogucka, 'Mentalität', 69.
120) Bogucka, 'Gdansk', 61-62.
121) アムステルダム商人ヘルマン・フェンゼルは，1620年に，アントニー・ド・ガイパーは1636年に，アブラハム・ムールは1712年に市民権を購入した。Ufkes, 'Vlielanders', Appednix 3は，オランダ出身（フリースラント以外）のダンツィヒ新市民をリスト化した。
122) GAA PA 78, no. 277.
123) Bogucka, 'Dutch Merchants' Activities', 22.
124) Bogucka, 'Danzig', 95.
125) Bogucka, 'Dutch Merchants' Activities', 25-26.
126) Bogucka, 'La lettre de change', 38.
127) 1640年代に，オランダの商会とオランダ-ダンツィヒの混成商会を合わせると，ダンツィヒの外国貿易のおよそ80％を手中にしていた。Bogucka, 'Dutch Merchants' Activities', 24-25.
128) McCusker and Gravestijn, *The Beginnings*, 180. 現在も残っている最古の日付は1608年であるが，出版が1593年にまでさかのぼると推定できる理由がある。この年に，ダンツィヒで取引所がつくられたからだ。
129) Bogucka, 'Danzig', 95.
130) Heerma van Voss, 'Noordzeecultuur', 31.
131) Bogucka, 'Mentalität', 65.
132) Lindblad, 'Nederland en de Oostzee', 13.
133) ダンツィヒでは，公用語はドイツ語であり，それは富裕層が話す言葉でもあった。貧困層の間では，ポーランド語が圧倒的であった。Bogucka, 'Mentalität', 69.
134) Soom, *Der Handel Revals*, 13.
135) De Jong-Keesing, *De economische crisis*, 192.
136) McCusker and Gravestijn, *The Beginnings*, 180, 224, 248.
137) Erenstein, 'Nederlands toneel'.
138) Roding, 'Dutch architects', 225.
139) Veluwenkamp, 'Merchant colonies', 144.
140) *Remonstrantie*, 84.
141) Veluwenkamp, 'Merchant colonies', 162-164.
142) UBA Hs. XIII A 22. この手書き文書を発見できたのは，W・A・ド・クレルクのおかげである。
143) De Jong-Keesing, *De economische crisis*, 192-193.
144) GAA PA 78, nos. 265 and 272.
145) GAA PA 78, no. 1 pp. 27-29.
146) 本書126-127頁をみよ。

147) ヨンカーとスライトマンも，オランダの商人コミュニティの衰退は，委託代理業務が台頭したことから説明されるべきだと強調した (Jonker and Sluyterman, *Thuis*, 86-89)。しかしながら，彼らは外国人の勘定でアムステルダム商人が行なう委託代理業務と，オランダ人企業家の勘定でバルト海地方の商人が行なう委託代理業務とを区別していない。バルト海貿易においては，18世紀にいたるまで，アムステルダム商人は，自己勘定で外国の委託代理商を使って貿易した。その後，外国人勘定の委託代理業務を行なうように変わったのである。
148) 相関係数（r）は，1600-40年は0.86，1660-1700年は0.91，1720-60年は0.93であった。出典は図8。

第6章 オランダ商船隊と輸送費
1) Barbour, 'Dutch and English Merchant Shipping', 231, 253.
2) 1596年，11月1日の手紙から引用。Heeringa, *Bronnen* I, 21.
3) バーバーによる引用。Barbour, 'Dutch and English Merchant Shipping', 237.
4) Unger, 'The tonnage', 250.
5) 1530年代と1560年代における船舶数と75ラスト（150トン）の平均トン数は，Van Tielhof, *De Hollandse graanhandel*, 107-108に基づく。1630-1850年のトン数に関しては，Van Zanden, 'Economic Growth', 19に基づく。1636年の船舶数は Bruijn, 'Scheepvaart in de Noordelijke Nederlanden 1580-1650', 138に基づく。1670-1824年の船舶数は，De Vries and Van der Woude, *Nederland*, 567, 569.
6) オランダの港の歴史については, Sigmond, *Nederlandse zeehavens*.
7) Davids, 'Maritime Labour', 46.
8) オランダ商船隊の船乗りたちの出身地に関しては，かまびすしい議論がなされてきた。多様な史料を解釈する際に生じる問題が，見解が相違する主な要因となっている。以下の文献をみよ。Knotter, '"Strooptochten"', 212-214; Van Royen, 'Moedernegotie en kraamkamer'; De Buck and Lindblad, 'Navigatie en negoie', 43-44.
9) Unger, *Dutch shipbuilding*, 36-37, 46.
10) Van Royen, *Zeevarenden*, 170. 1630年代にバルト海を航行するオランダ船の平均的大きさは100ラストであり，船舶の平均的大きさは，それ以後増加していることがわかる。クリステンセンによると，大きさが増加してゆく過程は，1630年以前にもみられる。特に1610年代に，バルト海を航行するオランダ船の大型化は顕著だった（Christensen, *Dutch trade*, 96-99）。18世紀の間，バルト海へ向かうオランダ船の大きさは，再び小さくなる。Snapper, 'Veranderingen'.
11) Dessens, 'Zeilen', 56.
12) Dessens, 'Zeilen', 62-63.
13) Barubour, 'Dutch and English Merchant Shipping', 244.
14) Kernkamp, 'Scheepvaart- en handelsbetrekkingen', 221.
15) Unger, *Dutch shipbuilding*, 46; Wegener Sleeswijk, 'De fluit: 4'.

16) Van Royen, *Zeevarenden*, 179. このデータは，Davids 'Maritime Labour', 47 によって再現されている。この割合は，他のヨーロッパ海域を航海するフライト船の方が劣っていた。オランダ商船隊全体としては，この割合は，1636年には14対1になっている（Bruijn, 'Productivitiy', 177）。
17) Boxer, 'Sedentary Workers', 151.
18) Soom, *Der Handel Revals*, 5-6.
19) 賃金と食糧は，運用費のかなりの部分に相当した。18世紀のバルト海商人の費用と収入を分析したところ，賃金と食糧は活動費用のおよそ40％に達した。't Hart and Van Royen, 'Het smakschip', 158. 賃金と食糧の費用が比較的高かったことは，ファン・アドリヘムに文書館所蔵の16世紀後半の会計簿からも明らかである。Winkelman, *Bronnen* III, pp. 534-535.
20) Unger, *Dutch shipbuilding*, 44-45.
21) 軍艦と貨物船は，ヨーロッパにおいては初期中世には区別されていたが，後期中世に消滅した。しかし，16世紀にオランダ人により復活した。Unger, 'Warships and Cargo Ships', 234, 251.
22) Sprunger, *Rich Mennonites, poor Mennonites*, 93.
23) Sprunger, 'Entrepreneurs', 217-218.
24) 例をあげよう。1621年に十二年休戦が終わってから，メノー派の商人アーレント・ボスとヤン・ヘリトセン・ホーフトはジェノヴァへ向かう船をチャーターした。チャーター契約には，船舶が非武装であり，そのためこの船を護衛する費用がかかる可能性が書かれている。Winkelman, *Bronnen* VI, no, 2734. 1632年と1633年。メノー派信徒の兄弟，ヤン・ヘリッツゾーン・ホーフトとピーテル・ヘリッツゾーン・ホーフトはライ麦をアルハンゲリスクからアムステルダム市の名で輸入し，そのために非武装船舶を数隻チャーターした。一方，同業者のマルセリスとトリップは，この時，武装船をチャーターした。Dudok van Heel, 'Hooft', 107-108. 非武装の船がメノー派の人々によって1622年にカリブ海へと送られた事例については，Israel, *Dutch primacy*, 138.
25) Weber, *De beveiling*, 38 and 58.
26) Sprunger, 'Entrepreneurs', 218. 18世紀までに，メノー派の平和主義指向は弱まり，武装船が非難されることは少なくなっていった。Sprunger, *Rich Mennonites, poor Mennonites*, 96.
27) Unger, *Dutch shipbuilding*, 35-36.
28) 1591年の11月9日の公証人文書には，「新型の長大な船舶」の船長が，イタリアへ向けての出港を宣言しているのがみられる。(Archiefdienst Westfriese Gemeenten, Notarieel archief, Hoorn 2036, 333 v. -334 v.).
29) この船舶に関しては，Manders, 'Raadsels'; Maarleveld, *Archaeological heritage management*，特に126-133.
30) Wegener Sleeswijk, 'De fluit 2, 3'. ノアの箱舟の芸術的な表現と箱舟の姿に関する議論については Unger, *The Art* をみよ。ピーテル・ヤンスゾーンによる箱舟と同じ均整の船舶を建造する計画は，聖書の妥当性を技術的に立証するための

究極的な試みだったと思われると，ウンガーは述べる（133-134）。
31) Barbour, 'Dutch and English Merchant Shipping', 244. ケーニヒスベルク港でフライト船が17世紀最初の四半世紀に優位だったことに関してはJeannin, 'Le tonnage des navires', 58-61をみよ。
32) Wegener Sleeswijk, 'De fluit 3'.
33) Weber, *De beveiliging*, 33-34 and 57-61.
34) Dessens, 'Zeilen'.
35) Jonker and Sluyterman, *Thuis*, 82.
36) Unger, *Dutch shipbuilding*, 45.
37) Unger, *Dutch shipbuilding*, 42-43.
38) Knotter, *Economische transformatie*, 121.
39) Van Royen, 'The First Phase', 82 and 'The Dutch mercantile marine', 115. イズラエルによれば，十二年休戦の間，オランダ船の輸送料は，競争相手の船（イングランド船，ドイツ諸都市の船，デンマーク船）よりもかなり安かった。しかし，イズラエルは，その料金を提示しておらず，使用した史料もあげていない。イズラエルは，休戦の後にオランダの輸送料がそれ以前より競争上不利になったと主張するが，やはり数量的な証拠はあげていない。Israel, *Dutch primacy*, 87, 91, 140-141.
40) Bogucka, 'Zur Problematik der Profite', 48; Bogucka, 'Dutch Merchants' Activities', 19（ダンツィヒ商船の輸送料は，オランダ商船よりも1,5-3倍高かった）．
41) Barbour, 'Dutch and English Merchant Shipping', 249. 別の17世紀前半の政治文書によれば，オランダ船とイギリス船の南欧への輸送料を比較すると30対50であり，オランダ船の輸送料は，40％ほど低かった。Oppneheim, *The Naval Tracts* V, 248.
42) Barbour, *Capitalism*, 95.
43) 157-158頁をみよ。
44) Lindblad, 'Foreign Trade', 236.
45) Unger, 'The tonnage', 258.
46) Le Goff, 'The Labour Market', 294. フランス商船隊に関する推計では，上述したオランダ商船隊の数値と同様，軍艦，漁船，沿岸航行用船舶は除外されており，ヨーロッパ外貿易に使用された船舶は含まれている。イングランドとスカンディナヴィアの商船隊に関しては，ウンガーが整理したヨーロッパの商船隊のトン数に関する推計をみよ。Unger, 'The tonnage', 260-261.
47) Lucassen and Unger, 'Labour Productivity', 131, 134.
48) Horlings, *The economic development*, 191-192.
49) Yamamoto, 'Baltic grain exports', ただし，未刊行。エーアソン海峡通行税簿の研究に基づくこの論文を使用させてくださった山本氏に感謝したい。
50) ブリューレは，船舶を所有しても大して儲からなかったと主張したが（Brulez, 'De scheepvaartwinst'），タールトとファン・ロイェン（'t Hart and

Van Royen, 'Het smakschip'), そしてブライン (Bruijn, 'Productivity') によって批判された。
51) Blok, 'Koopmansadviezen', 36-37.
52) Blok, 'Het plan', 25.
53) 't Hart and Van Royen, 'Het smakschip'. この論文によると，18世紀中頃の14年間の年平均利益率は，およそ20％だった。他の例としては，Bruijn, 'Productivity', 179-184. ウェーヘナー・スレースウェイクは，1740-1830年の36隻のフリースラント船の会計簿を分析している。投資は，年平均10％の利益を産み出している。しかし，金額の一部が貿易商品に投資されているため，海運業と貿易活動から生じて利益の比率を決定することはできない（Wegener Sleeswijk, 'Rendement', Table 2）。
54) Gelderblom, *Zuid-Nederlandse kooplieden*, 280-283.
55) クリステンセンは，Christensen, *Dutch trade* でデルフト商人ファン・アドリヘムの商業・海運業活動を詳細に分析したが，利益を計算しようとはしなかった。たとえそうしたとしても，失敗するはめになる。ファン・アドリヘム文書には，それに必要な費用に関するすべての史料があるわけではないからだ。船舶購入費が通常記載されていないため，船舶を償却するための費用がとのくらいか不明である。Winkelman, *Bronnen* III, p. XXVI. ブリューレは，この不完全なファン・アドリヘム文書に依拠して，海運業への投資から得られる利益は極めて低いと論じた。'De scheepvaartwinst', 14-15. ダンツィヒの船主の利益率は，16世紀において13-20％であったが，17世紀の収益率は僅か4-6％で，10％に達したのは例外的なことであった。Bogucka, 'Die Beziehungen', 60.
56) Kernkamp, 'Memoriën', 337.
57) バルト海貿易が最も盛んだった17世紀の第2四半期，オランダ船がバルト海との往復航路を航行する回数は，平均すると全体でおよそ1,000以下だった。1630年代に関する推計によれば，これらの船は，平均100ラストであり，ダンツィヒへの航行における輸送費は，17世紀世紀の第2四半期において1ラストあたり15ギルダーだった。おそらく，他のバルト海地方諸港への輸送費は，いくらか高額だった（本章で後述）。航海の回数，船舶の大きさ，輸送費を掛けると150万-200万ギルダーという数値が得られる。
58) Schildhauer, 'Hafenzollregister', 72.
59) 「オランダ内部の貿易」の特質に関しては，Menard, 'Transport Costs' をみよ。
60) レーヴァル－アムステルダム間の輸送費は，Mickwitz, *Aus Revaler Handelsbücher*, 164 からとった。ダンツィヒ－アムステルダム間の輸送費については，表19をみよ。ライ麦の価格は，Sillem, *Tabellen* から引用した。これらは，収穫された年ごとの平均価格である。1513年の価格は，実際には1512年10月から1513年9月にかけての価格であり，他の年についても同様である。シレムは，ライ麦1ムト（*mud*）あたりの価格を記載している。それに25を掛けたものが1ラストあたりの価格である（25ムト＝1ラスト。Van Tielhof, *De Hollandse graanhandel*, 237)。

注／第6章　　　　　　　　　　　　　　　　347

61) Van Tielhof, *De Hollandse graanhandel*, 103-104, 117.
62) Van Royen, 'The Dutch mercantile marine', 107.
63) 価格表の中には，輸送料が含まれている場合もある。例えば，ダンツィヒの価格表には，アムステルダムへの輸送料が記載されているものもあった。しかし，この新聞は，わずか12年しか記録が残されていない。McCusker and Gravesteijm, *The Beginnings*, 184.
64) Van Royen, 'The First Phase', 77.
65) Christensen, *Dutch trade*, 284. 17世紀後半になると，片道航行が，用船契約書の中により多くみられるようになる。Ibidem, 177.
66) Christensen, *Dutch trade*, 143-144.
67) 現実には，16世紀末と17世紀初頭に公証人が活動する間に，いくつか，あるいはすべての記録が失われただけだという理由も考えられる。さらに，用船に関する合意が記録されていない可能性も完全に除外することはできない。Christensen, *Dutch trade*, 260-261.
68) Van Royen, 'The First Phase', 76-82; Van Royen, 'The Dutch mercantile marine', 107-111.
69) 'The First Phase' and 'The Dutch mercantile marine'.
70) ごく最近では，ウェーヘナー・スレースウェイクが，17世紀のフライト船使用の増加を海上輸送における一種の革命として特徴づけている。Wegenener Sleeswijk, 'De fluit 1'.
71) 付録CのB節をみよ。
72) 出典) Christensen, *Dutch trade*, 193-195 (1578年，ダンツィヒからデルフトへのライ麦); Van Gelder, 'Zestiende-eeuwsche koopmansbriven', 1919 (1581年，1583年，1584年。ダンツィヒの輸送市場におけるアムステルダムへの航海に関する情報); Winkelman, *Bronnen* III, pp. 470-480, p. 482 (1585年，1588年。ダンツィヒの輸送市場におけるアムステルダムへの航海に関する現実の情報); Winkelman, *Bronnen* III, pp. 549, 551 (1589年，ダンツィヒからアムステルダムへのライ麦)，556 (1595年，ダンツィヒからロッテルダムへのライ麦); Winkelman, *Bronnen* III, no. 854, p. 522 (1592年，ダンツィヒからデルフトへのライ麦)。
73) North, 'Sources', 960-962と比較せよ。
74) Kellenbenz, 'Technology', 228.
75) オランダの，地中海への貿易と海運業の一般史に関しては，Israel, 'The Phases'.
76) イタリアへの穀物貿易の歴史に関する最新の研究は，Engels, *Merchants*, 83-88.
77) Van Royen, 'The First Phase', 89.
78) Van Royen, 'The First Phase', 91-92.
79) Aymard, *Venise*, 157.
80) ハルトは，1590-1620年の輸送料の低下を提示する。Hart, 'De Italiëvaart', 53-54.

81) ファン・ロィエンによれば，輸送料の低下は，数年たって，イタリアへの貿易が船主でもあったオランダ人の手にますます握られるようになったことから生じた。船主は，自分自身の商品を輸送する場合，その状況を利用せず，適切な価格を請求するにとどまった。ファン・ロィエンはいう。「実際，オランダ人が世界で一番安く輸送していたが，そうするのは，自分たちの商品を輸送する時だけだった」。Van Royen, 'The First Phase', 92.
82) Hart, 'De Italiëvaart', 56-60; Engels, *Merchants*, 84.
83) Gelderblom, *Zuid-Nederlandse kooplieden*, 152 (Figure 4.2)
84) Archiefdienst Westfriese Gemeenten, Notarieel Archief 2052, p. 51 (1591年11月24日，船舶名はクリクスマンストロンメル号。目的地はリヴォルノ。積載貨物はライ麦20ラスト），p. 52 (1591年12月4日，船舶名はウィッテ・ペールト号。最初の目的地はジェノヴァで，数日後，船長はリヴォルノへ航行するよう規定。積載貨物は32ラストの小麦），p. 54 (1592年1月22日，船舶名はスワルテン・ハーン号。目的地はジェノヴァ，積載貨物はライ麦24ラスト），p. 59 (1592年1月23日，船舶名はローデ・レーウ号，目的地はジェノヴァ，積載貨物は23ラストのライ麦）。
85) 1590年代，1ドゥカートは，2.8ギルダーに相当した。Winkelman, *Bronnen* III, p. XXVI.
86) Velius, *Chronyck*, 213.
87) Hart, 'De Italiëvaart', 52.
88) Kernkamp, 'Scheepvaart- en handelsbetrekkingen', 202-204, 209.
89) Van Royen, 'The First Phase', 86.
90) 1591年4月19日の手紙。ピエール・ジャナンに感謝したい。彼とモーリス・エイマールが作成したマルコ・オットボーニに関するヴェネツィア文書館所有の史料の写しを使用することを，親切にも許していただいたからである。イタリア語の手紙を翻訳してくれたティモ・ド・ネイスにも感謝したい。
91) 1591年9月2日の手紙。(注90をみよ)。
92) 1591年4月19日の手紙。(注90をみよ)。
93) Van Royen, 'The First Phase', 87. ファン・ロイェンは，この展開を認識しているが，輸送料が低下したのは，貿易が主としてイタリア商人からオランダ商人ー船長の手に渡ったためだと説明している（footnote 81をみよ）。
94) GAA NA 8919/143
95) 例えば，Winkelman, *Bronnen* II, no. 329 (1596).
96) Van Gelder, 'Zestiende-eeuwsche koopmansbrievem', 156.
97) 出典は1583年，1584年に関してはVan Gelder, 'Zestiende-eeuwsche koopmansbrieven', 191. 1585年に関しては，Winkelman, *Bronnen* III, 469-480。
98) Winkelman, *Bronnen* III, p. 480.
99) 各年における最高料金と最低料金に関しては，付録Cをみよ。
100) 出典はGAA NA 9318-9321.
101) このようにより大きなリスクに関しては，Christensen, *Dutch trade*, 174にお

注／第7章

いて，明確に説明されている。1589年晩秋に，ファン・アドリヘムは，ダンツィヒの現地代理人に，それぞれの船の貨物を少なくするかあるいは決められた最高額にするよう命じている。

102) 1620年のモワンスの用船契約に関しては Winkelman, *Bronnen* VI, nos. 2514, 2552, 2554, 2557, 2559, 2560. 平均とは，2514, 1552, 2557 の平均数であり，1ラストあたりの価格計算が可能なのは，この契約だけである。
103) Winkelman, *Bronnen* II, nos. 522-523.
104) Winkelman, *Bronnen* II, nos. 825-829（1600年7月の契約）。Winkelman, *Bronnen* IV, no. 428（1605年9月）。
105) 1591年9月7日の手紙（注90をみよ）。
106) 't Hart and Van Royen, 'Het smakschip', 157, 165-166.
107) 例えば，GAA NA 1537, p. 18（1654年5月9日）。船舶は，どちらも同じ大きさ（150ラスト）であった。最初の事例では，総額2,800ギルダーで契約されていたが，第二の事例では3,170ギルダーとなった。
108) Israel, *Dutch primacy*, 134-137.
109) Israel, *Dutch primacy*, 136.
110) Wegener Sleeswijk, 'Rendement', 74.
111) Wegener Sleeswijk, 'Rendement', 75-76.
112) Bruijn, 'Scheepvaart in de Noordelijke Nederlanden 1650-1800', 221.
113) 例えば，Winkelman, *Bronnen* IV, no. 144 (1602).
114) 例えば，Winkelman, *Bronnen* IV, no. 399 (1605).
115) 1692年に多数の事例がある。GAA NA 5264（2月は，19日，25日。3月は7日，8日，18日，22日。4月は8日，11日，22日，23日。5月は6日，16日）。用船は25ギルダーから31ギルダーの範囲である。GAA NA5990 にも，それが反映している。18世紀後半の戦時に危険を冒して，自分の船を航行させた船主が得た巨額の利益については，Wegener Sleeswijk, 'Rendement', 74 をみよ。
116) Jeannin, 'Preis-, Kosten- und Gewinnunterschiede', 503. ボグツカの研究でも，輸送費は，他のすべての費用を合計したものと同じくらいだったことが示される。しかし，彼女は，ダンツィヒからホラント州への片道の費用を，往復費用を2で割って算出している。これは適切とはいえない（付録CのB節をみよ）。
117) GAA Archief, van de thesaurieren ordinaris no. 175. 1580年代末のダンツィヒ商人の穀物取引における輸送費と他の費用の割合をみよ。Maczak, 'Sir Francis Drake's Prussian Prizes'.
118) 「貨物は利益の一部とともに飛び去った」
119) Winkelman, *Bronnen* III, no. 854.

第7章 海上のリスクとバルト海貿易・海運業委員会
1) Blok, 'Mémoire', 247.
2) Davids, 'Zekerheidsregelingen', 185.
3) Hart, 'Rederij', 106.

4) Broeze, 'Rederij', 99-100; Davids, 'Zekerheidsregelingen', 185.
5) Davids, 'Zekerheidsregelingen', 185.
6) Hart, 'Rederij', 108-110.
7) Hart, 'Rederij', 108; Broeze, 'Rederij', 117-123. 18世紀のフリースラント船の場合，縫帆手などに委託料を支払った事例がある。Wegener Sleeswijk, 'Rendement', 67, 70.
8) Brulez, 'De scheepvaartwinst', 7.
9) Wegener Sleeswijk, 'Rendement', 67, 77.
10) Christensen, *Dutch trade*, 160-174.
11) 例えば，袋を使ってうまく分けられなかった二つのライ麦の貨物については，GAA NA 7283, p. 313（1707年5月28日）をみよ。二種類のライ麦の貨物が，ダンツィヒから到着したが，航海中の嵐のために混在していた。GAA NA 9427, akte 14802, p.166（1750年6月8日）。
12) 例えば，1592年の会計簿によれば，3隻の船がアムステルダムでそれぞれ141ラスト，91ラスト，89ラストのライ麦を積載したが，これらの船には816個，936個，600個の袋が備え付けられた。会計簿は，ハンス・ド・ウェールトにより作成された。Leiden City Archives, Archief Daniël van der Meulenn, no. 153.
13) Manders, 'Twee graanschepen', 19-20.
14) 共同海損に関してはSchöffer, 'De vonnissen'をみよ。
15) Davids, 'Zekerheidsregelingen', 186.
16) アムステルダムの公文書館所蔵の1601-25年の船舶抵当貸借契約はすべて，Winkelman, *Bronnen* VI, appendixにリスト化されている。最も安価な貸付けは，1620年のもので，利率は5.125％であり，航海はアムステルダム－ケーニヒスベルク－アムステルダムの往復航路だった。最も高額な貸付け（12％）は，1603年の〔アムステルダムから〕ダンツィヒあるいはケーニヒスベルクへの片道航海に見出される。
17) Bogucka, 'Dutch Merchants' Activities', 27-30. ボグツカは，アムステルダムの公証人文書で，1626-49年に作成された船舶抵当貸借契約書を収集した。
18) 17-18世紀においてすら，相互保険という特殊な異形の保険が存在した。この場合，貿易に参加する商人は，海難によって生ずる互いの損失を，〔出資額に〕比例して分配することに合意する（Barbour, 'Marine Risks', 570）。保険料は支払われず，リスクは単に減らされるだけであり，消滅はしない。この種の保険は，主にニシン漁や捕鯨業で活用された。商業海運に関しては，この種の保険は，18世紀後半になってようやく使用された。それが使用された地域は，主としてフリースラントやフローニンゲンといったオランダの諸州だった（Davids, 'Zekerheidsregelingen', 187-188）。相互保険は，おそらくアムステルダムのバルト海貿易においては重要ではなかった。
19) 例えば，1535年，保険証書がアントウェルペンの公証人の前でアムステルダムの商人のために作成された。商人は，すでにアムステルダムを出港した2隻の船に積載された商品に保険をかけたのである。最初の船は，主に織物を積んでス

ウェーデンの「ニエロエス」(Nieloes, Nya Lödöse，今日のイェーデボリ) に向かい，その後エーアソン海峡を目指していた。第二の船は，エーアソン海峡のファルステルボーへとワイン，干しぶどう，ニシン，イチジクを積載して航行し，ここで他の商品を積んでアムステルダムへと帰還することになっていた。保険の期間は，エーアソン海峡をオランダへ向けて出発した瞬間に始まり，スウェーデンやエーアソン海峡で積載された貨物をアムステルダムやアントウェルペンで荷降ろしする時点で終わることになっていた。Antwerp City Archives, Notarissen 2070, pp. 95-96.

20) IJzerman and Den Dooren de Jong, 'De oudst bekende Hollandsche zee-assurantiepolis', 226.
21) IJzerman and Den Dooren de Jong, 'De oudst bekende Hollandsche zee-assurantiepolis', 225.
22) Barbour, *Capitalism*, 33.
23) Schöffer, 'De vonnissen', 76.
24) IJzerman and Den Dooren de Jong, 'De oudst bekende Hollandsche zee-assurantiepolis', 223. ライ麦を買って3隻の船に積載した場合に生じる費用の詳細は，以下の会計史料に見出される。Hans de Weert in Leiden City Archives, Archief Daniël van der Meulen, no. 153.
25) 例えば，GAA NA 45/105 r と GAA NA 45/138 v. イズラエルは，海上保険の初期の歴史は，古くから確立していたバルト海貿易ではなく，新しい商品の貿易と結びついていたと提起した (Israel, *Dutch Primacy*, 76.)。しかし，1590年代において，最も頻繁に保険がかけられた商品は，穀物であった。
26) Elink Schuurman, 'Korte aantekeningen', 111.
27) Christensen, *Dutch trade*, 171-173.
28) Blok, 'Het plan', 20-21. 海運業の利益率に関しては，第6章の第2節をみよ。
29) 't Hart and Van Royen, 'Het smakschip', 159; Davids, 'Zekerheidsregelingen', 190.
30) Davids, 'Zekerheidsregelingen', 191-192.
31) Broeze, 'Rederij', 128.
32) 十二年休戦の時期，海上保険の保険料は低下傾向にあり，1615年，アムステルダムの海上保険業者の中には，最低額の維持に合意する者もいた。ホラントを目的地とする場合，ダンツィヒ (もしくはケーニヒスベルク，ポンメルン，リューベック) からの航海では2.5％の保険料率で，リーガやレーヴァルからの航海では50％増し，つまり3.75％の保険料率で合意された (Kernkamp, 'Scheepvaart- en handelsbetrekkingen', 230-232)。したがって，17世紀初頭でさえ，保険料はその後の時代よりもかなり高額だったことになる。
33) Spooner, *Risks*, 56. 1816年，アムステルダムにおいて，バルト海からオランダへの航海における保険料率は，まだ1.5％だった。De Clercq, *Willem de Clerq*, 97.
34) Davids, 'Zekerheidsregelingen', 193-196; Spooner, *Risks*, 58.

35) Barbour, 'Marine Risks', 591, 595-596.
36) Barbour, 'Marine Risks', 597-580, 587-589.
37) Riemersma, 'Trading and shipping associations', 332.
38) Schöffer, 'De vonnissen', 75.
39) Wegener Sleeswijk, 'Rendement', 72.
40) 例えば，GAA RA, no. 643 (Schepenboek), pp. 82 ff（1599年の船舶抵当貸借の事例）。
41) Bruijn, 'Scheepvaart in de Noordelijke Nederlanden, 1580-1650', 140.
42) Engels, *Merchants*, 59-61.
43) Bruijn, 'Scheepvaart in de Noordelijke Nederlanden, 1580-1650', 140; De Bruijn, 'Het politieke bestel', 24.
44) Bruijn, *Varend verleden*, 36.
45) Bruijn, 'In een varenderend maritiem perspectief', 18.
46) この文脈に関しては，Bruijn, 'In een varenderend maritiem perspectief', 15-25.
47) 理事のリストは，GAA PA 78, no. 1 に見出される。これは，ファン・エーヘンによって出版された。Van Eeghen, *Inventarissen*.
48) これは，この船を派遣する際の費用を記載した1698年作成の会計簿から明らかになった。GAA PA 78, no. 155. さらに，no. 1, p. 3.
49) GAA PA 78, no. 187.
50) 海軍局職員との会合は10月30日に行なわれた。同日から，代表委員は，この職務遂行のために行なったありとあらゆることを詳細に記載し始める。その中には海軍局，商人一般，その他のさまざまな人々との会合が含まれる。彼らは，送付された手紙や，チャーターした船の船長へ向けた命令書などをこの議事録に書き写している。これは (*memoriaal* in GAA PA 78, no. 1)，代表委員の活動に関して広範な情報を提供するが，残念ながら1706年の3月までの記録しか残っていなかった。
51) 彼が退職した証拠を発見することはできなかったが，それは間違いない。というのも，1702年の10月以降の議事録で，彼がもはや代表委員ではないことが明らかにされているからである。もっとも，彼は時おり，代表委員から相談を受けることがあった。
52) Van Brakel, 'De Directie', 337-338; Van Eeghen, *Inventarissen*, 23.
53) De Clercq, 'Verleden, heden en toekomst', 5.
54) GAA PA 78, no. 1, p. 2
55) GAA PA 78, no. 1, p. 13.
56) GAA PA 78, no. 13. これに付随して，候補者のリストがある。
57) GAA PA 78, no. 64.
58) GAA PA 78, no. 1, pp. 70-72. この表はファン・ブラーケルにより出版されている (Van Brakel, 'De Directie', 359-361)。しかし，誤りが見出される。フレデリク・フィリッペ・ド・オルヴィル Frederik Philippe d'Orville は一人の人間で

あり，二人の人間ではない。GAA PA 78, no. 14 は，独自のものではあるが，これとほとんど同一のリストであり，もう一つ別の会社，ムネケンダム&ベート商会（Munnekendam en Beth）が含まれている。この複製にあるチェック線を考慮すると，これが実際の投票を数えるために使用されたに違いない。

59) GAA PA 78, no. 1, p. 72.
60) 本書113-114頁をみよ。
61) 1702年12月，1705年3月，1706年1月（それぞれGAA PA 78, no. 1 の pp. 4, 47, 70）がこうした例である。
62) GAA PA 78, no. 1, pp. 70-72.
63) 新しい代表委員の選出に関しては史料が豊富に存在するが，この点に関しては明確ではない。候補者が明確に指名されることも，船主や商人として指名されることもなかった。
64) おそらく，こうした決定は，1月に開かれた同じ会議でもなされた。それは，ファン・ブラーケルもそう推定している（Van Brakel, 'De Directie', 343）。彼らが，1706年に招集された事実は，1717年に公的な確認が要請されていることから明らかになる（GAA PA78, no. 16）。これについては，以下で論じる。
65) 請願と市長からの返答に関しては，GAA PA 78, no. 16. これもファン・ブラーケルの手によって出版されている。Van Brakel, 'De Directie', 361-362.
66) 理事会内の規則については，De Clercq, 'Verleden, heden en toekomst', 6-7をみよ。
67) 議事録を記録するための出費は，1719年の会計簿で触れられている。
68) 彼の後継者のリストは，以下の文献にみられる。Van Eeghen, *Inventarissen*, 37.
69) 1720-41年に，理事の使用人のバウドウェイン・フェルダムに賃金が支払われていた記録がある。これは1742年2月の議事録の下書きから明らかになった（GAA PA 78, no. 3）。彼の後継者は，ヘリト・ド・ウォルフ（1742年），ヤン・クリストフェル・ルトヘス（1768年），J・B・フラセル（1824年），ウィレム・ポンティエ（1826年），そしてD・ヘンドリクス（1847年）であった。彼らの賃金は，年間会計簿からわかる。GAA PA 78, nos. 69-71.
70) 最初の会計係は，ウィレム・ファン・ウェルクホーフェンだったに違いない。彼は，1724年から毎年賃金をもらうようになった（GAA PA 78, no. 69）。しかし，最初の賃金は150ギルダーであり，それ以降の賃金に比べると5倍も高かった。私は，この時彼は1719年以降未払いであった賃金を〔一度に〕受け取ったと結論づけたい。彼の後継者は，1734年からはヘンドリク・プランター，1775年からはヘンドリク・ファン・マールセフェーン，そして1793-1835年には，ヘリト・ファン・ド・ヴァーテルが務めた。
71) 理事として活動する人々に関する手紙としては，GAA PA 78, no. 28. この手紙に日付は記入されていないが，1749年8月22日のものに違いない。というのも，この日付が記載された手紙の写しが，議事録の下書きにみられるからである（GAA PA 78, no. 3）。下書きには，法律家，会計係，使用人の詳細な職務内容が

72) GAA PA 78, no. 16.
73) 1697年に1隻のハルヨート船がチャーターされている。その費用については，GAA PA 78, no. 155。1702年にチャーターされた1隻のハルヨート船に関しては，Van Brakel, 'De Directie', 337-341（なお，後者の場合，1697年に徴収され，貯金されていた金額の一部が使用された。1704年にチャーターされた1隻のハルヨート船，1705年にチャーターされた2隻のハルヨート船に関しては，GAA PA 78, no. 1, pp. 21-23 and pp. 63-67. 1706年にチャーターされた2隻のハルヨート船に関しては，GAA PA 78, no. 1の巻末をみよ（1704-61年の年次会計。1707年2月19日）。ハルヨート代の実際の徴収金額は1697年と1704年に関しては記録がないが，1705-06年，1707年に関しては存在している。GAA PA 78, nos. 94, 95.
74) 会計簿をみるかぎり，ハルヨート代は，1709年から1825年まで継続的に徴収されている。GAA PA 78, nos. 96-102.
75) GAA PA 78, no. 1, 巻末（1704-61年の年次会計報告）をみよ。1715-16年に，代表委員は，彼らが所有する公債に課せられた税金を支払っている（GAA PA 78, no. 75）。1732年，理事は1710年に購入した公債を売却している。GAA PA 78, no. 152.
76) GAA PA 78, no. 1の巻末（公債の調査）。
77) GAA PA 78, no. 70.
78) GAA PA 78, no. 86.
79) Van Eeghen, *Inventarissen*, 26. 資産額は，1882年には70万ギルダー以上に達していた（ibidem）。
80) Boon, 'De Hoornse Kamer' 65, 68; Van Eeghen, *Inventarissen*, 30.
81) 例えば，1752年12月（第一候補はヤコブ・ド・クレルク），1760年6月（クリスティアーン・ファン・タレリンク），1768年1月（ベルナルド・スホルテン），1771年11月（ヨースト・ファン・エイク）: GAA PA 78, nos. 3 and 9.
82) GAA PA 78, nos. 49-52（1740年，68年，74年，81年の使命と任命）; GAA PA 78, no. 54（1786-91年に5回の指名と任命）; 議事録（の下書き）によれば，第一候補はそれ以降，以下の年においてもずっと任命された。1730年，32年，41年，50年（2度），52年，60年，71年，1774年である（GAA PA 78, no. 2. 1730年5月，1732年8月，GAA PA 78, no. 3. 1741年8月1750年6月，1750年9月，1752年12月，PA 78, no. 9: pp. 73 and 110; GAA PA 78, no. 153）。1785年に任命されたヘンドリク・ダスが第一候補だったかどうかかは明らかでない（GAA PA 78, no. 9, p. 155）。
83) 1797年の出来事に関する記録としては，GAA PA 78, no. 55.
84) 少なくとも本書が対象とする時期において，躊躇せずに送った。年次会計報告は1853年に市政府に送られ，さらに1871年以降再び送付されることになった。De Clercq, 'Verleden, heden en toekomst', 6.
85) GAA PA 78, no. 1, p. 1 (1702), 17-19 (1704), 63-66, 67 (1705). GAA PA 78, nos. 161 (1702), 163 (1704, 1705), 165 (1705).

注／第7章

86) GAA PA 78, no. 1 の巻末（1704-61 年の年間会計。1707 年 2 月 19 日，船長リンケ・チェッベスとヘンドリク・スヨウケスへの支払い），nos. 166 and 168.
87) 例えば，1705 年の 4 月，もともとはバルト海地方に向かっていた 2 隻の護衛船が，捕鯨業に割り当てられた。これは，バルト海貿易商人をかなりいらだたせた。バルト海商船隊は，今や待機しなくてはならず，それらの船が 11 隻の軍艦の護衛を受けようやく出港したのは，それから 2 カ月後だった。GAA PA 78, no. 1, pp. 49, 59.
88) GAA PA 78, no. 167（これが要求された日付は記載されていない。一覧表によれば，その日は 1706 年だが，実際には 1707 年のはずである）。
89) GAA PA 78, no. 168.
90) GAA PA 78, no. 3, 1741-42 年冬，1742-43 年冬，1744 年 7 月，1745 年春，1748 年 2 月と 4 月。
91) GAA PA 78, no. 3 (1743 年 7 月)。
92) 1704 年 7 月，委員会は，少額の金額（これは recoginitie と呼ばれた）を，ホラント沖で停泊中の軍艦に食糧を輸送しなければならない船員に支払った；GAA PA 78, no. 168, no. 1, p. 21.
93) GAA PA 78, no. 179 and no. 3 (1748 年 2-3 月，支払いは 1750 年 7 月)。
94) GAA PA 78, no. 9, pp. 68-69, 141, 143-144 and GAA PA 78, nos. 180 and 182.
95) GAA PA 78, no. 192.
96) 割り当てに関する規則は，1850 年以降，監督官向けの印刷された指示書の中に詳細がみられる。GAA PA 78, no. 231. 特に 1731-50 年における多くの貯蔵施設の割り当てについては，GAA PA 78, no. 193.
97) 例えば，1760 年まで，一つあるいはそれ以上の新しい測量器具購入のための出費が下記の年に生じている。1723 年，30 年，31 年，42 年，53 年，1759 年。GAA PA 78, no. 69.
98) ヤン・ロートスヒルト（後にロートスヒルト＆ゾーン商会）は，このために少額の金額が支払われた。
99) GAA PA 78, no. 70. ファン・エーヘンは，誤って，理事たちが新しい取引所のために資金を融資したと信じたが（Van Eeghen, *Inventarissen*, 28），確実に市が融資した。
100) GAA PA 78, no. 9, p. 101.
101) 時計職人に対する 1769 年の支払いは，GAA PA 78, nos. 70 and 71.
102) 1799/1800 年，1826 年，1842 年の年間会計に関しては，GAA PA 78, nos. 70, 71.
103) GAA PA 78m, nos. 103, 205, 207-209. 労働者の賃金に関しては，GAA PA 78, no. 2 (1729) と第 8 章の第 2 節をみよ。
104) この 3 年にわたって，年間会計簿に記録された出費額をみよ。GAA PA 78, no. 69. 議事録の下書き（GAA PA 78, no. 2）とリーガの教区会からのこの件に関する手紙（GAA PA 78, no. 411）もみよ。
105) 1736 年の年間会計（GAA PA 78, no. 69); サンクト・ペテルブルクのド・ス

ヴァルトからの1735年の手紙 (GAA PA 78, no. 419)。
106) 例えば，アルハンゲリスクの教会のための活動をみよ。Veluwernkamp, 'De Nederlandse gereformeerde gemeente', 31-37.
107) GAA PA 78, no. 69 (1737年)。派遣されたのは，ティーネン牧師だったはずである。Veluwenkamp, 'De Nederlandse gereformeerde gemeente', 57. オランダ外部の商人用教会とアムステルダムの改革派教会との関係については，Huussen, 'The Relations'と，この論文で触れられている文献。
108) Schutte, *Repertorium*, 225, 235, 259, 263, 265, 268.
109) 例えば1754年，理事たちは，レオナルト・ド・フォーヘルをダンツィヒの外交代理人とすることを望んだが，ヘンドリク・ソールマンスが任命された： GAA PA 78, no. 9, pp. 3, 11.
110) GAA PA 78, no, 9, pp. 125-127. 理事の推薦に応じた他の任命としては，1774年にヘルゴランドが外交代理人に推薦された事例がある (GAA PA 78, no. 9, pp. 122-123, no. 428)。
111) 例えば，ヘルゴランドの1779-83年の外交代理人の事例。GAA PA 78, nos. 429, 430.
112) デン・ハーグの代理商との通信に関しては，GAA PA 78, nos. 17-27. ダンツィヒの代理人との通信に関しては，例えば，GAA PA 78, nos. 261, 283. ヘルシンボーの代理商との通信に関しては，例えば，GAA PA 78, nos. 330, 341. 委員会は，すべての郵便料を支払い，毎年ヘルシンボーの代理人に少額の手当を支給した； GAA PA 78, no. 69.
113) GAA PA 78, no. 48.
114) GAA PA 78, no. 153; GAA PA 78, no. 9, p. 119.
115) GAA PA 78, no. 57.
116) 例えば，宿屋の主人であるマテイス・プールマンは，1731-61年に，毎年会計記録をつけた。彼は，1年の間に少なくとも1回多額の金額を受け取っている。当初100-200ギルダーであり (1731-39年)，後に300-800ギルダーになった (1740-61年)。GAA PA 78, no. 69.
117) ヘンドリク・スタットランダーは，1736年と1737年にタバコのための金を受け取っており，おそらくそれに先立つ4年間も同じことだったと思われる (GAA PA 78, no. 69の年間会計報告)。
118) 1733年以降の年間会計報告によれば，1年間に186ギルダー以上が菓子職人のヤコブ・テン・カーテン・ランベルツゾーン (Jacob ten Katen Lambertsz, confiturier) に対して出費されている。GAA PA 78, no. 69.
119) これは，1783年以降の年間会計報告に見出される (GAA PA 78, nos. 70, 71)。また，De Clercq, 'Verleden, heden en toekomst, 8。
120) GAA PA 78, no. 3.
121) そのリストはファン・エーヘンによって出版されている。Van Eeghen, *Inventarissen*, 35-37.
122) GAA RA, nos. 1816-1820 (*Register van goede mannen*, 1694-1716).

123) Oldwelt, *Kohier* II による情報。
124) GAA PA 78, no. 9, p. 93 (1766).
125) 彼は，カスパー・ファン・カウウェンホーフェン（兄弟か？）と同じ家で生活していた。彼らは，使用人，そり，馬を共同で所有しており，記録されている収入は，2人の合計金額だった。
126) Oldewelt, *Kohier* I, 10, 14 の表を用い計算。
127) Oldewelt, *Kohier* I, appendix (category *koopman*)。これだけで十分でない場合，富の象徴として使用人以外にはない理事たち（コルネリオ・マーテン，ゼーヘル・ファン・ソン，ヤン・ファン・フォレンホーフェン）は，全員，他の税の基準では大資産家（*hele kapitalisten*）とみなされた。大資産家とは，2,000ギルダー以上の財産を持ち，そのために金持ちと考えられる人々を指す専門用語である。これら3人の「大資産家」としての資質に関しては Oldewelt, *Kohier* にもみられる。
128) Elias, *De vroeschap* II, 733-735. 790, 1009, 1020-1021. クラーメルについては，I, CLXXIII をみよ。
129) この情報を賜ったダーン・ド・クレルクに感謝したい。史料が必ずしも明確とはかぎらないため，メノー派の理事のリストは完全に信頼できるわけではないという忠告をいただいた。しかし，委員会においてメノー派の理事が果たしていた重要な役割は，この表から十分に明らかである。
130) Sprunger, *Rich Mennonites, poor Mennonites*, 特に 92-96.

第8章 アムステルダムのサーヴィス部門

1) Van Genabeek, 'De afschaffing van de gilden', 73.
2) Klein, 'De Nederlandse handelspolitiek', 205-206.
3) Sigmond, *Nederlandse zeehavens*, 179.
4) この競争が感じられるようになったのは，1649年以降のことだった。というのもこれ以前には，小型の国内輸送用小型船の船長は，穀物用小型船船員と同じギルドに属していたからだ。Noordkerk, *Handvesten*, 1357.
5) GAA CiA no. 688. この請願は，GAA RA no. 694 (Petition 32) にもみられ，日付は 1747 年から 1748 年となっている。
6) 穀物用小型船船員たちは，市議会記録（ambtenboeken）で触れられている。というのも小型船舶を操船する許可書が，ある所有者から別の所有者へと再登録されたからである。例えば，GAA Archief 5031, nos. 54 (pp. 323-340) and 55 (pp. 269-278) をみよ。
7) Noordkerk, *Handvesten*, 1356.
8) Van Dillen, *Bronnen* III, no. 536.
9) Noordkerk, *Handvesten*, 1357.
10) Van Eeghen, 'Theorie', 63.
11) Van Eeghen, 'Theorie', 63.
12) 1625年の規則は，市民の入会金を10ギルダー，市民でない者の入会金を20

ギルダーと定めている（死亡したギルド会員の息子の場合は15ギルダー）。Noordkerk, *Handvesten*, 1357. この金額は，数世紀間変化しなかった。
13) Noordkerk, *Handvesten*, 800.
14) Noordkerk, *Handvesten*, 801.
15) Noordkerk, *Handvesten*, 1357.
16) Van Eeghen, 'Theorie', 64 note 1. ギルド会員の総数は，1685年以降ギルドの現金出納簿，すなわち，年次会員費の支払い（jaargelden）記録によって追跡することができる（GAA CiA no. 668 ff.）。この総数には，現役の者，活動休止中の者，もはや活動していないが年金を基金から受け取っている者が含まれている。
17) Ormrod, *English Grain Exports*, 61-69.
18) 厳密にいっても，相関係数は，統計的に有意であるというにはあまりにも低い。
19) GAA CiA nos. 668-673, 677-680. 当然ながら，数世紀にわたって入会金が変わらなかったことを考慮するのは重要である。
20) Van Eeghen 'Theorie', 64.
21) Noordkerk, *Handvesten*, 1359.
22) Van Eeghen, 'Theorie', passim.
23) これは，オルデウェルトにより出版されている。Oldewelt, 'De Hollandse imposten', 74.
24) Noordkerk, *Handvesten*, 1356.
25) ファン・エーヘン（Van Eeghen, 'Theorie', 63）は，17世紀の穀物用小型船の価格を引用する。235ギルダー，812ギルダー，3,105ギルダーで販売された。その価格は，船舶の大きさではなく，とりわけ就航年数によって決まった。低価格の穀物用小型船といえども，所有者が変わることはあった。私は，わずか67ギルダーで売却された小型船を発見した。GAA NA 5, p. 83.
26) Noordkerk, *Handvesten*, 1356.
27) Van Dillen, *Bronnen* III, no. 536.
28) 1698年，最低賃金はあまり急激には上昇しなかった。つまり，1日あたり1ギルダーから1ギルダー4スタイフェルへと増加しただけだった。Noordkerk, *Handvesten*, 1359-60.
29) 必要とされる費用が複雑に入り組んでいるという印象は，さまざまな史料から見出される。クラース・アドリアンスゾーン・ファン・アドリヘム商業文書に収められている1589年の会計簿には，小型船の用船契約（lighter charter）がみられるが，2ラストあたり2.5スタイフェルで契約が行われている（Winkelman, *Bronnen* III, 548. ファン・アドリヘムはデルフトに住んでいたが，アムステルダムで穀物用小型船への支払いをした）。この額は，穀物貿易への出費という観点からは，1世紀半後の支払額に近い。調査は，イサーク・ド・ロンの手によるもので，よく知られた商人の手引書である『アムステルダム商業』（Issac de Long, *De Koophandel van Amsterdam*）で公刊された。この本で彼が書いているのは，穀物用小型船は，1ラストあたり平均して3スタイフェルかかったということである（p.254）。

注／第8章

30) 穀物運搬人以外に，穀物搬入人がいた。彼らは，帆布を用いて小型の船舶に船外の穀物を搬入した。1655年，穀物運搬人と穀物搬入人は同一のギルドへと統合された（Noordkerk, *Handvesten*, 1317, 1321）。他方，それ以前には，通常両方のギルドの会員となっていた。穀物搬入人に関しては，あまり史料が見出されない。たぶん数が少なかったか，穀物運搬人ほどには組織化されていなかったためだろう。それが，分析を運搬人に限定した理由である。

31) Noordkerk, *Handvesten*, 1111, 1319.

32) Van Dillen, *Bronnen* II, no. 497（1618年）。穀物輸送をした非ギルド会員に課せられた罰金は，罰金簿に記録されている。GAA GiA no. 621. 独占が崩れたことは，穀物運搬人による請願からもうかがえる。例えば，GAA RA no. 691 (Petition 38); no. 693 (Petition 39); no. 698 (Petition 15); no. 707 (Petition 9).

33) Van Eeghen, *Inventarissen der archieven van de gilden*, 'korendragers en korenstortersgilde'.

34) GAA RA no. 689 (Petition 29).

35) 穀物をかきまぜ，さらに運搬もした人々は，公証人文書の中に見出される。例えば，GAA NA 5880, p. 265. 穀物運搬人であり，店主でもあった人物は，NA 6877, p. 863 に見出される。

36) 3種類の内規に関しては，GAA GiA no. 604, pp. 19-20.

37) GAA RA no. 724 (Petition 17). 91名の中で署名欄に十字架を描いた者は，僅か8名に過ぎなかった。ここから，穀物運搬人の識字率は1688年以降大きく向上したことが示唆される。この年に出された請願によれば，多くのギルド会員は，読むことも書くこともできなかったのだから。Noordkerk, *Handvesten*, p. 1112.

38) Knotter, *Economische transformatie*, 125.

39) De Boer, *Van waagdragersveem*, 17-29. 泥炭運搬人の間では，古い平等主義的組織が維持されていた。Bos, "*Uyt liefde tot malcander*", 112.

40) Noordkerk, *Hnadvesten*, 1111-1112.

41) Deceulaer, 'Arbeidsregulering', 28 and 39. よく似た区分は，他都市でも，組織化された運搬人とそうではない運搬人の間でみられる。Van der Velden, 'Havenarbeid', 26.

42) 例えば，ロッテルダム（Teychiné Stakenburg, *Zakkendragers van Rotterdam*, 25），アントウェルペン（Deceulaer, 'Arbeidsregulering', 25-26），ドルドレヒト（Van der Velden, 'Havenarbeid', 24），デン・ボス（Prak, '"Een verzekerd bestaan".' 58）。

43) Van Dillen, *Bronnen* III, no. 537.

44) これを，アムステルダム最大のギルドの一つである泥炭運搬人ギルドの固定会員数と比較せよ。1765年には，その数は700に達していた。Bos, "*Uyt lefde tot malcander*", 112. 17世紀の大半と，18世紀を通して，計量所の運搬人の数は248人に固定されていた。De Boer, *Van Waagdragersveem*, 14 and 38.

45) この数は，少なくとも2箇所で触れられており（Van Eeghen, 'Theorie', 61. GAA PA 78 no. 2. 1729年12月9日），おそらく，信頼に足る。Van Tielhof,

'Stedelijke regulering', 507.
46) およそ600名のギルド会員が活動していた。(GAA PA no. 2, 1729年12月9日)。この数が，病人や老人——その数は，80名未満であろう（1708年には，老人と病人の会員で会員が80名いた。この数値は，かなり多いので注目に値する (Noordkerk, *Handvesten*, 1323-1324) ——を除く全員であると仮定すれば，全会員数は680名となる。
47) GAA RA no. 694 (Petition 80). 日付の記載されていない請願 (no. 690, Petition 88) には，670名の会員が触れられている。この請願は，1722年の内規に関連したものである。おそらくその後に請願が行なわれたのであろう。触れられた会員数の観点からみれば，それはおそらく1747年以前のものであろう。
48) 会員表のおかげで，1780年1月1日時点でのギルド全員がわかる。名前を数えてみると，当時の会員数は591名となる。GAA GiA no. 606.
49) Knotter, *Economische transformatie*, 125-127.
50) Van Tielhof, 'Stedelijke regulering', 509.
51) Noordkerk, *Handesten*, pp. 1111, 1112, 1317, 1319, 1321-1323. 実際，1720年1月31日の規則は，他の箇所 (p.1324) では1721年1月31日の日付が入っている。この規則は，この二つの日付で，ギルド史料の規則集の中にも見出される (GAA GiA no. 604)。1720年に規則が公布されたことは，いずれにせよ GAA RA no. 692（Petiton 25）で出版された事例から示される。
52) 1589年と1614年の入会金額増加の事例では，どちらが主導権を握ったのかがはっきりしていない。
53) これは，1702年と1720年の入会金額増加の事例で言及されている。
54) GAA RA no. 694 (Petition 31).
55) Knotter, *Economische transofrmatie*, 127.
56) GAA RA no. 686 (Petition 58).
57) Beyrinck and De Boer, *Jacob Bicker Raye*, "*Notitie*", 139.
58) 1アンカー (anker) は，1アーム (aam) の4分の1，すなわち37-38リットルに相当する。Verhoeff, *De oude Nederlandse maten*, 99.
59) Van Dillen, 'Gildewezen', 160.
60) Van der Velden, 'Havenarbeid', 32-34.
61) Teychiné Stakenburg, *Zakkendragers*, 27-28. 巻末には1785年の規則の写しがみられる。
62) Deceulaer, 'Arbeidsregulering', 29-30.
63) GAA PA 78, no. 2（バルト海貿易・海運業委員会の議事録下書き），9月2日。
64) Ibidem, 1729年11月18日，11月25日，12月9日。
65) 実際に運搬人に支払われた賃金指標は，商人による1650年付けの請願を収集すれば突き止められる。貿易への多額の課税に不満を述べ，外国貿易はそのために崩壊の危機に瀕していると主張した (GAA Burgemeestersarchief no. 538, piece C 8-7)。彼らは，アムステルダムの市政官が連邦議会に輸出入関税の引き下げを要求するよう望み，その実現のために，貿易をする時に数多くの高額な負

担に圧迫されていることを指摘した。つまり，彼らは穀物1ラストあたり1ギルダーで輸送する際の負担を述べた。こうした人々たちから得られるデータは必ずしも信頼できるわけではないかもしれない。その費用を過大視させる意図があったことは間違いないからだ。しかし，この推計は，ほぼ1世紀後にイサーク・ル・ロングが引用した，穀物市場が被った出費の計測と密接に関係している。1744年の『アムステルダムの商業』（Isaac Le Long, *De koophandel van Amsterdam*）によれば，当時の穀物運搬人の賃金は，1ラストあたり1.5ギルダーに近かった（p. 254）。

66) 17-18世紀のプロイセンのライ麦価格は，一般的に100金ギルダーをはるかに越えていた。通常のギルダーに換算すると，140ギルダーとなる。穀物運搬人には，この金額が支払われていた。Posthumus, *Nederlandsche prijsgeschiedenis* I, 573-576.

67) 次節をみよ。

68) Noordkerk, *Handesten*, 1112（喫煙に関して），1317-1319.

69) GAA GiA no. 621. ネックレス事件は，1753年1月4日の欄に記載されている。

70) Asaert, Devos and Suykens, *De Antwerpse naties*, 25-26; Deceulaer, 'Arbeidsregulering', 34.

71) こうした人々は，「自由でない運搬人」（onvrije buildragers）と呼ばれた。Asaert, Devos and Suykens, *De Antwerpse naties*, 89-90.

72) 奇妙なことに，通常女性に対し使用される言葉である'aanlegster'という言葉で呼ばれる男性もいた。

73) Wagenaar, *Amsterdam* Tweede stuk, 32.

74) Noordkerk, *Handesten*, 1329.

75) Noordkerk, *Handesten*, 1107. ファン・エーヘンは，穀物計量人と配置人は「おそらく，ほとんどの仕事は個人で行なうことはなかった」と書いた（Van Eeghen, 'Theorie', 60）。彼女は，これを証明する証拠をまったく提示しておらず，この作業が財政上重要だったことを考えれば，許可書を持たない労働者に任されたとは考えにくい。いずれにせよ，ギルドの年次会計報告で免除費（uitkoopsommen）が触れられることはない。これは，穀物用小型船船員ギルドも同様である。GAA GiA no. 737.

76) 例えば，1693年6月，取引量が多かったので，商人たちは穀物の計量が終わるまで待たなくてはならず，そのため貿易が妨害された。だからこそ，ギルド会員でなくても，人手不足の時は作業に従事できると決定されたのであった。こうした場合でも，2名のうち1名——計量人か配置人——は宣誓した者でなくてはならなかった。Noordkerk, *Handesten*, 1329-1330.

77) Van Eeghen, 'Theorie', 60. 市の記録（ambtenboeken）には，数世紀に及ぶさまざまな穀物計量人や配置人の任命，死，退職に関するデータがみられる。

78) Van Dillen, *Bronnen* II, no. 996; Noordkerk, *Handvesten*, 1109.

79) このように，財政上の手段としてギルドを利用する方法に関しては，一般的には Prak, 'Ambachtsgilden', 24-25 および同論文で引用されている文献をみよ。

80) GAA GiA no. 604, p. 29.
81) GAA GiA no. 709, stipulation 99.
82) もし会員がその場にいなければ，いつも一緒に働いていた配置人が賽を投げた。1628年の内規。Noordkerk, *Handvesten*, 1327.
83) GAA GiA no. 709, stipulation 109.
84) GAA RA no. 694 (Petition 74).
85) Van Dillen, *Bronnen* II, no. 38.
86) GAA GiA no. 709, stipulation 115 からはっきりとわかる。
87) GAA GiA no. 709.
88) 17世紀においては，緊急時に活動する助手が12-18名いた（Noordkerk, *Handesten*, 1329)。18世紀には，その数は24人だったに違いない（1749年の規則は，24人の緊急時の助手に関しては変更なしとしている）。GAA GiA no. 709, stipulation 115 からはっきりする。助手の数は，1824年に18に減った。（GAA GiA no. 709)。
89) ド・リッダーは，病気や老齢の場合には，ギルドが最高額の年金を支払ったにもかかわらず，穀物計量人の購買力は低かったと指摘した。De Ridder 'De onderstuningsfondsen', 107-121. ド・リッダーが言及した入会金額——つまり12ギルダー——に加えて，緊急時の助手も12ギルダーの入会金を支払わなくてはならず，そのため計量人や配置人となるためには，2度も12ギルダーを支払わなくてはならなかったことを指摘しておかねばならない。これは1722年からの規則だった（GAA GiA no. 709, stipulation 114)。それでも，この総額は，他のギルドと比較してかなり低い。
90) 計量と配置のための料金表の史料に関しては，GAA GiA no. 709, stipulations 15 (1578), 16 (1579), 26 (1589), 27 (1591); Van Dillen, *Bronnen* I, no. 865 (1595); no. 1034 (1603); Noordkerk, *Handvesten* 1109 (1624, 1631)。積み込みに関しては，Van Dillen, *Bronnen* I, no. 1065, idem, *Bronnen* II, no. 950. 1761年の上昇は，1761年の請願にみられる。これは，計量や配置の方法を改善し，そのために，計量人と配置人の両者の賃金を1スタイフェル上昇させようとしていた商人が提出した。この請願は了承された（GAA RA no. 706 (Petition 15))。
91) 例えば，積み込み人が未亡人だったり未婚の女性だった事例をみよ。GAA GiA no. 700.
92) 1646年の賃金上昇の請願は，市議会により否決された。Van Dillen, *Bronnen* II, no. 918.
93) GAA RA no. 722 (Petition 8).
94) De Vries and Van der Woude, *Nederland*, 705.
95) Van Dillen, 'Stukken betreffende den Amsterdamschen graanhandel', 93.
96) 数名のアムステルダム商人の財産が，アルバ公によって1569年に没収された。この財産目録には，倉庫の名前（もしこの商人が所有していたとして）と倉庫の貸し出し条件が記録されていた。穀物を1カ月あたり1ラスト保管する費用は，2-4シリング，すなわち12-14スタイフェルだった。（財産目録では，スタイフ

ェルの代わりにフラマン・シリングが単位として使用されている。1フラマン・シリングは，6スタイフェル）。使用された財産目録については，Van Gelder, *Gegevens* I, no. 82 (Arent Hudde), no. 91 (Heyndrick Fransz), no. 93 (Hans Symonsz); Van Gelder, *Gegevens* II, no. 230 (Pieter Jansz Pauw).

97) Soom, *Der Handel Revals*, 26.
98) Van Dillen, 'De duurte van het jaar 1698', 252 footnote 2.
99) Van Dillen, 'De duurte in de laatste jaren', 79.
100) GAA Archief van de thesaurieren ordinaris, no. 175, ('Notitie van de verschietloonen betaelt op partije tarwe rakende de stad Amsterdam.')
101) Van Dillen, 'De duurte in de laatste haren', 79.
102) 穀物をかきまぜることによって得られる数多くの賃金の申告書から，こうした印象を受ける。GAA Archief van de thesaurieren ordinaris, no. 175.
103) Van Tielhof, *De Hollandse graanhandel*, 145.
104) GAA Burgemeestersarchief, no. 546.
105) Bunk, *Staathuishoudkundige geschiedenis*, 165.
106) Winkelman, *Bronnen* III, no. 726.
107) ジャン・ペルス&サンズ商会は，2種類の申告書を提出したが，それらは穀物をかきまぜる人々の賃金を規定していた。一つは1ラストあたり12ペニングで，もう一つは6ペニングだった。GAA Archief van de thesaurieren ordinaris, no. 175.
108) 16世紀末，共同作業をする2名の穀物積載人は，2人で1スタイフェルを得ていたが，それぞれ8ペニング稼いだことになる。17世紀末になると，2人分の賃金は1.5スタイフェルとなり，それぞれ12ペニング稼いだことになる。
109) Bunk, *Staathuishoudkundige geschiedenis*, 38-39.
110) GAA Archief van de thesaurieren ordinaris, no. 175. ('Notitie van verschietloon, door Jean Pels & Soonen betaalt volgens rekening van de verschietsters'; 'Notitie voor de heeren Biliotti en Sardi van de Poolse tarwe, het verschieten dat in een vierendel jaar betaalt is.')
111) 1720年には少なくとも46名の穀物仲買人がアムステルダムにいたことが知られている。なぜなら，彼ら自身がこうした役割を果たしていると 'Herenbokje'（イエローページのようなもの）の中で宣伝しているからである。141頁をみよ。
112) この点で，アムステルダムにおける2種類のギルドの歴史は，商業資本主義とギルドによる規制を共存可能にする方法を論じた近年の文献と，容易に結びつく。Prak, 'Ambachtsgilden', 14-16.

第9章　ウィレム・ド・クレルク

1) De Clercq, *Graan*, 68.
2) De Clercq, *Graan*, 68.
3) De Vries and Van der Woude, *Nederland*, 788.
4) De Clercq, *Willem de Clercq*; クレルク氏は，調査から得られたすべての成果を

私が使用することを，親切にも許可してくださった。ここでお礼を申し上げておきたい。これに関連する他の研究は，De Clercq, *Willem de Clercq. Woelige weken*; De Clercq, *Graan*, De Clercq, 'Een andere Willem de Clercq'; Kluit, *Per karos*; Willem de Clercq, *Dagboek* 1815.

5) ピーテル・ド・クレルクの名は，1700年には最も重要な保険業者のリストにみられる。また1704年には船主のリストに，さらに1710年には船主のみならずバルト海貿易商人のリストにも見出される。GAA RA, no. 1817 (1700), no. 1818 (1704), no. 1819 (1710),「賢人」に関しては，第4章の第2節をみよ。

6) P＆S・ド・クレルク商会の定款は残されていないが，関係する公証人文書は1769年から現れ始める。知られている最初のものは，GAA NA 10581 p. 1230 (1769年11月27日) である（出典：注55をみよ）。P＆Sは，1769年に共同海損をめぐる判例の中に初めて姿をみせるが，それ以前にピーテル・ド・クレルク自身の名がこうした判例にみられる (Schöffer, 'De vonnissen', 123-124)。これは，商会は1769年に設立されたという仮説を裏付ける。

7) Kluit, *Per karos*, 6.
8) De Clercq, *Willem de Clercq*, 14.
9) De Clercq, 'Een andere Willem de Clercq', 136.
10) De Clercq, *Willem de Clercq. Woelige weken*, 121.
11) De Clercq, *Graan*, 49. この本の51頁に印刷されている手紙は，レーアで受け取ったものに違いない。
12) De Clercq, *Graan*, 46, 67-68.
13) De Clercq, *Graan*, 69.
14) それ以前にも，1812年と1813年にアルメロに旅行している。De Clercq, *Willem de Clercq*, 48-55.
15) De Clercq, *Willem de Clercq*, 68.
16) 訪れた人々のリストは，De Clercq, *Graan*, 107 に見出される。
17) De Clercq, *Graan*, 47 (ローシングに関して), 68 (ルーデルツに関して), 73, 81 (ブレーメンに関して)。
18) De Clercq, *Graan*, 67, 72 (リックロフに関して), 52 (アムステルダムの家族に関して), 64 (ジツェマに関して), 81-82 (オルデンブルクに関して), 91, 103 (ブラインスに関して)。
19) De Clercq, *Graan*, 60, 64 (エイラート・ポッペンに関して), 52 (ハンス・ハンセンに関して)。また，膨大な借金に関しては，73, 91-92。
20) De Clercq, *Graan*, 64.
21) De Clercq, *Graan*, 90.
22) ウィレムが書いたこの旅行の記録が出版されている。Kluit, *Per karos*. この旅行記で，著者は，風俗・習慣，芸術，文学，風景を中心に書いているが，実業に関してはほとんど何も書いていない。
23) Kluit, *Per karos*, 210.
24) Horlings, *The economic development*, 184.

注／第9章　365

25) シュテーア川河口（Kluit, *Per karos*, 55）やキール（71）がそうした例である。
26) De Clercq, *Willem de Clercq*, 100.
27) De Clercq, *Graan*, 146.
28) エーアソン海峡を通る穀物輸送は，この時期に関しては研究されていない。しかし，船舶数の動きが十分に状況を物語っている。エーアソン海峡を通過したオランダ船の数は，急激に上昇している。その数は，1815年に740隻，1816年には876隻だったが，1817年には1,305隻となっている。Horlings, *The economic development*, 398.
29) Van Brakel, 'Statistische en andere gegevens', 391-393.
30) De Clercq, *Willem de Clercq*, 99.
31) De Clercq, 'Een andere Willem de Clercq', 137-138; De Clercq, *Willem de Clercq*, 114-119.
32) Jonker, *Merchants*, 58.
33) 例をあげると，1819年11月，アルケマ＆シプケンス商会がフローニンゲンで倒産。1820年9月には，二つのブラバント商会が倒産。1821年には，ダンツィヒのアブラホモウスキーが倒産。1822年9月には，シプケンス＆ストープ商会がフローニンゲンで倒産，さらに1823年には，コッホ＆レインベンデも倒産し，多くの破産がみられた。De Clercq, *Willem de Clercq*, 134, 137, 149, 170, 171 をみよ。
34) De Clercq, *Willem de Clercq*, 170-171.
35) De Clercq, *Willem de Clercq*, 175-182.
36) Dubois, *Een vriendschap*, 308-311.
37) 穀物貿易委員会（commissarissen tot de graanhandel）がこれにかかわった。Van Eeghen, *Inventarissen*, 71-72 and 80.
38) De Clercq, 'Een andere Willem de Clercq', 141.
39) Manvelt, *Geschiedenis* I, 114.
40) Da Costa, *Herinneringen*, 8-9, 21; Dubois, 'Willem de Clercq', 203-208. デュボワは，1820年代から，即興はますます宗教的な性質を持つようになったことを示している。
41) Da Costa, *Herinneringen*, 48-50.
42) Luyckx et. al. eds., *Winkler Prins Lexicon van de Nederlandse letterkunde*, 91. このエッセイは，1824年に出版されている。Willem de Clercq, *Welken invloed heeft vreemde letterkunde, inzonderheid de Italiaansche, Spaansche, Fransche en Duitsche, gehad op de Nederlandsche taal- en letterkunde, sints het begin der vijftiende eeuw tot op onze dagen?* ド・クレルクと文学の関係に関しては，Schenkeveld, *Willem de Clercq en de literatuur*.
43) De Clercq, 'Een andere Willem de Clercq', 138, 141.
44) Kluit, *Per karos*, 43, 127-129, 205-206 をみよ。
45) 例えばプロイセンにおいては，Kluit, *Per karos*, 129-130.
46) Kluit, *Per karos*, 61.

47) De Clercq, 'Een andere Willem de Clercq', 138.
48) Luyckx et. al. eds., *Winkler Prins Lexicon van de Nederlandse letterkunde*, 91. ド・クレルクの宗教的な成長を，レヴェイル運動の指導者であったイサーク・ダ・コスタとの親交を中心として詳述した最近の研究としては，Dubois, *Een vriendschap* があげられる。
49) De Clercq, *Willem de Clercq. Woelige weken*, 113.
50) Pierson, *Willem de Clercq naar zijn dagboek*.
51) Willem de Clercq, *Dagboek 1815*, 19.
52) GAA PA 583, no. 743. ダーン・ド・クレルクは，私にこの元帳に注意するようにといった。この元帳は，取引き関係のない銀行の記録の中にあった。
53) ウィレムと叔父でパートナーだったピーテルが書いた 1819 年の報告は，1817 年にヘリトが死んだために会社に残された支払い請求の精算に関するものだった。GAA PA 255, no. 1339.
54) De Clercq, *Graan*, passim.
55) ド・クレルク家一族に関する膨大な量の史料を収集され，さらに寛大にも，こうした史料の使用を許してくださったダーン・ド・クレルク氏に感謝したい。公証人文書は，特に役立った。
56) 例えば，De Clercq, *Willem de Clercq*, 50-51（1812 年の夏）。
57) この元帳の中の別の区分をみよ。GAA PA 583, no. 743. また，ピーテル・ド・クレルク・ジュニアに関する原稿（未刊行）が A・ディクスホールンによってユトレヒト大学で 1995 年に書かれているが，元帳における多様な区分を精密に使っている。
58) De Clercq, *Willem de Clercq*, 35. こうした投機のために，彼らはいわゆる「中古品販売」商人に分類された。つまり，主要商品を購入し，保管し，後で高値で売ることに特化したアムステルダム在住の商人である。
59) De Clercq, *Willem de Clercq*, 99.
60) De Clercq, *Willem de Clercq*, 171. Ｓ＆Ｐ は，親族に印刷された回状を送った。そのうちの一通に，1814 年 8 月 30 日の日付が入っていたものがあり，De Clercq, Graan, 100 に印刷されている。
61) GAA PA 583, no. 743.
62) Schenkeveld, *Willem de Clercq*, 6-7. ウィレムは，スペイン語やイタリア語を学習したが，商業文を書く必要性も動機となった。De Clercq, *Willem de Clercq. Woelige weken*, 121. これは，おそらく南欧への穀物輸出と関係している。
63) De Clercq, *Willem de Clercq*, 132, 137.
64) Jonker, *Merchants*, 61, 69.
65) GAA NA 18769, p. 430（1817 年 12 月 10 日の公証人文書。1809 年のパートナーシップの条件に関する本文が含まれている）。
66) Jonker, *Merchants*, 61.
67) GAA NA 20237, p. 33.
68) De Clercq, *Willem de Clercq*, 170.

注／第9章

69) 商会は，ドイツ商人に対し資金を融資していたが，借り手が破産したため，借金が返済されることはなかった。当時，商人や穀物生産者の間で数多くの破産が生じていたため，ある人物の財政状況を見誤ることはたぶん避けられなかった。1817年以降，ウィレムとピーテルは，何年もかけてこうした金額の一部を回収しようと努めていた。こうした努力に関する報告は，GAA PA 255, no. 1339.
70) De Clercq, 'Een andere Willem de Clercq', 137; De Clercq, *Willem de Clercq*, 114-119.
71) De Clercq, *Willem de Clercq*, 137-139.
72) 1820年初頭，ウィレムは，日記に商会の総売上高を上昇させなくてはならないと記している (De Clercq, *Willem de Clercq*, 137)。弟のステファヌスは，1818年から事務員として事務所で働いていたが，こう書いた。「業務は1818年から1820年にかけて拡大したが，それもブラバント商人との問題が生じるまでだった」。彼の帳面の本文は，ダーン・ド・クレルク氏からいただいた。
73) この年月におけるフローニンゲン，ヘルデルラント，ゼーラントの穀物生産者の苦難に関しては，De Meere, *Economische ontwikkeling*, 9-11.
74) GAA NA 18772, pp. 188, 241 and 332.
75) De Clercq, *Willem de Clercq*, 137.
76) De Clercq, 'Een andere Willem de Clercq', 139-140. 祖母のマリア・ボスは，1820年5月に死亡した。相続人の中には，ウィレムの母であるマリア・ド・フォス，叔父（でウィレムの事業上のパートナーだった）ピーテル・ド・クレルク，サラ・ド・クレルク，ヨアンナ・ド・クレルクがいた。サラは，ヘルマン・ラフーセンと，ヨアンナは，ワルラーフェ・ファン・ヒューケロムと結婚した。
77) 公証人文書の欄外に記述あり。GAA NA 18772, pp. 188, 241 and 332.
78) De Clercq, 'Een andere Willem de Clercq', 140.
79) Jonker, *Merchants*, 239-240; De Clercq, *Willem de Clercq. Woelige weken*, 7-8, 10, and 96.
80) Van den Berg, 'Lijst', 267.
81) Westermann, *Kamer van Koophandel* I, 10.
82) Van Eeghen, *Inventarissen*, 36, 80.
83) ピーテルが所有する株は，彼の元帳にＳ＆Ｐ・ド・クレルクの見出しで記載されている (GAA PA 583, no. 743)。彼が時々商会から得る自分の利益を帳面につけていた方法をみると，株はパートナーの間で平等に分配されていたことがわかる。「私は前金で三分の一の株を(1802年)，私は取引によって三分の二の株を(1805)」 *Voor mijn 1/3 aandeel in de avansen (1802), min 1/3 in de overwinst van het comptoir* (1805).
84) 数年の間，Ｓ＆Ｐは，ピーテルに数千ギルダーの借金があるだけだったが，ある時（1797年）この額は9万4,000ギルダーにまで上昇した。GAA PA 583, no. 743.
85) De Clercq, *Willem de Clercq*, 119.
86) GAA NA 20237, p. 33.

87) Jonker, *Merchants*, 70-72.
88) GAA PA 583, no. 743 に基づく計算。
89) GAA NA 20774, p. 89.
90) この「覚書き」が起草された過程に関しては，De Clercq, *Willem de Clercq*, 149-150.
91) この手紙の本文に関しては，NEHA 393, no. 274（1832年の4月10日，手紙は'Sire!'で始まっている）。S&P・ド・クレルクは，この手紙の末尾にみられる多くの名前の一つにすぎない。
92) この委員会のメンバーの1人であった人物による。Van Anderinga de Kempenaer, *Memorie*, 17-18.
93) 委員会設立の布告は1822年3月7日に出されており，Röell, *Memorie*, 69-76, に印刷されている。
94) *Verzameling van stukken, betrekkelijk de onbeperkte vrijheid van den handel in granen, uitgegeven op last des konings*.「覚書き」は，215-242頁に印刷されている。著者に関しては触れられていないが，ド・クレルクの日記のおかげで，彼が書いたことがわかる。
95) De Clercq, *Willem de Clercq*, 149.
96) Kramer, *De graanwet*, 90. *Verzameling van stukken, betrekkelijk de onbeperkte vrijheid van den handel in granen, uitgegeven op last des konings*, 43-44, 169-172 もみよ。
97) UBA RA F. LXV. C. 1., p. 16. この講演に関しては，De Clercq, *Willem de Clercq*, 135-136 もみよ。
98) UBA RA F. LXV. C. 1., pp. 22-25.
99) De Clercq, *Willem de Clercq*, 152-153. 4人の商人——その中にはド・クレルクも含まれる——の返答の概要については，Colenbrander, *Gedenkstukken: 1815-1825* II, 327-333 に印刷されている。ド・ベイルスメールと'H. D. G.'（間違いなくヘンドリク・ダニエル・ヒルデメーステター——ウィレム・ド・クレルクの義理の兄弟であり友人だった人物）の返答に関してはNEHA 393に保管されている。
100) Colenbrander, *Gedenkstukken*: 1815-1825 II, 332-333.
101) De Clercq, *Willem de Clercq*, 105.
102) この合意の本文は，Van Anderinga de Kempenaer, *Memorie*, 45-46 に印刷されている。
103) Van Anderinga de Kempenaer, *Memorie*, 17-18.
104) Westermann, *Kamer van Koophandel* I, 177-178.
105) Mansvelt, *Geschiedenis* I, 271, 273, 337, 339.
106) Mansvelt, *Geschiedenis* I, 335, 465.

付録C　輸送費

1) ロッテルダムで作成された用船契約は無視された。しかしながら，プロイセン

への往復航路の価格は，アムステルダムと同じだったようである。その中で，出版されているものは少ないが，1640年には，20.5ギルダーであったし（アムステルダムで見つかった唯一の価格の24.5ギルダーよりいくぶん少ない），1643年には17ギルダーであった。Bijlsma, 'Rotterdams Oostervaart', 38-39.
2) Horlings, *The economic development*, 79.
3) Winkelman, *Bronnen* II-VI.
4) Bogucka, 'Merchants' Profits', Table 5; ボグツカは，史料で発見した価格を2分の1にしたので，私はそれを2倍にし，もとの価格とした。Bogucka, 'Merchants' Profits', footnote a と本書の付録CのBの箇所をみよ。
5) Bogucka, 'Merchants' Profits', 81; Jeannin, 'Preis-, Kosten- und Gewinnunterschiede', 503.
6) Winkelman, *Bronnen* III, no. 352.
7) Winkelman, *Bronnen* III no. 854, p. 522.
8) Winkelman, *Bronnen* III, p. 556.
9) GAA NA 760/77
10) MuCusker and Gravesteijn, *The Beginnings*, 183.
11) Bogucka, 'Merchants' Profits', Table 5.
12) NEHA Prijscouranten, Box CCC 22. ダンツィヒの価格表の複写は，Riksarchivet Stockholm に保管されている。

訳者後書き

1) Jan de Vries and Ad van der Woude, *Nederlands 1500-1815: De eerste ronde van moderne economische,* Amsterdam, 1995; English version, *The First Modern Economy: Success, Failure and Preseverance of the Dutch Economy, 1500-1815*, Cambridge 1997.
2) ダクラス・C・ノース著，竹下公視訳『制度・制度変化・経済成果』晃洋書房，1994年。
3) L. Müller, *The Merchant Houses of Stockholm, c. 1640-1800: A Comparative Study of Early-Modern Entrepreneurial Behavior*, Uppsala, 1998; Id., *Consuls, Corsairs, and Commerce: The Swedish Consular Service and Long-distance Shipping, 1720-1815*, Uppsala, 2004.
4) Jari Ojala, *Tehokasta liiketoimintaa Pohjanmaan pikkukaupungeissa: Purjemerenkulun kannttaavuus ja tuottavuus 1700-1800-luvulla*, Helsinki, 1999.
5) P. W. Klein and Jan W. Veluwenkamp, "The Role of Entrepreneur in the Economic Expansion of The Dutch Republic, Karel Davids and Leo Noordegraaf (eds.), *The Dutch Economy in the Golden Age*, 1993 Amsterdam
6) Clé Lesger, *Handel in Amsterdam ten tijde van de Opstand: Kooplieden, commerciale expansie veranderring in de ruimtelijke economie van de nederlanden ca. 1550-ca. 1630*, Hilversum, 2002; 邦語文献として，杉浦未樹「アムステルダムにおける商品別専門商の成長1580-1750年——近世オランダの流通構造の

一断面——」『社会経済史学』第70巻第1号，2004年。
7) Clé Lesger., "De Mythe van de Hollandse wereldstapelmarkt in de zeventien-de eeuw", *NEHA Jaarbook*, 62 1999.
8) Jan W. Veluwenkamp, *Ondenemersgedrag op de Hollandse stapelmarkt in de tijd van de Repupliek: De Amsterdamse handelsfirma Jan Isaac de Neufville & Comp., 1730-1764*, Meppel, 1981.
9) 例えば，Id., *Archangel: Nederlandse Ondernemers in Rusland 1550-1785*, Leuven, 2000; さらに「企業家」活動の観点から，1500年から2000年までのヨーロッパとアジアの比較史を試みている。Ferry de Goey and Jan W. Veluwenkamp (eds.) *Entrepreneurs and Institutions in Europe and Asia 1500-2000*, Amsterdam, 2002.
10) Milja van Tielhof, *De Hollandse graanhandel, 1470-1570. Koren op de Amsterdamse molen*, Den Haag, 1995.

略　語　表

BGN	*Bijdragen voor de Geschiedenis der Nederlanden*
BMGN	*Bijdragen en Mededelingen voor de Geschiedenis der Nederlanden*
BMHG	*Bijdragen en Mededelingen van het Historisch Genootschap*
BVGO	*Bijdragen voor Vaderlandsche geschiedenis en Oudheidkunde*
EHJ	*Economisch-Historisch Jaarboek*
EHR	*Economic History Review*
ESHJ	*Economisch-en Sociaal-Historisch Jaarboek*
GAA	Gemeentearchief Amsterdam (Amsterdam City Archives)
GAA GiA	Gemeentearchief Amsterdam, Gildenarchief
GAA NA	Gemeentearchief Amsterdam, Notarieel Archief
GAA PA	Gemeentearchief Amsterdam, Particulier Archief
GAA RA	Gemeentearchief Amsterdam, Rechterlijk Archief
JEEH	*Journal of European Economic History*
NEHA	Nederlands Economisch Historisch Archief, Amsterdam
RGP GS	*Rijksgeschiedkundige Publicatiën Grote Serie*
RGP KS	*Rijksgeschiedkundige Publicatiën Kleine Serie*
TvG	*Tijdschrift voor Geschiedenis*
TvSG	*Tijdschrift voor Sociale Geschiedenis*
TvZG	*Tijdschrift voor Zeegeschiedenis*
UBA RA	Universiteitsbibliotheek Amsterdam, Réveil Archief
VOC	Verenigde Oostindische Compagnie (East India Company)
WIC	Westindische Compagnie (West India Company)

文 献 一 覧

一次史料

Gemeentearchief Amsterdam/Amsterdam City Archives (GAA)
  Notariële archieven (GAA NA)
  Burgemeestersarchief
  Archief van de Thesaurieren Ordinaris
  Rechterlijke archieven (GAA RA)
  Gildenarchieven (GAA GiA)
  Directie der Oostersche Handel en Reederijen (GAA PA 78)
  Archief Brants (GAA PA 88)
  Familiearchief De Clercq (GAA PA 255)
  Archief van de Ontvang- en Betaalkas (GAA NA 583)
Universiteitsbibliotheek Amsterdam/Amsterdam University Library (UBA)
  Réveil-archief (UBA RA)
Nederlands Economisch Historisch Archief, Amsterdam (NEHA)
  Willem de Clercq (Bijzondere collecties 393)
  Prijscouranten

二次文献

Abel, Wilhelm, *Agrarkrisen und Agrarkonjunktur* (Hamburg/Berlin 1966).
―――, *Massenarmut und Hungerkrisen im vorindustriellen Europa. Versuch einer Synopsis* (Hamburg/Berlin 1974).
―――, *Stufen der Ernährung: eine historische Skizze* (Göttingen 1981).
Ahvenainen, Jorma, *Der Getreidehandel Livlands im Mittelalter* (Helsinki 1963).
Allen, R. C., and R. W. Unger, 'The Depth and Breadth of the Market for Polish Grain, 1500-1800' in: J. Ph. S. Lemmink and J. S. A. M. van Koningsbrugge eds., *Baltic Affairs. Relations between the Netherlands and North-Eastern Europe 1500-1800* (Nijmegen 1990) 1-18.
Anderinga de Kempenaer, A. A. van, *Memorie over den vrijen graanhandel in de Nederlanden* (The Hague 1824).
Asaert, Gustaaf, Greta Devos and Fernand Suykens, *De Antwerpse naties. Zes eeuwen actief in stad en haven* (Tielt 1993).
Attman, Artur, 'Stranglehold on the Vistula. The international corn crisis around 1630' in: Jürgen Schneider ed., *Wirtschaftskräfte und Wirtschaftswege II: Wirtschaftskräfte in der europäischen Expansion. Festschrift für Hermann*

Kellenbenz (1978) 545-562.

Aymard, M., *Venise, Raguse et le commerce du blé* (Paris 1966).

Bang, Nina Ellinger, and Knud Korst eds., *Tabeller over skibsfart og varetransport gennem Øresund 1497-1660* (3vols.; Copenhagen/Leipzig 1906-1933).

―――, *Tabeller over skibsfart og varetransport gennem Øresund 1661-1783 og gennem Storebælt 1701-1748* (4 vols.; Copenhagen/Leipzig 1939-1953).

Barbour, Violet, 'Marine Risks and Insurance in the Seventeenth Century', *Journal of Economic and Business History* I (1928-1929) 561-596.

―――, 'Dutch and English Merchant Shipping in the Seventeenth Century', reprinted in: E. M. Carus-Wilson ed., *Essays in Economic History* I (London 1954).

―――, *Capitalism in Amsterdam in the Seventeenth Century* (Baltimore 1950).

Berg, L. van den, 'Lijst der voornaamste handelshuizen van Amsterdam en Rotterdam in 1800', *EHJ* 6 (1920) 265-271.

Berkenvelder, F. C., 'Some unknown Dutch archivalia in the Gdansk archives', in: W. G. Heeres et al. eds., *From Dunkirk to Danzig. Shipping and Trade in the North Sea and the Baltic, 1350-1850* (Hilversum 1988) 145-166.

Beyerink, Fr. and M. G. de Boer, *Jacob Bicker Raye, "Notitie van het merkwaardigste meyn bekent", 1732-1772* (Amsterdam 1935).

Bijlsma, R., 'Rotterdams Oostervaart in de eerste helft der zeventiende eeuw', *Rotterdams Jaarboekje* (1915) 35-41.

Black, Jeremy, 'Grain Exports and Neutrality. A Speculative Note on British Neutrality in the War of the Polish Succession', *JEEH* 12 (1983) 593-600.

Blockmans, Wim P., 'Der holländische Durchbruch in der Ostsee', in: Stuart Jenks and Michael North eds., *Der hansische Sonderweg? Beiträge zur Sozial- und Wirtschaftsgeschichte der Hanse* (Cologne/Weimar/Vienna 1993) 49-58.

―――, 'The Economic Expansion of Holland and Zeeland in the Fourteenth-Sixteenth Centuries' in: E. Aerts et al. eds., *Studia Historica Oeconomica. Liber amicorum Herman van der Wee* (Leuven 1993) 41-58.

Blockmans, W. P. and W. Prevenier, 'Armoede in de Nederlanden van de 14e tot het midden van de 16e eeuw: bronnen en problemen', *TvG* 88 (1975) 501-538.

Blok, P. J., 'Het plan tot oprichting eener compagnie van assurantie', *BVGO* 4th series, vol. 1 (1900) 1-41.

―――, 'Koopmansadviezen aangaande het plan tot oprichting eener compagnie van assurantie (1629-1635) ', *BMHG* 21 (1900) 1-160.

―――, 'Mémoire touchant le negoce et la navigation des Hollandais (1699)', *BMHG* 24 (1903) 221-342.

Boer, M. G. de, *Van waagdragersveem tot modern grootbedrijf* (Groningen 1917).

Bogucka, Maria, 'Merchants' Profits in Gdansk Foreign Trade in the First Half of the 17th Century', *Acta Poloniae Historica* 23 (1971) 73-90.

―――, 'Amsterdam and the Baltic in the First half of the Seventeenth Century', *EHR* 2nd ser. 26 (1973) 433-447.

―――, 'Die Beziehungen zwischen dem Handelskapital und der städtischen Produktion in Danzig im 16. und 17. Jahrhundert' in: Konrad Fritze, Eckhard Müller-Mertens, Johannes Schildhauer eds., *Hansische Studien* III: *Bürgertum - Handelskapital - Städtebünde* (Weimar 1975) 58-69.

―――, 'La lettre de change et le crédit dans les échanges entre Gdansk et Amsterdam dans la premiere moitié du XVIIe siecle' in: Herman van der Wee, Vladimir A. Vinogradov and Grigorii G. Kotovsky eds., *Fifth International Conference of Economic History, Leningrad 1970* vol. IV (The Hague/Paris/New York 1976) 31-41.

―――, 'Mentalität der Bürger von Gdansk im XVI. -XVII. Jahrhundert', *Studia Maritima* 1 (1978) 64-75.

―――, 'Zur Problematik der Profite im Handel zwischen Danzig und Westeuropa (1550-1650)' in: Konrad Fritze, Eckhard Müller-Mertens, Johannes Schildhauer eds., *Hansische Studien* V: *Zins - Profit, Ursprungliche Akkumulation* (Weimar 1981) 41-50.

―――, 'Danzig an der Wende zur Neuzeit: von der aktiven Handelsstadt zum Stapel und Produktionszentrum', *Hansische Geschichtsblätter*. 102 (1984) 91-103.

―――, 'Dutch Merchants' Activities in Gdansk in the First Half of the 17th Century' in: J. Ph. S. Lemmink and J. S. A. M. van Koningsbrugge eds., *Baltic Affairs. Relations between the Netherlands and North-Eastern Europe 1500-1800* (Nijmegen 1990) 19-32.

―――, 'Veranderingen in de Baltische handel in de zeventiende eeuw. Transacties tussen Hollandse kooplieden en de Poolse adel', *Jaarboek Amstelodamum* 87 (1995) 253-258.

―――, 'Gdansk and some Aspects of the Cultural Interaction in the 16th-17th Centuries' in: Julia-K. Büthe and Thomas Riis eds., *Studien zur Geschichte des Ostseeraumes* II. *Die Städte des Ostseeraumes als Vermittler von Kultur 1240-1720* (Odense 1997) 61-66.

―――, 'Food consumption in Gdansk in the 16th-18th centuries' in: *"Proeve 't al, 't is prysselyck". Verbruik in Europese steden (13de-18de eeuw). Consumption in European Towns (13th-18th Century). Liber Amicorum Raymond van Uytven* (Antwerpen 1998) 91-97.

Bontemantel, Hans, *De regeeringe van Amsterdam soo in't civiel als crimineel en militaire (1653-1672)*, G. W. Kernkamp ed. (The Hague 1897).

Boon, Piet, 'West Friesland and the Sound (1681-1720). Sound toll registers, Sound toll tables and the facts in West Friesland' in: W. G. Heeres et al.

eds., *From Dunkirk to Danzig. Shipping and Trade in the North Sea and the Baltic, 1350-1850* (Hilversum 1988) 171-189.

―――, 'De Hoornse Kamer van de Directie Oosterse Handel en Rederijen: meer rederij dan handel', *TvZG* 9 (1990) 65-75.

―――, *Bouwers van de zee: zeevarenden van het Westfriese platteland, 1680-1720* (The Hague 1996).

Bos, Sandra, *"Uyt liefde tot malcander". Onderlinge hulpverlening binnen de Noord-Nederlandse gilden in internationaal perspectief (1570-1820)* (Amsterdam 1998).

Bots, Herman, and Joris Wiersinga, 'Brieven en aandelen. Het Amsterdamse postnetwerk en de integratie van kapitaalmarkten in de 18e eeuw', *Leidschrift* 13/2 (1998) 97-115.

Bourgois, Danielle, 'Les Provinces Unies, les mesures contre la peste et le commerce dans la région baltique, 1709-1715' in: W. G. Heeres et al. eds., *From Dunkirk to Danzig. Shipping and Trade in the North Sea and the Baltic, 1350-1850*. (Hilversum 1988) 191-202.

Bowman, Francis J., 'Dutch Diplomacy and the Baltic Grain Trade, 1600-1660', *Pacific Historical Review* V (1936) 337-348.

Boxer, C. R., 'Sedentary Workers and Seafaring Folk in the Dutch Republic', in: *Britain and the Netherlands* II (1964) 148-168.

Brakel, S. van, 'De Directie van den Oosterschen Handel en Reederijen te Amsterdam', *BVGO* 4th series 9 (1910) 329-364.

―――, 'Statistische en andere gegevens betreffende onzen handel en scheepvaart op Rusland gedurende de 18e eeuw', *BMHG* 34 (1913) 350-404.

―――, 'Ontbrekende schakels in de ontwikkeling van ons vennootschapsrecht' in: *Rechtshistorische opstellen aangeboden aan Mr. S. J. Fockema Andreae* (Haarlem 1914) 153-194.

Braudel, Fernand, *De structuur van het dagelijks leven. Beschaving, economie en kapitalisme* (15e-18e eeuw) I (Amsterdam 1988).（フェルナン・ブローデル著，村上光彦訳『日常性の構造 物質文明・経済・資本主義 15-18世紀』みすず書房，1985年）。

Braudel, F., and F. Spooner, 'Prices in Europe from 1450 to 1750' in: *The Cambridge Economic History of Europe* vol. IV (Cambridge 1976).

Brink, E. A. B. J. ten, *Geschiedenis van het Nederlandse postwezen 1795-1810* (The Hague 1950).

―――, 'Een langdurige controverse tussen Amsterdam en Rotterdam over de postverbinding met Hamburg', *EHJ* 32 (1976-1968) 235-268.

Broeze, F. J. A., 'Rederij' in: F. J. A. Broeze, J. R. Bruijn and F. S. Gaastra eds., *Maritieme Geschiedenis der Nederlanden* III: *Achttiende eeuw en eerste helft negentiende eeuw, van ca. 1680 tot 1850-1870* (Bussum 1977) 92-141.

Brugmans, H., 'De notulen en munimenten van het College van Commercie te Amsterdam', *BMHG* 18 (1897) 181-330.

―――, 'Statistiek van den in- en uitvoer van Amsterdam, 1 october 1667-30 september 1668', *BMHG* 19 (1898) 125-184.

―――, *Opkomst en bloei van Amsterdam* (Amsterdam 1911).

―――, 'De post in Nederland in de zeventiende eeuw' in: S. D. van Veen ed., *Uit onzen bloeitijd. Schetsen van het leven onzer vaderen in de XVIIe eeuw* I (Baarn, n. d.) 193-232.

Bruijn, J. R., 'De vaart in Europa' in: L. M. Akveld, S. Hart and W. J. van Hoboken eds., *Maritieme Geschiedenis der Nederlanden* II: *Zeventiende eeuw, van 1585 tot ca. 1680* (Bussum 1977) 200-241.

―――, 'Scheepvaart in de Noordelijke Nederlanden 1580-1650', *Algemene Geschiedenis der Nederlanden* VII (Haarlem 1980) 137-155.

―――, 'Scheepvaart in de Noordelijke Nederlanden 1650-1800', *Algemene Geschiedenis der Nederlanden* VIII (Haarlem 1979) 209-238.

―――, 'Productivity, profitability, and costs of private and corporate Dutch ship owning in the seventeenth and eighteenth centuries' in: James D. Tracy ed., *The rise of merchant empires. Long-distance trade in the early modern world, 1350-1750* (Cambridge 1990) 174-194.

―――, 'In een veranderend maritiem perspectief: het ontstaan van directies voor de vaart op de Oostzee, Noorwegen en Rusland', *TvZG* 9 (1990) 15-25.

―――, *Varend verleden. De Nederlandse oorlogsvloot in de 17e en 18e eeuw* (Amsterdam 1998).

Brulez, W., 'De diaspora der Antwerpse kooplui op het einde van de 16e eeuw', *BGN* 15 (1960) 279-306.

―――, 'De scheepvaartwinst in de nieuwe tijden', *TvG* 92 (1979) 1-19.

Brünner, E. C. G., 'Maatregelen, in 1565 van overheidswege genomen, om de voedselvoorziening van de bevolking in de Nederlanden te regelen', *BMHG* 50 (1929) 141-192.

Buck, P. de, 'De Russische uitvoer uit Archangel naar Amsterdam in het begin van de achttiende eeuw (1703-1709)', *ESHJ* 51 (1988) 126-193.

Buck, P. de, and J. Th. Lindblad, 'De scheepvaart en handel uit de Oostzee op Amsterdam en de Republiek, 1722-1780', *TvG* 96 (1983) 536-562.

―――, 'Navigatie en negotie. De Galjootsgeldregisters als bron van onderzoek naar de geschiedenis van de Oostzeehandel in de achttiende eeuw', *TvZG* 9 (1990) 27-48.

Bunk, Wijnand, *Staathuishoudkundige geschiedenis van den Amsterdamschen graanhandel* (Amsterdam 1856).

Burema, L. *De voeding in Nederland van de middeleeuwen tot de twintigste eeuw* (Assen 1953).

文献一覧

Butel, Paul, *L'économie française au XVIIIe siècle* (Paris 1993).
Cau, Cornelis, *Groot Placaet-Boeck* (Den Haag 1658).
Christensen, Aksel E., 'Der handelsgeschichtliche Wert der Sundzollregister. Ein Beitrag zu seiner Beurteilung', *Hansische Geschichtsblätter 59* (1934) 28-142.
―――, *Dutch trade to the Baltic about 1600. Studies in the Sound toll register and Dutch shipping records* (Copenhagen/The Hague 1941).
Cieslak, Edmund, 'Aspects of Baltic sea-borne trade in the eighteenth century: the trade relations between Sweden, Poland, Russia and Prussia', *JEEH* 12 (1983) 239-270.
Cieslak, Edmund, and Czeslaw Biernat, *History of Gdansk* (Danzig 1995).
Clercq, W. A. de, *Willem de Clercq. Woelige weken, november-december 1813* (Amsterdam 1988).
―――, 'Verleden, heden en toekomst van de Directie der Oostersche Handel en Reederijen te Amsterdam', *TvZG* 9 (1990) 5-13.
―――, *Graan en reizen. Willem de Clercq in 1814* (Amsterdam 1995).
―――, 'Een andere Willem de Clercq', *Doopsgezinde Bijdragen* 21 (1995).
―――, *Willem de Clercq (1795-1844)* (Amsterdam 1999).
Clercq, Willem de, *Dagboek 1815* (Amsterdam 1994).
―――, *Welken invloed heeft vreemde letterkunde, inzonderheid de Italiaansche, Spaansche, Fransche en Duitsche, gehad op de Nederlandsche taal- en letterkunde, sints het begin der vijftiende eeuw tot op onze dagen?* (Amsterdam 1824).
Colenbrander, H. T. ed., *Gedenkstukken der algemeene geschiedenis van Nederland van 1795 tot 1840: 1815-1825* II (The Hague 1915).
Collins, James B., 'The Role of Atlantic France in the Baltic Trade: Dutch Traders and Polish Grain at Nantes, 1625-1675', *JEEH* 13 (1984) 239-289.
Collins, E. J. T., 'Why Wheat? Choice of Food Grains in Europe in the Nineteenth and Twentieth Centuries', *JEEH* 22 (1993) 7-38.
Commelin, Casparus, *Beschrijvinge van Amsterdam* (2nd edition, Amsterdam 1726).
Da Costa, I., *Herinneringen uit het leven en den omgang van Willem de Clercq* (Amsterdam 1850).
Davids, C. A., *De macht der gewoonte? Economische ontwikkeling en institutionele context in Nederland op de lange termijn* (Amsterdam 1995).
Davids, Karel, 'Maritime Labour in the Netherlands, 1570-1870' in: Paul van Royen, Jaap Bruijn and Jan Lucassen eds., *"Those Emblems of Hell"? European Sailors and the Maritime Labour Market, 1570-1870*. Research in Maritime History no. 13 (St. John's, Newfoundland 1997) 41-71.
―――, 'Zekerheidsregelingen in de scheepvaart en het landtransport, 1500-1800' in: Jacques van Gerwen and Marco H. D. van Leeuwen eds., *Studies over*

zekerheidsarrangementen: risico's, risicobestrijding en verzekeringen in Nederland vanaf de Middeleeuwen (Amsterdam 1998) 183-202.

Deceulaer, Harald, 'Arbeidsregulering en loonvorming in de Antwerpse haven, 1585-1796', *TvSG* 19 (1992) 22-47.

'Deductie van de heeren Staten van Hollandt en West-Vrieslandt, en corps ter vergaderinge van hare hog: mog: mondelingh gedaen, den 15 augusty 1671, en naderhand bij geschrifte overgegeven tegens de belastinge op de inkomende, ende ontlastinge van de uytgaende granen' in: *Bijdragen tot de Staathuishoudkunde en Statistiek* 1 (Utrecht 1836) 120-144.

Dehing, P. W. N. M., 'De Amsterdamse Wisselbank en Venetië in de zeventiende eeuw' in: Margriet de Roever ed., *Amsterdam. Venetië van het Noorden* (The Hague 1991) 120-136.

Dessens, Henk, 'Zeilen naar de Oostzee' in: Remmelt Daalder et al. eds., *Goud uit graan. Nederland en het Oostzeegebied 1600-1850* (Zwolle 1998) 56-69.

Diederiks, H. A., *Een stad in verval. Amsterdam omstreeks 1800: demografisch, economisch, ruimtelijk* (Amsterdam 1982).

Dillen, J. G. van, 'Stukken betreffende den Amsterdamschen graanhandel omstreeks het jaar 1681', *EHJ* 3 (1917) 70-106.

―――, 'De duurte van het jaar 1698', *Onze Eeuw* 17 (1917) 250-273.

―――, 'De duurte in de laatste jaren der zeventiende eeuw', *Onze Eeuw* 18 (1918) 60-80.

―――, 'Stukken betreffende den termijnhandel in graan in de laatste jaren der zeventiende eeuw', *EHJ* 4 (1918) 37-46.

―――, 'Termijnhandel te Amsterdam in de 16de en 17de eeuw', *De Economist* 76 (1927) 503-523.

――― ed., *Bronnen tot de geschiedenis van het bedrijfsleven en het gildewezen van Amsterdam* I: *1512-1611*, II: *1612-1632*, III: *1633-1672* (The Hague 1929, 1933, 1974) *RGP GS* 69, 78, 144.

―――, *Amsterdam in 1585. Het kohier der capitale impositie van 1585* (Amsterdam 1941).

―――, 'Naschrift. De achttiende eeuw', *TvG* 61 (1948) 16-30.

―――, *Het oudste aandeelhoudersregister van de kamer Amsterdam der Oost-Indische Compagnie* (The Hague 1958).

―――, 'Gildewezen en publiekrechtelijke bedrijfsorganisatie' in: *Mensen en achtergronden. Studies uitgegeventer gelegenheid van de tachtigste jaardag van de schrijver* (Groningen 1964) 149-176.

―――, *Van rijkdom en regenten. Handboek tot de economische en sociale geschiedenis van Nederland tijdens de Republiek* (The Hague 1970).

Dobbelaar, P. J., 'Statistische opgaven van de in- en uitgevoerde granen in de Maashavens gedurende de 2e helft der 18e eeuw', *EHJ* 6 (1920).

Donkersloot-de Vrij, Marijke, *Drie generaties Blaeu. Amsterdamse cartografie en boekdrukkunst in de zeventiende eeuw* (Zutphen 1992).

Dubois, O. W., 'Willem de Clercq. Een begenadigd improvisator', *De Hoeksteen* 17/6 (1988).

―, *Een vriendschap in Réveilkring: de omgang tussen Isaac da Costa en Willem de Clercq (1820-1844)* (Heerenveen 1997) 308-311.

Dudok van Heel, S. A. C., '*Hooft, een hecht koopmansgeslacht*' in: Breugelmans et al., *Hooft. Essays over P. C. Hooft* (Amsterdam 1981) 93-115.

―, 'De familie van Pieter Cornelisz Hooft', *Jaarboek van het Centraal Bureau voor Genealogie* 35 (1981) 68-108.

―, '"Het Embder ofte Condees Hoeckgen" in het kohier van 1585. De familie Hooft aan de Nieuwendijk', *Jaarboek Amstelodamum* 73 (1981) 25-50.

Dunsdorfs, Edgar, 'The Riga Grain Trade in the Seventeenth Century', *Baltic and Scandinavian Countries* 3 (1937) 26-35.

Eeghen, I. H. van, 'Theorie en praktijk in het gildewezen: het Amsterdamse korenlichtermansgilde', *TvG* 63 (1950) 60-87.

―, *Inventarissen van de gilden en van het brouwerscollege* (Amsterdam 1951).

―, *Inventarissen van de archieven van de Directie van de Moscovische Handel, Directie van de Oostersche Handel en Reederijen, Commissarissen tot de Graanhandel en Commissie voor de Graanhandel* (Amsterdam 1961). (*Inventarissen* と表記)

Elias, Johan E., *De vroedschap van Amsterdam 1578-1795* (Amsterdam 1963; first ed. Haarlem 1903-1905).

Elink Schuurman, W. H. A., 'Korte aantekeningen betreffende verzekering in de dagen der Republiek', *EHJ* 3 (1917) 107-123.

Engels, M. C., 'Dutch Traders in Livorno at the Beginning of the Seventeenth Century. The Company of Joris and Bernard van den Broecke', in: C. Lesger and L. Noordegraaf eds., *Entrepreneurs and Entrepreneurship in Early Modern Times. Merchants and Industrialists within the Orbit of the Dutch Staple Market* (The Hague 1995) 63-76.

―, *Merchants, Interlopers, Seamen and Corsairs. The 'Flemish' Community in Livorno and Genoa (1615-1635)* (Hilversum 1997).

Erenstein, Rob, 'Nederlands toneel in Riga in de zeventiende eeuw' in: Remmelt Daalder et al. eds., *Goud uit graan. Nederland en het Oostzeegebied 1600-1850* (Zwolle 1998) 122.

Faber, J. A., 'The decline of the Baltic grain trade in the second half of the seventeenth century' in: W. G. Heeres et al. eds., *From Dunkirk to Danzig. Shipping and Trade in the North Sea and the Baltic, 1350-1850*. (Hilversum 1988) 31-51. (first published in *A. A. G. Bijdragen* 9 (Wageningen 1963) 3-28).

―, 'Structural changes in the European economy during the eighteenth century as reflected in the Baltic trade' in: W. G. Heeres et al. eds., *From Dunkirk to Danzig. Shipping and Trade in the North Sea and the Baltic, 1350-1850*. (Hilversum 1988) 83-94. (first published in *TvZG* 1 (1982) 91-101).

―, 'Shipping to the Netherlands during a turbulent period 1784-1810' in: W. G. Heeres et al. eds., *From Dunkirk to Danzig. Shipping and Trade in the North Sea and the Baltic, 1350-1850*. (Hilversum 1988) 95-106. (first published as 'Scheepvaart op Nederland in een woelige periode: 1784-1810', ESHJ 47 (1984) 67-78).

―, 'The grain trade, grain prices and tariff policy in the Netherlands in the second half of the seventeenth century' in: W. G. Heeres et al. eds., *From Dunkirk to Danzig. Shipping and Trade in the North Sea and the Baltic, 1350-1850*. (Hilversum 1988) 23-30.

Furtak, Tadeusz, *Ceny w Gdansku w latach 1701-1815. Les prix à Gdansk (Danzig) de 1701 à 1815. Preisgeschichte Danzigs 1701-1815* (Lwow 1935).

Gaastra, F. S., 'Conjunctuur of structuur? Enkele opmerkingen over de ontwikkeling en aard van de handel van de VOC naar aanleiding van Jonathan Israels Dutch Primacy in World Trade', *Leidschrift* 9 (1992) 49-58.

Gast, L., 'Accijnsen in Amsterdam in de tweede helft der 17e eeuw', unpublished paper June 1935.

Gelder, H. A. Enno van, *De levensbeschouwing van Cornelis Pieterszoon Hooft, burgemeester van Amsterdam 1547-1626* (Utrecht 1982; first edition Amsterdam 1918).

―, 'Zestiende-eeuwsche koopmansbrieven', *ESHJ* 5 (1919) 136-191.

―, ed., *Gegevens betreffende roerend en onroerend bezit in de Nederlanden in de 16e eeuw* I: *Adel, boeren, handel en verkeer*. RGP GS 140 (The Hague 1972); II: *Industrie, vrije beroepen*. RGP GS 141 (The Hague 1973).

Gelderblom, Oscar, *Zuid-Nederlandse kooplieden en de opkomst van de Amsterdamse stapelmarkt (1578-1630)* (Hilversum 2000).

Gelderblom, O. and J. L. van Zanden, 'Vroegmodern ondernemerschap in Nederland', *NEHA bulletin* 11 (1997) 3-15.

Genabeek, Joost van, 'De afschaffing van de gilden en de voortzetting van hun functies', *NEHA-jaarboek voor economische, bedrijfs- en techniekgeschiedenis* 57 (1994) 63-90.

Glamann, Kristof, 'European Trade 1500-1750' in: Carlo M. Cipolla ed., *The Fontana Economic History of Europe. The sixteenth and seventeenth centuries* (Glasgow 1981, first published 1974) 427-526.

Göbel, Erik, 'De Sonttolregisters' in: Remmelt Daalder et al. eds., *Goud uit graan. Nederland en het Oostzeegebied 1600-1850* (Zwolle 1998) 25.

Grantham, George W., 'Food Rations in France in the Eighteenth and early Nineteenth Centuries: a Reply', *EHR* 48 (1995) 774-777.

Hacquebord, L., F. N. Stokman and F. W. Wasseur, 'The Directors of the Chambers of the "Noordse Compagnie", 1614-1642, and their Networks in the Company' in: C. Lesger and L. Noordegraaf eds., *Entrepreneurs and Entrepreneurship in Early Modern Times. Merchants and Industrialists within the Orbit of the Dutch Staple Market* (The Hague 1995).

Hart, Marjolein 't, 'Freedom and restrictions. State and economy in the Dutch Republic, 1570-1670', in: Karel Davids and Leo Noordegraaf eds., *The Dutch Economy in the Golden Age* (Amsterdam 1993) 105-130.

―――, 'The Dutch Republic: the urban impact upon politics', in: Karel Davids and Jan Lucassen eds., *A miracle mirrored. The Dutch Republic in European perspective* (Cambridge U. P. 1995) 57-98.

Hart, S., 'Amsterdam Shipping and Trade to Northern Russia in the Seventeenth Century', *Mededelingen van de Nederlandse Vereniging voor Zeegeschiedenis* 26 (1973) 5-30, 115-116. (also published as: 'Amsterdamse scheepvaart en handel op Noord-Rusland in de zeventiende eeuw' in: S. Hart, *Geschrift en getal. Een keuze uit de demografisch-, economisch- en sociaal-historische studiën op grond van Amsterdamse en Zaanse archivalia* (Dordrecht 1976) 267-314).

―――, 'De Italiëvaart 1590-1620', *Jaarboek Amstelodamum* 70 (1978) 42-60.

―――, 'Rederij' in: L. M. Akveld, S. Hart and W. J. van Hoboken eds., *Maritieme Geschiedenis der Nederlanden* II: *Zeventiende eeuw, van 1585 tot ca. 1680* (Bussum 1977) 106-125.

Hart, W. G. 't and P. C. van Royen, 'Het smakschip "De Neufville van der Hoop". Een onderzoek naar de rendabiliteit van de Nederlandse vrachtvaart in de achttiende eeuw', *ESHJ* 48 (1985) 150-168.

Heeringa, K., ed., *Bronnen tot de geschiedenis van den Levantschen handel* I: *1590-1660. RGP GS* 9 (The Hague 1910).

Heerma van Voss, Lex, 'Noordzeecultuur (1500-1800)' in: Karel Davids, Marjolein 't Hart, Henk Kleijer and Jan Lucassen eds., *De Republiek tussen zee en vasteland* (Leuven/Apeldoorn 1995) 25-55.

Herlihy, Patricia, *Odessa: a history, 1794-1914* (Cambridge Mass. 1986).

Högberg, S., 'Baltic Grain Trade in the 18th Century' in: J. Ph. S. Lemmink and J. S. A. M. van Koningsbrugge eds., *Baltic Affairs. Relations between the Netherlands and North-Eastern Europe 1500-1800* (Nijmegen 1990) 121-126.

Horlings, Edwin, *The economic development of the Dutch service sector 1800-*

1850. *Trade and transport in a premodern economy* (Amsterdam 1995).
Hroch, Miroslav, *Handel und Politik im Ostseeraum während des Dreissigjahrigen Krieges* (Prague 1976).
Huussen, A. H., 'The Relations Between the Classis of the Reformed Church at Amsterdam and the Congregations in Muscovy During the 17th Century' in: J. Braat et al. eds., *Russians and Dutchmen. Proceedings of the Conference on the Relations between Russia and the Netherlands from the 16th to the 20th century held at the Rijksmuseum Amsterdam, June 1989* (Groningen 1993) 135-158.
Israel, Jonathan I., 'The Phases of the Dutch *straatvaart* (1590-1713); a Chapter in the Economic History of the Mediterranean', *TvG* 99 (1986) 1-30.
―――, *Dutch primacy in world trade, 1585-1740* (Oxford U. P. 1989). (translated as: *Nederland als centrum van de wereldhandel 1585-1740* (Franeker 1991).
―――, 'The "New History" versus "traditional history" in interpreting Dutch world trade primacy', *BMGN* 106 (1991) 469-479.
―――, *The Dutch Republic. Its Rise, Greatness and Fall 1477-1806* (Oxford U. P. 1995).
―――, 'The Dutch Bulk Carrying Traffic to Elbing in the Seventeenth Century (1585-1700): the Narrowing of the "Mother Trade"', *BMGN* 112 (1997) 227-235.
Jacobsen Jensen, J. N., 'Hoe een Franschman ons land in 1636 zag', *Onze Eeuw* 12/4 (1912) 97-115.
Jansen, Lucas, *De koophandel van Amsterdam. Een critische studie over het koopmansboek van Jacques Le Moine de l'Espine en Isaac le Long* (Amsterdam 1946).
Japikse, N., ed, *Resolutiën der Staten-Generaal van 1576 tot 1609*. IX: *1596-1597*, X: *1598-1599*, XI: *1600-1601* (The Hague 1926 - 1941) *RGP GS* 62, 71, 85.
Jeannin, Pierre, 'Le tonnage des navires utilisés dans la Baltique de 1550 à 1640 d'après les sources Prussiennes', *Le navire et l'économie maritime du Nord de l'Europe du Moyen-Age au XVIIIe siècle* (S. E. V. P. E. N. 1960) 45-63.
―――, 'Les comptes du Sund comme source pour la construction d'indices généraux de l'activité économique en Europe (XVIe-XVIIIe siècle)', *Revue Historique* 231 (1964) 55-102, 307-340.
―――, 'Preis-, Kosten-, und Gewinnunterschiede im Handel mit Ostseegetreide (1550-1650)' in: Ingomar Bog et al., eds., *Wirtschaftliche und soziale Strukturen im saekularen Wandel. Festschrift für Wilhelm Abel zum 70. Geburtstag* (Hannover 1974) II: 494-517.
Jeuninckx, Karel, 'De verhouding van de haven van Antwerpen tegenover deze

van Amsterdam en Rotterdam tijdens het Verenigd Koninkrijk', *Mededelingen van de Marine Academie van België* 11 (1958-1959) 147-181.

Jobse - Van Putten, Jozien, *Eenvoudig maar voedzaam. Cultuurgeschiedenis van de dagelijkse maaltijd in Nederland* (Nijmegen 1995).

Johansen, H. C., *Shipping and Trade between the Baltic and Western Europe 1784-1795* (Odense 1983).

Jong-Keesing, E. E. de, *De economische crisis van 1763 te Amsterdam* (Amsterdam 1939).

Jonker, Joost, *Merchants, bankers, middlemen. The Amsterdam money market during the first half of the 19th century* (Amsterdam 1996).

Jonker, Joost and Keetie Sluyterman, *Thuis op de wereldmarkt. Nederlandse handelshuizen door de eeuwen heen* (Den Haag 2000).

Jörberg, Lennart, 'The Nordic Countries 1850-1914' in: Carlo M. Cipolla ed., *The Fontana Economic History of Europe* 4/2 (1973) 375-485.

Jörgensen, Dagny, 'Crijn Crijnsz Hooft. Een groot koopman in Bergen in de 17e eeuw' (text in the library of the City Archives Amsterdam; translation of the Norwegian text published in *Bergens Historiske Forenings Skrifter* 53 (1947) 219-243).

Kappelhof, Ton, 'Noord-Brabant en de Hollandse stapelmarkt' in: Karel Davids, Marjolein 't Hart, Henk Kleijer and Jan Lucassen eds., *De Republiek tussen zee en vasteland* (Leuven/Apeldoorn 1995) 189-206.

Kellenbenz, Herman, 'The Economic Significance of the Archangel Route (from the Late 16th to the Late 18th Century), *JEEH* 2 (1973) 541-581.

———, 'Technology in the Age of the Scientific Revolution 1500-1700' in: Carlo M. Cipolla ed., *The Fontana Economic History of Europe. The Sixteenth and Seventeenth Centuries* (Glasgow 1974) 177-272.

Kernkamp, G. W., *De sleutels van de Sont. Het aandeel van de Republiek in den Deensch-Zweedschen oorlog van 1644-1645* (The Hague 1890).

———ed., 'Memoriën van den Zweedschen resident Harald Appelboom', *BMHG* 26 (1905) 290-375.

Kernkamp, J. H., *De handel op den vijand 1572-1609* (2 vols.; Utrecht 1931-1934).

———, 'Scheepvaart- en handelsbetrekkingen met Italië tijdens de opkomst van de Republiek', *Economisch-Historische herdrukken* (1964) 199-233.

Kirby, David, *Northern Europe in the early modern period. The Baltic world 1492-1772* (London/New York 1990).

Klein, P. W., *De Trippen in de 17e eeuw. Een studie over het ondernemersgedrag op de Hollandse stapelmarkt* (Assen 1965).

———, 'Kwantitatieve aspecten van de Amsterdamse roggehandel in de 17e eeuw en de Europese economische geschiedenis' in: *Ondernemende ges-*

chiedenis. 25 opstellen geschreven bij het afscheid van Mr. H. van Riel (The Hague 1977) 75-88.

―――, 'A 17th Century Monopoly Game: the Swedish-Dutch Trade in Tar and Pitch' in: Jürgen Schneider ed., *Wirtschaftskräfte und Wirtschaftswege* II: *Wirtschaftskräfte in der europäischen Expansion. Festschrift für Hermann Kellenbenz* (1978) 459-471.

―――, 'De Nederlandse handelspolitiek in de tijd van het mercantilisme: een nieuwe kijk op een oude kwestie?', *TvG* 102 (1989) 189-212.

Klein, P. W. and J. W. Veluwenkamp, 'The Role of the Entrepreneur in the Economic Expansion of the Dutch Republic' in: Karel Davids and Leo Noordegraaf eds., *The Dutch Economy in the Golden Age* (Amsterdam 1993) 27-53.

Kluit, M. Elisabeth, *Per karos naar St. -Petersburg* (Lochem 1962).

Knotter, Ad and Hans Muskee, 'Conjunctuur en levensstandaard in Amsterdam 1815-1855. Een onderzoek op basis van plaatselijke accijnzen', *TvSG* 12 (1986) 153-181.

Knotter, Ad, *Economische transformatie en stedelijke arbeidsmarkt. Amsterdam in de tweede helft van de negentiende eeuw* (Zwolle/Amsterdam 1991).

―――, '"Strooptochten... in de Schatkameren van Amstels oudheid". Het Amsterdamse gemeentearchief en de geschiedschrijving van handel en scheepvaart in de tijd van de Republiek', *Jaarboek Amstelodamum* 87 (1995) 197-220.

Kooijmans, Luuc, 'Risk and Reputation. On the Mentality of Merchants in the Early Modern Period' in: C. Lesger and L. Noordegraaf eds., *Entrepreneurs and Entrepreneurship in Early Modern Times. Merchants and Industrialists within the Orbit of the Dutch Staple Market* (The Hague 1995) 25-34.

Kooy, T. P. van der, *Hollands stapelmarkt en haar verval* (Amsterdam 1931).

Kramer, E. L., *De graanwet van 1835* (Amsterdam 1940).

Krannhals, Detlef, *Danzig und der Weichselhandel in seiner Blütezeit vom 16. zum 17. Jahrhundert* (Leipzig 1942).

Kretschmar, F. G. L. O. van, 'Aantekeningen bij de portretten Hooft', *Jaarboek van het Centraal Bureau voor Genealogie* 35 (1981) 109-124.

Kriedte, Peter, *Peasants, Landlords and Merchant Capitalists. Europe and the World Economy, 1500-1800* (Leamington Spa 1983).

Laan, P. H. J. van der, 'The Poulle brothers of Amsterdam and the North Sea and Baltic trade, 1590-1620' in: W. G. Heeres et al. eds., *From Dunkirk to Danzig. Shipping and Trade in the North Sea and the Baltic, 1350-1850* (Hilversum 1988) 317-330.

Lange, J. de, *P. C. Hoofts reis-heuchenis. Naar de autograaf uitgegeven, ingeleid en toegelicht* (Amsterdam/Atlanta 1991).

Leeuwen, M. H. D van and J. E. Oeppen, 'Reconstructing the Demographic Regime of Amsterdam 1681-1920', *Economic and Social History in the Netherlands* 5 (1993) 61-103.

Le Goff, T. J. A., 'The Labour Market for Sailors in France' in: Paul van Royen, Jaap Bruijn and Jan Lucassen eds., *"Those Emblems of Hell"? European Sailors and the Maritime Labour Market, 1570-1870*. Research in Maritime History no. 13 (St. John's, Newfoundland 1997) 287-327.

Le Long, Isaac and Le Moine de l'Espine, *De koophandel van Amsterdam* (6th edition, Amsterdam 1744).

Lesger, C., 'Over het nut van huwelijk, opportunisme en bedrog. Ondernemen en ondernemerschap tijdens de roegmoderne tijd in theoretisch perspectief' in: C. A. Davids, W. Fritschy and L. A. van der Valk eds., *Kapitaal, ondernemerschap en beleid. Studies over economie en politiek in Nederland, Europa en Azië van 1500 tot heden* (Amsterdam 1996) 55-75.

Lesger, C., 'De mythe van de Hollandse wereldstapelmarkt in de zeventiende eeuw', *NEHA Jaarboek* 62 (1999) 6-25.

Lesger, C. and L. Noordegraaf eds., *Entrepreneurs and Entrepreneurship in Early Modern Times. Merchants and Industrialists within the Orbit of the Dutch Staple Market* (The Hague 1995).

Lindblad, J. Thomas, 'Structuur en conjunctuur in de handel van de Republiek in de zeventiende eeuw: Zweden en Elbing als voorbeelden', *Leidschrift* 9 (1992) 59-72.

―――, 'Foreign Trade of the Dutch Republic in the Seventeenth Century' in: Karel Davids and Leo Noordegraaf eds., *The Dutch Economy in the Golden Age* (Amsterdam 1993) 219-249.

―――, 'Sweden's Grain Trade in the 18th Century' in: Klaus Friedland ed., *Maritime Food Transport*. Quellen und Darstellungen zur hansischen Geschichte NF Band XL (Cologne/Weimar/Vienna 1994) 65-79.

―――, 'Louis de Geer (1587-1652). Dutch Entrepreneur and the Father of Swedish Industry' in: C. Lesger and L. Noordegraaf eds., *Entrepreneurs and Entrepreneurship in Early Modern Times. Merchants and Industrialists within the Orbit of the Dutch Staple Market* (The Hague 1995) 77-84.

―――, 'Repbliek', *BMGN* 112 (1997) 236-240.

―――, 'Nederland en de Oostzee 1600-1850' in: Remmelt Daalder et al. eds., *Goud uit graan. Nederland en het Oostzeegebied 1600-1850* (Zwolle 1998) 8-27.

Lucassen, Jan and Richard W. Unger, 'Labour productivity in Ocean Shipping, 1450-1875', *International Journal of Maritime History* 12/2 (2000) 127-141.

H. Luyckx, et al, eds., *Winkler Prins Lexicon van de Nederlandse letterkunde* (Amsterdam/Brussel 1986).

Maarleveld, Thijs, *Archaeological heritage management in Dutch waters: exploratory studies* (Ketelhaven 1998).

MacKenney, Richard, *Tradesmen and traders. The world of guilds in Venice and Europe, c. 1250 – c. 1650* (London 1987).

Maczak, Antoni, 'Sir Francis Drake's Prussian Prizes. Risks and Profits from the Gdansk-Iberian Commerce about 1589' in: idem, *Money, Prices and Power in Poland 16th-17th Centuries. A Comparative Approach* (Aldershot/Brookfield 1995) 83-98.

Malsen, H. van, *Geschiedenis van het makelaarsgild te Amsterdam, 1578-1933* (Amsterdam 1933).

Manders, Martijn, 'Twee graanschepen. Een botanische studie van de lading' in: Reinder Reinders and André van Holk eds., *Scheepslading. Inleidingen gehouden tijdens het zesde Glavimans symposion, Rotterdam, april 1992* (Groningen 1993) 19-31.

――――, 'Raadsels rond een gezonken oostzeevaarder' in: Remmelt Daalder et al. eds., *Goud uit graan. Nederland en het Oostzeegebied 1600-1850* (Zwolle 1998) 70-81.

Mansvelt, W. M. F., *Geschiedenis van de Nederlandse Handelmaatschappij* (2 vols.; Haarlem 1924)

Materné, Jan, *De prijzenadministratie van de centrale overheid te Brussel tijdens de 18de eeuw. Vlaamse, Brabantse, Noordnederlandse, Engelse, Duitse en Baltische graanprijzen op de Amsterdamse beurs (1767-1792)* (Brussel 1994).

Mathias, Peter, *The First Industrial Nation. An Economic History of Britain 1700-1914* (London 1969). (ピーター・マサイアス著, 小松芳喬監訳『最初の工業国家』日本評論社, 1972年)

McCants, Anne E. C., *Civic Charity in a Golden Age. Orphan Care in Early Modern Amsterdam* (Urbana and Chicago 1997).

McCusker, J. J., and C. Gravesteijn, *The Beginnings of Commercial and Financial Journalism* (Amsterdam 1991).

McCusker, John J., 'The Role of Antwerp in the Emergence of Commercial and Financial Newspapers in Early Modern Europe' in: *Cities and the Transmission of Cultural Values in the Late Middle Ages and Early Modern Period*. 17th International Colloquium, Spa, 16-19. V. 1994 (Brussel 1996) 303-332.

Meere, J. M. M. de, *Economische ontwikkeling en levensstandaard in Nederland gedurende de eerste helft van de negentiende eeuw* (The Hague 1982).

Menard, Russell R., 'Transport Costs and Long-Range Trade, 1300-1800: Was There a European "Transport Revolution" in the Early Modern Era?' in: James D. Tracy ed., *The Political Economy of Merchant Empires* (Cambridge U. P. 1991) 228-275.

Mickwitz, Gunnar, *Aus Revaler Handelsbücher. Zur Technik des Ostseehandels in der ersten Hälfte des 16. Jahrhunderts* (Helsinki 1938).

Minchinton, Walter, 'Patterns and Structure of Demand 1500-1750' in: Carlo M. Cipolla ed., *The Fontana Economic History of Europe. The sixteenth and seventeenth centuries* (Glasgow 1981, first published 1974) 83-176.

Müller, Leos, *The Merchant Houses of Stockholm c. 1640-1800. A Comparative Study of Early-Modern Entrepreneurial Behaviour* (Uppsala 1998).

Neumann, J., 'The year 1816 in the Baltic region: air temperatures, grain supply and mortality'. Invited paper for the International Meeting "The year without a summer? Climate in 1816", Ottawa, Canada, 25-29 June 1988.

Newman, Jennifer, 'The Russian Grain Trade 1700-1779' in: Walter Minchinton ed., *The Baltic Grain Trade. Five Essays* (Exeter 1985) 47-59.

―――, 'International Price Levels and Regional Specialisation. The Russian and Eastern Baltic Trade in Foodstuffs during the 17th and 18th Centuries' in: Klaus Friedland ed., *Maritime Food Transport*. Quellen und Darstellungen zur hansischen Geschichte NF Band XL (Cologne/Weimar/Vienna 1994) 53-63.

Nierop, Leonie van, 'Uit de bakermat der Amsterdamsche handelsstatistiek', *Jaarboek Amstelodamum* 13 (1915) (part I) and 15 (1917) (part III).

Noordegraaf, L., 'Sociale verhoudingen en structuren in de Noordelijke Nederlanden 1770-1813' in: *Algemene Geschiedenis der Nederlanden* 10 (Bussum 1981) 361-383.

―――, 'Crisis, wat voor crisis? Duurte, hongersnood en sociale politiek in de Republiek aan het eind van de zestiende eeuw', *ESHJ* 45 (1982) 39-57.

―――, *Atlas van de Nederlandse marktsteden* (Utrecht/Antwerpen/Amsterdam 1985).

―――, 'Dearth, Plague and Trade: Economy and Politics in the Northern Netherlands, Fifteenth to Nineteenth centuries', *Economic and Social History in the Netherlands* 1 (1989) 49-66.

―――, 'Vooruit en achteruit in de handelsgeschiedenis van de Republiek', *BMGN* 106 (1991) 458-468.

―――, 'De nijverheid van de Republiek ter discussie', *Leidschrift* 9 (1992) 73-78.

Noordkerk, H., *Handvesten der stad Amstelredam* (Amsterdam 1748).

North, Douglass C., 'Institutions, Transaction Costs, and the Rise of Merchant Empires' in: James D. Tracy ed., *The Political Economy of Merchant Empires* (Cambridge U. P. 1991) 22-40.

―――, 'Sources of Productivity Change in Ocean Shipping, 1600-1850', *Journal of Political Economy* 76 (1968) 953-970.

―――, *Structure and Change in Economic History* (New York/London 1981).

―――, *Institutions, institutional change and economic performance* (Cambridge U. P. 1990). (ダグラス・C・ノース著, 竹下公視訳『制度・制度変化・経済成果』晃洋書房, 1994 年).

Nusteling, Hubert, *Welvaart en werkgelegenheid in Amsterdam 1540-1860* (Amsterdam/Dieren 1985).

Oakley, Stewart P., *War and Peace in the Baltic 1560-1790* (London/New York 1992).

Oldewelt, W. F. H., *Kohier van de personeele quotisatie te Amsterdam over het jaar 1742* (2 vols.; Amsterdam 1945).

―――, 'De Hollandse imposten en ons beeld van de conjunctuur tijdens de Republiek', *Jaarboek Amstelodamum* 47 (1955) 48-80.

Oppenheim, M. ed., *The Naval Tracts of Sir William Monson* V (London 1915).

Ormrod, David, 'Dutch commercial and industrial decline and British growth in the late seventeenth and early eighteenth centuries' in: F. Krantz and Paul M. Hohenberg eds., *Failed transitions to modern industrial society: Renaissance Italy and seventeenth century Holland* (Montréal 1975) 36-43.

―――, *English Grain Exports and the Structure of Agrarian Capitalism 1700-1760* (Hull 1985).

Overvoorde, J. C., *Geschiedenis van het postwezen in Nederland vóór 1795, met de voornaamste verbindingen met het buitenland* (Leiden 1902).

Pearson, M. N., 'Merchants and states', James D. Tracy ed., *The political economy of merchant empires. State power and world trade 1350-1750* (Cambridge U. P. 1991) 41-116.

Pedersen, Kenno, 'Klein Amsterdam - Elseneur', in: Remmelt Daalder et al. eds., *Goud uit graan. Nederland en het Oostzeegebied 1600-1850* (Zwolle 1998) 83.

Pelc, J., *Ceny w Gdansku w XVI i XVII wieku* (Prices in Gdansk in the 16th and 17th centuries) (Lwow 1937).

Pierson, Allard (en De Clercq's jongste kleindochter), *Willem de Clercq naar zijn dagboek* (Haarlem 1888).

Polak, M. S., *Historiografie en economie van de 'muntchaos'. De muntproductie van de Republiek (1606-1795).* NEHA-Series III (Amsterdam 1998).

―――, 'Monetaire politiek in de zeventiende eeuw' in: Clé Lesger and Leo Noordegraaf eds., *Ondernemers & Bestuurders. Economie en politiek in de Noordelijke Nederlanden in de late Middeleeuwen en vroegmoderne tijd* (Amsterdam 1999) 433-444.

Post, John D., *Food shortage, Climatic Variability, and Epidemic Disease in Preindustrial Europe. The Mortality Peak in the Early 1740s* (Ithaca/London 1985).

Posthumus, N. W., 'Statistiek van den in- en uitvoer van Amsterdam in het jaar

1774', *BMHG* 34 (1913).

———, *Nederlandsche prijsgeschiedenis* I: *Goederenprijzen op de beurs van Amsterdam 1585-1914* (Leiden 1943).

———, *De oosterse handel te Amsterdam. Het oudst bewaarde koopmansboek van een Amsterdamse vennootschap betreffende de handel op de Oostzee 1485-1490* (Leiden 1953).

Pot, Peter, 'Door honger gedreven? Voedseloproeren te Leiden in 1709 en 1740', *TvSG* 17 (1991) 147-171.

Prak, Maarten, '"Een verzekerd bestaan". Ambachtslieden, winkeliers en hun gilden in Den Bosch (ca. 1775)' in: Boudien de Vries et. al. eds., *De kracht der zwakken. Studies over arbeid en arbeidersbeweging in het verleden. Opstellen aangeboden aan Theo van Tijn bij zijn afscheid als hoogleraar Economische en Sociale Geschiedenis aan de Rijksuniversiteit Utrecht* (Amsterdam 1992) 49-79.

———, 'Ambachtsgilden vroeger en nu', *NEHA-Jaarboek* 57 (1994) 10-33.

Raptschinsky, B., 'Het gezantschap van Koenraad van Klenck naar Moskou', *Jaarboek Amstelodamum* 36 (1939) 149-199.

'Remonstrantie van kooplieden der stad Amsterdam aan haar ed. gr. achtb. de heeren burgemeesteren derzelver stad, om aan te wijzen, d'oorzaak van't verval der commercie en schipvaart dezer landen; alsmede een vaardig en gereed middel tot derzelver restitutie', *Tijdschrift voor Staathuishoudkunde en Statistiek* 1, vierde stuk, (1841) 78-86.

Ridder, M. de, 'De ondersteuningsfondsen van de Amsterdamse gilden in de achttiende eeuw', *NEHA-Jaarboek* 57 (1994) 107-121.

Riemersma, Jelle C., 'Trading and shipping associations in 16th century Holland', *TvG* 65 (1952) 330-338.

Roding, Juliette, 'Dutch Architects and Engineers in Danzig and the Southern Baltic in the 16th and 17th Centuries', *Tijdschrift voor Skandinavistiek* 16/2 (1995) 223-234.

Roell, W. F., *Memorie aan den koning* (1824).

Royen, P. C. van, *Zeevarenden op de koopvaardijvloot omstreeks 1700* (Amsterdam 1987).

———, 'The First Phase of the Dutch Straatvaart (1591-1605): Fact and Fiction', *International Journal of Maritime History* 2/2 (1990) 69-102.

———, 'Moedernegotie en kraamkamer. Schippers en scheepsvolk op de Nederlandse vrachtvaart in Europese wateren vanaf de zeventiende tot in de negentiende eeuw', *TvZG* 9 (1990) 49-64.

———, 'The Dutch mercantile marine, late 17th century to early 18th century', in: *Guerres maritimes 1688-1713. IVes Journées franco-britanniques d' histoire de la marine* (Vincennes 1996) 103-137.

Schaïk, R. van, 'Prijs- en levensmiddelenpolitiek in de Noordelijke Nederlanden van de 14e tot de 17e eeuw: bronnen en problemen', *TvG* 91 (1978) 214-255.

―――, 'Marktbeheersing: overheidsbemoeienis met de levensmiddelenvoorziening in de Nederlanden (14de-19de eeuw)' in: Clé Lesger and Leo Noordegraaf eds., *Ondernemers & Bestuurders. Economie en politiek in de Noordelijke Nederlanden in de late Middeleeuwen en vroegmoderne tijd* (Amsterdam 1999), 465-489.

Schenkeveld, M. H., *Willem de Clercq en de literatuur* (Groningen 1962).

Schildhauer, Johannes, 'Hafenzollregister des Ostseebereiches als Quellen zur hansischen Geschichte', *Hansische Geschichtsblätter* 86 (1968) 63-76.

Schöffer, I., 'De vonnissen in averij grosse van de Kamer van Assurantie en oaverij te Amsterdam in de 18e eeuw', *EHJ* 26 (1956) 73-132.

Schöffer, I., H. van der Wee and J. A. Bornewasser eds., *De lage landen van 1500 tot 1780* (Amsterdam 1991).

Schutte, O., *Repertorium der Nederlandse vertegenwoordigers, residerende in het buitenland 1584-1810* (The Hague 1976).

Sigmond, J. P., *Nederlandse zeehavens tussen 1500 en 1800* (Amsterdam 1989).

Sillem, J. A., *Tabellen van marktprijzen van granen te Utrecht in de jaren 1393 tot 1644. Uit de rekeningen en weeklijsten der Domproosdij* (Amsterdam 1901).

Simson, Paul, *Danziger Inventar 1531-1591*. Inventare Hansischer Archive des sechzehnten Jahrhunderts III (München/Leipzig 1913).

Slicher van Bath, B. H., 'Een Fries landbouwbedrijf in de tweede helft van de zestiende eeuw', *Agronomisch-Historische Bijdragen* 4 (Wageningen 1958).

Smith, Woodruff D., 'The Function of Commercial Centers in the Modernization of European Capitalism: Amsterdam as an Information Exchange in the Seventeenth Century', *The Journal of Economic History* XLIV (1984) 985-1005.

Snapper, F., 'Veranderingen in de Nederlandse scheepvaart op de Oostzee in de achttiende eeuw' in: *Ondernemende geschiedenis. 25 opstellen geschreven bij het afscheid van Mr. H. van Riel* (The Hague 1977) 124-139.

Sneller, Z. W., 'De Hollandsche korenhandel op het Sommegebied', *Bijdragen voor Vaderlandsche Geschiedenis en Oudheidkunde* (6th series) 2 (1925) 161-178.

Soom, A., *Der baltische Getreidehandel im 17. Jahrhundert* (Stockholm 1961).

―――, *Der Handel Revals im 17. Jahrhundert* (Wiesbaden 1969).

Spooner, F. C., *Risks at sea. Amsterdam insurance and maritime Europe, 1766-1780* (Cambridge 1983).

Spufford, Peter, 'Access to credit and capital in the commercial centers of

Europe', in: Karel Davids and Jan Lucassen eds., *A miracle mirrored* (Cambridge U. P. 1995) 303-337.

Sprunger, Mary Susan, *Rich Mennonites, poor Mennonites: Economics and Theology in the Amsterdam Waterlander Congregation during the Golden Age* (Ann Arbor 1993).

―――, 'Entrepreneurs and Ethics. Mennonite Merchants in Seventeenth-Century Amsterdam' in: C. Lesger and L. Noordegraaf eds., *Entrepreneurs and Entrepreneurship in Early Modern Times. Merchants and Industrialists within the Orbit of the Dutch Staple Market* (The Hague 1995) 213-221.

Stolp, Annie, *De eerste couranten in Holland* (Haarlem 1938).

Stuart, Th., *De Amsterdamsche makelaardij* (Amsterdam 1879).

Terlouw, Frida, 'De aardappelziekte in Nederland in 1845 en volgende jaren', *ESHJ* 34 (1971) 263-308.

Teychiné Stakenburg, A. J., *Zakkendragers van Rotterdam* (Rotterdam, n. d.).

Tiele, P. A., 'Steven van der Haghen's avonturen van 1575 tot 1597 door hem zelven verhaald', *BMHG* 6 (1883) 377-421.

Tielhof, M. van, *De Hollandse graanhandel, 1470-1570. Koren op de Amsterdamse molen* (The Hague 1995).

―――, 'Der Getreidehandel der Danziger Kaufleute in Amsterdam um die Mitte des 16. Jahrhunderts', *Hansische Geschichtsblätter* 113 (1995) 93-110.

―――, 'Handel en politiek in de 16e eeuw: een Amsterdamse Oostzeehandelaar tijdens de eerste jaren van de Opstand', *Holland* 29 (1996) 37-52.

―――, 'De handel op de Oostzee. Een unieke momentopname van het bedrijfsleven', *Holland* 31 (1999) 261-271.

―――, 'Stedelijke regulering van diensten op de stapelmarkt: de Amsterdamse korengilden' in: Clé Lesger and Leo Noordegraaf eds., *Ondernemers & Bestuurders. Economie en politiek in de Noordelijke Nederlanden in de late Middeleeuwen en vroegmoderne tijd* (Amsterdam 1999) 491-523.

Toutain, J. -C., 'Food Rations in France in the Eighteenth and early Nineteenth Centuries: a Comment', *EHR* 48 (1995) 769-773.

Ufkes, Tonko, 'Vlielanders, Friezen en andere Nederlanders te Danzig. Zeventiende- en achttiende-eeuwse gegevens in het burgerboek en de geloofsbrieven', *Jaarboek van het Centraal Bureau voor Genealogie en het Iconografisch Bureau* XLV (1991) 163-184.

―――, 'Nederlandse schippers op Danziger en Stockholmse handelsschepen, 1670-1700' *TvG* 15 (1996) 25-51.

Unger, Richard W., *Dutch shipbuilding before 1800* (Assen 1978).

―――, 'Integration of Baltic and Low Countries Grain Markets, 1400-1800' in: *The Interactions of Amsterdam and Antwerp with the Baltic Region, 1400 -1800. De Nederlanden en het Oostzeegebied* (Leiden 1983) 1-10.

―――, 'Brewing in the Netherlands and the Baltic grain trade' in: W. G. Heeres et al. eds., *From Dunkirk to Danzig. Shipping and Trade in the North Sea and the Baltic, 1350-1850*. (Hilversum 1988) 429-446.

―――, *The Art of Medieval Technology. Images of Noah the Shipbuilder* (New Brunswick/New Jersey 1991).

―――, 'The trade in rye. Comparative capital requirements in the seventeenth and eighteenth centuries' in: C. A. Davids, W. Fritschy and L. A. van der Valk eds., *Kapitaal, ondernemerschap en beleid. Studies over economie en politiek in Nederland, Europa en Azie van 1500 tot heden* (Amsterdam 1996) 121-140.

―――, 'Warships and Cargo Ships in Medieval Europe', *Technology and Culture* 22 (Chicago 1981) 233-252, reprinted in: in: Richard W. Unger, *Ships and Shipping in the North Sea and Atlantic, 1400-1800* (Aldershot/Brookfield/Singapore/Sydney 1997).

―――, 'The tonnage of Europe's merchant fleets 1300-1800', *The American Neptune* 52/4 (Salem 1992), reprinted in: Richard W. Unger, *Ships and Shipping in the North Sea and Atlantic, 1400-1800* (Aldershot/Brookfield/Singapore/Sydney 1997).

―――, 'Feeding Low Countries Towns: the Grain Trade in the Fifteenth Century', *Revue belge de philologie et d'histoire* 77 (1999) 329-358.

―――, 'Sources of food supplies for European capitals in the eighteenth century', *Mélanges de l'école française de Rome. Italie et Méditerranée* 112 (2000) 577-587.

Unger, W. S., 'De Sonttabellen', *TvG* 41 (1926) 137-155.

―――, 'De publikatie der Sonttoltabellen voltooid', *TvG* 71 (1958) 147-205.

Vandenbroeke, Chr., 'Aardappelteelt en aardappelverbruik in de 17e en 18e eeuw', *TvG* 82 (1969) 49-68.

Velden, M. van der, 'Havenarbeid, dragersgilden: vergeten historie', *ESHJ* 45 (1982) 18-38.

Velius, T., *Chronyck van de stadt van Hoorn, daerin des selven begin* etc. (Hoorn 1604).

Veluwenkamp, J. W., *Ondernemersgedrag op de Hollandse stapelmarkt in de tijd van de Republiek* (n. p. 1981).

―――, 'De Nederlandse gereformeerde gemeente in Archangel in de achttiende eeuw', *Nederlands Archief voor kerkgeschiedenis* 73 (1993) 31-67.

―――, 'The Purchase and Export of Russian Commodities in 1741 by Dutch Merchants Established at Archangel' in: C. Lesger and L. Noordegraaf eds., *Entrepreneurs and Entrepreneurship in Early Modern Times. Merchants and Industrialists within the Orbit of the Dutch Staple Market* (The Hague 1995) 85-100.

―, 'Merchant colonies in the Dutch trade system (1550-1750)' in: C. A. Davids, W. Fritschy and L. A. Van der Valk eds., *Kapitaal, ondernemerschap en beleid. Studies over economie en politiek in Nederland, Europa en Azië van 1500 tot heden* (Amsterdam 1996) 141-164.

―, *Archangel. Nederlandse ondernemers in Rusland 1550-1785* (Amsterdam 2000).

Verhoeff, J. M., *De oude Nederlandse maten en gewichten* (2nd edition, Amsterdam 1983).

Verzameling van stukken, betrekkelijk de onbeperkte vrijheid van den handel in granen, uitgegeven op last des konings (The Hague 1823).

Vlessing, O., 'The Portuguese-Jewish Merchant Community in Seventeenth-Century Amsterdam' in: C. Lesger and L. Noordegraaf eds., *Entrepreneurs and Entrepreneurship in Early Modern Times. Merchants and Industrialists within the Orbit of the Dutch Staple Market* (The Hague 1995) 223-243.

Voskuil, J. J., 'De weg naar luilekkerland', *BMGN* 98 (1983) 460-482.

Vries, A. de, 'De Amsterdamse beurs 1825-1840: prijsvraag en polemiek', *Jaarboek Amstelodamum* 76 (1984) 140-159.

Vries, Jan de, 'The production and consumption of wheat in the Netherlands, with special reference to Zeeland in 1789' in: Herman Diederiks, J. Thomas Lindblad and Boudien de Vries eds., *Het platteland in een veranderende wereld. Boeren en het proces van modernisering* (Hilversum 1994) 199-219.

Vries, Jan de, and Ad van der Woude, *Nederland 1500-1815. De eerste ronde van moderne economische groei* (Amsterdam 1995).

Vries, Joh. de, *De economische achteruitgang der Republiek in de achttiende eeuw* (Amsterdam 1959).

Wagenaar, Jan, *Amsterdam in zijne opkomst, aanwas, geschiedenissen etc.* (Amsterdam 1760-1769).

Weber, R. E. J., *De beveiliging van de zee tegen Europese en Barbarijnsche zeerovers 1609-1621* (The Hague 1936).

Wegener Sleeswijk, R. S., 'Rendement van 36 Friese partenrederijen (1740-1830)', *Fries Scheepvaart Museum en Oudheidkamer. Jaarboek 1986*, 66-89.

Wegener Sleeswijk, André, 'De fluit 1-7' in: *NRC Handelsblad*, Wetenschap & Onderwijs 11, 18, 25 July and 1, 8, 15, 22 August 1998.

Welling, George M., *The Prize of Neutrality. Trade Relations Between Amsterdam and North America 1771-1817. A study in computational history* (Amsterdam 1998) (インターネットもみよ: http://www.let.rug.nl/~welling/paalgeld).

Westermann, J. C., *Kamer van Koophandel en Fabrieken voor Amsterdam. Gedenkboek samengesteld ter gelegenheid van het 125 jarig bestaan* I: *1811-1922* (Amsterdam 1936).

―――, 'Statistische gegevens over den handel van Amsterdam in de zeventiende eeuw', *TvG* 61 (1948) 3-15.

Winkelman, P. H., *Bronnen voor de geschiedenis van de Nederlandse Oostzeehandel in de zeventiende eeuw* II: *Amsterdamse bevrachtingscontracten van notaris Jan Franssen Bruyningh 1593-1600* (The Hague 1977) *RGP GS* 161.

―――, *Bronnen voor de geschiedenis van de Nederlandse Oostzeehandel in de zeventiende eeuw* III: *Acten uit de notariële archieven van Amsterdam en het Noorderkwartier van Holland 1585-1600; het koopmansarchief van Claes van Adrichem 1585-1597* (The Hague 1981) *RGP GS* 178.

―――, *Bronnen voor de geschiedenis van de Nederlandse Oostzeehandel in de zeventiende eeuw* IV: *Amsterdamse bevrachtingscontracten, wisselprotesten en bodemerijen van de notarissen Jan Franssen Bruyningh, Jacob Meerhout e. a. 1601-1608* (The Hague 1983) *RGP GS* 184.

―――, *Bronnen voor de geschiedenis van de Nederlandse Oostzeehandel in de zeventiende eeuw* V: *Amsterdamse bevrachtingscontracten, wisselprotesten en bodemerijen van de notarissen Jan Franssen Bruyningh, Jacob Meerhout e. a. 1609-1616* (The Hague 1983) *RGP GS* 185.

―――, *Bronnen voor de geschiedenis van de Nederlandse Oostzeehandel in de zeventiende eeuw* VI: *Amsterdamse bevrachtingscontracten, wisselprotesten en bodemerijen van de notarissen Jan Franssen Bruyningh, Jacob Meerhout e. a. 1617-1625* (The Hague 1983) *RGP GS* 186.

Woude, A. M. van der, 'De consumptie van graan, vlees en boter in Holland op het einde van de achttiende eeuw' in: *A. A. G. Bijdragen* 9 (1963) 127-153.

Wyrobisz, Andrzej, 'Economic Landscapes: Poland from the Fourteenth to the Seventeenth Century' in: Antoni Maczak, Henryk Samsonowicz and Peter Burke eds., *East-Central Europe in Transition. From the Fourteenth to the Seventeenth Century* (Cambridge U. P./Paris 1985) 36-46.

Yamamoto, Taihei, 'Baltic grain exports in 1845. Decline of the Dutch Baltic grain trade in the nineteenth century', forthcoming. (次のデータベースもみよ: 'Baltic trade 1845' http://www. niwi. knaw. nl).

IJzerman, J. and E. L. G. Den Dooren de Jong, 'De oudst bekende Hollandsche Zeeassurantiepolis', *EHJ* 16 (1930) 222-228.

Zanden, J. L. van, 'De economie van Holland in de periode 1650-1805: groei of achteruitgang?', *BMGN* 102 (1987) 562-609.

―――, 'Een fraaie synthese op de wankele basis', *BMGN* 106 (1991) 451-457.

―――, 'Economic Growth in the Golden Age: the Development of the Economy of Holland 1500-1650' in: Karel Davids and Leo Noordegraaf eds., *The Dutch Economy in the Golden Age* (Amsterdam 1993) 5-26.

―――, *The Rise and Decline of Holland's Economy. Merchant Capitalism and the Labour Market* (Manchester/New York 1993).

―――, 'The development of agricultural productivity in Europe 1500-1800', *NEHA-jaarboek* 61 (1998) 66-85.

Zanden, J. L. van, and A. van Riel, *Nederland 1780-1914. Staat, instituties en economische ontwikkeling* (Balans 2000).

Zytkowicz, Leonid, 'Trends of agrarian economy in Poland, Bohemia and Hungary from the middle of the fifteenth to the middle of the seventeenth century' in: Antoni Maczak, Henryk Samsonowicz and Peter Burke eds., *East-Central Europe in transition. From the fourteenth to the seventeenth century* (Cambridge U. P./Paris 1985) 59-83.

索　引

ア　行

アイルランド　45
アジア　132,286
アドリヘム，クラース・アドリアンスゾーン・ファン　112,123,143-46,
　　149,155,180,184,185,190,197,311
アドルフ・フィッシャー商会　255
アブラホモウスキー　283
アフリカ　108,122,212
北アフリカ　108,212
アーヘン　143
アベイロ　27,29,43,153
アムステルダム（振替）銀行　21,24,
　　95-97,105,115,159
アメルスフォールト　151
アルクマール　26
アルバ公　19
アルハンゲリスク　6,26,47,52-54,
　　57,85,109-11,118,122,153,162,
　　224,272
アルメロ　264-65
アレッポ　153
アレン，ピーテル　203
アントウェルペン　9,27,28,34,73,
　　114,123,133-37,143,152,163,205,
　　206,246,249,287
イェーテボリ　26
イェーファー　264
イギリス　72,81,157,195,270,273
イズラエル，ジョナサン・I.　194
委託代理商　127,154,161-63,223,
　　263,264,265,271,283-85
イタリア　9,21,24,30-36,45,50,58,
　　60,65,67,68,122,125,170,173,174,
　　186-89,193,206,294
イベス，ヤン　203
イベリア半島　174
イングランド　5,8,10,45,46,50,54,
　　55,58-60,62,70-73,84,85,96,99,
　　102,109,121,122,138,151,167,
　　168-70,175-77,195
インド　93

ヴィアレッジョ　186
ヴィスマル　44,266
ヴィスワ川　45,46,51,53,57,91
ウィッテ・ド・ウィット（提督）　90
ウィット，ヨハン・ド（ホラント州法律顧問）　6,7,93
ウィトセン，ニコラス　168
ウィリンク，アナニアス　280
ウィレム1世（オランダ国王）　268,
　　280
ウィンダウ　266
ヴェーゼル　143
ヴェネツィア　32,36,68,186,188,193
ウェーヘナー・スレースウェイク，アンドレ　173
ウェーンダー　264
ヴォルガ川　57
ウクライナ　10,45,59
ウンガー，リチャード・W.　4,172
『エーアソン海峡通行税台帳』　39-41,
　　44,48,52,53,59,61,68,70,84,124,
　　125,237
エイ川　135
英蘭戦争　198,297
（第二次）英蘭戦争　54,89,195
（第四次）英蘭戦争　55,70,222
エストニア　26,51,54,58
エーヘン，ピーテル・ファン　275
エーヘン，I・H・ファン　236
エムデン　66,143,265
エルビング　26,44,57,146,183,266,
　　306
エンクハイゼン　212,306,311
オーストリア継承戦争　195,198,221,
　　297
オーストリア領ネーデルラント　138
オソリオ，ベント　96
オットボーニ，マルコ　188,189,193
オデッサ　58
オーフェルエイセル　80,272
オランダ貿易会社　268,269,277,279,
　　280,288,290
オルデンブルク　178,265

カ 行

海峡通過貿易（Straatvaart）186-89
海軍局　30,35,93,113,116,174,195,
　　201,212-215,217,220,222,229,297,
　　280
海上貸借　210
海上保険　12,15,123,202,205-08,
　　210,228
カウウェンホーフェン，ヘンドリク・ファン　227
価格表　109,134,136-38,139,160,
　　161,163,181,208,209,295,312
カストロ，ディエゴ・デ　162
カディス　162
カルヴァン派　20,22,28,159
カール5世（皇帝）　90
カンペン　152
共同海損　202,204,209
ギリシア　60
グイッチャルディーニ，ルドヴィーコ　65
クナイト，シモン・ド　115
九年戦争　54,157,158,171,177,195,
　　198,209,212-14,297
クラーマー，ヘンドリク・ウィレム・ルドルフスゾーン　227
クリスチャン3世（デンマーク王，1534-1559年）　24,90
クリスチャン4世（デンマーク王，1596-1648年）　90
クリステンセン，A・E.　126,181,182,206
クリミア　283
クリンクハーマー，フレデリック　141
グリーンランド　122
クールランド　51,54
クレイン，P・W.　88,108,231
クレーフェ　143,147
クレルク家　262,264,273,274,276
クレルク，ヘリト・ド（1771-1817年）
　　262,263,265,267,272-74,276,279,
　　289
クレルク，ヤコブ・ド（1710-1777年）
　　225
クレルク，ピーテル・ド（シニア1731-1807年）　262,277

クレルク，ピーテル・ド
　（ジュニア1757-1805年）　262,
　　263,271,272,277
クレルク，ピーテル・ド（1773-1830年）
　　189
クレルク，ピーテル・ド（1776-1817年）
　　267,274,275,277
クレルク，サラ・ド（1776-1817年）
　　264
クレルク，ステファヌス・ド
　（1747-1819年）　262,267,272,
　　273,274,277,289
クレルク，ステファヌス・ド
　（1805-1866年）　268,279
クレルク，ウィレム・ド　14,15,72,
　　99,261-93
クレルク，P&S（P&S・ド・クレルク商会）　262,271
クレルク，S&P（S&P・ド・クレルク商会）　118,121,124,127,262-
　　68,271-80,289,291,292
クロムハイゼン，アブラハム　115
ケイサー，ヘンドリク・ド　135
ケーニヒスベルク（カリーニングラード）
　　19,23,26,44,45,52,146,147,150,
　　153,161,162,183,192,197,205,209,
　　266,292,304-06,312
ゲル，バルブ　156
ケルン　143
賢人（goede mannen）　115,121,
　　141,262
ゴイセン　20
護衛船団　195,196,209,211,212,214,
　　215,217,220-22
穀物取引所　50,117,133-36,163,220,
　　222,223,230,244,245,247,257,295,
　　296
穀物用小型船　231-40,243,247,250-
　　53,257-59,284
コースト，クヌート　40
コペンハーゲン　26,41,91,158,224

サ 行

ザイデル海　238
サン川　45
サンクト・ペテルブルク　26,52,57,
　　72,224,266,273
三十年戦争　50,51,90,151,164,298

398　　　　　　　　　　　索　引

ジェノヴァ　68, 97, 186, 187, 206
シェーファー, I.　122
自己勘定　18, 23, 28, 112, 127, 129,
　142, 154, 163, 271, 272, 292
七年戦争　127, 147, 149, 195, 222,
シチリア　31
ジツェマ　265
ジブラルタル海峡　186-88
ジャナン, ピエール　41, 42, 313
ジャン・ペルス&サンズ商会　255-56
(商品)集散地　9, 10, 15, 62-64, 68,
　70, 72, 75, 88, 91, 99, 101, 103, 104,
　121, 129, 134, 167, 179, 248, 249, 258,
　259, 266, 281, 282, 284, 286, 292-94,
　297, 301
十二年休戦(休戦)　35, 173, 174, 186,
　194, 198, 199, 295
シュテティーン　26, 44, 124, 266, 272,
　305
シュローダー, ハンス　162
商務委員会　89
ショーペンハウエル, アンドレアス
　147-150
ジョリス, ラヴィド　162
スウェーデン　46, 51, 53, 57, 58, 86,
　88, 90-91, 104, 109, 110, 111, 122,
　160, 179, 195, 221
スウェーデン-ポーランド戦争　46, 47,
　51, 53, 57, 66, 88, 91, 94,
ズヴォレ　152, 158
スカンディナヴィア　150, 169, 175,
　177
スカンディナヴィア諸国　86, 150, 273
スカンディナヴィアの都市　160
スコットランド　45
スタトニツキ&ファン・ヒューケロム商
　会　274
ステープル　63, 64, 67, 68, 70, 73-75,
　103, 104, 108, 167, 281, 283, 299
ストックホルム　26, 158, 161, 204,
　206, 224
ストラールズント　26, 44, 266
スハーバリエ, ピーテル　307
スヒーダム　55, 245
スプーナー, F・C.　208, 209
スフライター, D.　280
スペイン　6, 22, 35, 36, 45, 60, 68, 103,
　122, 133, 135, 144, 153, 170, 174, 181,
　194, 195, 198, 211, 212, 263, 267, 268

スペイン継承戦争　158, 195, 198, 209,
　214, 220, 221
スペイン領ネーデルラント　195
スヘルデ川　135
スヘルテス, レーンデルト　227
スミス, ウッドラフ, D.　132
セトゥバル　146
セーフェンホーフェン, シモン・ファン
　307
ゼーラント　9, 30, 75, 81, 82, 84, 85,
　90, 93, 101, 109, 139, 272, 296, 297
船舶抵当貸借　202, 204, 205, 210, 211
ソールマンス, ヘンドリック　224
ソン, トーマス・ファン　115, 215,
　216, 221
ソン, トーマス・ファン　227
(上記のソンとは別人)

タ　行

大西洋岸　28
大北方戦争　51, 54, 57, 58, 85, 127,
　163, 195, 196, 198, 209, 214, 221, 230,
　297
代理商　11, 13, 15, 28, 29, 35, 37, 38,
　44, 64, 115, 116, 119, 124, 126, 127,
　131-33, 139, 143-45, 147, 152-55,
　161-63, 187, 189, 230, 236, 298, 299
代理人　11, 31, 119, 131, 138, 147, 154,
　161, 163, 216, 224, 241, 244, 264, 278,
　299
代理人問題　11, 14, 15, 131, 132, 154,
　163, 298, 299
ダウニング, サー・ジョージ　167
ダス, クラース・ヤンセ　189
ダーフィッツ, C・A.　13
タベールト, ヘンドリック　141
ダムラク　134-36, 232, 234, 245
タリン　「レーヴァル」参照
ターレリンク, ヤン・ファン　115,
　213-15
ダンケルク　90, 178, 194, 195, 207,
　212, 213, 221, 234
ダンツィヒ　19, 23, 25-29, 37, 38,
　43-47, 51-53, 57, 59, 60, 73, 76, 86,
　87, 91, 94, 96, 98, 110, 112, 122, 124-
　27, 132, 133, 139, 143-50, 152-55,
　157-65, 170, 175, 177, 179-80, 183-
　85, 189-93, 197, 198, 200, 204, 205,

索　引　399

209, 224, 230, 266, 283, 292, 294, 298, 299, 304-06, 311, 312
地中海　9, 21, 28, 30, 31, 38, 50, 59, 60, 66, 68, 95, 103, 107, 128, 162, 172, 183, 186, 188-89, 206, 211, 213, 294
チャンネル諸島　213
仲裁人　115, 116, 122, 123, 140, 141, 226,
通過貿易（voorbijlandvaart）　67-70, 103, 160, 174
テイス，ハンス　123
ディレン，J・G・ファン　100
テクセル　30, 144, 147, 173
デーフェンター　152, 158
デルフスハーフェン　55
デルフト　112, 123, 134, 143-46, 149, 155, 191, 197, 293, 311
天使ガブリエル号　31
デン・ハーグ　167, 171, 220, 221, 224, 225, 230
デンマーク　9, 40, 41, 53, 86, 90, 91, 145, 146, 170, 171, 263, 272, 273
ドイツ　8, 34, 50, 51, 63-66, 70, 109, 114, 121, 122, 127, 133, 143, 151-53, 160, 164, 167, 177, 261-64, 270, 271, 279, 289, 291, 292, 294, 297-99
ドヴィナ川　26, 52
トゥウェンテ　263, 268
ドゥッセン，P・ファン・デル　221
ドゥッパー＆スフライター商会　276
ドッガー・バンク　221
ドツウム　212
トリップ家　123
取引所　12, 21, 22, 32, 33, 50, 62, 87, 97, 109, 111, 117, 119, 121, 133, 137, 139, 140, 151, 163, 222, 223, 244, 257, 264, 266, 268, 269, 276, 279, 290, 295, 296
取引費用　10-14, 64, 68, 103-05, 107, 111, 128-31, 197, 210, 232, 258, 293-95, 297, 301
トルコ　60
トルン　26, 126
ドレンテ　80
ドローヘンホルスト，ヨハンネス・ファン（ジュニア）　215
ドンブルフ，ディルク・ファン　126

ナ　行

ナップ，ルパート　193, 194
ナフレ川（ナルー川）　45
ナポレオン，ボナパルト　72
ナポレオン戦争　266, 300
ナルヴァ　221
ナント　125
西インド　5, 6, 108, 172, 211
西インド会社（WIC）　108, 168, 183, 207, 283
ニスタット和約　58
ヌーフヴィル・ファン・デル・ホープ号　193, 194
ヌーフヴィル，ヤン・イサーク・ド　123, 147-50, 160, 162
ノア　173
ノース，ダグラス・C.　10, 13
ノルウェー　5, 27-29, 37, 86, 115, 121, 122, 167, 169, 170, 172, 194, 212, 214, 218, 221, 224, 292
ノルシェーピング　158

ハ　行

白ロシア　52
バタヴィア　33
八十年戦争（「反乱」）　19, 20, 22, 32, 38, 153, 176, 195, 198
白海　47, 52, 54, 68, 85, 109, 122
ハノーファー　177, 266, 273
バーバー，ヴァイオレット　170
ハーヘン，ステフェン・ファン・デル　28
ハーヘン，ヘンドリク　115
ハマーシュミット　264
バルテルス，ヤン　194
バルト海貿易・海運業委員会　94, 113, 123, 127, 159, 201-02, 212-30, 246-48, 276, 297
ハルヨート船　218, 229
ハルヨート代　218-20, 230
ハールリンゲン　212
ハールレム　81, 178
バング，ニーナ・エリンガー　40
ハンザ同盟　89, 124, 133, 152, 175, 181, 284, 286
ハンセン，ハンス　265

ハンブルク　66, 70, 137, 143, 147, 150, 151, 161, 186, 206, 208, 301
東インド　5, 6, 28, 33, 63, 93, 108, 109, 172, 211, 268, 269, 293
東インド会社（VOC オランダ）　4, 21, 108, 168, 207
東インド会社（イギリス）　132
東フリースラント　176, 264, 265, 272
ピサ　31
ヒーセン，フィリップ・アントーニ・ファン・デル　227
ピーテル・ド・ハーン商会・ピーテルスゾーン　276
ピーテル・ド・フリース未亡人&メインツ商会　276
ヒューケロム，ワルラーフェ・ファン　274-275
ピラウ　183, 306
ビリオッティ&サルディ商会　254-56
ファビウス，N・J.　287
ファーバー，J・A.　50
ファレル　264
ファン・エーヘン　276
フイドコーペル，J.　287
フイフ・アドリアンスゾーン　155, 191
フィンランド　109
フィンランド港　122
フィンランド湾　266
フェリウス，T.　187, 188
フェリペ2世（スペイン国王、ネーデルラント支配者）　19, 32
フェルーウェンカンプ，J・W.　109, 161, 162
フェルブルフ，アドリアーン・バルトルメウスゾーン　191, 192
フェーレ　9
フェレイン，フランス　115
フォス，ウィレム・ド　263
フォス，マリア・ド　262, 274
フォス，ヤコブ・ド　274
フォック，ヤコブ　275
フォーヘル，トーマス・ド　160
フォレンホーフェン，ヘンドリク　225
フォレンホーフェン，ヤン・ファン　216, 225, 227
ブーグ川　45
ブーニンゲン，ヤン・ファン・ヘンドリクスゾーン　215
フライト船　169-75, 179, 183-85, 195, 199, 201, 294, 295
ブラインス，G.　265
ブラバント　9, 50, 262, 272, 275, 279, 289, 296, 297
北ブラバント　80
フランクフルト・アム・マイン　137, 162
フランス　5, 8, 9, 18, 21, 22, 27, 32, 33, 37, 38, 45, 55, 58-60, 67, 68-71, 76, 79, 82, 89, 96, 102-04, 109, 121, 122, 125, 133, 143, 151, 152, 156, 157, 160, 162, 168, 174, 175, 177, 181, 194, 195, 201, 213, 214, 221, 261, 267, 284, 286, 293, 294, 299
ブランデンブルク　147
フランドル　272
フリース・ド　265
フリース，フランス・ヤコブスゾーン　115
フリース，ヨハン・ド　127
フリースラント　4, 80, 81, 139, 195, 210, 238, 263, 272, 273
ブリテン　72
ブリュッセル　19, 138
ブリュッヘ　133
ブリュレ，W.　203
プル家/プル兄弟　112, 123
プル，ヘルマイン　112
プル，イサーク　112
プル，イスラエル　112
プル，ピーテル　112
ブルック・イン・ワーテルラント　215, 226
フルデンクネヒト，マリア・エフベルツ　29
フレゼリック3世（デンマーク王、1648-70年）　53
フレーフェ，ヒリス・ド　28
ブレーメン　66, 238, 264, 266
ブロー，アンナ・ヤコブスドフテル　20, 22, 30
プロイセン　73, 86, 92, 94, 105, 110, 122, 126, 136, 139, 147, 150, 151, 183-86, 192-94, 205, 210, 228, 306, 307, 311
ブロック，ディルク　216
フロッフ，ミロスラフ　88

索引　　　　　　　　　401

プロテスタント　19, 20, 38, 270
ブローデル，フェルナン　55, 84
フローニンゲン　80, 139, 158, 263, 265, 269
分担所有　122, 123, 129, 202, 209-11, 228, 295
ヘイゼン，ヤコブ・アレヴェイン　227
ヘイニンゲン，ヤコブ・ファン　215
ベーツ，コルネリス　115, 213-14
ヘール，ルイス・ド　160
ベルゲン（ノルウェー）　27-29, 43, 153, 224
ヘルゴランド　224
ヘルシンボー　9, 24, 26, 40, 42, 54, 60, 91, 145, 146, 165, 224, 230
ヘルデルブロム，O.　178
ヘルデルラント　80
ペルナウ　57
ヘールフィンク，コルネリス・ヤンスゾーン・ファン　23, 31
ベルリン　147
ヘント　143
ヘント，ダフィット・ファン　115
ヘンドリク＆フランス・フェレイン商会　254, 255
ヘンメマ，リーンク　81
ボグツカ，マリア　125, 153, 159, 175, 311
保険証券　206, 209
ボス＆クレルク商会　276
北海　5, 28, 53, 54, 169, 174, 211-14, 297-99
ポッペン，エイラート　265
北方会社　108
ホープ，A・ファン・デル　287
ホーフト家　17, 18, 28, 37, 114, 152
ホーフト，ウィレム・ヤンスゾーン（1480/1490?-1562年）　24-26
ホーフト，ピーテル・ウィレムスゾーン（1510/1515?-1586年以降死亡）　18, 26
ホーフト，ブロール・ウィレムスゾーン（?-1562年）　18
ホーフト，ヤン・ウィレムスゾーン（?-1563年以降死亡）　18
ホーフト，クイレン・ウィレムスゾーン（?-1566年）　18
ホーフト，コルネリス・ウィレムスゾーン（1547-1626年）　14-38, 111, 123, 125, 129, 156, 168, 171, 168, 186, 261, 291-93, 296
ホーフト，ヘリト・ピーテルスゾーン（1551-1600年）　23, 26-29, 37
ホーフト，ヘンドリック・ピーテルスゾーン（1535-1596年）　26, 37
ホーフト，ヤン・ピーテルスゾーン（1543-1602年）　25-29, 37
ホーフト，ウィレム・ピーテルスゾーン（1594-1605年）　23-29, 31, 37, 156
ホーフト，ピーテル・コルネリスゾーン（1591-1647年）　17, 30, 32, 33, 156
ホーフト，ヤコブ・コルネリスゾーン（1593-1640年）　32, 33
ホーフト，ヘンドリック・コルネリスゾーン（1599-1627年）　33
ホーフト，ピーテル・ヤンスゾーン（?-1598年）　27, 28, 32, 156
ホーフト，ピーテル・ヤンスゾーン（1575-1636年）　29
ホーフト，ピーテル・クレインスゾーン（1553-?年，1608年4月8日以降死亡）　27-29
ホーフト，クレイン・クレインスゾーン・シニア（1560-?, 1610年以前死亡）　27-29, 156
ホーフト，クレイン・クレインスゾーン・ジュニア（?-1639年）　29
ポラック，M・S.　95
ホラント州議会　78, 98, 99, 100, 217, 224, 229
ポーランド　44-47, 51-53, 57, 88, 91, 109
ポーランド－リトアニア　45
ホルシュタイン　266, 270, 272, 290
ボルドー　82, 125, 162
ポルトガル　5, 8, 21, 27-29, 35-38, 45, 58, 67, 68, 96, 103, 122, 133, 143, 144, 152, 155, 156, 181, 194, 292, 294, 299
ホールン　20, 23, 28, 150, 172, 173, 187, 188, 212, 218, 219, 306
ボワスヴァン，カロリーヌ・シャルロット　270
ポンメルン　26, 58, 176, 209

マ 行

マウリク，ウィレム・ファン　115
マウリッツ（州総督）　22
マクレール，ヤン　141
マーテン，コルネリオ　277
マーテン，マテイス（シニア）　115，214-17，221，225
マリーエンブルクの干拓地　47
マルハント，ヤコブ　115
マンスフェルト，W・M・F．　289
ミデルブルフ　212
南ネーデルラント（「スペイン領ネーデルラント」，「オーストリア領ネーデルラント」も参照せよ）　8,34,63,76,79,82,101,102,114,143,187,272,273,285,288,293
ムイデン，エフェラート・アドリアーン・ファン　227
ムーズ川　235,293
メデムブリク　150,255,306
メノー派　20,22,28,118,126,129,158,172,173,228,263,270,274-77,289,291
メメル　266
モスクワ　224,298
モスクワ貿易委員会　212,224,266
モスクワ・ロシア　57
モワンス，アントニー　192,193

ヤ〜ワ 行

ヤンセン，レイク　141
ユグノ　28
ユダヤ人　22,162
ユトレヒト（州）　76,77,81,82,238
ユトレヒト（都市）　150,151,180,181
ユフラウ・カタリナ号　189
用船業者（cargadoor）　123
用船契約　4,96,123,146,147,181,187
用船契約書　67,181-84,187,188,306,312
ヨンカー，J.　277
ライデン　33,102
ライト，エドゥアルト　162
ライン川　45
ラインラント　66,84
ラスペツィア　186
ラフーセン，ダーフィット　280
ラフーゼン，ヘルマン　264,274,275
ラール，ウィレム・ファン　115
ラール，ヤコブ・ファン　216
ラ・ロシェル　27-29,32,43,125,146,152,153,156
ラーンブルフ，ヤン　141
リヴォニア　26,51-54,58,152
リエージュ　143
リオルノ，ピーテル・ヤンスゾーン　173
リーガ　26,45,52,53,57,58,124,133,146,154,158,161,208,223,266,273,304,305
リスボン　146,156,269
リックロフ，J・B．　265
リトアニア　26,52,53
リバウ　266
リューベック　89,124,133,209,266
リール　112
ルスタージール　265
ルーデルツ，H・M．　264
レーア　264
レイクスダールダー　94,95,162
レインスヴィク，ヘンドリック・ヒューベルツゾーン・ファン　134
レーヴァル（タリン）　57,65,124,125,133,154,158,160,171,180,208,254
レヴァント　108
レヴァント貿易委員会　211,212
レーウヴェンダールダー　94
レヴェイユ　270
レスハー，C．　63,102-04
レヘント　20,227,230
連邦議会　21,34-36,90,92,95,98,108-10,128,168,174,221,224,229
レーンラレ，アダム・シモンスゾーン　115
ロイ，ジャン・ドゥ　162
ロイエン，P・C・ファン　182,186,309
ロエル，W・F．　280,281
ロシア　47,51-54,57,58,71,108-111,122,128,160,167,172,194,212,217,221,223,224,266,267,272
ローシング　264
ロス，ヤコブ　224
ロストク　26,44,266
ロッテルダム　55,73,84,85,90,151,

176,185,212,235,245,279,287,293,297,312
ローファー，ヘラルト　115,213-15
ローマ・カトリック　19,20,22,28,38
ロンドン　55,145,153,162,176,206,208,294,301

ワウデ，A・M・ファン・デル　79
ワセナール・ファン・オブダム，ヤコブ・ファン（海軍提督）　91
ワルシャワ　54

玉木俊明（たまき・としあき）
1964年生まれ．1993年同志社大学大学院文学研究科文化史学専攻博士課程単位取得退学．1993-96年日本学術振興会特別研究員．1996年京都産業大学経済学部専任講師．現在京都産業大学経済学部助教授．
〔主要業績〕『バルト海貿易（1560-1660年）——ポーランド・ケーニヒスベルク・スウェーデン』（社会経済史学，57巻5号，1992年），「イギリスのバルト海貿易（1661-1730年）」（西洋史学，176号，1995年），「イギリスのバルト海貿易（1731-1780年）」（社会経済史学，63巻6号，1998年），『国際商業』（共著，ミネルヴァ書房，2002年），パトリック・オブライエン著『帝国主義と工業化』（共訳，ミネルヴァ書房，2000年）

山本大丙（やまもと・たいへい）
1969年生まれ．2002年早稲田大学大学院西洋史専修博士課程単位取得退学．2003年早稲田大学第二文学部助手．1997-98年，アムステルダム公文書館に留学．現在早稲田大学・和光大学非常勤講師．
〔主要業績〕「1845年におけるバルト海地域の穀物輸出」『早稲田大学大学院文学研究科紀要』第44輯・第2分冊（1999年），『ヨーロッパの分化と統合』（共著，太陽出版，2004年）

〔近世貿易の誕生〕　　　　　　　　　　　ISBN4-901654-51-9
2005年5月10日　第1刷印刷
2005年5月15日　第1刷発行

訳　者	玉　木　俊　明	
	山　本　大　丙	
発行者	小　山　光　夫	
印刷者	藤　原　良　成	

発行所　〒113-0033 東京都文京区本郷1-13-2
電話(3814)6161　振替00120-6-117170
http://www.chisen.co.jp
株式会社　知泉書館

Printed in Japan　　　　　　　　　　印刷・製本／藤原印刷